Mordecai Richler

Ouvrages de Mordecai Richler en langue française

Mon père, ce héros, roman, traduit de l'anglais par Jean Simard, Montréal, Pierre Tisseyre, «Collection des deux solitudes», 1975 [version française de *Son of a Smaller Hero*, 1955].

Le choix des ennemis, roman, traduit de l'anglais par Daniel Aper, Paris, Seuil, 1955 [version française de *A Choice of Ennemies*, 1957].

L'apprentissage de Duddy Kravitz, roman, traduit de l'anglais par Jean Simard, Montréal, Pierre Tisseyre, «Collection des deux solitudes» 1976; Bibliothèque Québécoise, 1998 [version française de *The Apprenticeship Of Duddy Kravitz*, 1959].

Un cas de taille, roman, traduit de l'anglais par André Beaudet, Montréal, Balzac-Le Griot, 1998 [version française de *Cocksure*, 1968].

Rue Saint-Urbain, roman, traduit de l'anglais par René Chicoine, Montréal, Bibliothèque Québécoise, 2002 [version française de *The Street*, 1969].

Le cavalier de Saint-Urbain, roman, traduit de l'anglais par Martine Wiznitzer, Paris, Éditions Buchet/Chastel, 1976 [version française de *St. Urbain's Horseman*, 1971].

Les cloches d'enfer, traduit de l'anglais par Gilles Rochette, Montréal, Leméac, 1974 [version française de *Bells of Hell*, 1974].

Joshua au passé, au présent, roman, traduit de l'anglais par Paule Noyart, Montréal, Les Quinze, 1989 [version française de *Joshua Then and Now*, 1980.

Gursky, roman, traduit de l'anglais par Philippe Loubat-Delranc, Paris, Calmann-Lévy, 1992 [version française de *Solomon Gursky Was Here*, 1989].

Oh Canada! O Québec! Requiem pour un pays divisé, essai, traduit de l'anglais par Daniel Poliquin, Montréal, Balzac, 1992 [version française de *Oh Canada! Oh Quebec!: Requiem for a Divided Country*, 1992].

Le monde de Barney, roman, traduit de l'anglais par Bernard Cohen, Paris, Albin Michel, 1999 [version française de *Barney's Version*, 1997].

Jeunesse

Jacob deux-deux et le vampire masqué, traduit de l'anglais par Jean Simard, illustré par Fritz Wegner, Montréal, Pierre Tisseyre, «Collection des deux solitudes», 1975 [version française de *Jacob Two-Two Meets the Hooded Fang*, 1975].

Qui a peur de Croquemoutard?, Hachette, 1996 [version française de *Jacob Two-Two Meets the Hooded Fang*, 1975].

Jacob Deux-Deux et le dinosaure, traduit de l'anglais par Jean-Pierre Fournier, illustré par Norman Eyolfson, coll. Jeunesse/romans, Montréal, Québec Amérique, 1987 [version française de *Jacob Two-Two and the Dinosaur*, 1987].

Michael POSNER

MORDECAI RICHLER

Le dernier des francs-tireurs

E N T R E T I E N S

Traduit de l'anglais par Hélène Rioux

XYZ éditeur

La publication de cet ouvrage a été rendue possible grâce à l'aide financière du ministère du Patrimoine canadien par l'entremise du Programme d'aide au développement de l'industrie à l'édition (PADIÉ), du Conseil des Arts du Canada (CAC), du ministère de la Culture et des Communications du Québec (MCCQ) et de la Société de développement des entreprises culturelles (SODEC).

La traduction de cet ouvrage a été rendue possible grâce à une aide financière du Conseil des Arts du Canada et du ministère du Patrimoine canadien par l'entremise du Programme d'aide au développement de l'industrie de l'édition.

Édition originale: *The Last Honest Man: Mordecai Richler: An Oral Biography*, Toronto, McLelland & Stewart Ltd., 2004

XYZ éditeur
1781, rue Saint-Hubert
Montréal (Québec)
H2L 3Z1
Téléphone: 514.525.21.70
Télécopieur: 514.525.75.37
Courriel: info@xyzedit.qc.ca
Site Internet: www.xyzedit.qc.ca

et

Michael Posner

Dépôt légal: 4ᵉ trimestre 2005
Bibliothèque et Archives Canada
Bibliothèque nationale du Québec
ISBN 2-89261-443-0

Distribution en librairie:

Au Canada:	En Europe:
Dimedia inc.	D.E.Q.
539, boulevard Lebeau	30, rue Gay-Lussac
Ville Saint-Laurent (Québec)	75005 Paris, France
H4N 1S2	Téléphone: 1.43.54.49.02
Téléphone: 514.336.39.41	Télécopieur: 1.43.54.39.15
Télécopieur: 514.331.39.16	Courriel: liequebec@noos.fr
Courriel: general@dimedia.qc.ca	

Conception typographique et mise en pages: Édiscript enr.
Maquette de la couverture: Zirval Design
Photographie de l'auteur: Laura Roth
Photographie de la couverture: courtoisie de Noah Richler

TABLE

*À la mémoire de
Harry et Anna Shulman,
Herman et Katie Posner,
mes grands-parents.*

1

LES PREMIÈRES ANNÉES

« Orwell a dit qu'écrire, c'était prendre sa revanche sur sa propre
enfance et toutes les indignités dont on a souffert. Dans une
certaine mesure, c'est vrai. C'est une façon de retrouver ce qui
nous appartient. »

MORDECAI RICHLER

*M*ordecai Richler est né à Montréal le 27 janvier 1931. Sa mère, Leah
(Lily), était la fille du rabbin Judah Yudel Rosenberg, le chef des
rabbins hassidiques de la ville. Érudit et auteur d'une trentaine d'ouvrages,
Rosenberg naquit en Pologne en 1859, et il émigra au Canada en 1913. Il
occupa le poste de rabbin à Toronto jusqu'en 1918, puis il déménagea à
Montréal un an plus tard et il y resta jusqu'à sa mort en 1935. Parmi ses
œuvres les plus connues, mentionnons une édition en plusieurs volumes et
une traduction du Sohar, une interprétation mystique de la Torah, ainsi
que plusieurs livres en yiddish sur les légendes, la médecine traditionnelle et
la sorcellerie. Selon Ira Robinson, professeur d'études religieuses à
l'Université Concordia, la version écrite en 1909 par Rosenberg de la légende
du Golem de Prague et du Maharal (Rabbi Yehuda Loew) «exerça une
profonde influence sur la littérature juive et européenne du vingtième
siècle». D'aspect sévère, Rosenberg était un moraliste intransigeant. Dans
l'un de ses livres écrits à Montréal, il dit à ses lecteurs – par le biais d'une
narratrice fictive qu'il appelle la reine de Saba – que les Juifs souffrent parce
qu'ils ont cessé d'observer et d'honorer le sabbat. Et, d'une manière assez
semblable à celle que son petit-fils utilisera trente-cinq ans plus tard, il
ridiculise les Juifs qui ne se pointent à la synagogue que pour recevoir des
honneurs parce qu'ils récitent des prières funéraires pour leurs parents.

Moses, le père de Mordecai, était l'aîné d'une famille juive orthodoxe de quatorze enfants – neuf garçons et cinq filles; le grand-père, Shmeryahu (Shmarya) Richler, était un marchand de ferraille qui avait émigré de Pologne au tournant du siècle. Si l'on en croit son petit-fils Stuart Richler, ce fut par hasard que Shmeryahu s'installa à Montréal. Alors qu'il effectuait la traversée depuis la Pologne, il rencontra un homme qui avait un billet pour Montréal et se rongeait les sangs parce qu'il n'avait aucun parent dans cette ville. Sa famille se trouvait à New York. «Mon grand-père lui a dit qu'il avait un billet pour New York, mais qu'aucun membre de sa famille ne l'attendait ni à New York ni à Montréal. Ils ont donc échangé leurs billets. La suite, comme on dit, fait partie de l'histoire.»

Lily Rosenberg et Moses Richler se marièrent en 1922; le mariage avait été arrangé par leurs parents. En théorie, la chose semblait raisonnable: les Rosenberg échangeaient statut et culture contre l'argent et la sécurité offerts par le clan Richler. Elle avait dix-sept ans, il en avait dix-neuf, mais ils étaient complètement désassortis. Moses était de caractère affable, il était faible et passif, c'était un boute-en-train pour qui la culture se résumait à aller au cinéma le samedi soir. Lily était intense, agressive et forte, passionnée de littérature et de peinture. Au cours des années vingt, Moses Richler faisait de bonnes affaires avec son chantier de ferraille, et le couple réussit à éviter les principaux sujets de mésentente conjugale. Mais, en 1929, au début de la Crise, l'entreprise fut acculée à la faillite, et la famille se retrouva obligée de déménager souvent, parfois même à la cloche de bois, pour fuir des propriétaires furibonds. Leur premier fils, Avrum, naquit en 1926. Mordecai suivit cinq ans plus tard.

MORDECAI RICHLER

Mordecai est un prénom de l'Ancien Testament. Mon grand-père maternel, un rabbin hassidique, a eu son mot à dire dans ce choix. Je pense qu'il m'a donné le nom d'un de ses anciens professeurs, qui lui est apparu dans un rêve.

AVRUM RICHLER, *frère aîné*

J'étais présent à sa *briss* [circoncision]. J'avais cinq ans. Cela s'est passé dans une toute petite salle en face de chez mon grand-père, au 5300 de la rue Esplanade. Mon grand-père paternel était le *mohel*. Je me rappelle que tous les hommes portaient leur châle de prière. Je me souviens aussi qu'à un an, Mutti [Mordecai] rampait sur le plancher et je l'ai vu mettre un clou dans sa bouche, un vieux clou rouillé. Je le lui ai enlevé et il s'est mis à hurler. Ma mère a crié: «Qu'est-ce que tu as fait? Qu'est-ce que tu as fait?» «Rien, rien.» En vérité, vous savez, sans moi, il serait mort; je suis donc responsable de lui, du bon comme du mauvais. Et je me souviens de Mordecai petit, jouant avec des autos. Il pouvait passer des heures assis à faire rouler ses petites voitures. *Vroom! Vroom!* Elles ressemblaient à des Dinkies, sauf que les Dinkies n'existaient pas à cette époque, ou peut-être que oui.

C'était une époque très dure. Mon père ne travaillait pas et nous vivions dans un logement sans eau chaude. Puis, les choses se sont mises à aller de mal en pis, et nous sommes allés habiter chez mon grand-père, le rabbin Rosenberg, rue Jeanne-Mance.

Mon père était un type formidable, adorable, mais ma mère n'a jamais eu un seul mot gentil à dire à son sujet. Ils avaient des disputes terribles. Et mon père acceptait tout ça, il se contentait d'encaisser, sans jamais rendre les coups. Je n'aimais pas ma mère. Elle se croyait supérieure à mon père parce qu'il pétait, qu'il rotait et qu'il était rustre. Il ne s'intéressait qu'aux choses terre à terre. Ma mère aurait dû être un homme, vraiment. Elle aurait voulu être un rabbin. Je ne me rappelle pas qu'elle m'ait jamais pris dans ses bras, embrassé, consolé ou réconforté. J'ai un souvenir très précis. Je devais avoir six ans; elle allait faire une course et m'a laissé à la porte, chez son père. J'ai couru après elle en criant, mais elle ne m'a pas entendu. Elle a fini par se tourner, et je lui ai demandé: «Dois-je enlever mes gants?» Elle m'a giflé et a dit: «Rentre à la maison. Retourne chez Zaide.»

Je pense que ma mère aurait voulu être un homme. Elle éprouvait un sentiment d'amour-haine à l'égard de son père – elle le détestait parce qu'il avait arrangé ce mariage. D'autre part, à ses yeux, personne ne pouvait se comparer à lui. La seule chose pour laquelle je remercie ma mère, c'est de nous avoir encouragés à lire. J'ai toujours eu l'impression qu'elle préférait Mordecai parce qu'il montrait plus de talent artistique que moi, particulièrement quand il a commencé à écrire tandis que je tirais le diable par la queue comme optométriste.

EVE RICHLER, *épouse d'Avrum*

Lily était une femme très difficile et, quand elle est venue habiter chez nous [à Terre-Neuve] les dernières années de sa vie, j'ai fait de mon mieux pour m'occuper d'elle. Mais, parfois, j'avais besoin de tout mon courage pour descendre la voir – ce que je faisais tous les jours. J'ai essayé de comprendre comment elle était devenue ce qu'elle était, parce qu'on peut davantage composer avec une situation quand on la comprend. Elle vénérait son père – il suffisait de l'entendre parler de lui – et, en grandissant, elle s'est manifestement fait une idée de ce qu'un homme, un mari, devait être: un chef de famille. Quand il a arrangé son mariage avec Moses Richler, elle lui a dit qu'elle éprouvait à l'époque beaucoup d'affection pour un autre garçon, qui étudiait pour devenir rabbin, mais son père a dit non. Il était animé des meilleures intentions du monde – les Richler avaient de l'argent. Elle a donc épousé Moses, convaincue que papa avait raison. Mais, moins de six mois plus tard, elle avait développé un tel mépris pour son mari – c'est ce qu'elle m'a dit – qu'elle a décidé de supporter la situation jusqu'à ce qu'Avrum soit élevé, puis de trouver un moyen de s'en aller. En même temps, elle a dû affronter le fait qu'elle se trouvait dans cette position à cause de son père. Comment pouvait-elle vivre en en voulant à son père ? Toute sa rage, cette rage qu'elle aurait normalement dirigée contre son père, était dirigée contre son mari, qui a commencé à se sentir de plus en plus médiocre. Les dernières années, chaque fois qu'elle parlait de son mariage, elle disait toujours quelque chose comme : « Il n'a jamais eu l'intention de me faire souffrir comme ça ou de me voir obligée de travailler. » Dans son esprit, elle essayait encore de pardonner à son père.

AVRUM RICHLER

Mon père était frustré sexuellement. Il ne recevait rien. Ils ont dû avoir des relations sexuelles deux fois – une fois pour moi et une fois pour Mordecai. Non, elle a fait une fausse couche, avant moi. Il allait peut-être voir des prostituées, je ne sais pas.

MORDECAI RICHLER

Mon père était un marchand de ferraille. Il se levait à cinq heures et demie pour arriver au chantier à six heures et demie, et il travaillait très fort dans toutes sortes de conditions, sans jamais vraiment gagner beaucoup d'argent. La vie était très difficile. C'était un homme très réticent, timide, qui ne s'exprimait pas très bien, et je l'adorais.

AVRUM RICHLER

Mon grand-père paternel, Shmarya, était un escroc. Je ne l'ai jamais vu sourire. Ses fils avaient peur de lui, et nous aussi. Une fois, un samedi, mon cousin David et moi regardions sa collection de timbres. Shmarya nous a vus – c'était le sabbat – et il a jeté ses timbres au feu.

Mon grand-père faisait semblant d'être un homme instruit, il nous donnait des leçons d'éthique et de morale, mais c'était un voleur incroyable. Il y a eu un scandale dans la famille. Le frère de mon père, Harry, achetait et vendait des pneus d'occasion. C'était de la marchandise volée. Harry a payé les pots cassés à la place de son père et il a passé trois ans en prison. La cause est vraiment consignée dans les livres de loi. Mon grand-père a profité de mon père. À l'occasion, mon grand-père devait de l'argent à mon père et il ne le lui donnait pas. Mon père était un faible, mais pas un imbécile. Il craignait son père, et son père passait en premier. Mordecai et moi, nous parlions de cet homme et nous nous disions combien nous le détestions. Mordecai était plus effronté. Il avait plus de cran que moi. Il lui répondait. Mon grand-père ne m'a jamais aimé, surtout quand j'ai cessé de prier. Nous l'avons tous deux déçu, et il rejetait le blâme sur ma mère. Ensuite, elle me criait après.

MAX RICHLER, *oncle, frère de Moses*

Mon frère Harry a fait de la prison pendant une courte période parce qu'il a acheté de la marchandise volée sans savoir qu'elle était volée. Mais Avrum se trompe, parce que ce n'était pas mon père qui faisait le commerce des pneus, c'était Harry. J'ignore ce qui s'est passé exactement – de 1942 à 1945, j'étais dans l'armée. Cette histoire que Harry a écopé pour mon père, Avrum l'a imaginée.

ANNE RICHLER, *tante, sœur de Moses*

Mordecai était un menteur. Mon père n'a jamais été un escroc. Il aidait les gens. Il ne volait pas. Mordecai a écrit dans ses livres toutes sortes de choses puisées dans notre passé, et il s'agissait de mensonges ou d'exagérations.

AVRUM RICHLER

Je sais seulement ce que j'ai entendu la famille raconter et ce que j'ai appris par la suite. Mordecai était certainement au courant de cela, et il en parle indirectement dans son livre, *Mon père, ce héros*. Les fils et les filles de Shmarya défendront leur père, évidemment. Mais je connaissais son caractère, et je crois que l'histoire est vraie. C'est vrai qu'il ne s'occupait pas *directement* de pneus d'occasion, mais il y avait des affaires reliées. C'est du moins ce que mon père m'a raconté.

ANNE RICHLER

J'avais dix-huit ans à la naissance de Mordecai. Je les ai gardés, lui et son frère, quand je faisais mon cours secondaire. Je me rendais chez eux après l'école et j'y passais la nuit. À l'époque, ils habitaient dans le logement de la rue Esplanade, entre Rachel et Duluth. Mordecai était un enfant insolent, mais il ne causait pas vraiment de problèmes. Je n'y faisais pas trop attention. Mon père ne parlait jamais de lui. Il ne l'aimait pas. Mordecai raconte n'importe quoi quand il dit que mon père le battait. Tu mens, Mordecai. Mon père connaissait le caractère de Mordecai et il ne l'aimait pas, un point c'est tout. Il craignait peut-être l'influence qu'il avait sur mon frère David, parce qu'ils étaient très amis.

MAX RICHLER

Mon père était un homme très religieux et il portait une casquette ou un chapeau tout le temps. Quand il regardait par la fenêtre, il voyait Mordecai tête nue. Il se mettait en colère contre lui et je pense qu'une fois il l'a jeté hors de la maison. Il le traitait de *shabbos goy*. Après ça, ils n'ont plus jamais éprouvé aucun respect l'un pour l'autre.

ANNE RICHLER

Lily était très gentille avec moi. Elle était un peu comme une sœur aînée. Elle a toujours été très fière d'elle-même. Elle pensait qu'elle pouvait être un écrivain. Elle avait un frère qui faisait du théâtre à New York et elle écrivait des histoires sur la maison de son père. Elle disait que si elle avait été un garçon, elle aurait été rabbin, elle aurait marché dans les traces de son père, et que quand les gens venaient lui demander conseil, il lui demandait son avis. C'était un rabbin à l'ancienne. Je l'évitais.

David Richler, le benjamin des quatorze enfants de Shmarya, était l'oncle de Mordecai; il n'avait que deux ans de plus que lui, et ils étaient très proches pendant leur enfance.

DAVID RICHLER

Nous avons déménagé rue Saint-Urbain en 1938. Il me semble que la famille de Mordecai habitait déjà de l'autre côté de la rue. Il devait avoir à peu près sept ans. Nous avons été très proches pendant quelques années. Nous faisions les quatre cents coups ensemble. À cette époque, il observait encore le sabbat et nous passions beaucoup de temps à jouer ensemble. Il était très rigolo. Nous jouions à la *tag*, des jeux d'enfants. Comme nous n'avions pas de vrais jouets, nous devions nous débrouiller avec les moyens du bord. Avrum se joignait à nous. Je faisais souvent des choses avec lui, mais moins qu'avec Mordecai.

AVRUM RICHLER

Quand mon grand-père vivait en face de chez nous, rue Saint-Urbain, il avait une grande cour pleine de ferraille, de bois. David, Mottel et moi, nous avons construit une cabane avec le bois, et nous allions nous cacher là, loin de nos parents. Nous chipions des cigarettes et nous allions fumer dans la cabane. J'avais treize ou quatorze ans, alors lui, il devait avoir… huit ou neuf ans. Nous ramassions des mégots dans la rue et nous achetions pour un sou des pipes d'argile pour faire des bulles. Nous enlevions le papier des mégots, mettions le tabac dans la pipe et fumions. Quand nous n'avions pas de mégots, nous fumions des peaux de banane séchées. Seigneur! Ça nous montait à la tête. Nous ne savions pas ce que ça voulait dire, mais nous trouvions ça bon. Nous prenions aussi des tiges de bambou qu'on place dans les souliers neufs pour les étirer, nous les coupions soigneusement en forme de cigarette et nous les fumions. Elles avaient à peu près le même diamètre que les vraies cigarettes. Si nos parents le savaient, ils n'ont jamais rien dit.

LIONEL ALBERT, *cousin germain*

Ma mère, Ruth, était la sœur aînée de Lily. Quelques années après la mort de son père, Lily a entrepris une collecte en vue de réparer son *ohel* (mausolée en hébreu), l'abri sur la tombe. Elle a apposé une plaque en anglais à l'extérieur – il y avait déjà une plaque en hébreu –, sur laquelle elle a réglé ses comptes. Elle était maladivement autoritaire, c'était elle qui contrôlait le testament – non parce qu'elle voulait l'argent, mais parce qu'elle voulait contrôler. Elle était aimante et chaleureuse, une tante adorable, mais quelque chose clochait chez elle. Elle se mettait à haïr du jour au lendemain – c'était davantage de la rage que de la haine. Pendant plusieurs années, ma mère ne lui a pas adressé la parole. Vers la fin, plus personne, pour ainsi dire, ne lui parlait. Elle a vécu jusqu'à quatre-vingt-douze ans, et Mordecai disait: «C'est la haine qui la garde en vie.» Mais le mot «rage» convient mieux. Le père de Mordecai – nous l'appelions Mosey – était un mauvais pourvoyeur. On aurait dit qu'il portait un écriteau avec les mots «Mauvais pourvoyeur. Perdant» écrits dessus.

MORDECAI RICHLER

S'il est vrai que tout ce que Midas touchait se transformait en or, pour mon père, c'était exactement le contraire.

DAVID RICHLER

Mo était un type insouciant, et il n'a jamais eu la vie facile. Il avait un commerce qui a fait faillite au moment de la Crise. À partir de là, il s'est conduit comme s'il pensait: «J'existe, je ne vis pas.» Il avait bon cœur et nous l'aimions beaucoup. Lui et mon frère Joe ont travaillé longtemps ensemble dans ce commerce de ferraille, et quand l'affaire a commencé à péricliter, nous – les cinq frères associés dans les Industries Richler – l'avons embauché. Tout le monde l'aimait.

LIONEL ALBERT

Lily a habité quelque temps chez ses parents. Mosey faisait de très mauvaises affaires, et ses parents étaient sa vache à lait. Quand ma grand-mère a eu une attaque, ma mère a trouvé une maison de

convalescence pour elle au centre-ville de Montréal. Mais Lily a vu sa
vache à lait ou son pouvoir disparaître. Dans son livre (*The Errand
Runner*, 1981, Wiley), Lily a écrit qu'elle ne pouvait supporter de voir
sa pauvre mère toute seule. Personne n'y croit. Mais elle s'en est
occupée consciencieusement.

*Malgré sa pauvreté, la famille s'est arrangée pour trouver quelques dollars
afin d'envoyer les garçons à la campagne pendant l'été. Ils louaient un petit
chalet à Prévost ou à Shawbridge, des villages dans les Laurentides, au
nord de Montréal.*

LIONEL ALBERT

Tout le monde payait une partie du loyer d'un chalet à Shawbridge.
Une année, Mordecai et Avrum et peut-être leur oncle David ou un
autre garçon et moi sommes allés faire de l'escalade. Nous avions
alors entre huit et dix ans, et Mutti et moi, nous nous sommes
retrouvés séparés des autres d'un côté de la pente. Nous avons tous
deux commencé à glisser et à nous agripper à des buissons, mais
c'étaient des branches mortes. Nous étions morts de trouille. J'ai
atterri sur mon derrière et dévalé la pente en roulant. Quarante
pieds. Mordecai s'est éraflé le front sur la paroi rocheuse. Une seule
chose nous préoccupait : il ne fallait pas que Lily l'apprenne. Je crois
que nous avons inventé une histoire à dormir debout à son intention.
Nous avions trop peur pour pleurer : c'était la mort, c'était grave.

AVRUM RICHLER

Il avait une grosse entaille sur le front, je m'en souviens. Ce qui m'a
impressionné, c'est qu'il n'a pas pleuré. Il avait mal, on voyait bien
qu'il avait mal, mais il ne pleurait pas. Nous ne pouvions en parler à
ma mère, le prix à payer aurait été trop cher.

PEARL ADAMS (NÉE BROWNSTEIN), *amie d'enfance*

Dans notre enfance, nous habitions rue Saint-Urbain, comme
Mordecai. La rue était si peuplée, il y avait peut-être cinq cents enfants, parce que toutes les maisons étaient des triplex. Comme
j'habitais près de la rue Rachel et lui, près de Fairmount, je n'avais pas
de contacts avec lui, mais, pendant l'été, nos familles louaient de
petits chalets à Prévost ou à Shawbridge, et celui de sa famille était à
vingt pieds du nôtre. Nous étions entassés dans ces chalets, et il y
avait beaucoup de bruit, parce que nos grands-parents, nos oncles et
nos tantes et tous les enfants étaient là. Ces maisons n'avaient pas de
plomberie intérieure ni d'électricité. Nous utilisions des lampes à

l'huile. Alors, j'aime bien raconter que j'ai partagé une chiotte avec Mordecai Richler – pas en même temps, bien sûr. Nous avions dix, onze, douze ans. Nous étions une bande de gamins turbulents et nos parents nous disaient de faire moins de boucan parce que la mère de Mordecai prenait soin de sa mère, qui était incontinente, et que ce n'était pas facile pour elle. Je ne l'ai jamais vue sourire. Elle passait son temps assise sur le quai, le nez dans un bouquin.

À quoi ressemblait Mordecai? Je dois dire qu'il était très introverti. Il n'avait jamais l'air de faire partie de la bande. Les autres enfants étaient toujours occupés à cueillir des framboises ou des choses comme ça.

LIONEL ALBERT

C'était un *enfant terrible** et nous nous battions beaucoup, mais nous jouions aussi beaucoup ensemble. Nous nous poussions et nous nous bousculions – des batailles d'enfants. Sa mère lui faisait toujours des reproches – «Pourquoi ne ressembles-tu pas à Lionel? Regarde comme Lionel réussit bien à l'école.»

Richler a lui-même raconté que, dans sa jeunesse, il volait à l'étalage. Des années plus tard, après que son fils Daniel eut été puni pour un délit semblable, Mordecai le taquinait en disant que lui, il ne s'était jamais fait prendre. Cela lui est cependant arrivé, une fois.

MORDECAI RICHLER

C'était la fin de l'après-midi, je venais de sortir du *cheder* [école hébraïque] de M. Feinberg. J'ai traversé l'avenue du Parc et je suis entré chez Kresge. J'ai été pris en flagrant délit de vol à l'étalage. Le directeur du magasin, un Écossais presbytérien, m'a fait entrer dans son bureau. Il n'était pas fâché, mais il avait honte pour moi. «Je ne me serais jamais attendu à ce qu'un garçon juif se conduise de la sorte, a-t-il dit. Tu viens d'une famille dont les membres travaillent dur et respectent la loi. J'ai beaucoup d'admiration pour ton peuple, parce que vous avez toujours placé l'éducation, la sobriété et la famille au-dessus de tout.»

LILY SHATSKY (NÉE FRANKEL), *amie d'enfance*

Nous vivions tous deux rue Saint-Urbain, et nous avons fréquenté l'école Talmud Torah pendant sept ans. Comment il était? Différent, différent. À cette époque déjà, nous savions qu'il y avait des problèmes

---

* Les mots suivis d'un astérisque sont en français dans le texte original.

dans sa famille. Nous avions coutume de nous asseoir dans les marches devant sa maison. Il était efflanqué, différent, et il avait un tempérament artistique. Il avait un talent incroyable en dessin – j'avais toujours pensé que c'était ce qu'il ferait plus tard. À l'école, il n'était pas difficile. Il était un peu bluffeur. Notre classe était très petite à l'école Talmud Torah, et c'était le même groupe pendant les sept premières années. Il était toujours brillant, il écrivait toujours magnifiquement, mais il était un peu ballot, ou il était perçu comme tel. Il avait de grandes oreilles. Il était amusant, mais il pouvait se montrer sarcastique. Il n'était pas vraiment ami avec les autres, peut-être parce que nous étions une des quatre ou cinq familles de l'école qui habitaient à l'est de l'avenue du Parc. La plupart des autres étaient riches. La situation s'explique en partie par son attitude sarcastique, en partie par sa maigreur, et en partie par l'endroit où il vivait.

HERMAN SILVER, *voisin pendant l'enfance*

Enfant, c'était un vrai salaud. Chez Shachter's, un magasin de Montréal, il y avait un club d'échecs dans l'arrière-boutique, et les vieux venaient jouer. Mordecai tournait autour d'eux et contrariait tous ces vieillards et volait des bonbons. Il y avait un gamin retardé dont le père, un colporteur, était très religieux. Mordecai se moquait de lui. Il avait alors dix ou douze ans, peut-être un peu plus. Quand je lis tout ce blabla à son sujet, je me rappelle le petit con qui dérangeait et contrariait tout le monde. Il était toujours sur le dos de cet enfant retardé dont le père vendait des guenilles dans une charrette. C'était un petit morveux.

EVELYN SACKS, *professeur de septième année*

C'était un enfant très brillant. Ses professeurs de cinquième, de sixième année – ils parlaient tous de Mordecai. Il n'y avait pas d'élève plus doué. Et il était dans une très bonne classe. Évidemment, il venait d'un milieu très *k'vod* [distingué] du côté de sa mère. Et il s'exprimait très bien – il avait ce que nous appelons [en yiddish] une *pisk* [de la gueule]. Il était sans contredit le meneur de la classe. Il avait de la personnalité. Il était populaire et aussi souvent détesté. Son esprit et son attitude tranchante intimidaient les autres élèves. J'enseignais la composition et il m'a suffi de lire deux phrases qu'il a écrites de mauvaise grâce pour comprendre qu'il était mon meilleur élève. Oui, dès l'âge de douze ou treize ans. Je l'ai su tout de suite et je l'ai dit. Toujours précis. Un anglais toujours parfait. Cela lui venait si facilement. Et il avait un autre talent : il peignait. C'était un artiste. Pour sa bar-mitsvah, à laquelle j'ai assisté, dans une petite *shul* [synagogue] près de la rue Clark – c'était la première fois que j'assistais à la cérémonie complète pour un garçon, je n'en revenais pas –, je lui ai offert un chevalet et une boîte de gouache. Je ne savais pas quelle orientation il prendrait.

DAVID RICHLER

J'étais présent à sa bar-mitsvah. À l'époque, ça se passait diffé-remment. Il a lu la Torah et récité très bien l'Hafrorah. Il était très bien élevé. Il savait tout. Ensuite, un petit gâteau et un verre d'alcool – très modeste. À l'époque, son hébreu était très bon.

EVELYN SACKS

En ce temps-là, il fallait enseigner toutes les matières, et j'étais un professeur de sciences et de mathématique, pas un professeur de dessin. C'était Mordecai qui donnait le cours de dessin dans ma classe. Il était assez doué pour le faire. À cette époque, il habitait en face de l'école Talmud Torah, et sa mère louait des chambres. Mon mari était à la guerre et j'étais déprimée. Je suis allée voir le médecin, et il m'a recommandé de prendre un repas par jour avec des gens. J'ai donc pris l'habitude d'aller manger là chaque soir. Je m'entendais bien avec Lily. Elle pouvait se montrer très dure. La dernière fois que je l'ai vue, elle m'a dit : « Bonté divine, regardez-vous. Vous étiez une si jolie femme, et regardez ce que vous êtes devenue. » Mais c'est comme ça que je me suis rapprochée de Mordecai. J'étais plus qu'un professeur pour lui. Notre amitié s'est poursuivie très très longtemps. J'ai pris son parti quand il a été suspendu par son professeur d'hébreu. Celui-ci a prétendu que Mordecai s'était montré grossier avec lui. Mordecai m'a dit : « Je suis assis au-dessous de lui, et il parle, et en parlant, il me crache dessus. Alors je lui ai demandé d'arrêter de postillonner. Je ne pensais pas que c'était grossier, mais pour lui, ce l'était. » C'était une affaire très grave. J'ai dû aller voir M. Magid, le principal. J'y suis allée au nom de Mordecai et j'ai dit qu'il était absolument inconcevable de faire une telle chose, surtout à ce moment-là, alors que sa famille se disloquait.

AVRUM RICHLER

Le professeur d'hébreu de Mordecai était M. Leibel Yalofsky, un homme très gentil, qui était aussi mon professeur. C'est M. Magid, le principal, qui a suspendu Mordecai de l'école Talmud Torah, et Evelyn Sacks n'a rien eu à voir avec le fait qu'il a été réadmis au cours. J'ai l'impression qu'elle avait le béguin pour mon frère et que ce sen-timent s'est accentué quand il a vieilli et qu'il fréquentait Sir George Williams.

Dans un article paru en 1999 dans Professionally Speaking, *Richler a évoqué son affection pour les professeurs stimulants et a rappelé qu'il avait coutume de faire du grabuge à l'école. Voici un extrait de cet article.*

« Manifestement, écrit-il par exemple, les fils d'Adam et d'Ève ont dû épouser leurs sœurs. Était-ce permis à cette époque ? »

« Idiot. Grande gueule. Tu resteras une heure après l'école et tu laveras les tableaux dans toutes les classes. »

Deux fois par semaine, après l'école, j'étais obligé d'assister au cours de Talmud donné par M. Yalofsky dans une pièce mal aérée à l'arrière de la synagogue Young Israel. « Si un homme tombe du toit d'un immeuble de cinq étages, entonnait M. Yalofsky, et que, deux étages plus bas, un autre sort une épée par la fenêtre et le transperce, ce deuxième homme est-il coupable de meurtre ou non ? » Le rabbin Menasha demande : l'homme était-il déjà mort d'un arrêt cardiaque avant de recevoir un coup d'épée ? Le rabbin Yehuda demande : est-il tombé du toit ou l'a-t-on poussé ? Les deux hommes étaient-ils parents ? Étaient-ils des ennemis ? des amis ? L'épée était-elle déjà sortie de la fenêtre ou a-t-elle été projetée dans le corps qui tombait ? L'homme serait-il de toute façon mort de la chute ? On s'en fout !

Le samedi matin, on allait se promener au centre-ville, on fumait des cigarettes Turret, vendues alors cinq cents le paquet de cinq, on sifflait les filles plus vieilles que nous, en vain. Notre destination était Eaton's, notre mission, voler à l'étalage. On se retrouvait à l'école Fletcher's Field pour comparer notre butin et faire du troc.

Un été, désirant favoriser le talent artistique naturel de son fils, Lily Richler inscrivit Mordecai à un cours de dessin au musée de Montréal. Pendant des années, Avrum Richler supposa que son frère voulait devenir peintre, même si, au début de son adolescence, il avait subi des pressions – « sans doute de la part de ma mère, mon père n'ayant jamais eu beaucoup d'influence dans ces domaines » – pour devenir rabbin. Des années plus tard, après qu'Andre Deutsch eut accepté de publier son premier roman, The Acrobats, *Richler proposa de dessiner l'illustration de la page couverture, faisant valoir qu'il avait eu l'intention de devenir artiste commercial après avoir refusé de devenir rabbin. Par la suite, il confia à Nathan Cohen au cours d'une entrevue : « On s'attendait à ce que je devienne peintre. Mais je n'avais rien d'autre que de la facilité. J'aurais pu devenir un artiste commercial de troisième catégorie. »*

À l'adolescence, à mesure qu'il vieillissait et gagnait de la confiance en lui, Richler se retrouva de plus en plus en révolte contre le code rigide de conduite orthodoxe qu'il était censé observer.

HOWARD RICHLER, *cousin*

C'était un rebelle. Il avait l'esprit ouvert et il n'acceptait pas les réponses doctrinaires.

Après un déjeuner avec Richler en 1997, Jan Wong écrivit dans le Globe and Mail : *« Son grand-père hassidique le fouettait avec une ceinture de cuir pour des infractions mineures aux lois religieuses. À treize ans, Richler se déclara athée, ce qui provoqua une bagarre à coups de poing avec son père. Ils ne se parlèrent plus pendant deux ans. »*

AVRUM RICHLER

Pour moi, c'est difficile à croire. Toutefois, quand il avait treize ans, je faisais mon service militaire à Queen's, et il est donc possible que je n'aie pas eu vent de cette histoire. Mordecai n'avait pas coutume de mentir, alors, s'il a raconté cela à Jan, c'est peut-être vrai, mais il a peut-être aussi un peu exagéré. Mon grand-père avait un caractère épouvantable, mais de là à frapper avec une ceinture… Je ne suis pas sûr. Quant à se battre à coups de poing avec mon père, je trouve cela encore plus incroyable. Mon père était un homme humble et doux. Je ne peux concevoir que l'un ou l'autre ait pu en venir aux mains. À mon avis, la réaction de mon père doit avoir été : « Tu m'en diras tant ! »

MORDECAI RICHLER

J'avais des rapports très acrimonieux avec Shmarya. C'était vraiment terrible. Pas à cause de ce que j'ai écrit, il est mort avant ça, mais parce que j'ai rompu avec l'orthodoxie. Nous ne nous aimions pas, et c'était une antipathie réciproque très forte. J'avais douze ans et j'avais commencé à me balader dans la rue Saint-Urbain sans chapeau, à prendre le tramway le jour du sabbat. Le dimanche après-midi suivant, mon père et moi, nous nous apprêtions à aller chez lui [mon grand-père], rue Jeanne-Mance, et il m'a supplié de ne pas lui faire honte de nouveau, de bien me conduire pour une fois, puis il m'a lancé une *kippa*.

— Tu ne peux pas y aller tête nue. Mets-la.
— C'est contre mes principes. Je suis athée.
— Qu'est-ce que tu racontes ?

– Charles Darwin, ai-je répondu – je venais de lire un article de fond à son sujet. Tu n'en as pas entendu parler?

– Mets tout de suite ce *yarmulke*. Sinon, je te coupe ton allocation.

– D'accord, d'accord.

2

LE GARÇON DE LA RUE SAINT-URBAIN

« Le garçon n'était pas aigri, dirais-je. Il se tenait debout. Il était
très à l'aise, il savait ce qu'il voulait. Il se tenait très droit. Il n'avait
peur de rien. Il se tenait debout et il était fier, quelqu'un de fort.
Il mettait du temps avant de plier, avant de craindre. Il se tenait
debout. Oui, debout. »

JERRY BROWN, CAMARADE DE CLASSE,
ÉCOLE SECONDAIRE BARON BYNG

Le divorce – en réalité, il s'agissait d'une annulation de mariage – de ses parents fut de toute évidence l'événement marquant de l'adolescence de Richler. Il se produisit un peu après son treizième anniversaire; sa bar-mitsvah venait d'avoir lieu. Fondamentalement incompatible, le couple se querellait ouvertement depuis des années. Le facteur qui précipita la rupture fut sans doute une relation que Lily Richler commença à entretenir avec un de ses pensionnaires, un réfugié de guerre européen du nom de Julius Frankel qui, à de nombreux égards, était tout ce que son mari n'était pas – cultivé, raffiné et instruit.

Joe Caplan, un avocat montréalais, représenta Lily Richler en cour. À cause de son coût prohibitif, un divorce civil était hors de question. Caplan demanda une annulation de mariage selon la loi juive, faisant valoir que Lily avait épousé Moses Richler sans l'autorisation de son père – c'était faux, le mariage avait été arrangé –, et que, comme elle n'avait que dix-sept ans au moment de son mariage, elle n'avait pas l'âge légal. Caplan gagna sa cause – le mariage fut officiellement annulé par l'émission de ce qui est connu comme un get [document de divorce] dans la loi hébraïque. Dans le cas d'une annulation, le problème est que, techniquement parlant, les enfants deviennent des bâtards. Ou, comme Mordecai le dit à ses parents – utilisant le terme hébreu : «Qu'est-ce qu'on devient, nous ? Des mamzerim ? »

Après le divorce, Richler continua à habiter avec sa mère ; il voyait son père la fin de semaine surtout. Avrum Richler avait déjà quitté la maison et il poursuivait des études universitaires à Kingston, en Ontario.

EVELYN SACKS

Oh ! Ce fut terrible. Il prenait parti. Pour commencer, il a pris le parti de sa mère et s'est retourné contre son père. Son pauvre père. Ensuite, il s'est rapproché de son père et il s'est retourné contre sa mère, violemment. C'était horrible, tout simplement horrible, pour un gamin de treize ans.

DAVID RICHLER

Ce divorce nous a donné un choc, nous a complètement bouleversés. Toute la famille aimait bien Lily. Quand nous étions malades, c'était toujours vers elle que nous allions. Elle était bonne. Nous avons été bouleversés quand ils ont décidé de rompre. À l'époque, le divorce était très rare, très inhabituel, et ça a été très dur pour la famille. C'est à ce moment-là que Mordecai a tout laissé tomber. C'est ce que nous pensons, même si, bien sûr, il s'était peut-être déjà fait son idée. À l'adolescence, il s'est éloigné de nous. Il a cessé de pratiquer la religion, s'est assuré que nous le savions et que ça nous faisait mal. Mon frère Mo en parlait rarement. Lily se prenait pour un écrivain. Elle ne le trouvait pas assez bien pour elle, pas assez intellectuel. Tout ceci s'est matérialisé au cours des sept années pendant lesquelles elle a pris soin de sa mère paralysée. Celle-ci était grabataire, incapable de parler. Lily la sortait du lit, la lavait, la nettoyait. Elle était fantastique avec sa mère. Sa santé s'en est ressentie. Je pense qu'elle a eu des fausses couches à cause de ça. Après la mort de sa mère, elle a voulu continuer toute seule.

ANNE RICHLER

À mon retour de l'hôpital – j'avais eu un accident de vélo –, ils étaient en pleine procédure de divorce. Ils l'avaient retardée à cause de la bar-mitsvah de Mordecai. «Parle-lui», m'a dit ma mère. J'ai répondu : «Si c'est un *fait accompli**, que puis-je faire ? » Je n'en ai pas discuté avec elle. Je ne pouvais rien faire. J'étais très secouée. Mon frère Mo a eu le cœur brisé. Il ne voulait pas divorcer. Il était si gentil, mon frère Mo. Il avait un sens de l'humour très particulier, il nous faisait rire aux larmes, et il était fou de Lily. À leur séparation, j'ai pris mes distances vis-à-vis de Lily. Elle pensait qu'elle allait épouser cet homme qui vivait là, Julius Frankel, son pensionnaire. Mais il voulait fonder une famille et, plus tard, il s'est marié et il a eu des enfants à Toronto. Des années plus tard, j'ai rencontré Lily une fois dans l'autobus, après la mort de ma mère, en 1976. Je me suis assise à côté d'elle et elle m'a dit : « Tu sais, Anne, j'ai commis une grosse erreur quand j'ai divorcé. » « En effet », ai-je répondu. Elle a dit : « Je me rends compte maintenant qu'il était un homme simple » – mon frère n'avait pas fait son cours secondaire, il avait fait des études juives, évidemment, mais c'était comme ça –, « mais il était bon. » J'ai dit : « Oui, Lily, il était très bon et tu lui as brisé le cœur. » Je ne le lui ai jamais pardonné.

Evelyn Sacks, le professeur de Richler à l'école Talmud Torah, allait souvent souper chez les Richler.

EVELYN SACKS

La plupart du temps, Frankel était là. C'était un homme brillant, avec un sens de l'humour très caustique. Il avait une autre petite amie, qu'il a épousée peu de temps après. C'est pourquoi Lily était si amère. Comment il s'entendait avec Mordecai ? Pas très bien. D'habitude, Mordecai s'asseyait à côté de moi, et c'était à moi qu'il parlait – quand il parlait.

AVRUM RICHLER

Je n'aimais pas ce type, Frankel. Il nous disait qu'il était chanteur d'opéra, qu'il avait une fiancée qui s'appelait Erica, et la nuit, il hurlait son nom. Et il chantait. Je pense qu'il l'a abandonnée et qu'il se sentait très coupable. Quand j'ai entendu parler du divorce – j'étais à l'Université Queen's –, je suis allé le voir à Montréal. Je suis entré dans la maison et mon père était là. J'ai attrapé ce Frankel. « Ta mère et moi, nous sommes amoureux », m'a-t-il dit. Il était plus jeune qu'elle. Mon frère a été le témoin de certaines choses. Moi, je n'étais pas là. Il y a trois ans [en 1999], Mordecai est venu ici, à Saint-Jean de Terre-Neuve. Il m'a raconté qu'un soir, il dormait dans son lit, rue Saint-Urbain – il devait avoir treize ou quatorze ans –, lorsqu'il a entendu du bruit. Il m'a dit : « Je me suis réveillé et ils étaient en train de baiser, elle et Frankel. » Ce sont ses propres paroles. Oui, dans la même chambre, dans l'autre lit. Ils avaient peut-être bu. Mordecai a probablement fait semblant de dormir, mais l'expérience a dû être très traumatisante pour lui. Il m'a raconté que, des années plus tard, ma mère lui a envoyé une lettre terrible et il lui a répondu par une lettre tout aussi virulente dans laquelle il l'accusait de cette chose. J'ai l'impression que ces lettres sont à l'origine de leur brouille. Ça m'a donné un choc, évidemment. Je savais que ma mère était bizarre et qu'elle avait de drôles d'idées, mais faire ça et le laisser en être témoin?

MAX RICHLER

Je suis porté à douter de ce que dit Avrum parce que, d'après ce que je comprends, Lily n'était pas très intéressée par le sexe.

L'éclatement de sa famille a sans aucun doute accentué la révolte de Richler à l'adolescence.

AVRUM RICHLER

L'atmosphère à la maison – les rapports avec mon grand-père, la froideur de ma mère à l'égard de ses enfants et ce qu'elle a fait avec son amant – nous a rendus cyniques, mon frère et moi. C'était affreux. Il a perdu ses illusions. Il était nietzschéen. Il l'a été jusqu'à la fin. Il n'avait pas de temps à perdre avec les imbéciles, les faux jetons, les inepties. Mon frère était adorable. Les gens le trouvaient froid, le prenaient pour un malotru – il était froid et distant, mais il était vif, les conneries, il les voyait tout de suite. Et la façon dont ma mère traitait mon père, et la façon dont mon père faisait semblant d'être religieux sans l'être – il marmonnait ses prières –, et la façon dont son père nous traitait. Si c'était comme ça que les gens pieux se comportaient, etc., il ne voulait pas être pieux. J'ai cessé de porter mes *tephillin* [phylactères], et j'ai commencé à prendre le tramway le samedi, mais, jusqu'à ce jour, je n'ai jamais mangé de porc. J'ai donc été détourné de la religion par deux personnes, mon grand-père et ma mère. Je suis convaincu que c'est à cause d'eux que Mordecai a été considéré comme un mouton noir. Ces deux personnes haïssaient pour de bon. Elles étaient toutes deux malhonnêtes. Elles s'arrangeaient toujours pour plier les règles à leur convenance. Et c'étaient deux Juifs très orthodoxes.

MORDECAI RICHLER

J'ai surpris mon grand-père en train de tricher sur le poids des marchandises dans son chantier de ferraille aux dépens d'un revendeur irlandais soûl [un incident relaté dans son deuxième roman, *Mon père, ce héros*]. Mon grand-père, un parangon de vertu.

DAVID RICHLER

En yiddish, on dit d'une personne qui réplique tout le temps qu'elle est *oissis punim*. Mordecai était comme ça, avec ses professeurs, avec le principal. Un petit malin. Il essayait souvent de tourmenter mon père. Juste pour l'exaspérer, il passait devant la maison le samedi en fumant une cigarette. Ce genre de comportement faisait sortir mon père de ses gonds. Mais je ne l'ai jamais vu lui faire mal physiquement. Il lui disait de s'en aller, de sortir de la maison.

AVRUM RICHLER

C'étaient des hypocrites. Mordecai et moi parlions de leur hypocrisie. Nous étions dans notre lit, et Mordecai m'a dit: «Qu'en penses-tu? Quelles conneries. Y crois-tu vraiment?» «Non», ai-je répondu. Et il m'a demandé si je portais encore mes *tephillin*. «Seulement quand maman est là.» Je ne crois pas qu'il l'ait fait après sa bar-mitsvah. Mon père m'a passé tout un savon quand il a découvert que j'avais mangé un sandwich au salami non kasher chez Wilensky. «Et toi, tu manges bien des biscuits au chocolat quand tu joues aux cartes. Des biscuits *trafe* [non kasher].» «Ah! Tu m'en diras tant!» C'était son expression favorite: «Tu m'en diras tant!» Le jour du sabbat, après le dîner, mon père disparaissait avec ses frères. Ils allaient chez Schachies – Shachter's – manger des biscuits au chocolat, qui n'étaient pas kasher, boire du Coke, qui n'était pas kasher, et tout ce qui leur faisait envie, et ils jouaient aux cartes dans l'arrière-boutique. Ils jouaient à l'argent, mais ils se rappelaient dans leur tête qui devait combien – on n'a pas le droit d'échanger de l'argent le jour du sabbat. Ils attendaient le soir pour payer la nourriture. Pendant les séries mondiales, tous ces types dévots allaient écouter la radio chez Schachies, parce que c'était interdit de le faire à la maison. Ensuite, ma mère a bien entendu établi ses propres règles – elle a commencé à travailler le samedi et à prendre le tramway. J'étais choqué. Quand mon grand-père maternel est mort, il y a eu des disputes terribles, et ils s'arrachaient ses livres. On a commencé à se rendre compte… Ces gens étaient censés être des saints, avoir une éthique à toute épreuve, pourtant…

Vous voyez, mon frère était une personne très morale, il avait des règles d'éthique très strictes. Il était plus moral que les Juifs avec qui nous avons grandi. Les choses que nous avons vues et dont nous avons discuté, les choses qui nous ont dégoûtés l'ont fait et m'ont fait. Il était toutefois plus fort que moi. Il défendait ce en quoi il croyait avec plus d'assurance que moi.

De son propre aveu, Richler ne lisait pas beaucoup dans sa jeunesse. Parmi les livres qu'il a lus, mentionnons La bonne terre *de Pearl S. Buck, les romans de détective mettant Perry Mason en vedette,* Les trois mous-quetaires, Le comte de Monte Cristo, *des ouvrages de G. A. Henty et de Rudyard Kipling. La première nouvelle qu'il a écrite se passait dans les clubs privés londoniens. «Sir Marmaduke Tingley Winterbottom, se rappelant de passer le porto à sa gauche, dit à Lord Beauchamp, prononcé Beecham: "Dites, vous ai-je déjà parlé du temps où notre bataillon a fait face aux Fuzzy Wuzzies sur les plaines africaines?"» Comme il l'a dit plus tard, ce sont les filles – c'est-à-dire leur absence – qui l'ont amené à écrire.*

MORDECAI RICHLER

J'avais treize ans, je n'étais pas grand pour mon âge, j'étais couvert de boutons. J'avais une peur bleue des filles. J'ai fait l'acquisition d'une pipe afin d'attirer l'attention sur ma personne et je me suis arrangé pour être vu partout avec elle. Aux parties de basket-ball de l'école, je faisais semblant d'être absorbé dans la lecture d'ouvrages intimidants, comme *L'esquisse de l'histoire universelle* de H. G. Wells.

Fasciné par l'histoire et les biographies, Richler a commencé par détester la fiction. Les deux femmes responsables de la bibliothèque du quartier essayèrent de lui faire lire des romans, mais il leur dit que les histoires l'ennuyaient. Il expérimenta ensuite un genre d'épiphanie. Cloué pendant des jours au lit à cause d'une maladie, il reçut À l'ouest rien de nouveau *d'Erich Maria Remarque. Il se demanda si c'était une mauvaise blague. «On était en 1944, et je souhaitais avec ferveur une mort atroce à tous les Allemands qui restaient sur terre.» Pour finir, il s'ennuyait tellement qu'il se résigna à lire ce livre. «Haïssant les Allemands avec passion, j'avais à peine lu vingt ou trente pages que l'auteur avait réussi à ce que je m'iden-tifie avec mon ennemi, ce Paul Baumer de dix-neuf ans, poussé dans les tranchées de la Grande Guerre avec ses camarades de classe. Je n'aurais jamais pensé qu'un simple roman, l'histoire d'un étranger, pût être dan-gereux, m'obligeant à remettre en question tant d'idées reçues sur les Allemands, et ma propre monumentale ignorance du monde.»*
Un incident, mineur dans le contexte du roman, impressionna et troubla particulièrement Richler – une scène où les jeunes soldats alle-mands mangent des crêpes aux pommes de terre, ou latkes. «J'avais tou-jours cru que c'était un plat de la cuisine juive, et certainement pas un mets, allemand. Qu'est-ce que je savais? Rien. Pour le dire autrement, ma véritable éducation a commencé le jour où j'ai appris que la recette de

latkes *n'était pas d'origine juive mais qu'elle avait été empruntée aux Allemands, et qu'en dépit de tout le reste Juifs et Allemands avaient ce goût en commun. Une découverte insignifiante qui a fait de moi un inconditionnel de l'écriture romanesque.* »

AVRUM RICHLER

D'une certaine façon, il me respectait. J'étais le frère aîné, et il avait toujours quelque chose à me demander. Il me demandait conseil à propos des filles. Du sexe et des filles. « Qu'est-ce que tu fais quand ça arrive ? » Et je faisais semblant d'être au courant. Je lui disais par exemple que, quand on amène une fille danser, il faut lui acheter un petit bouquet. Je crois qu'il en savait plus que moi. Nous parlions de la masturbation. Je lui disais : « Si tu fais ça, tu deviendras aveugle. » Il me posait des tas de questions. « Comment touche-t-on les femmes ? les filles ? Comment on y arrive ? Comment dégrafe-t-on un soutien-gorge ? » C'était différent, à l'époque. Nous étions tous des garçons très sages.

DAVE GURSKY, *ami d'enfance*

J'ai un an de plus que lui. La première fois que j'ai rencontré Mutti – c'était ainsi que nous l'appelions –, j'avais treize ou quatorze ans. C'était à l'Habonim [un groupe de jeunes travaillistes sionistes]. Nous formions un triumvirat : Murray Greenberg, lui et moi. Nous mangions chez nous le vendredi soir et, après le repas, nous allions danser et rencontrer les autres à l'Habonim House, rue Jeanne-Mance. C'était un milieu très convivial – rien d'excitant ou d'inhabituel.

PEARL BABINS (NÉE ZIPPORAH STILLMAN), *amie d'enfance*

Je l'ai très bien connu à l'adolescence. Morty – je le connaissais sous ce nom – et moi étions tous deux membres de l'Habonim et ce, pendant environ quatre ans. Nous sortions souvent ensemble – nous allions au cinéma ou nous allions traîner au local du Mouvement des jeunes Habonim, nous allions chez des amis. Il est venu à la fête de mon seizième anniversaire avec une autre fille, mon amie Lily Frankel. J'étais contente, parce que je le trouvais beaucoup trop agressif. Quand je dis agressif, je parle vraiment d'avances physiques non désirées. Une anecdote – que je raconte à mes petits-enfants –, me rendra célèbre : une fois, au cinéma, il s'est montré trop entreprenant, alors je lui ai dit que je devais aller aux toilettes et je suis rentrée chez moi en tramway. Nous avions beaucoup d'amis communs et nous avions des idées très arrêtées sur la formation de l'État d'Israël. Je sentais pourtant que c'était surtout pour les filles qu'il fréquentait le groupe.

À quoi ressemblait-il à cette époque? C'était un jeune homme imprévisible, souvent caustique, sarcastique, et parfois très drôle. Nous savions tous qu'il venait d'une famille à problèmes. C'était un secret de Polichinelle. En fait, il était la seule personne de notre connaissance dont les parents étaient divorcés. Je ne les ai jamais rencontrés; je ne crois pas que personne les ait rencontrés, en tout cas pas dans notre groupe. Il n'a jamais fait aucune allusion – du moins, pas devant moi – à son ambition de devenir écrivain, et nous avons été éberlués en apprenant qu'il avait publié un livre. Nous n'avons plus jamais été en contact après son départ de Montréal.

AVRUM RICHLER

Il est devenu membre d'Habonim parce qu'on lui avait dit que les filles étaient faciles, mais il était vraiment intéressé par le sionisme.

MORDECAI RICHLER

Pour dire la vérité, si je n'ai pas joint les rangs du groupe Habonim au début, c'est parce qu'il était trop engagé envers la cause sioniste. Je l'ai fait pour contrarier mon grand-père. J'étais aussi flatté par l'attention que me portait Jerry Greenfeld [Greenberg]. Il y avait autre chose. J'avais envie de rencontrer des filles qui pouvaient sortir après dix heures du soir.

WALTER TANNENBAUM, *ami d'enfance*

Je me rappelle son arrivée à l'Habonim. Il avait été amené par Lily Frankel, une de ses voisines de la rue Saint-Urbain. Il portait une chevalière que ses camarades de classe à l'école Talmud Torah lui avaient donnée pour sa bar-mitsvah. Il y avait une famille du nom de Richer à Montréal; c'était une famille riche, dans le commerce de la fourrure. À chaque réunion, nous devions donner dix ou vingt-cinq cents pour le Fonds national juif. Je me souviens que Mordecai a donné dix cents et le chef lui a dit: «Tu peux donner plus, tu es un Richer.» «Non, a-t-il répondu, non, c'est Richler, pas Richer. Ma famille fait le commerce de la ferraille.»

Il était proche d'Earl Kruger, le gars vraiment le plus brillant de notre groupe. À quatorze ans, il avait déjà commencé à écrire et, tandis que les autres jouaient au base-ball ou à autre chose, nous avions la foi et nous jurions que l'État d'Israël serait établi. Là, dans le local au 5392 de la rue Jeanne-Mance, nous discutions de politique, du socialisme, de la dialectique et de ce qu'était le sionisme, de la question juive, et nous nous demandions si le socialisme valait mieux que le communisme. C'était un groupe profond et intellectuel, et c'est Kruger qui a donné à Mordecai le goût d'écrire. Nous allions chez Kruger de l'autre côté de la rue. C'était un orphelin, il avait perdu son père et il était élevé par sa mère, mais elle n'était pas là. Earl nous lisait des nouvelles et, le vendredi soir, nous écoutions des matches de boxe à la radio, et il fumait – nous fumions tous. Et nous participions chaque année à un spectacle, avec une chorale et une pièce de théâtre, présenté dans un auditorium du centre-ville. Après la représentation, nous rentrions en tramway et nous traînions un peu. Une fois, au retour, nous chantions des chansons et le conducteur s'est arrêté, il est venu en arrière nous gronder et nous dire de nous taire. Il avait l'air d'un cosaque en uniforme. Nous nous sommes tus. Mais Mordecai a sorti un canif de sa poche et il a fait une entaille dans un siège du tramway. Nous étions jeunes et nous avons été impressionnés. Ça voulait dire: «Je vais lui montrer, à cet enfant de salaud!» Cet aspect de sa personnalité me dérangeait. Mais, le vendredi soir, à l'Habonim, il se morfondait. Il restait assis dans un coin. Avec le recul, je me dis qu'il prenait peut-être des notes. Dans sa tête. J'ignorais qu'il deviendrait écrivain, mais c'était ce qu'il faisait: il restait assis et observait.

Dans This Year in Jerusalem, *publié en 1994, Richler évoqua cette époque à l'Habonim. «Aller en traînant les pieds aux réunions de l'Habonim avec Jerry [Greenberg], Hershey [Earl Kruger] et Myer [Eli Weinstein], en fumant tous les quatre nos Sweet Cap, devint un rituel du vendredi soir qui se poursuivit presque sans interruption pendant presque les quatre années du cours secondaire.»*

CHAVA RESPITZ (NÉE KAPLAN), *amie d'adolescence*

Il était très très timide. Il m'a invitée à une danse au Baron Byng. Je devais avoir quatorze ou quinze ans. J'avais changé de quartier et j'allais à l'école secondaire Strathcona. Nous avons pris le tramway. C'était très gênant. Je me rappelle qu'il est allé aux toilettes parce qu'il ne savait pas danser. Il était bizarre. Il s'habillait toujours en noir. Il peignait. Il n'était pas ce genre de gars qui sait danser et avec qui on s'amuse. Franchement, c'était un embarras de sortir avec lui. Il était gauche – pas particulièrement amusant. Il était sérieux. Je n'aurais jamais pu prévoir son avenir.

FLORENCE BROWN, *amie d'adolescence*

Je me souviens de Mordecai comme d'un révolutionnaire, un rebelle. Il avait à peu près seize ou dix-sept ans. Il était proche de ce que nous appelions le mouvement progressif – des jeunes hommes intéressants, très intellectuels pour leur âge, préoccupés par les questions mondiales, lecteurs avides. Il n'était pas conservateur. Il était impétueux, effronté. Une fois, il a uriné dans l'évier de la cuisine parce que les toilettes étaient occupées. Ça s'est passé chez Harry, rue Saint-Laurent. C'est l'image que j'ai gardée de lui.

AVRUM RICHLER

Le samedi, dès que le soir tombait, j'allais au cinéma avec mon père. Et quand Mordecai a été assez vieux, nous y allions tous les trois. Ou bien nous allions au Gaiety, un théâtre burlesque, un club de strip-tease. J'avais dix-neuf ou vingt ans, et lui, quinze. Après le spectacle, nous allions chez Levitt's, un *delicatessen*, manger un sandwich à la viande fumée ou un hot dog, et nous allions en visite avec mon père. Il aimait nous amener au cinéma ou au Gaiety ou aux deux endroits. Mon père s'asseyait au centre, dans la troisième rangée; il achetait les billets à l'avance. Nous partions avant qu'il fasse noir; comme ça, le sabbat était fini quand nous arrivions et nous pouvions entrer. Je disais: «Mais, papa, les billets sont dans ton portefeuille et tu n'as pas le droit de les apporter.» [Sauf en ce qui concerne certaines règles, il est interdit aux Juifs orthodoxes de transporter des choses le jour du sabbat.] «Ahhh! Tu m'en diras tant!» Il raffolait du burlesque, il adorait ça. Il connaissait toutes les blagues des comédiens et, bien entendu, au moment du strip-tease, il était en transe. C'était un bon spectacle. Ma foi, il essayait de faire partie du monde des hommes et nous l'encouragions. Nous amenions aussi mon père jouer aux quilles chez Jocelyn, avenue du Parc, ou bien jouer au snooker, parce qu'il commençait à se passionner pour le snooker. Nous le faisions chaque semaine. Nous appelions ça un soir de boulot, parce que nous gagnions de l'argent. Nous le laissions gagner. C'était sa façon d'être un bon père – c'était tellement pathétique, vous savez. Nous étions en 1945. Il nous donnait, oh! cinq dollars. Ensuite, j'ai travaillé à temps partiel pour le boucher kasher. Le dimanche, je me faisais quinze ou vingt dollars, une jolie somme. Le boucher s'appelait M. Stillman. Il me donnait une liste de gens qui lui devaient de l'argent et j'allais collecter. Quand j'ai été trop vieux pour cet emploi, Mordecai m'a demandé s'il pouvait prendre la relève, et j'ai accepté. C'est donc ce qu'il a fait, il a collecté l'argent pour le boucher. Il a dû le faire une couple d'années, j'imagine.

Et je pense qu'il arnaquait au billard et au gin rummy. Nous devions nous débrouiller pour gagner un peu d'argent.

DONNY GOLDBERG, *camarade de classe*

Il passait beaucoup de temps à la salle de billard de la rue Saint-Laurent. Cette salle appartenait à deux frères qui élevaient deux chèvres. Authentique. Et ces chèvres se baladaient autour de nous pendant que nous jouions. Morty râlait parce que les chèvres venaient parfois mordiller ses chaussures pendant qu'il tirait. Il se battait avec Ami, l'un des deux frères, pour avoir une partie gratuite – parce que les chèvres avaient interrompu son tir.

JACK RABINOVITCH, *ami de longue date*

J'étais dans une classe au-dessus de lui à l'école secondaire mais, d'une certaine façon, je le connaissais très bien. L'école Baron Byng était à quatre-vingt-seize pour cent juive. Être juif n'était qu'une réalité, pas une obligation. Pour comprendre Mordecai, il faut d'abord comprendre ce qui se passait à Baron Byng. J'ignore si c'est vrai, mais les jeunes Juifs croyaient fermement que, dans les années trente, la commission des écoles protestantes avait dû prendre une importante décision administrative : soit on regroupait dans une même école, afin de mieux les contrôler, tous les professeurs qui leur causaient des problèmes, soit on les éparpillait dans l'ensemble du système. On les a regroupés à Baron Byng. Le fait que l'école ait été juive à quatre-vingt-seize pour cent n'a pas influencé leur décision, j'en suis convaincu. Baron Byng avait donc un *pot-pourri** de professeurs-problèmes et d'enfants d'immigrants pour qui les études représentaient la voie vers la prospérité. En même temps, il y avait des jeunes qui n'avaient pas de goût pour les études et dont les parents travaillaient dans l'industrie du textile et venaient de toutes les classes sociales. Chose intéressante : certains des criminels les plus notoires, des scientifiques les plus réputés, des écrivains les plus célèbres – dont Mordecai – et des athlètes les plus remarquables de Montréal sont des diplômés de Baron Byng. J'ai gradué en 1947, Mordecai, en 1948. Après la onzième année, on faisait une année propédeutique, équivalant à la douzième année ou à la treizième année en Ontario. Mordecai a toujours été fier de raconter qu'à cette époque, pour être accepté à McGill, il fallait avoir soixante-quinze pour cent quand on était juif et soixante-cinq pour cent quand on ne l'était pas. Mordecai n'avait de toute façon ni l'un ni l'autre et il n'a jamais pu prétendre avoir été victime de discrimination.

MORDECAI RICHLER

Mon examen d'entrée à l'université s'est mal passé. La veille, j'avais bûché toute la nuit et j'ai réussi à obtenir trente-cinq pour cent. Pas si mal, dans les circonstances. Mais ma moyenne était de soixante-quatre virgule cinq pour cent, et ça ne suffisait pas pour être accepté à McGill, même si j'avais été un Gentil.

JACK RABINOVITCH

Dans ce melting-pot, Mordecai était connu comme un écrivain en herbe, et moi, je faisais partie d'un groupe d'athlètes en herbe. À cette époque, tout le monde se connaissait. Mordecai a toujours raconté qu'il m'acclamait sur le terrain de basket-ball; le moins qu'on puisse dire, c'est que ce n'est pas tout à fait exact. Mais nous étions tous deux bien connus dans notre domaine respectif.

En neuvième ou dixième année, il me semble, il a vraiment interviewé Toe Blake [l'entraîneur des Canadiens de Montréal]. On l'a taquiné à propos de cet article, oui, mais Baron Byng ressemblait à une salle des joueurs – tenir des propos positifs était un anathème. Dire à quel point l'article était stupide ou dégueulasse, c'était donc une sorte d'éloge, vous comprenez? Jusqu'au jour de sa mort, il a été fier d'avoir écrit pour le *Herald*, qui était alors le journal du matin, au tarif de deux ou trois cents le mot. À la pige, ce genre de chose. Mordecai adorait écrire sur le sport. Il était un chroniqueur sportif frustré, mais il avait aussi un gros défaut : il disait la vérité.

Sa réputation? Il avait une très bonne réputation, parce qu'il savait ce qu'il voulait être. Il a été le président de sa classe.

DONNY GOLDBERG

C'est vrai qu'il a été élu président de la classe, mais c'est seulement parce que personne d'autre n'a présenté sa candidature – il a été élu par défaut.

MORDECAI RICHLER

Je ne sais plus comment c'est arrivé, mais je suis devenu le président de ma classe. C'est le seul poste que j'ai occupé de ma vie.

JACK RABINOVITCH

Quand nous parlions du passé, il suffisait de prononcer certains mots. Nous nous comprenions. Nous avions un professeur de physique du nom d'O. J. Lummous. En yiddish, Joe se dit Yos. Pour nous, il est donc devenu Yos. Je dois vous l'expliquer, mais je n'avais pas besoin de le faire avec Mordecai. Nous avions un autre professeur appelé MacKinnon – il est devenu Mechel. Dans *Duddy Kravitz*, il a utilisé cette riche matière comme aucun auteur montréalais ne l'avait jamais fait. C'était un code pour toute une série de sous-entendus.

MORDECAI RICHLER

Nous avions donné un surnom yiddish à chacun de nos professeurs. Yossel, qui nous enseignait la physique, était sourd et il portait sur sa poitrine un appareil à cadran de la taille d'une boîte de chocolats. Dans la classe, nous parlions de plus en plus bas et, pour finir, nous nous contentions de remuer les lèvres, l'obligeant à augmenter de plus en plus le volume de son appareil, puis nous nous mettions à crier tous en chœur, et Yossel s'enfuyait du laboratoire, les mains sur ses oreilles.

JACK RABINOVITCH

Cette anecdote n'est pas apocryphe.

PHIL KURTZ, *camarade de classe*

Mordecai n'était pas aimé de ses camarades, et ce, pour différentes raisons. Il était toujours en désaccord avec nous. Une fois, nous en sommes même en quelque sorte venus aux mains, lui et moi; il essayait de me pousser et je résistais – et j'étais deux fois plus gros que lui. Mais je crois qu'il a toujours voulu avoir l'approbation de ses pairs. C'était très important pour lui, et nous étions peu disposés à la lui accorder. Il n'arrivait pas à s'entendre avec nous à cause de sa personnalité. C'était un solitaire. Même alors, il ne s'intéressait qu'à l'écriture. Il n'a donc jamais reçu notre approbation pour ce qu'il faisait. Cela explique peut-être en partie pourquoi, dans ses premiers romans, il met l'accent sur le culot ou le côté moche de nos personnages – toutes ces caracté-ristiques se retrouvant dans un seul personnage.

JOHN BARBARASH, *camarade de classe*

Nous avions deux professeurs, M. Dunn et M. McCletchie, un loya-liste de l'Empire uni convaincu. Quand ça commençait à devenir en-nuyeux dans la classe, Mordecai se levait et disait: «À bas l'Empire britannique!» Il aiguillonnait McCletchie, qui tombait dans le piège. McCletchie était un homme généreux, très bon, mais il ne savait pas manœuvrer avec Mordecai. Quant à Dunn, il a été notre prof d'anglais pendant un an. Mordecai était plutôt malin, et je ne sais pas si Dunn le considérait comme une menace, mais j'ai eu l'impression qu'il y avait peut-être une pointe de jalousie. Il comprenait que Mordecai n'était pas comme les autres.

MORDECAI RICHLER

En dixième année, notre titulaire a finalement été un Écossais admirable, passionné de poésie. Vétéran de la Grande Guerre,

M. McCletchie nous racontait que quand il était dans une tranchée infestée de rats pendant les bombardements de nuit dans la Somme, il fixait une bougie sur son casque d'acier, ce qui lui permettait de lire Milton, Donne, Marvell et Blake. Je me suis dit que Marvell était exactement ce qu'il me fallait le soir où j'ai essayé de glisser ma main sous le chandail de cachemire de Molly Herskovitch, assis sur un banc dans un parc d'Outremont. « La tombe est un lieu intime et beau, ai-je récité, mais personne ne s'y étreint, je pense. » « Ça va », a-t-elle répondu en me donnant une tape sur la main.

DONNY GOLDBERG

M. McCletchie lui a dit un jour : « Mordecai, tu es un garçon brillant, mais tu ne feras jamais grand-chose dans la vie. » Au cours d'anglais, il était très attentif et très loquace, et il faisait probablement plus de recherche que tous les autres élèves de la classe. Je me souviens surtout qu'il prenait des notes. Ça n'avait rien à voir avec la matière qu'on était en train d'étudier. C'était de l'observation de personnages. Je n'ai jamais fouiné, mais je lui ai posé la question une fois, et il m'a répondu : « Eh bien, je ne sais pas… Je pense que je vais peut-être écrire un livre, un jour. »

À Baron Byng, il y avait un concours annuel. On désignait un ou deux élèves dans chacune des classes, et on leur donnait quatre sujets de dissertation. Ils devaient en choisir un. Le meilleur remportait un prix. Une année, Mordecai a été choisi pour représenter notre classe. Il a fini sa dissertation et l'a donnée. Ils ont vu qu'il avait combiné les quatre sujets dans un seul texte. Il a été disqualifié parce qu'il ne s'était pas conformé aux règles, mais on a reconnu que sa dissertation était supérieure. Qui d'autre que lui aurait pensé à faire une telle chose ?

JERRY BROWN, *camarade de classe*

Je me souviens de lui assis dans la classe en train de discuter des élections, de Fred Rose [député] et du Parti progressiste ouvrier [le nom adopté par le Parti communiste du Canada, qui avait été déclaré illégal] avec McCletchie. Mordecai a fait valoir ses arguments jusqu'au moment où McCletchie a dit : « Assez. Ça suffit. Poursuivons le cours. » C'était difficile de débattre d'un sujet avec Mordecai parce qu'il faisait plus que dire n'importe quoi. Il avait des faits. Il savait ce qui se passait.

WIGDOR SCHECTER, *camarade de classe*

À l'époque, on offrait un cadeau au titulaire de la classe au congé de la mi-session. J'ai proposé un tourne-disque, parce que mon père était dans le commerce du meuble et que nous pouvions en avoir un en passant par lui. Tout allait bien. Deux jours avant la remise de ce cadeau à McCletchie, Richler, qui était le président de la classe, est venu me demander si j'avais le cadeau. «Non, mais je l'aurai bientôt», ai-je répondu. Alors, de façon tout à fait inattendue, il m'a giflé. Et moi, qui étais un garçon plutôt passif, je lui ai rendu sa gifle. Clac clac. Ça s'est arrêté là. Le cadeau a été offert et McCletchie était très content.

En octobre 2002, Schecter a pour la première fois raconté cette anecdote à l'occasion d'un dîner des anciens de Baron Byng.

JOHN BARBARASH

Nous étions tous abasourdis. Cela ne ressemblait pas du tout à Mordecai.

LES WEINSTEIN, *ami*

À l'école secondaire, c'était un farceur et il aimait rabaisser les autres. Il y avait un peu de méchanceté là-dedans, mais je n'ai jamais eu à en souffrir parce que nous étions copains, j'étais son faire-valoir. Il avait coutume de raconter une blague sur les abricots pour un colley. Le clou était: «Mais il n'y a pas d'abricots pour ton colley.» Ça ne voulait rien dire – c'était ça, la blague –, mais Mordecai était un excellent pince-sans-rire. Il disait: «Espèce d'idiot, tu ne saisis pas l'humour?» Et les gens, gênés, se mettaient à rire. Il n'y avait absolument rien de drôle: c'était *ça*, le punch. Il était donc porté à être méchant, oui. Par la suite, ces gens se sont mis à le vénérer parce qu'ils étaient allés à l'école avec lui. À l'époque, il était très gentil avec les gens qu'il aimait, et je l'adorais. C'était un ami fantastique. Mais si vous n'étiez pas sur sa liste, il vous traitait comme un détritus.

MARTY HORNSTEIN, *camarade de classe*

C'était un dur à cuire. D'une manière générale, il ne faisait pas très attention aux autres. Évidemment, il était certainement intelligent – bon Dieu –, et il savait se servir de son intelligence. C'est pourquoi il a été élu président de la classe. Il était notre porte-parole – un porte-parole qui n'avait pas la langue dans sa poche et qui ne mettait jamais de gants blancs. Je me souviens de MacKinnon – Mechel, comme nous le surnommions. Il avait été gazé pendant la Première Guerre mondiale et il avait des problèmes mentaux. Il nous lisait des histoires. Mordecai se levait et disait: «M. MacKinnon, les élèves n'ont pas envie de travailler. Si vous nous racontiez une histoire?» Et il lisait pendant que nous jouions aux cartes au fond de la classe. Je ne veux pas parler en mal de lui, mais la vérité, c'est que Mordecai était un dur.

NICOLAS STEINMETZ, *camarade de classe*

C'était le président de ma classe, mais nous n'étions pas particulièrement liés. Il avait une dent contre la communauté juive, mais il a fini par s'adoucir. Dans la classe 41, notre titulaire était M. McCletchie, et Mordecai était toujours premier en composition. C'était tout à fait mérité. Personne ne pouvait rivaliser avec lui. Tous les professeurs reconnaissaient qu'il était un peu excentrique, mais il était très doué en composition. Il était toujours ironique et critique, il avait une façon très personnelle de se présenter. Il ne nous ressemblait pas. Nous étions toujours en train de faire des bêtises.

FLORA WEININGER, *amie d'adolescence*

Je l'ai connu et j'ai connu certains de ses amis. Earl Kruger sortait avec une de mes copines, et je suis sortie quelques fois avec Mordy. Mais je n'ai pas gardé d'impression à son sujet. C'était un petit jeune homme boutonneux. Je n'ai aucun souvenir de sa personnalité. À seize ans, on n'est pas très perspicace en ce qui concerne le caractère des autres. Il y avait un bulletin, un journal de quartier qui s'appelait l'*Echo*, et il en était le rédacteur en chef. Mais il n'avait rien de particulièrement artistique ou brillant, c'était juste un garçon comme les autres. Il n'avait rien d'impressionnant. J'ai également connu [William] Shatner ; il avait, lui, un tempérament très artistique. Les gars de Baron Byng aimaient sortir avec des filles d'Outremont. [C'était un peu plus riche.] Nous savions que, pour eux, nous représentions quelque chose de spécial. Il avait un ami, Eli quelque chose [Eli Weinstein, plus tard Les Weinstein], qu'on surnommait Duddy. Je pense qu'il a servi de modèle pour le personnage de Duddy Kravitz. [Mordecai] n'habitait pas dans un beau quartier de la ville. Je ne l'ai jamais revu et je n'ai jamais lu ses livres. Même si j'avais su ce qu'il allait devenir, je n'aurais pas été intéressée par lui. Par la suite, il s'est mis à boire – pourquoi aurais-je voulu de ça ?

JERRY BROWN

J'ai toujours su que Mordecai avait du talent dans le domaine des arts. Ann Savage enseignait le dessin à Baron Byng, et elle était très très compétente. À un moment, elle a été la petite amie d'A. Y. Jackson. Mordecai et moi, nous nous asseyions l'un à côté de l'autre et nous faisions des choses ensemble. Une fois, nous avons donné un coup de main pour peindre une grande murale dans le sous-sol des garçons. Il me semble que ça avait quelque chose à voir avec le développement de la ville. Il avait vraiment un certain talent. Nous peignions des pin-up sur la doublure de soie de cravates, à la gouache, parce qu'il fallait que ce soit lavable. À cette époque, les pin-up constituaient une nouveauté. Une cravate nous coûtait environ quarante cents. Je pense que nous les vendions un dollar aux garçons de l'école. Nous n'en avons pas vendu beaucoup. Nous étions en dixième année et, cette année-là, il me semble que nous allions le soir à la synagogue, angle Clark et Villeneuve, et que nous avons peint des affiches pour Fred Rose dans le sous-sol – « Votez pour Fred Rose ». Bien sûr, nous avons tous été bien embarrassés plus tard par l'histoire d'espionnage. [En 1946, Rose, un député fédéral, fut arrêté et accusé d'avoir conspiré pour transmettre des renseignements de guerre à l'Union soviétique, et condamné à six ans de prison pour espionnage.] Et nous allions jouer au billard ensemble au Mount Royal Billiards, rue Saint-Laurent. Nous pouvions y aller en passant par la porte arrière de l'école, rue Clark. Je suis allé chez lui une fois. Il habitait avec sa mère dans un appartement, rue Sherbrooke, près d'Atwater. C'était étrange. Il n'y avait personne à la maison.

SID KASTNER, *camarade de classe*

Personne ne l'a jamais appelé Mordy. D'autres le faisaient peut-être. Je le connaissais sous le nom de Mordecai. Il n'était pas vraiment un ami. D'après ce que je pouvais voir, personne n'était vraiment son ami. Il observait, il écrivait des histoires dans sa tête. Je crois qu'il utilisait la classe et les gens qui l'entouraient. À mon avis, il n'essayait pas réellement d'écrire des histoires sur nous, mais quand il s'est rendu compte à quel point les autres pouvaient être intrigués par notre style de vie, il a misé là-dessus. Ce n'était pas calculé. Vous voyez, nous étions tous des enfants d'immigrants à qui l'on avait offert la possibilité de grandir dans un monde différent de celui de nos prédécesseurs.

Avant la Deuxième Guerre mondiale, les Juifs étaient gardés plus étroitement et avaient moins de possibilités. Mordecai nous observait en train de sortir de notre coquille et de saisir des occasions que nos parents n'avaient pas eues. La création de l'État d'Israël et l'Holocauste ont engendré une perspective différente. Les Juifs étaient désormais un peuple. Et Mordecai grandissait au sein de cette génération où être juif signifiait être un citoyen de deuxième classe. Il avait donc quelque chose à prouver. Il a écrit à propos de ces Juifs qui émergeaient dans une société qui permettait au Juif de créer quelque chose pour lui-même et d'atteindre un niveau auparavant inaccessible. Un grand nombre d'entre eux ont choisi l'industrie textile parce qu'on pouvait le faire avec un très petit capital. Mordecai détestait ces gens, dont certains sont devenus des nababs de l'industrie textile. Ils étaient fiers de ce qu'ils avaient accompli, fiers d'avoir créé la richesse, et Mordecai dénigrait ce qu'ils avaient fait. Son point de vue et son cynisme ont consterné un grand nombre d'entre eux qui le prenaient pour un antisémite. Il ne l'était pas vraiment. Il était analytique.

Shmarya, le grand-père honni de Richler, mourut en 1947.

MORDECAI RICHLER

Je ne lui avais pas parlé pendant les six ou huit derniers mois, mais à sa mort, ma mère a insisté pour que j'assiste aux funérailles. À ses yeux, c'était la seule conduite acceptable. En arrivant chez lui, j'ai trouvé le cercueil installé dans le salon, mes oncles et mes tantes rassemblés autour. Mon oncle Joe m'a entraîné dans un coin de la pièce.

« Alors, te voilà », a-t-il dit.

« Oui. »

« Tu as précipité sa mort. Pendant tous ces mois, tu ne lui as jamais adressé la parole même s'il était malade. »

« Je n'ai pas causé sa mort. »

« Eh bien, petit malin, tu es celui qu'il a mentionné le premier dans son testament. »

« Oh ! »

« Tu n'es pas un bon Juif et tu ne dois pas toucher à son cercueil. C'est écrit dans son testament. N'ose pas toucher à son cercueil. »

J'ai eu la chair de poule.

AVRUM RICHLER

Quand il m'a dit qu'il voulait devenir écrivain, j'ai été surpris. Je pensais qu'il allait devenir peintre. Il venait d'obtenir son diplôme et, un jour, il est venu me voir au Rosenberg's Lakeside Inn, l'auberge de ma mère dans les Laurentides. J'ai été le premier à qui il a fait part de sa décision. Il m'a dit qu'il voulait écrire et qu'il planifiait un voyage en Europe. J'ai dit : « Ouais. T'as raison. » Vous savez, je me disais que, le lendemain, il voudrait devenir architecte. J'ai dit : « Allez, Mutti, je pensais que tu t'orientais vers les beaux-arts. » C'était un excellent peintre. « Non, a-t-il dit. J'ai décidé de devenir écrivain. »

3

APRÈS BARON BYNG

« La première responsabilité morale du romancier,
c'est de plaider la cause du perdant. »
MORDECAI RICHLER

*À l'automne 1948, Richler s'inscrivit à l'Université Sir George Williams.
Il y étudia l'histoire et la littérature, collabora au journal universitaire
et fut très actif au sein du club littéraire.*

MORDECAI RICHLER
J'ai fait l'erreur de consulter un conseiller en orientation.
« Qu'est-ce que vous voulez faire ? » m'a-t-il demandé.
« Je veux être écrivain. »
Il m'a fait passer un test d'intelligence, un test que je me rappelle
encore aujourd'hui à cause de la façon tordue dont les questions
étaient posées. L'une d'elles – la plus mémorable – se lisait comme
suit : Si vous aviez le choix, iriez-vous dîner avec a) un général
galonné, b) un récipiendaire du prix Nobel de littérature, c) une
starlette d'Hollywood. Je n'étais pas un idiot et je voyais bien où ils
voulaient en venir, mais – comme toujours –, il a fallu que je fasse
passer l'appétit avant l'ambition.
Je suis allé à Sir George Williams parce que mes notes au secondaire avaient été consternantes et je ne pouvais être accepté à McGill.
Et je me suis retrouvé avec un groupe de vétérans de l'armée canadienne, très cultivés ; je me suis donc plongé dans la lecture et je me
suis dit que c'était ça que j'aimerais faire. C'est à ce moment-là que

j'ai vraiment commencé à lire. Je ne savais même pas qui était T. S. Eliot. J'ai rencontré un homme qu'on a oublié depuis, John Sutherland, le rédacteur en chef de la *Northern Review*. Il se chargeait lui-même de la composition et son tirage n'a jamais été supérieur à cinq ou six cents exemplaires. Stephen Leacock Jr fréquentait l'endroit. Un cas vraiment pathétique. C'était un nain et je pense qu'il buvait beaucoup. Pour moi, c'était la bohème.

JACK LIEBER, *ami*

J'avais environ vingt-huit ans quand j'ai fait la connaissance de Mordecai. J'étais rentré de la guerre une couple d'années auparavant et j'étais déjà à McGill où j'essayais de terminer mes études de baccalauréat. Nous nous sommes rencontrés à l'Orange Crate [la Caisse d'oranges], un immeuble de trois étages, chemin de la Côte-Saint-Antoine, où Kina Mitchell et Joan Cassidy habitaient pendant leurs études à McGill. J'y allais souvent pour prendre un verre. L'endroit était surnommé la Caisse d'oranges à cause de la couleur de sa façade et de son mobilier minimaliste déniché dans l'entrepôt de l'Armée du Salut. Je n'ai jamais réussi à comprendre ce que Mordecai allait faire là, mais j'imagine que Joan Cassidy avait dû l'inviter à leur sanctuaire. Elle était, pour ainsi dire, réputée pour sa passion pour les adolescents aux joues roses.

Mordecai était très impressionné par la culture littéraire de Kina et de Joan – elles étaient en troisième année de bac. Il a été particulièrement troublé en entendant Joan réciter la *Ballad of the Long-Legged Bait* de Dylan Thomas. Je ne me rappelle pas l'endroit exact dans le poème, mais Mordecai l'a interrompue pour lui poser une question sur une expression particulière qu'il ne saisissait pas. Joan a éclairé sa lanterne en lui disant qu'il s'agissait de fellation. Mordecai n'avait jamais entendu ce mot et, toujours perplexe, il a demandé à Joan de lui donner une explication contextuelle plus précise. J'ignore comment Joan a répondu à la demande de Mordecai, mais je suis convaincu qu'il a été par la suite encore plus sensible aux métaphores de Thomas. Je pense que Joan a fait son éducation. Il me semble qu'elle l'a démontré à une autre occasion.

DAVE GURSKY

Je ne pense pas que ce soit exact. J'ai très bien connu Joan. Nous sommes sortis ensemble pendant deux ans. Mordecai n'a jamais été dans le portrait.

JACK LIEBER

Ce qui est intéressant, c'est de savoir qu'il était un petit personnage d'une grande naïveté. Nous nous sommes mieux connus par la suite.

J'ai pris plusieurs verres avec lui au Café André. Nous appelions l'endroit le Sanctuaire. Le patron, un dénommé Ouellette, avait des airs de Puccini dans son juke-box, ce qui dégoûtait la clientèle de sportifs, et il était très gentil avec les vétérans, dont j'étais.

HARRY SPIVAK, *connaissance*

J'ai travaillé comme comptable pour Mo, le père de Mordecai, et son frère Joe au chantier de ferraille de la rue Prince, près de Wellington. C'étaient des gens très bien, respectables et honnêtes, orthodoxes, qui travaillaient dur. Mo travaillait sur le chantier et Joe était davantage l'entrepreneur. Mordecai venait à l'occasion faire son tour, le vendredi, et il bavardait avec nous. C'était un jeune homme de très belle apparence. Très précis, franc, très discipliné. Il avait l'air très très sérieux. Ma foi, nous étions tous au courant à propos du divorce. Ça se voyait qu'il était très malheureux. Nous nous sommes tous deux inscrits à des cours de français à McGill, une ou deux fois par semaine, et nous prenions le tramway ensemble le soir. Une fois, nous avons dû présenter un travail en français et le lire devant la classe. Il était très méticuleux. Il prenait cela très à cœur. Il disait qu'il voulait être journaliste ou reporter.

TREVOR PHILLIPS, *rival à l'université*

En 1950, j'étudiais à l'Université Sir George Williams, maintenant Concordia ; je faisais partie des cinq mille étudiants du soir. J'étais le rédacteur de soir du *Georgian*, le journal étudiant. Mon ami Chris McFarland était le rédacteur en chef sortant. Il faisait partie des six cents étudiants de jour dont l'âge était très semblable à celui des étudiants du bac habituels. En général, les étudiants de soir étaient beaucoup plus vieux et travaillaient à plein temps. C'était une université de la deuxième chance, en fait. Chris et ses copains m'ont demandé si j'avais l'intention de poser ma candidature au poste le plus important du journal. Je savais qu'avec ce poste, les deux tiers de mes frais de scolarité seraient payés, ce qui, si je réussissais, me permettrait de m'inscrire dans la division de jour, plus prestigieuse. J'ai accepté l'offre. Mon seul concurrent était Mordecai Richler. Mordy était le rédacteur de jour ou un chroniqueur [il était le rédacteur de jour], et il était un auteur de premier ordre. C'est là un fait irréfutable, il n'y a qu'à lire les articles qu'il a écrits à l'époque. Toutefois, dans mon « camp », on avait l'impression qu'il n'était pas facile de s'entendre avec lui, et, pour assumer les fonctions de rédacteur en chef, il ne suffisait pas de savoir écrire correctement ; il fallait travailler en étroite collaboration avec les autres employés du journal et coordonner leurs tâches. Cela m'a permis de me porter candidat contre Richler tout en sachant que je ne pouvais rivaliser avec lui comme journaliste. Un jour, pendant la campagne, Morty m'a invité à prendre un Coke avec lui dans un café voisin, rue Drummond. D'une façon très solennelle, pratiquement au bord des larmes, il m'a demandé si je pouvais envisager la possibilité de retirer ma candidature. Il m'a dit que s'il n'avait pas le poste – et le paiement des frais de scolarité qui allait avec –, il serait obligé de quitter l'université. J'ai répondu que cet emploi me permettrait d'étudier le jour et, comme j'étais immigrant depuis à peine deux ans et que je n'avais pas encore de compte bancaire stable, ce paiement de mes frais de scolarité me permettrait également de travailler à temps partiel plutôt qu'à plein temps à l'extérieur de l'université. Je lui ai dit que je comprenais son dilemme mais que je préférais refuser sa suggestion. La campagne s'est poursuivie et, à la fin, j'ai gagné. Richler a abandonné ses études, il est parti pour la France, il a écrit *The Acrobats* et Dieu sait quoi d'autre. Chaque fois que je raconte cette histoire, je pense à une nouvelle typique de Somerset Maugham : Que serait-il arrivé si... ? Oh ! Ma foi, même après – surtout après – cinquante ans, je me sens assez magnanime et réaliste pour savoir que le talent s'épanouit et que, quel qu'ait été le résultat de cette élection, Mordecai Richler aurait été l'icône canadienne qu'il est de toute évidence. Mais peut-être, seulement peut-être, aurais-je été un tout petit peu plus connu si je l'avais perdue.

PERCY TANNENBAUM, *ami de longue date*

À la fin de mes études à McGill en 1948, je travaillais déjà pour le *Montreal Herald*, aujourd'hui disparu. J'avais de la chance, parce que je couvrais des sujets pour le journal de McGill et que je m'étais débrouillé pour dénicher un emploi d'été – qui est devenu un emploi à plein temps – au *Herald*, comme journaliste, non comme reporter. J'ai travaillé là et découvert qu'il y avait une limite à ce qu'on pouvait faire dans un journal, puis je me suis marié et, avec la venue d'un enfant, j'ai dû réfléchir sérieusement à mon avenir. J'ai alors décidé de poursuivre mes études et je me suis inscrit en maîtrise. C'est comme ça que je suis devenu professeur.

Je connaissais Mordecai mais, à cette époque, j'étais plus proche de son frère Avrum. Ils habitaient à deux rues de chez moi. J'ai aussi fréquenté l'école Baron Byng. Nous n'étions pas des amis intimes, mais nous nous connaissions. C'était juste un jeune blanc-bec – nous l'appelions Mutti. Je l'ai mieux connu par la suite au *Herald* parce qu'il est venu me demander un emploi. Il étudiait à Sir George Williams, il cherchait du travail et pensait au journalisme. Ce devait être en 1948 ou 1949. Il m'a dit: «Peux-tu m'aider à trouver un emploi?» «Quel genre d'emploi?» ai-je demandé. Il a répondu: «Je veux écrire ou rapporter.» J'en ai donc glissé un mot au rédacteur du soir, et il a fini par être embauché comme grouillot. Il n'aimait pas beaucoup son travail. Ils l'ont congédié parce qu'il ne voulait pas être grouillot; il voulait écrire.

Tout le monde fréquentait le Shrine – un bar rue McGill College à l'angle de Sherbrooke –, notre petit café sur la rive gauche du Saint-Laurent. Tout le monde allait devenir un grand écrivain. La plupart n'étaient pas juifs; tous mes amis juifs étudiaient en médecine ou en droit. Mordecai fréquentait le Shrine, et Jackie Sirois, qui est devenue la femme de Brian Moore. Nous allions tous devenir écrivains. Mavis Gallant disait qu'elle allait écrire des nouvelles et vivre à Paris et publier dans le *New Yorker*, et c'est la seule qui a réussi. Mordecai était un jeune blanc-bec qui tournait autour de nous. Il était à vif, très à vif, très effronté. Je ne lui trouvais pas de talent, ni à aucun d'entre nous, d'ailleurs. Je me suis trompé à son sujet, et au sujet de beaucoup d'autres. Il percevait des choses qui m'échappaient. Dans un de ses premiers livres, par exemple, il se sert de l'école secondaire Fletcher's Field pour décrire Baron Byng, et il évoque un incident impliquant un de nos profs, M. MacKinnon – Mechel, comme nous le surnommions. Nous avions tous des anecdotes à raconter à son sujet. Mais Mordecai était capable de construire une intrigue autour. Il a vu où il pouvait insérer cet incident dans le roman. Cela nécessite un certain genre de perspicacité. Il ne s'agit pas seulement de répéter l'histoire, mais de s'arranger pour qu'elle convienne à l'ensemble.

JACK BASUK, *ami*

Notre dernière année à Baron Byng, nous avons travaillé ensemble à l'hôtel de sa mère [dans les Laurentides]. Je ne le connaissais pas très bien à l'école, mais, comme Baron Byng était une école à quatre-vingt-quinze pour cent juive, tout le monde se connaissait plus ou moins. Pourtant, cet été-là, à Sainte-Agathe, en 1948, nous avions tous deux dix-sept ans. Sur la façade d'un hôtel de l'autre côté de la rue, il y avait un écriteau qui disait «Pas de Juifs». Un autre hôtel affichait «Clientèle limitée», ce qui voulait dire exactement la même chose. L'hôtel de sa mère, le Rosenberg's Lakeside Inn, était le seul qui était réellement kasher. On ne faisait pas la cuisine le samedi; tout était préparé à l'avance et réchauffé le samedi. Nous avions été élevés comme ça. Il n'y avait pas d'autre choix. J'avais renoncé à la religion organisée à dix ans. À mon avis, l'État-nation et la religion organisée sont les deux pires institutions qu'on ait jamais inventées.

Mordecai travaillait comme aide-serveur, garçon à tout faire. Il trimait dur pour sa mère. Il ne jouait pas le rôle du fils de la patronne. Tout ce qu'il y avait à faire, il le faisait. Mais il passait beaucoup de temps dans une petite pièce devant une machine à écrire. Il écrivait. Il restait assis là avec une bouteille, une cigarette au bec, entouré de papiers chiffonnés. J'admets ne pas être un de ses plus grands fans, mais j'étais impressionné par sa détermination. Même à cet âge, il savait ce qu'il voulait faire. Moi, je ne le savais pas. Il essayait sérieusement d'être un Philip Roth canadien. Il n'a jamais été un aussi bon écrivain que Roth, mais je reconnais son côté satirique. Un grand romancier, non, mais un sacré bon satiriste.

DAVE GURSKY

C'est au Rosenberg's Lakeside Inn de sa mère, à Sainte-Agathe, que je l'ai mieux connu. Il était un peu comme le patron. Il se sentait un peu au-dessus de nous. Il était le patron et nous étions les employés. Son frère venait très rarement. Sa mère travaillait dur pour subvenir aux besoins de ses fils. Jack Basuk et moi avons travaillé là un été, juste un été. J'avais seize ou dix-sept ans. Je me souviens clairement de deux incidents qui se sont passés à l'hôtel. Une fois, Mordecai m'a emprunté un pantalon et il est sorti avec une fille, Ada Golden, une cliente de l'hôtel; il est rentré avec du sperme sur mon pantalon; il l'a admis, mais il a refusé de payer pour le nettoyage. Le soir, après le souper, il s'asseyait à la machine à écrire, il pondait une nouvelle et la montrait à Jack pour avoir son avis. J'imagine qu'il considérait Jack comme un intellectuel. Ses meilleurs livres sont ceux qui traitent de ses expériences personnelles et l'hôtel a servi de base à *L'apprentissage de Duddy Kravitz*. Bien, il y avait une fille à l'Habonim, Gittel Kravitz. Elle est morte maintenant, mais il était fou d'elle. Personne ne le savait, parce qu'il ne s'est jamais vraiment montré avec elle. C'était un amour d'enfance. Mais je pense que c'est à cause d'elle qu'il a utilisé le nom Kravitz dans son roman.

AVRUM RICHLER

Je travaillais comme un chien à l'hôtel de ma mère. Mon frère aussi. Je travaillais à la cuisine et je servais aux tables, et il faisait les chambres avec Dave Gursky, Jack Basuk et Earl Kruger. Nous recevions des pourboires. Chaque soir, les clients jouaient aux cartes, et nous allions acheter des Coke. Ma mère nous les vendait cinq cents et nous les revendions dix cents, ce genre de chose. C'était comme dans *Duddy Kravitz*, sauf que l'hôtel était très petit. Pendant quelques années, elle a loué une maison à Sainte-Agathe et elle y louait des chambres. Puis, elle a eu un emploi pendant l'hiver et elle a économisé. Elle vivait très frugalement. Elle a acheté un hôtel à Sainte-Agathe, elle a signé les documents et tout, puis ce type, il s'appelait Otto Kahn, lui a arraché l'hôtel, il a offert une plus grosse somme, et le fermier le lui a vendu. Elle a consulté un avocat, Meyerovitch, un très bon avocat, ils sont allés en cour et ils ont gagné. Elle a ramassé assez d'argent pour acheter cet endroit au bord du lac, le Rosenberg's Lakeside Inn. Une vraie baraque.

DONNY GOLDBERG

Je le connaissais à Sir George, évidemment. Mais je m'occupais de sport et il s'occupait du journal et d'autres clubs, le club littéraire. C'est étrange mais, à Sir George, il n'a jamais vraiment fréquenté les gens qu'il avait connus à Baron Byng, au point que si on se croisait dans le corridor, il ne faisait même pas un signe de tête. Je ne sais pas si ça faisait partie de son caractère, s'il sentait qu'il voulait être d'emblée un solitaire, ne pas être associé avec qui que ce soit venu de son passé. Parce qu'il avait vécu des moments difficiles avec ses parents. Je me souviens d'une chose: chaque année, nous avions un carnaval d'hiver et cette année-là, en 1950, le comité avait réservé un hôtel dans les Cantons-de-l'Est, le North Hatley Inn. Cet endroit était antisémite. On n'y acceptait pas les Juifs. Il y avait peut-être cinq pour cent de Juifs à l'université, et une controverse a éclaté: devait-on organiser le carnaval à cet hôtel? Mordecai a commencé à écrire dans le *Georgian* – il a pris parti pour la communauté juive de l'université. On a donc fini par mettre le North Hatley Inn sur la liste noire. Ils ont dû trouver un autre endroit.

TREVOR PHILLIPS

Je garde des souvenirs très vifs du carnaval d'hiver. Ceux d'entre nous qui ne siégeaient pas au conseil étudiant – et particulièrement les Juifs – ont été fiers quand le conseil a décidé à l'unanimité d'annuler le contrat avec le North Hatley Inn. Je ne peux vous dire si les écrits de Richler ont contribué à cette décision. Je ne me souviens que d'une chose: un groupe d'étudiants a visité l'établissement et a confirmé qu'on y appliquait une politique discriminatoire. Le *Georgian* a joué un rôle essentiel en rapportant ce fait.

AVRUM RICHLER

Mon frère a été mis à la porte de Sir George. C'est-à-dire qu'on lui a demandé de ne pas revenir. On raconte que c'est lui qui est parti, je le sais, mais il écrivait ces articles dans leur journal. C'est comme au *Herald*. Là aussi, il a été congédié.

TREVOR PHILLIPS

Selon mes souvenirs, Mordy n'a pas été mis à la porte et on n'a jamais refusé qu'il se réinscrive à cause de ses éditoriaux. Cela aurait été absolument contraire à la politique et aux règles d'éthique de l'université. Je crois honnêtement que si ce que dit Avrum était vrai, les employés du journal, sinon l'ensemble des étudiants de l'université, se seraient révoltés. Je me rappelle que le *Georgian* a mené avec succès une campagne pour la fermeture du Nite Cap, un lupanar en face de l'université, rue Stanley – lupanar qui, d'après ce que nous affirmions, était «supporté» par la police municipale. D'après mes dossiers, Richler n'a pas participé ouvertement à cette campagne. Aucun de nous n'a été pénalisé pour cette activité.

AVRUM RICHLER

Mordecai m'a dit qu'on lui avait demandé de partir à cause de ses éditoriaux dans le journal universitaire. Je l'ai cru sur parole.

MAX RICHLER

Je ne l'ai pas vraiment connu avant 1948 parce que nous avions onze ans de différence. Ils habitaient rue Saint-Urbain, et nous, rue De La Roche, et un gamin de onze ans ne pense pas trop à un autre de deux ou trois ans. Puis, en 1942, j'ai été enrôlé dans l'armée et j'y suis resté jusqu'en 1945. Mais, après la guerre, il a été notre premier directeur de publicité. Nos bureaux se trouvaient rue Wellington, au centre-ville. Nous concevions de l'équipement lourd pour l'industrie minière et l'industrie de la construction. J'étais responsable de la publicité, de la correspondance et de la conception. Nous l'avons embauché parce que nous avions besoin de quelqu'un avec plus d'expérience en publicité. Il a travaillé chez nous environ six mois, juste avant son départ pour l'Europe. Il a fait du beau travail pour nous. Je gagnais trente dollars par semaine, et lui, trente-cinq. Puis, il est venu me dire qu'il voulait aller en Espagne et devenir écrivain. Mon oncle Jacob a essayé de le convaincre de rester. Je n'ai pas assisté à cette conversation, mais j'en ai entendu parler. Et j'ai dit: «Je déteste l'idée de te perdre. Nous avons besoin de toi. Tu as fait du bon travail. Mais si c'est là ton ambition, je n'ai certainement pas l'intention de te mettre des bâtons dans les roues.» Et Mordecai est parti de toute façon. Je l'ai aimé à partir de ce moment.

À l'été 1950, Richler s'est rendu à New York. Evelyn Sacks lui a organisé un rendez-vous avec son cousin, Elie Abel, un journaliste qui avait remporté le prix Pulitzer.

EVELYN SACKS

Mordecai ne savait pas quel pas il devait faire. Il ne savait pas dans quelle direction s'orienter. À Sir George Williams, il ne progressait pas, il ne faisait de toute évidence que causer des ennuis. Il ne m'a jamais affirmé qu'on lui avait demandé de partir, mais je l'ai entendu dire. C'était probablement à cause de ses articles. C'était un fauteur de troubles, réellement. Mais c'était aussi quelqu'un de très sensible et de très vulnérable sous sa façade. Dans son travail, il était perfectionniste. Bien des gens ne connaissent pas ce trait de son caractère, ils ne savent pas qu'il n'était jamais satisfait de son travail. Il fallait toujours que ce soit mieux, toujours mieux. Un véritable bourreau de travail. Et aussi un alcoolique, malheureusement, je suis sûre que sa vie s'en est trouvée raccourcie. Il a donc rendu visite à Elie et Elie l'a invité à dîner. À son retour, je lui ai demandé ce qu'Elie lui avait dit. «Il m'a dit une chose, m'a-t-il répondu. Si vous voulez devenir journaliste, restez à l'université. Si vous voulez devenir écrivain, commencez tout de suite.» Et il avait toujours voulu écrire. Il avait donc besoin de financement. Sa famille a commencé à l'aider. Certains d'entre eux lui ont donné du travail comme gardien de nuit dans leurs usines. Il a correspondu longtemps avec Elie. Puis, il a cessé de lui écrire, j'ignore pourquoi.

La nature exacte de la relation entre Richler et Sacks, son professeur de septième année à l'école Talmud Torah, est ambiguë. Elle a dit: «Nous étions très proches, mais seulement des amis, rien de plus.» Pourtant, dans la première version manuscrite de ce qui semble être son premier roman inédit, The Rotten People *[Les gens pourris], manuscrit qui fait maintenant partie de ses archives à l'Université de Calgary, Richler a créé le personnage d'Helen Perlman. Comme Sacks, elle est mariée, mais elle vit seule – son mari est parti à la guerre. Le passage manuscrit se lit comme suit:*

Ensuite, le gamin arriva, le petit Adler, pâle et maigrichon, qui avait à l'école la réputation d'être brillant mais incontrôlable, un gamin habile avec une langue malicieuse d'adulte. Il la corrigeait quand elle faisait des problèmes de mathématiques au tableau et il discutait avec elle de la prononciation de certains mots. C'était un garçon lubrique qui semblait toujours la déshabiller du regard dans la classe... Il vint la voir et lui dit que ses parents allaient divorcer. Elle lui offrit du thé et le traita avec bonté et ils devinrent amis et elle était amoureuse de lui... Elle était sûre d'une chose : elle aimait réellement ce vieux petit garçon et cette certitude la bouleversait... Elle eut sa chance quand elle lui rendit visite à la campagne. Elle l'attira vers elle, petit à petit, veillant à ne pas l'effaroucher. Il y eut finalement une semaine dans son appartement, alors que la mère du garçon était encore à la campagne et qu'il n'avait nulle part où rester... Il comprit de quoi il s'agissait vraiment, et il n'y eut plus moyen de l'éloigner d'elle... Puis, Jake [le mari] arriva et il n'aima pas voir le petit Adler rôder autour de la maison... Elle se consumait de désir pour lui, mais elle avait peur de ruiner sa vie et elle l'aimait. Ils devinrent amis.

Sur la première page du manuscrit, Richler avait écrit à la main le nom des personnages fictifs du roman et, entre parenthèses, celui des gens qui les avaient inspirés dans la vie réelle. Plusieurs de ces noms entre parenthèses furent noircis par la suite, mais, à côté du nom d'Helen Perlman, celui d'Evelyn est clairement visible.

MAVIS GALLANT, *amie de longue date*

Quand je l'ai rencontré, il avait dix-neuf ans, c'était à Montréal, l'été ou le printemps avant son départ. Nous étions dans un restaurant avec John Sutherland, le demi-frère aîné de Donald Sutherland. Dans le milieu littéraire montréalais de la fin des années quarante, John avait une petite revue appelée *Northern Review*, une vraie revue, pas le genre de chose à laquelle nous étions habitués, dactylographiée et ronéotypée. Comment il y parvenait, je l'ignore, il était fauché comme les blés. Il payait une nouvelle vingt-cinq dollars, souvent de sa propre poche, j'en ai peur. Il m'a dit : « Je connais un garçon très brillant, il s'en va en Europe et tu aimerais peut-être faire sa connaissance. » « Comment est-il ? » ai-je demandé. Il a décrit l'effet qu'il produisait. « Il est très fougueux. Tout lui passe par la tête, c'est un M. Je-sais-tout. » Et il a ajouté : « Il est proche de *First Statement*. » Toutes ces revues étaient engagées politiquement, vous savez, et *First Statement* était staliniste ; Irving Layton y était. J'étais publiée par un groupe, je ne sais pas trop, gauchiste, mais pas russe. La *Northern*

Review était très catholique, philosophiquement catholique, mais ça ne paraissait pas. John m'a avertie : « Il viendra et dira quelque chose d'insultant. » Mordecai a parlé de cette rencontre dans la postface d'une édition de poche de mon œuvre et j'ai ri en le lisant – je travaillais alors pour un journal et j'avais l'habitude de me faire écorcher par tous ces gars. Nous sommes allés à un restaurant italien et nous avons mangé des spaghettis ; Mordecai a écrit dans la postface qu'il m'avait trouvée « fascinante ». Ces mots me font mourir de rire – venant d'un travail avec des taches d'encre. John Sutherland n'a pas ouvert la bouche, sauf pour commander, et Mordecai avait beaucoup d'opinions – vraiment beaucoup –, et il m'a demandé si je connaissais différentes personnes qu'il allait voir à Londres – tous les noms ressemblaient à Mimsy Morgan –, d'autres écrivains en herbe. Je ne l'ai pas trouvé agressif ou injurieux. Je l'ai trouvé bavard, c'est tout.

AVRUM RICHLER

L'été avant son départ pour l'Europe, il a été garçon d'honneur à mon mariage. Quelque temps avant la cérémonie, la sœur de ma fiancée a organisé un *shower* chez elle, dans un appartement du quartier Snowdon à Montréal, avenue Clanranald, et elle a invité quelques parents et amis. Les femmes ont eu leur petite fête, puis Mordecai et moi, nous nous sommes présentés. Même à l'époque, Mordecai était considéré comme un excentrique. Il ne travaillait pas. Il essayait de devenir écrivain. Même alors, il fumait trop, et il avait la réputation de picoler. Il a eu besoin de téléphoner et il est entré dans la chambre pour avoir un peu d'intimité. Ma future belle-sœur l'a suivi et lui a demandé ce qu'il faisait là. « Ne vous inquiétez pas, je n'ai pas l'intention de voler quoi que ce soit », a-t-il répondu. J'étais très gêné et j'ai essayé d'arranger les choses. Après cet épisode, ma future femme a soulevé des objections en ce qui concernait le choix de mon garçon d'honneur. Cela a dégénéré en dispute et nous avons presque failli rompre nos fiançailles. Mais, comme Golda l'a dit à Tevye : « Les invitations ont été lancées. » Nous n'avons plus reparlé de l'incident après cette soirée, mais, sur le moment, il était passablement vexé. En passant, il a été excellent comme garçon d'honneur et maître de cérémonie et, par la suite, quand il est devenu célèbre, tout a été oublié. Mais il n'a jamais oublié, lui. Je sais qu'il n'a pas oublié parce que, au mariage, il a évité cette femme.

Puis, un jour, il avait dix-neuf ans, j'imagine, il a annoncé qu'il partait. Il n'avait pas d'argent, et nous nous sommes cotisés pour lui en donner. Je crois qu'il a acheté lui-même son billet. Il travaillait. Il collectait pour le boucher. Il devait probablement faire casquer des gens au gin rummy et au snooker. Il me semble que mon oncle Bernard lui a donné de l'argent. Je sais que mon père l'a fait. Moi, je n'avais pas d'argent à lui donner. Ma mère non plus, ou peut-être que oui. Il a voyagé en troisième classe. Combien cela pouvait-il coûter? Une centaine de dollars, peut-être, pour un aller simple? Et il est allé à Paris.

MURIEL GOLD POOLE, *amie d'université*

Mon seul souvenir, c'est que, l'année suivante, quand nous avons demandé où était Mordecai, quelqu'un a dit qu'il était allé en Angleterre pour écrire un roman. Nous avons beaucoup ri en entendant cela. C'était drôle, parce que nous n'avons jamais cru qu'il y parviendrait. On disait: «Ouais, bien sûr, il va écrire un roman, et, qui plus est, en Angleterre.» Je me souviens aussi qu'il écrivait des articles dénonçant le Hillel, l'association d'étudiants juifs du campus. Je m'en souviens clairement, parce que Maurice [son futur mari] était à l'époque le président du Hillel à Sir George. Mordecai était d'avis qu'il fallait abolir le Hillel, parce qu'il le trouvait élitiste, je pense.

Après avoir encaissé une police d'assurance de huit cents dollars que sa mère avait payée par versements échelonnés, Richler a acheté un billet pour l'Angleterre en septembre. Avant son départ, son père l'a pris à part pour lui donner quelques conseils. «Tu sais ce que sont les préservatifs, a dit Moses Richler. Si tu dois le faire – et je sais que tu le feras –, utilise-les. Ne te marie pas là-bas. Elles feraient n'importe quoi pour un passeport canadien ou une paire de bas de nylon.»

«Merde! a dit Richler en rappelant l'anecdote des années plus tard. J'espérais qu'il avait raison.»

MORDECAI RICHLER

À ma grande surprise, mon père m'a soutenu quand je lui ai dit que je voulais devenir écrivain. À son avis, si j'avais opté pour l'école de médecine, l'art dentaire ou même un cours de barbier, j'aurais été obligé d'investir beaucoup d'argent dans la location d'un bureau et, dans le cas d'un bureau de dentiste ou d'un salon de barbier, j'aurais dû acheter des chaises très chères. Mais, si je voulais écrire, je n'avais besoin que d'une machine à écrire portable et de papier. Il avait raison.

4

L'APPEL DE L'EUROPE

> « Je pars et je ne pars pas. Je ne suis pas plus capable de te quitter,
> ma mère, ou de quitter le souvenir de mon père,
> que je peux renoncer à moi-même.
> Mais je peux refuser de jouer un rôle dans ceci. »
>
> NOAH, DANS MON PÈRE, CE HÉROS

À la fin de l'été 1950, cinq mois avant son vingtième anniversaire, Richler partit pour l'Europe à bord du Franconia. *Il apportait deux lettres de recommandation – l'une du registraire de l'Université Sir George Williams certifiant qu'il était « d'un tempérament sainement moral, et intègre », et l'autre de Gordon Rothney, son professeur d'histoire, qui le décrivait comme un jeune homme « alerte et passionné ». Sur le bateau, il fit la connaissance de Douglas Cohen, rejeton d'une famille prospère de Westmount.*

DOUGLAS COHEN, ami

Nous avons été ensemble sur le bateau pendant sept ou huit jours. Nous avons joué une partie de poker qui a duré sept jours. Nous jouions pour des sous, mais, à la fin des sept jours, nous avions gagné chacun une centaine de dollars. C'était un excellent joueur de poker. Nous étions très mal logés – trois couchettes superposées, de l'eau dans la coque et, chaque fois qu'on croisait le capitaine, il était soûl. C'était encourageant. Ou peut-être était-il seulement heureux.

Le bateau accosta à Liverpool, et Richler se rendit à Londres, où il passa environ une semaine, puis il partit pour Paris. Il loua une chambre dans un hôtel une étoile délabré sur la rive gauche de la Seine, et s'intégra bientôt à la bohème qui fréquentait les cafés.

MORDECAI RICHLER

Jeune blanc-bec de dix-neuf ans ayant abandonné ses études, je suis arrivé un après-midi ensoleillé d'automne, en 1950; j'ai émergé du métro à Saint-Germain-des-Prés dans un état d'euphorie indescriptible, ravi de laisser derrière moi un Canada alors insignifiant qui allait se révéler ma plus riche matière première, mais j'étais trop stupide pour le comprendre. J'ai emménagé dans un hôtel infesté de souris, rue Cujas, puis je me suis hâté d'acheter un béret bleu. J'ai également été tenté par un fume-cigarette en ivoire mais, heureusement, le bon sens a prévalu. Quoi qu'il en soit, le premier soir que j'ai passé sur la rive gauche, je me suis attablé à la terrasse du Café de Flore, j'ai sorti un cahier et un stylo et j'ai fait de mon mieux pour prendre un air méditatif. Regardez-moi, je suis un écrivain. C'était ce qu'avaient fait Hemingway et Fitzgerald. Ça n'avait rien d'original. Je ne voyais pas ça comme une aventure. Ça s'est révélé bon marché et merveilleux. Je me suis bien amusé. J'ai rencontré Terry Southern et Mason Hoffenberg, toute une bande. Je voyais James Baldwin à l'occasion. Je voyais Mavis Gallant. Puis, Brian Moore est arrivé. Soir après soir, on se réunissait au Mabillon, au Old Navy et au Café Royal à Saint-Germain, depuis longtemps disparu, ou au Select à Montparnasse pour bavarder; on ne discutait jamais de «nos affaires», on refusait d'admettre qu'on travaillait vraiment très fort et qu'on s'ennuyait dans nos chambres d'hôtel, en vrais Américains après tout, attelés à la tâche, déterminés à faire notre marque. Mais ce n'était pas si bon marché que ça parce que, après neuf mois, j'étais presque à sec. J'ai fait la connaissance d'un peintre gallois qui arrivait d'Ibiza; il m'a dit combien la vie était peu chère là-bas, et j'ai décidé d'aller vivre en Espagne.

MAVIS GALLANT

Quand je suis arrivée à Paris, il était déjà là et il s'était fait une foule d'amis. Il ne parlait pas un mot de français et il ne l'a jamais appris. Nous vivions tous sur la rive gauche et nous passions notre temps à nous croiser. Il y avait beaucoup de Canadiens. Je me souviens de lui avoir rendu visite, une fois. Quelqu'un m'avait dit qu'il y avait un jeune Canadien dans un hôtel de l'île de la Cité, et qu'il était malade. C'était l'hiver et nous n'avions pas l'habitude des maisons froides – nous étions habitués à ce qu'il fasse froid dehors, mais à l'intérieur, dans des maisons non chauffées, c'était nouveau pour nous. Nous avions tous mal à la gorge. Plus tard, il a vraiment attrapé le scorbut. Il m'a raconté qu'il avait vu un médecin en Angleterre, et que ce médecin lui avait dit : « Je crois que vous avez attrapé une maladie due à des facteurs socio-économiques », et il avait été horrifié. Il croyait avoir attrapé une maladie vénérienne [les deux se disent *social disease* en anglais (N. D. T.)] et il était atterré. Puis, il a su que ce n'était que le scorbut. J'ai pour ainsi dire deviné que le Canadien malade était Mordecai. J'ai trouvé l'hôtel et j'ai acheté des fruits – personne d'entre nous n'en mangeait suffisamment. Nous étions tous fauchés, je veux dire. Il recevait une allocation de son père ou de son oncle, environ soixante dollars par mois. Il ne se plaignait jamais. Je ne l'ai jamais jamais entendu dire : « Oh ! J'aimerais. Oh ! J'aimerais tant… » S'il faisait froid, eh bien, il faisait froid. S'il avait la grippe, eh bien, il avait la grippe. Nous mangions dans des restos bon marché, et il ne trouvait pas les miens aussi bons que ceux qu'il me faisait connaître, mais j'étais de l'avis contraire. Je me suis donc rendue à son hôtel sur l'île de la Cité, je lui ai acheté des fruits et tout ce qu'on peut apporter à un Canadien en train de mourir de la grippe. Je me souviens d'avoir monté un escalier très sombre et d'avoir été terrifiée. C'était une chambre non chauffée donnant sur la cour. J'ai frappé et je l'ai vu dans son lit, une tuque de hockey sur la tête, emmitouflé dans un chandail et des foulards ; il lisait Robert Herrick [un poète anglais] à la lumière de la fenêtre. À partir de ce moment, j'ai toujours pensé qu'il était un intellectuel qui refusait de l'admettre. Il ne voulait pas donner cette image. J'en suis convaincue. Il voulait être un dur à cuire – je n'ose pas dire Hemingway, parce que les gens vont hurler, mais c'était ce genre-là. Henry Miller. Quand il était seul, il lisait pourtant de la poésie anglaise. Il s'est rappelé cette histoire quand je lui en ai parlé, des années plus tard. J'avais raison à propos de l'escalier, mais il a refusé de parler de Herrick. Il était un peu vexé.

William Weintraub a également rencontré Richler à Paris cet automne-là, et ils se sont rapidement liés d'amitié.

WILLIAM WEINTRAUD, *ami de longue date*
C'est Mavis Gallant qui m'a présenté Mordecai à Paris. J'avais connu Mavis à Montréal quand elle travaillait pour le *Standard* et que j'étais pigiste à la *Gazette*. Elle est partie pour l'Europe en octobre 1950 et je suis parti à mon tour vers la fin de la même année. Elle m'a demandé : « Aimerais-tu connaître un drôle de gars qui vient de

Montréal et qui veut devenir écrivain?» Nous nous sommes rencontrés dans un café de la rive gauche, et il m'a semblé drôle et sûr de lui. Je lui trouvais un côté amusant et, pendant une ou deux semaines, nous avons fait la tournée des bars ensemble. Il était à l'époque plus grégaire que moi. J'ai été particulièrement impressionné par la rapidité avec laquelle il a connu la bohème littéraire de Paris. Il a bientôt connu les rédacteurs et les éditeurs de petites revues et des écrivains en herbe comme lui, et il n'avait en réalité encore rien publié. Il n'avait publié que de petites chroniques d'humeur, et n'avait par conséquent aucune réputation, mais il s'est vite arrangé pour connaître les personnes influentes. Nous avons hanté bien des bars ensemble, nous parlions des livres que nous avions lus, de son Montréal et du mien. Il avait dix-neuf ans à l'époque et j'avais cinq ans de plus. Il allait sauter l'étape du journalisme et se lancer tout de suite dans la littérature sérieuse, et je trouvais ça plutôt drôle. Je n'avais aucune idée de son talent. Pour moi, il était seulement un type amusant et nous étions sur la même longueur d'onde, mais nous venions de milieux différents. À un certain moment, il est devenu de bon ton de ne pas poser de jugements catégoriques, d'être tolérant avec tout et tout le monde, d'être politiquement correct. Ce genre d'attitude ne s'appliquait pas à notre époque. Nous nous érigions en juges et nous n'y allions pas avec le dos de la cuiller. Nous tirions le maximum de nos conversations, des jugements que nous portions sur les gens que nous connaissions ou que nous avions lus. Nous nous surpassions en termes de rudesse, d'humour et d'ironie, et Mordecai ne donnait pas sa place dans ce domaine. Je n'ai jamais été aussi intransigeant que lui, mais, le lendemain d'une fête, nous nous retrouvions pour démolir l'un après l'autre chacun des invités. Il y avait toujours matière à rire.

Dans une lettre à Brian Moore (de Bruxelles, en avril 1951), Weintraub écrivit: «T'ai-je parlé de ce Richler? Il vient de Montréal, il a un curieux prénom – Mordecai – et il veut devenir écrivain. Très jeune et plutôt insolent, sans montrer le respect qui s'impose quand il traite avec des citoyens plus âgés comme moi-même. Il me paraît tout de même correct, particulièrement parce qu'il a loué une maison qui, à ce qu'on dit, est extraordinaire, sur une île de rêve.» D'autres furent toutefois moins impressionnés.

TOBY STEINHOUSE, *connaissance*

Quand j'ai fait sa connaissance, il avait dix-neuf ans. Il était impulsif et caustique, il ne connaissait pas grand-chose, notamment sur la politique française, mais cela ne l'empêchait pas d'exprimer son opinion. La veille de Noël, toute la bande s'est réunie à l'appartement de Mavis Gallant, nous sommes allés à Notre-Dame pour la messe de minuit, puis nous sommes allés manger. Je suis rentrée avec une très mauvaise impression, et je ne l'ai jamais aimé depuis. Mon mari était écrivain, il écrivait des livres sur la politique en France. Il avait un doctorat, et nous devions rester là à écouter pérorer Richler. Pour dire la vérité, je n'ai pas trouvé grand-chose en lui qui puisse racheter ses défauts. Demandez à Jory Smith ce qu'elle pense de lui. Elle avait un appartement dans le midi de la France, et il a profité d'elle. Il occupait la chambre et elle était obligée de dormir sur le canapé du salon; elle a été bien contente d'être débarrassée de lui. Plus tard, elle est allée en Espagne. Il lui avait donné le nom de gens à qui elle pouvait téléphoner là-bas mais, quand elle a mentionné Richler, ils lui ont raccroché la ligne au nez.

MAVIS GALLANT

Un jour, j'étais assise dans un café et je lisais *La maison à Paris*, un joli roman d'Elizabeth Bowen, quand il est arrivé. Bon, c'est vrai, il était jeune, il manquait de maturité… Il m'a arraché le livre des mains. Il s'agit d'un très bon roman, un classique des années 1930. Il m'a dit: «Écoute, Mavis, tu n'arriveras jamais nulle part si tu continues à lire ce genre de navet.» On ne peut pas répondre à ça. Mais, quand il était à Paris, c'était un jeune loup.

En avril, à la recherche d'un endroit meilleur marché et plus chaud, Richler quitta Paris pour l'île espagnole d'Ibiza, où il commença à travailler sur ce qui serait son premier roman, The Rotten People. *Dans une lettre qu'il envoya à leur ami commun Alex Cherney (datée du 25 mars 1951), Weintraub écrivit: «J'ai entendu dire que Mordecai Richler nage dans le bonheur en Espagne, et qu'il hésite entre Conchita et Juanita.» Ibiza était un endroit chaud et peu cher, mais Richler cherchait des moyens d'économiser. Le 1ᵉʳ avril, il écrivit à Weintraub pour lui demander de voir si Mavis Gallant serait intéressée à venir et à partager le coût du loyer de sa maison à San Antonio. Il invita aussi Weintraub à lui rendre visite, l'assurant que «san antonio [il utilisait rarement les lettres majuscules] est un lieu fantastique à certains égards sur lesquels il vaut mieux ne pas trop s'étendre dans des lettres».*

Weintraub accepta l'invitation et, en avril, Richler vint accueillir son bateau qui arrivait de Barcelone. Ils prirent le petit déjeuner, arrosé de café-cognac, à l'hôtel España, puis ils traversèrent l'île en taxi jusqu'à San Antonio. Comme Weintraub l'écrivit dans Getting Started: A Memoir of the 1950s : «*Il aurait été impossible d'imaginer que le jeune homme à côté de moi dans le taxi brinquebalant, qui n'avait alors publié que trois petites "chroniques d'humeur" dans une obscure petite revue deviendrait un jour un auteur acclamé, lauréat de plusieurs prix littéraires.*»*

Richler avait loué un appartement de trois chambres. Le loyer, de trente dollars canadiens par mois, comprenait le salaire d'une cuisinière. Quand ils arrivèrent, Weintraub remarqua qu'il y avait une bouteille de vin sur le seuil de la porte – livraison quotidienne à domicile. Dans les bars, le cognac coûtait 2,5 cents le verre. Weintraub rapporte que Richler disait : «La sobriété coûte cher ici.»*

Des années plus tard, Richler dit que le loyer de la villa était de soixante-quinze dollars par mois, et que, pour travailler pour lui, la cuisinière dut obtenir une autorisation spéciale du curé, «parce que j'étais un homme célibataire».

Les deux jeunes hommes passaient l'avant-midi à écrire; après, ils se baignaient, ils dormaient, puis ils faisaient la tournée des bars de pêcheurs où ils prenaient un verre et jouaient aux échecs. Dans une lettre à Mavis Gallant datée du 19 mai 1951, Weintraub écrivit : «Mordy connaît tout le monde dans l'île et il est considéré à la fois comme un personnage et un citoyen respecté. D'ici peu, nous serons les chefs de la vie sociale ici. Notre réputation a été définitivement établie par la fiesta organisée chez nous l'autre soir.»*

WILLIAM WEINTRAUB

J'ai été très impressionné par son instinct grégaire. Il a rencontré des tas de gens dans l'île, et inutile de dire que c'étaient les plus louches, les plus libertins. Il buvait du vin avec eux et, ensemble, ils formaient un groupe amusant et cohérent. On m'y a bien accueilli. Il semblait travailler le matin.

Après le départ de Weintraub, Richler a continué à écrire pendant la journée et à festoyer le soir. Le 9 juin, il écrivit à Weintraub : «Hier soir… nous sommes restés chez rosita [un lupanar local] jusqu'à quatre heures du matin. Prends un verre à ma santé au bar vertes, je viens d'en prendre dix à la tienne au bar frites.» Mais, deux semaines plus tard, dans une autre lettre, il écrivit : «La police secrète enquête à mon sujet. Ils sont venus me voir, m'ont parlé cordialement et toute cette merde, et il faut que j'aille à leur bureau à Ibiza pour un autre entretien amical. Je déteste l'idée d'être chassé d'Espagne en ce moment, parce que je suis fauché et que je n'ai aucun autre endroit où aller... Je ne dramatise pas. Il y a de toute évidence quelque chose dans l'air. »

Puis, dans un petit mot envoyé à Weintraub le 5 juillet, il écrivit qu'il quittait Ibiza pour le sud de la France. « *J'ai fait la fête toute la nuit à Ibiza et maintenant je suis complètement crevé. J'ai mangé du poulet avec rosita* [la propriétaire du bordel] *et d'autres personnages louches... passé la nuit à baiser, et maintenant je sirote mon café à la casa garovas, je scribouille des lettres, et je me sens confus et assez pourri. Je pars pour barcelone ce soir, et de là, j'irai à nice. Puis, de nice, j'irai peut-être à vence ou à un autre endroit pas trop cher. Je ne peux pas expliquer complètement pourquoi je pars maintenant, mais je le ferai une fois en france. Je m'attends à voir bientôt Helen. Pas trop triste comme perspective.* »

WILLIAM WEINTRAUB

Mordecai avait des ennuis avec la police. On lui demandait de plus en plus souvent d'aller au poste de police pour répondre à des questions et cela devenait désagréable. En relisant ces lettres, je me dis que, pour la police, il était un individu mystérieux parce qu'il n'était pas un touriste typique. Il s'occupait peu des rares autres touristes et préférait se lier d'amitié avec les gens du village, le chauffeur d'autobus, les pêcheurs. C'était un État policier, rappelez-vous, l'Espagne de Franco. Ils l'invitaient à tout bout de champ au poste de police pour de petites conversations. Roberto, un soûlon de nos amis, a été impliqué dans un incident. Il était ivre et il s'est mis à sauter sur les capots des voitures. Mordecai et moi sommes allés au poste de police pour essayer de le faire libérer. Ils n'étaient pas très contents de nous voir et ils nous ont mis à la porte. Mais cela a confirmé le fait qu'il n'entrait dans aucune catégorie.

L'histoire de Roberto était celle-ci: il s'était marié environ une semaine auparavant et, la nuit de ses noces, il avait appris que sa femme avait une maladie et qu'elle ne pouvait supporter qu'on lui touche. À cette époque, on ne faisait pas l'amour avant le mariage. Il est devenu fou furieux et il est allé à Ibiza où il a bu sans s'arrêter. Nous avons tenté d'expliquer cela à la police, mais ils n'étaient pas intéressés, et cela a contribué à créer une aura de mystère autour de Mordecai.

Il avait appris un peu d'espagnol sur place et je l'avais étudié un peu à l'école. Je lui avais demandé de chercher certaines choses pour moi, parce que je croyais que j'écrirais peut-être un article sur Ibiza – sa population, ses produits, toutes sortes de questions journalistiques, et il interrogeait les gens en mon nom. En le voyant s'associer avec les villageois et leur poser des questions, la police a dû se demander si ce type n'était pas en train de comploter un *coup d'État*.

Helen était une très jolie jeune fille aux cheveux noirs. Je crois que c'était une Américaine qui vivait en France avec ses parents, mais je ne me souviens pas très bien d'elle. À l'époque, mon attention était concentrée sur ma propre petite amie.

MORDECAI RICHLER

Les bancs de poissons étaient aussi abondants qu'à Terre-Neuve. Dans l'île, le poisson ne coûtait presque rien, quelques sous. Il n'y avait personne là-bas, juste quelques nazis. Il y avait un gars dont je me suis servi pour créer un personnage de *Joshua au passé, au présent*. C'était un Suisse-Allemand condamné à mort. Il avait raconté à la police espagnole que j'étais un espion. Il a dit que je recevais de l'argent d'outre-mer – mon père m'envoyait vingt-cinq dollars par mois, et ma mère m'en envoyait trente-cinq. Et la prétendue police secrète m'avait surpris en train d'examiner la base militaire. «Comment être sûrs que vous n'êtes pas un espion?» m'ont-ils demandé. C'était curieux.

AVRUM RICHLER

On l'a chassé d'Ibiza. Il a eu une bataille terrible avec un colonel nazi qui s'était caché là après la guerre. Ils s'étaient battus pour une fille. Elle était comprise dans la location de la maison. Elle faisait le ménage et la cuisine. Ils ont fini par se battre, lui et l'ex-nazi. On l'a jeté en prison et nous, les membres de sa famille, avons reçu un télégramme. Nous avons dû le tirer d'affaire. Son roman *The Acrobats* est vraiment basé sur cet épisode.

Dans une lettre non datée envoyée à sa famille, Richler écrivit que le colonel allemand avait porté plainte contre lui en alléguant qu'il était communiste. La police espagnole lui dit: «Si vous quittez l'Espagne maintenant, nous ne donnerons pas suite à la plainte. Dans le cas contraire, vous serez déporté.» Il partit et, en août 1951, il loua une petite maison à Tourrettes-sur-Loup, un vieux village à sept milles de Saint-Paul-de-Vence, dans le midi de la France. Dans une lettre à Weintraub, il raconta qu'il avait parlé d'Helen dans une lettre envoyée à sa mère et que celle-ci lui avait répondu par des conseils sévères sur l'usage des contraceptifs. « Qu'est-ce que nos mères sont en train de devenir ? »

Mais les conseils n'étaient peut-être pas injustifiés. Dans une lettre à Weintraub datée du 3 août, Richler écrivit : « j'ai déménagé. je partage un appartement avec jori quelque chose, une peintre de montréal. c'est une amie de jackie sirois [une amie de Montréal]… helen est venue passer quelques jours merveilleux… elle habite à cannes… sa mère est un peu déconcertée, je me demande bien pourquoi. »

Cette remarque était, bien sûr, ironique. Comme il l'écrivit à Weintraub, Helen « a dû subir un avortement et elle n'est sortie que le jour de mon arrivée à Cannes. elle le savait depuis deux mois, mais jamais elle ne m'en a parlé dans ses lettres. une brave petite. ai-je l'air dégueulasse ? »

En même temps, Richler dit à Weintraub : « Je vais reporter la question à la semaine prochaine. Je veux retourner au Canada avec Helen. Je te le ferai savoir si elle vient. J'espère que tu pourras supporter le suspense. le travail avance bien et le livre sera fini au moment prévu… désolé de ne pas être plus drôle, mais j'ai travaillé neuf heures aujourd'hui et je t'écris seulement parce que je t'aime. j'ai l'intention d'aller en Italie en septembre. helen et moi nous nous sommes rendus à grasse en auto-stop. »

JORY SMITH, *connaissance*

J'avoue que je n'aimais pas Mordecai, parce qu'il ne manifestait aucun intérêt pour les choses qui m'intéressaient, moi, la littérature, par exemple. Je lisais tous les livres imaginables, et il ne s'est jamais montré le moindrement curieux à propos de mes connaissances littéraires. Les femmes intelligentes ne l'intéressaient pas. Il éprouvait une sorte d'aversion à l'égard des femmes intelligentes… À Tourrettes-sur-Loup, je passais des moments merveilleux avec Gilles, un de mes amis, le jeune homme le plus intéressant que j'ai jamais connu. Je l'aimais beaucoup. C'était un homosexuel, il était venu avec son copain et, par la suite, il a ouvert l'une des galeries d'art les plus prospères du Canada.

Mon mari était toujours un peu jaloux, parce qu'il tournait des documentaires au Nouveau-Brunswick ou en Nouvelle-Écosse. Quand Gilles est retourné à Paris, j'ai décidé de rester. J'adorais cet endroit où j'étais entourée de choses à peindre. Gilles m'a dit : « Ce jeune Canadien, tu sais… » – nous avions vu rôder ce garçon [Mordecai] – « … je te parie qu'il va venir à cette table le jour de mon départ. » Et c'est exactement ce qui s'est passé. Il est venu vers moi et il m'a dit : « D'après ce que j'ai compris, vous êtes canadienne, non ? »

Cette attitude nonchalante, vous savez. J'ai répondu : « Oui, et pourquoi ? » « Puis-je m'asseoir ? » m'a-t-il demandé. Il a pris l'habitude de venir comme ça pendant quelques jours. Un jour, il m'a dit : « Je voudrais vous demander quelque chose. Je suis pas mal fauché, ces temps-ci. Je suis en train d'écrire un roman, et l'endroit où j'habite est au-dessus de mes moyens. J'ai trouvé un logement abordable où je pourrais continuer à vivre si vous partagiez le loyer. » Je n'arrivais pas à le croire. Quitter la pension adorable où j'étais ? Puis, je me suis dit : « Oh ! Pauvre diable. Il a l'air misérable, ses vêtements sont toujours en loques. » Je lui ai répondu que j'allais y réfléchir. J'ai réfléchi et je me suis dit : « Seigneur ! Un Canadien ! Je ne peux pas le laisser tomber. » Bon, le logement était affreux. Il n'y avait pas de salle de bains, pas de baignoire, juste une cuvette de toilettes, et une longue cuisine, et la chambre en face. Il m'a dit : « J'ai pensé que je prendrais la chambre si ça ne vous dérange pas de dormir dans la cuisine. Je fais ça pour vous, parce que je tape à la machine toute la nuit et vous ne pourriez pas dormir si je tape ici. Et vous devriez interrompre mon travail pour aller dans la chambre. » Vous n'avez aucune idée de l'égoïsme de cet homme. Dans quel pétrin m'étais-je fourrée ? Mais je n'allais pas revenir sur ma parole, alors j'ai dit : « Oh ! Ça va. Je vais dormir ici. Dans la cuisine. » Je savais ce que c'était que d'être pauvre. Mon mari et moi, nous avions vécu avec deux dollars par semaine dans les années trente, alors la pauvreté, je la connaissais, et je voulais lui donner un coup de main. J'ai donc supporté son caractère revêche.

Je lui ai donné un mois. Je ne me suis jamais querellée avec lui. Il travaillait toutes les nuits jusqu'à à peu près quatre heures du matin. Il travaillait vraiment. Et il n'a pas bu une goutte, jamais, quand j'étais là. Et il y avait cette fille extraordinaire [Helen] qui avait quitté Barcelone pour venir le voir, elle était tombée amoureuse de lui et elle était comme sa femme, douce et gentille. Elle aimait Mordecai. Elle a posé pour moi, nue ! J'ai fait un beau portrait d'elle dans la chambre pendant qu'il travaillait dans la cuisine. Mais il n'a jamais changé. Quand je l'ai revu des années plus tard, il était exactement le même, profitant des gens sans jamais manifester aucune reconnaissance. Il ne m'a jamais remerciée. Je devais avoir perdu la tête. Comment ai-je pu faire une chose aussi stupide à quarante-quatre ans ! Quitter cet endroit charmant, la pension où tout le monde m'aimait.

Le souvenir de Smith est étayé par ses écrits de l'époque. Dans un extrait de son journal daté du 4 août 1951, elle a écrit: « Je partage ces deux pièces avec un jeune écrivain, Mordecai Richler, mais je le trouve si ennuyeux. Il est comme tous les jeunes, suffisant au possible... égotisme*, une ambition opportuniste terrible qui domine tout et une absence totale de considération pour les autres. Un aspect positif à son sujet: il est complètement absorbé par son travail sur lequel il peine dix heures par jour, bang, bang, bang, sur sa machine à écrire. Nous n'échangeons pas une parole de la journée même s'il laisse sa porte ouverte. À l'occasion, il me demande comment on épelle perspiration [transpiration] ou conical [conique] (aussi primaire* que ça), mais nous avons passé des heures à respirer le même air sans jamais communiquer. Comme il est différent de Gilles dont la charmante compagnie me manque... Eh bien, peu importe, je travaille. Je vis et je travaille dans la cuisine, je me lave dans l'évier, et nous mangeons tous les deux au bistrot bon marché (200 francs). Une vie très frugale. »*

À la fin du mois d'août, Richler s'était installé à Haut-de-Cagnes, un autre village de montagne au nord de Nice. Comme il l'écrivit à Weintraub, une fenêtre donnait sur la mer et les collines pittoresques, et l'autre sur « le jimmy's bar et le sexe existentialiste pieds nus. à tout moment, je tends le bras pour prendre un sein existentialiste ou un cognac. la vie, comme tu le vois, comporte ses problèmes. j'ai fini the rotten people il y a une dizaine de jours. [eric] protter est venu faire un tour avec quelques intellos impénétrables et ils ont lu des extraits du roman. protter et cie sont unanimes: je suis formidable, jeune et brillant, mais ils pensent également que ce sera la croix et la bannière pour vendre ce livre. (les éditeurs conventionnels s'arrêteront à la page trois.) il paraît que je pourrais faire publier le livre si j'étais homosexuel et que je couchais avec jimmy. bravo pour la vie littéraire. tout le monde est d'avis que je pourrai vendre ma prochaine œuvre si je la rends un peu plus facile à digérer pour les estomacs bourgeois délicats. »

Dans la même lettre, Richler ajouta qu'il avait l'intention d'aller s'installer en Italie et d'y travailler au plan de son prochain roman, puis de retourner à Paris et de « rester là jusqu'à ce que je n'aie plus un sou ». En vérité, après avoir visité l'Italie « avec une superbe Suédoise », il retourna à Paris le 29 octobre, complètement à sec. Terry McEwan, un ami montréalais, cadre chez Decca Records, « est plein aux as et il est un copain fantastique. » Il offrit à Richler une chambre gratuite dans un appartement situé au 4 de la rue Bremontier, sur la rive droite, au-dessus d'une charcuterie* chic. Richler espérait avoir achevé en quelques mois le premier jet de ce qui allait devenir The Acrobats.

Dans une lettre qu'il envoya à Weintraub en novembre, il se plaignit de complications sentimentales. « le gros problème, c'est que je ne suis plus amoureux d'Helen et qu'elle l'est de moi. Elle se pointe ici presque tous les jours.» Entre-temps, il avait commencé à s'intéresser à «Ulla, qui est portée sur la chose elle aussi, et Sanki. J'espère ne pas sembler grossier, mais je me sens déprimé et je pourrais bien me défouler pendant une semaine sur quelqu'un qui ne rendrait pas les coups.» Il écrivait que tout le monde lui disait que «je fais partie des rares gars qui l'ont à Paris», mais il reconnaissait aussi la réalité: «personne ne veut imprimer mon truc.» En janvier 1952, à court d'argent, Richler envisageait son inévitable retour à Montréal. Il demanda à Weintraub d'essayer de lui trouver du travail, «n'importe quoi de pas trop mal payé et de pas trop démoralisant». Il continuait à travailler au manuscrit de The Acrobats, *croyant qu'il «pourrait très bien être publié, (la bande jure qu'il le mérite), mais j'aurais quand même besoin d'un emploi pendant au moins un an».*

En janvier, une amie de Montréal, Kina Mitchell, se présenta avec une bouteille de cognac et une proposition: pourquoi ne pas aller passer six jours à Toulouse? Il y alla avec Ulla. Ils ne dépassèrent pas Limoges où, comme il l'écrivit par la suite à Weintraub, «une grosse familiale a embouti le derrière de notre petite Renault. La Renault s'est retrouvée chiffonnée comme une boîte de fer-blanc. L'autoroute nocturne était inondée du sang de la Renault, jonchée d'os et de lambeaux. En vérité, personne n'a été blessé, mais la voiture a subi une blessure mortelle. Nous avons attendu une dépanneuse pendant quatre heures sur l'autoroute... Nous sommes restés bloqués là deux jours. J'ai mis à peu près une heure pour dénicher le meilleur bar de la ville, et une heure de plus pour gagner trois bouteilles de bordeaux à la kermesse de la ville, et, bien entendu, j'ai passé une autre heure dans les autos tamponneuses.» Richler et Mitchell écrivirent une carte postale à Weintraub: «On préférerait te voir à notre place.»

LIONEL ALBERT

Kina et Mordecai sont revenus de Limoges en train. Cette année-là, j'étudiais en Angleterre et j'étais allé à Paris pour les fêtes de Noël. Ils étaient dans ce compartiment et, chaque fois que le train s'arrêtait dans une gare, il faisait semblant de vomir et d'avoir une crise d'épilepsie – pour éloigner les gens. Il a mimé la chose à Paris. Il était très convaincant. Je n'ai pas rencontré Helen, mais j'ai connu Ulla parce qu'elle vivait avec lui dans l'appartement de Terry, et j'ai aussi connu Sanki, une mignonne petite brune qui avait l'air d'une Juive sépharade. Ulla était censée être la fille du principal concessionnaire General Motors en Suède. Arne, le frère d'Ulla, gardait en principe l'œil sur elle au nom de ses parents. Une fille rebelle et tout ça. Mais c'était un agent double. J'ai rencontré certains de ses amis littéraires. Je n'ai pas été très impressionné.

De retour à Paris, ils organisèrent une veillée funèbre à la Royale pour la Renault, «et tout le monde s'est retrouvé un peu flapi à quatre heures du mat».

Un mois plus tard, Richler se rendit en Angleterre en bateau où il retrouva son ami montréalais Sidney Lamb [à présent disparu] et John Harrison à Cambridge. Il camoufla des biftecks et du beurre – des denrées rares dans l'Angleterre rationnée de l'après-guerre – dans son imperméable pour éviter que les douaniers britanniques ne les lui confisquent. «À mon arrivée à Cambridge, nous avons bien dîné», écrivit-il à Weintraub. Entre-temps, Weintraub lui avait envoyé trente-cinq dollars.

«C'est arrivé à point, le remercia-t-il. C'est assez pour recommencer à croire en Dieu.» Un nouvel optimisme s'exprime dans cette lettre datée du 9 février. Richler travaille de six à huit heures par jour, et «tout le monde, y compris moi-même, pense que je suis en train d'écrire un sacré bon livre… et puis – juste pour te prouver que mon étoile monte dans ce monde –, je vais prendre le thé avec e. m. forster la semaine prochaine.»

Mais ce voyage en Angleterre était peut-être aussi motivé par d'autres événements. «je me suis fourré dans le pétrin avant mon départ. une femme, encore une fois. pâmée, encore une fois. mais on a eu de la chance.»

MORDECAI RICHLER

Il y avait un gars qui était le protégé de Forster et j'ai été invité à prendre un sherry. J'étais mort de frousse. Je pense avoir sifflé tout le sherry. Et il a été si courtois. Il m'a posé des questions sur mon écriture. J'étais si mal à l'aise – je n'avais jamais rien publié.

Son enthousiasme fut de courte durée. En mars, après un week-end à Londres, il écrivit à Weintraub qu'il se sentait «complètement stérile, impuissant, désespéré, oh! ce vague à l'âme des artistes. Je me sens petit et mesquin. ça m'est déjà arrivé et je devrais émerger bientôt de cet état.» Pour l'instant, il ne croyait pas pouvoir achever son livre, dont le titre de travail était The Jew of Valencia [Le Juif de Valence], *avant la fin de l'été, au mieux. Mo, le père de Richler, lui envoyait quarante dollars par mois et lui fit parvenir un billet de retour pour l'automne. Et son idylle avec Helen était loin d'être terminée. « nous nous écrivons, nous nous aimons toujours, etc. mais c'est davantage une paralysie qu'une passion, nous coucherons encore ensemble, etc. nous planifions une orgie de deux semaines avant mon départ, mais plus question de mariage. » Une « charmante Suédoise » est entrée dans sa vie. « dois-je me marier ? non, je ne crois pas. »*

Dans la même lettre, il confia à Weintraub qu'il était devenu oncle pour la première fois, grâce à son frère Avrum. « Dieu ! quand je pense à l'ignorance et à l'obscurité dans lesquelles ce pauvre enfant sera élevé, je frémis, franchement. Si je préconise la stérilisation de quatre-vingt-dix pour cent de la population, suis-je un raciste ? »

Il retourna à Paris en mai ; le premier jet de son roman était pratiquement achevé. Il prévoyait le réécrire pendant l'été, puis rentrer à Montréal en bateau pour chercher un emploi. Les rédacteurs en chef de revues faisaient des commentaires très élogieux de ses nouvelles, mais il n'arrivait pas à les faire publier. Comme il l'écrivit avec véhémence à Weintraub (en majuscules, ce qu'il faisait très rarement) : « C'EST EN GRANDE PARTIE UNE QUESTION DE CONTACTS, ET ÇA ME DONNE ENVIE DE DÉGUEULER. »

Richler alla passer l'été dans le midi, de nouveau à Tourrettes-sur-Loup, et, en juin, il avait terminé la première version de son roman. « J'ai l'intention de passer une grande partie de l'été à le réécrire, à le réaménager, écrivit-il à Weintraub. c'est un bon livre. » Il proposa également quelques nouvelles à des magazines américains, sans succès. « atlantic, harper's, mademoiselle m'ont tous donné les mêmes belles réponses évasives. "Bon sang, vous êtes un jeune homme formidable, vous devriez vraiment être publié." » Plus tard, il écrivit à Weintraub qu'il travaillait d'arrache-pied à la version finale du livre, à présent intitulé The Edge of Time *[Le fil du temps]. « ulla est ici avec moi, et helen est à cannes, ce qui complique passablement les choses. À propos, Helen rentrera peut-être au Canada avec moi. Follement amusant, n'est-ce pas ? Imagine-moi l'amener chez Ruby Foo's [un restaurant chinois de Montréal fréquenté à l'époque par la communauté juive de la ville] le mercredi soir. »*

En juillet, il changea de nouveau le titre du roman. Comme il l'écrivit à Weintraub, devinant juste, « the acrobats est le dernier en date, et je pense que celui-ci tiendra le coup. lis la cinquième élégie de Rilke. » [« Mais qui sont-ils, dis-moi, ces cœurs errants, un peu plus fugitifs encore que nous-mêmes, tôt oppressés, tenaillés par un désir que rien n'apaise... »]

Richler éprouvait des sentiments mitigés à propos de son retour à Montréal. Dans une lettre qu'il envoya à Weintraub en août, lui demandant de l'aider à trouver un emploi, il écrivit: «je n'ai absolument aucun projet. mon père me paiera vingt-cinq dollars par semaine pour répondre au téléphone à son bureau et me taquinera sur mon métier d'écrivain... À certains égards, je suis content à la pensée de revoir Montréal... Mais je me demande combien de temps le charme va durer.» Il arriva le 13 septembre 1952, sans Helen.

AVRUM RICHLER

Je suis allé le chercher à Québec avec ma femme dans notre petite Austin. Il avait une barbe clairsemée et une boîte de livres – une énorme caisse – que nous avons expédiée, et un petit sac de voyage contenant ses possessions.

Richler avait été absent deux ans et il avait écrit deux romans, The Rotten People *et* The Acrobats. *Il avait mis le premier de côté, convaincu qu'il n'était pas digne d'être publié. Le deuxième faisait le tour des éditeurs du Royaume-Uni et des États-Unis. À son retour, il parla à son père des* Acrobats. *«Qu'est-ce que tu connais au cirque? lui demanda son père. Le roman traite-t-il des Juifs ou des gens ordinaires?»*

Dans Getting Started, *William Weintraub raconte que Richler trouva un emploi de rédacteur à la salle des nouvelles de la CBC. Après le travail, ils allaient souvent au club de presse de Montréal, situé dans l'ancien hôtel Mont-Royal. Là, on lui présenta Brian Moore. Leur amitié allait durer, malgré quelques ratés, pendant plus de trente ans.*

LIONEL ALBERT

La seule chose dont je me souvienne en ce qui concerne le travail de Mordecai à la CBC, c'est qu'il plaisantait à propos des nombreux homosexuels qui y travaillaient. Il pensait qu'il faudrait ajouter des toilettes pour eux à côté de celles des femmes et des hommes.

JACK LIEBER

Aux alentours de 1952, je recevais les gens le dimanche matin à ma librairie et leur offrais le *smoked meat* de chez Schwartz. Mordecai est venu très souvent. Il s'installait dans un coin, allumait un cigarillo, observait ce qui se passait d'un regard torve, les sourcils froncés au-dessus de son verre de scotch, et quand il ne restait plus rien, il filait à l'anglaise dans la pénombre de l'après-midi.

Lieber affirme que c'est lui qui a présenté Richler à celle qui allait devenir sa première femme, Cathy Boudreau.

CATHY BOUDREAU

Jack m'a invitée chez lui et il m'a dit : « Tu ne sors avec personne ? Tu n'as pas de petit ami ? » J'ai répondu que non. Il m'a dit : « J'ai peut-être quelqu'un pour toi. » Nous nous sommes donc rencontrés chez lui et nous nous sommes bien amusés. Nous fréquentions alors Jackie Sirois.

Il y a toutefois quelqu'un d'autre qui affirme la même chose.

LIONEL ALBERT

J'ai toujours pensé que je les avais présentés l'un à l'autre. Je l'ai connue bien avant Mordecai. Quand j'étudiais à McGill, je partageais un appartement rue Crescent, vers le sud, avec un étudiant allemand qui m'a présenté deux sœurs, Tess et Cathy Boudreau, qui habitaient à côté. Tess sortait avec Max Cohen, qui est devenu le doyen de la faculté de droit à McGill. Ensuite, en 1952-1953, Mordecai, Cathy et moi avons habité ensemble rue Tupper, près de l'hôpital des enfants de Montréal. C'était un appartement au sous-sol, avec deux chambres. Cathy n'était ni intellectuelle ni instruite, mais elle n'était pas vulgaire ou commune non plus. Elle n'avait absolument rien d'une ambitieuse. Il a travaillé pendant quelque temps pour la CBC, et il a été gardien de nuit pour un de ses oncles. Nous sommes allés voir oncle Max qui, par la suite, lui a offert une sorte de bourse grâce à laquelle il a écrit son roman suivant, *Mon père, ce héros*. Ce n'était pas très sympa pour oncle Max, à mon avis.

Sa relation avec Cathy était très gaie. Ils passaient leur temps à rire, à plaisanter. Ils s'amusaient comme des fous. Incidemment, j'ai aussi connu Stanley Mann [le premier mari de Florence Richler] à McGill. Un don juan. Il m'a enseigné la technique pour dégrafer un soutien-gorge d'une seule main. Je ne me souviens pas d'avoir vu Mordecai écrire, mais il devait bien le faire. En fait, j'étais à côté de lui quand il a reçu un coup de fil de Joyce Weiner pour lui dire qu'Andre Deutsch avait acheté *The Acrobats*. J'ai dit : « Te rends-tu compte que tu vas publier ton premier roman à vingt-trois ans ? » Mais je pense qu'il était trop excité pour entendre ce que je lui disais.

MORDECAI RICHLER

Andre Deutsch a fait une offre pour mon roman. Il publierait *The Acrobats* si j'acceptais de le retravailler. Il m'a offert un à-valoir de cent livres (environ deux cent cinquante dollars) – cinquante à la signature du contrat et la balance une fois que ma révision aurait été jugée acceptable. J'ai aussitôt envoyé un télégramme pour dire que j'acceptais. « Je ne te comprends pas, m'a dit oncle Jake. Tu as mis deux ans pour écrire un livre et maintenant, tu jubiles parce qu'un imbécile à Londres t'offre deux cent cinquante misérables dollars. Tu aurais gagné plus que ça en tondant mon gazon. »

Flora Rosenberg faisait partie des vieux amis de Baron Byng de Richler; c'était la nièce de Fred Rose, qui fut une fois député fédéral et qui fut incarcéré pour ses activités communistes. Flora elle-même avait été secré-taire du parti communiste à McGill.

FLORA ROSENBERG

C'était une période très difficile à Montréal. Nous étions en plein maccarthysme. Nous étions mal vus. Quand je suis sortie de McGill, je n'ai pas pu trouver de travail. Mordecai est revenu d'Europe avec un manuscrit sous le bras, son premier roman. Il m'a téléphoné. À l'époque, il fallait avoir du courage. J'habitais rue Edward Charles, pas très loin de l'école Baron Byng. Il est venu et il m'a invitée à une soirée littéraire. Irving Layton était là, et le poète Louis Dudek, et d'autres de cet acabit. Ils ne savaient pas qui j'étais. J'étais *persona non grata* parce que Fred Rose [né Rosenberg] avait jeté honte et opprobre sur la communauté juive. Et ils étaient là en train d'insulter ma famille et mes pairs. À l'autre bout de la pièce – c'est le meilleur souvenir que je garde de Mordecai –, il a vu deux grosses larmes rouler sur mes joues. Alors, il s'est approché des deux types et il leur a dit : « Je vais vous mettre mon poing dans la figure si vous n'arrêtez pas. » Il défendait simplement mon droit de ne pas être blessée à une réunion sociale. Puis, il m'a dit : « Viens, Flora. Sortons d'ici. » Il n'a jamais été ni mon amant ni mon petit ami, mais je savais que je pourrais toujours compter sur lui.

Cet automne-là, Richler fit la connaissance d'un couple, Sylvia et Bernard Ostry. Leur amitié allait durer cinquante ans.

BERNARD OSTRY

Sylvia me l'a présenté à un cocktail, chez un professeur d'université – un professeur d'anglais – de Sir George Williams. J'ai oublié son nom [Neil Compton], mais il était en fauteuil roulant et il allait devenir un personnage d'un des romans de Mordecai. Il les a plutôt mal traités, lui et sa femme.

SYLVIA OSTRY

Cela m'a étonnée.

BERNARD OSTRY

Mordecai a toujours affirmé que tous les personnages étaient fictifs, mais c'était manifestement cet homme, et il a été très blessé.

SYLVIA OSTRY

J'étais alors chargée de cours à McGill. C'était avant notre départ pour l'Angleterre. Cet homme, le professeur, m'a présenté Mordecai. J'enseignais l'économie le soir à Sir George, c'est comme ça que j'ai dû faire sa connaissance et il a dû m'inviter à sa réception.

BERNARD OSTRY

Je me trouvais à Ottawa où je faisais des recherches pour le livre sur MacKenzie King, et je suis allé te voir avant de retourner en Angleterre, où je vivais.

SYLVIA OSTRY

J'ai trouvé Mordecai très amusant. Il était allongé sur le sol et passait des remarques méchantes – sur cet homme et sur tout.

BERNARD OSTRY

Il avait bu pas mal. Je ne le prenais pas pour un alcoolique. Je l'ai vu dans cette position presque toute ma vie. Toutes ces années à Magog… quand il n'était pas à l'étage en train de taper à la machine, il était exactement dans la même position : couché sur le plancher ou sur le sofa, un verre dans une main, sa tête appuyée sur l'autre.

Suivant le conseil d'un de ses amis, Michael Sayers, Richler se rend à Toronto pour rencontrer Ted Allan, qui deviendrait un autre ami pour la vie, et Robert Weaver, un producteur de la CBC spécialisé dans les nouvelles d'auteurs canadiens.

ROBERT WEAVER

Margaret Howes, une Montréalaise qui connaissait bien le milieu littéraire de la ville, m'a parlé de lui. Elle m'a téléphoné un jour pour me dire qu'elle venait de rencontrer un jeune homme très impétueux appelé Mordecai Richler. Elle croyait qu'il avait potentiellement du talent. Elle m'a donné son numéro de téléphone, je l'ai appelé et je l'ai rencontré à Montréal – nous avons dû prendre un verre quelque part, comme il faut s'y attendre –, et il a commencé à m'envoyer des nouvelles. Je le payais environ cent cinquante dollars, parfois moins. Je voyais qu'il avait du talent, mais je me demande si j'ai compris d'entrée de jeu qu'il allait devenir un auteur de cette importance.

André Deutsch s'était engagé à publier The Acrobats *à certaines conditions. « Ce livre nous a beaucoup impressionnés, écrivit-il à Richler le 13 mars 1953. Nous sommes encore plus impressionnés par votre potentiel en tant qu'auteur. » Deutsch joignit à sa lettre une critique de trois pages et demie exposant les défauts du roman. « Je ne peux vous dire à quel point ce remaniement de votre livre va vous frapper. Peut-être nous prendrez-vous pour une bande d'abrutis... Pourtant, comme vous le savez, vous avez écrit un bon livre, et si nous nous donnons tout ce mal, c'est parce que c'est aussi ce que nous pensons. »*

Richler accepta de faire tous les changements demandés, et même davantage. « Pendant les deux dernières années, écrivit-il, ma grande peur a été de finir comme un vagabond intellectuel. » Il venait d'avoir vingt-deux ans. « Un gars capable de jacasser interminablement sur Kafka et la Cabale, fournissant de la prose vide à une publication annuelle quelconque, jurant comme Hemingway dans les salons de la bourgeoisie, toujours sur le point de, incompris et diabolique, chargé de cours en création littéraire à l'université de Black Valley. Il y a là quelque chose de très morbide, que je n'ai jamais voulu. »

Alors, dans une sorte de manifeste personnel remarquable de la part d'un auteur aussi jeune, Richler ajouta : « Il y a trop d'écrivains anonymes, d'hommes qui n'écrivent jamais rien de très mauvais ni de très bon. Il y a trop de livres remarquables ou intéressants ou bien faits. Je crois que lorsqu'on veut écrire et demander aux gens de nous lire – et c'est demander vraiment beaucoup –, il faut que ce soit original, comme le disait M. Pound. Original, comme Hemingway, comme Faulkner, comme Sartre, comme Céline... Je ne suis pas encore vraiment original, mais j'essaie de l'être. Je vais écrire de nombreux livres et, un jour, je serai original. Je ne vais pas écrire comme l'ont fait ces grands hommes, parce qu'ils l'ont déjà fait. J'essaierai d'absorber ce qu'ils ont fait, puis d'exprimer ce que je suis. Je ne crois pas être un grand écrivain, mais en travaillant fort, je serai peut-être un très bon auteur – ce qui, quand on pense à la merde qu'on nous fait passer pour de l'art par les temps qui courent, n'est pas si mal. Ce que j'essaie de dire, c'est que je crois avoir la "chose" – le talent, si vous voulez –

essentielle, et qu'il ne me reste qu'à développer les "choses" à acquérir (le polonais, etc.). Je vais travailler d'arrache-pied et, ce faisant, je vais m'améliorer. À mes yeux, le piège à éviter consiste toutefois à acquérir ces choses sans pour autant devenir prétentieux ou stupide... Je ne veux pas passer ma vie à réécrire le même livre. Je veux creuser de plus en plus profondément, m'approcher toujours plus près...»

Tout en travaillant pour la CBC très tôt le matin, Richler profitait de l'après-midi pour réviser The Acrobats. Il effectua trois révisions distinctes, retirant sept mille mots, puis en ajoutant quatre mille vers la fin. «*Le livre est dur, écrivit-il à Diana Athill, réviseure chez Deutsch, et je suis vraiment épuisé. Je pense souvent que je n'aime pas ou que je déteste écrire, mais que je dois le faire. Voici comment je me sens à propos de celui-ci: c'est bien, c'est fini. Mais il y a sur mon bureau une pile de choses à faire, en particulier le prochain livre qui me rend fébrile. (J'ai hâte de finir ce travail!)*»

5

DE RETOUR EN EUROPE

« Je ne veux pas dicter à qui que ce soit sa façon de vivre. Soyez le
plus honnête possible sur ce que vous connaissez. »

MORDECAI RICHLER

*E*n septembre 1953, Richler retourna en Europe à bord du paquebot
Samaria de la compagnie Cunard. Il avait cette fois une compagne de
voyage : Cathy Boudreau, avec qui il avait cohabité l'année précédente à
Montréal. Il ne s'attendait toutefois pas à la présence de Boudreau sur le
navire. Des années plus tard, il raconta à son ami Ted Kotcheff que, ayant
appris sa décision de retourner en Europe, Cathy avait à son insu réservé
une place sur le même bateau. « Elle l'a suivi, dit Kotcheff. Elle l'a poursuivi. On dirait presque qu'elle a obligé Mordecai à l'épouser. Mais je ne
crois pas qu'il l'ait vraiment aimée, et elle le savait, j'imagine. »

« Un voyage épouvantable, écrivit Richler à Bill Weintraub. Ne voyage
jamais, au grand jamais, sur un bateau des lignes Cunard. Cathy n'est pas
encore guérie de son rhume. Je suis arrivé avec la fièvre et le derrière plein
de pénicilline. » À Londres, ils emménagèrent dans un petit logement qui ne
payait pas de mine, dans King's Road, à Chelsea. Florrie MacDonald, une
amie de Boudreau, s'installa avec eux, supposément pour les aider à payer
le loyer, qui n'était même pas de cinq livres par semaine. Brian Moore,
qui leur rendit visite cet automne-là, ne trouva pas l'endroit inspirant.
« Mordecai… paraît capable d'écrire n'importe où, écrivit-il à Bill
Weintraub. Je lui ai dit qu'il était bien installé. J'étais sincère. C'est bien…
pour lui. Pour ma part, ce logement dans un sous-sol, ce petit budget me
déprimeraient complètement. » Richler était soutenu émotionnellement

par la parution imminente de son premier roman, The Acrobats. *Dans une lettre envoyée à Weintraub ce même automne, le jeune Richler s'accorda un moment de fierté. «Lui [l'éditeur Andre Deutsch] et Walter Allen [critique et romancier] sont convaincus que je suis un grand écrivain, même si mon livre est sans contredit un "premier roman".»*

Chez Andre Deutsch, la correctrice-réviseure était Diana Athill, une jeune femme qui avait quelques années de plus que Richler.

DIANA ATHILL

Il est venu à nous comme un jeune écrivain et nous étions nous-mêmes une jeune maison d'édition. Nous étions à la recherche d'auteurs et, comme nous tentions de bâtir un catalogue, nous étions prêts à accepter pratiquement n'importe quoi. Son agente, Joyce Weiner, nous a fait parvenir le manuscrit. Ce premier roman était un très mauvais roman – Mordecai ne m'en voudrait pas de le dire. «Mordy, lui ai-je demandé des années plus tard, pourquoi l'avons-nous publié?» «Comment savoir? m'a-t-il répondu. J'ai souvent souhaité que vous ne l'ayez pas fait.» C'était terrible. Comme du Hemingway mal digéré. On reconnaissait pourtant une sorte d'énergie dans cette prose. Éditer son livre s'est révélé très habile. Il a commencé à se détendre quand il s'est attelé à *Duddy*. Il s'est laissé aller, son humour s'est exprimé et tout s'est débloqué. À partir de ce moment, il a écrit ses propres livres et c'était bien.

Je l'ai très bien saisi tout de suite, et c'est peut-être ce qui nous a influencés à accepter son manuscrit: je l'ai aimé tout de suite. Je ne me rappelle pas vraiment ce qui nous a amenés à prendre la décision; Joyce, son agente, avait beau insister beaucoup et déployer un enthousiasme débordant quand il s'agissait de ses poulains, elle n'était pas le genre de femme dont on respectait automatiquement l'opinion. Andre et moi, nous avons dû simplement penser qu'il y avait du potentiel chez Mordecai, et que miser sur lui serait une bonne idée. L'investissement était minime. Nous donnions des à-valoir minuscules.

Il était, c'était, très bizarre – ce jeune homme silencieux, plutôt ordinaire et *louche**. Quand il parlait, on sentait que c'était parce qu'il avait quelque chose à dire... il était très intelligent. Quand il parlait d'écriture, de l'écriture des autres, on le prenait au sérieux. Mais il ne parlait tout simplement pas. Il n'était pas du genre à papoter, absolument pas, et il ne voyait pas pourquoi il aurait dû le faire. S'il avait quelque chose à dire, il le disait, et dans le cas contraire, il restait silencieux. J'ai été déconcertée de l'aimer autant à notre première rencontre parce que, la plupart du temps, il ne disait rien. Je ne me rappelle pas avoir fait beaucoup de corrections. Je ne crois pas avoir jamais beaucoup corrigé le travail de Mordecai, sûrement pas par la suite. Seulement des retouches mineures. C'était un écrivain-né. Il cherchait sa voie, mais c'était vraiment un écrivain. Il était très observateur et très très drôle. Et il n'a jamais changé. C'était un côté fantastique de Mordecai. Mordecai était Mordecai et il a continué à l'être toute sa vie. Il est devenu de plus en plus capable de bavarder quand il devait le faire, il se détendait comme ça, mais ses attitudes étaient les mêmes, son honnêteté, sa grivoiserie, sa gravité étaient les mêmes. Je n'ai jamais connu personne qui ait aussi peu changé. La célébrité ne l'a aucunement changé.

MORDECAI RICHLER

Environ six mois plus tard, Joyce [Weiner] l'a vendu à Putman [aux États-Unis] pour sept cent cinquante dollars. Il a dû être présenté à huit maisons d'édition. Il est paru en format de poche sous le titre de *Wicked, We Love*, ce qui a dû me rapporter à peu près cinq cents dollars. Ensuite, il y a eu environ cinq traductions pour environ cinquante livres. De huit à dix livres par semaine suffisaient pour vivre.

Dans les lettres adressés à Weintraub, Richler sollicitait toujours de petits prêts de cinquante dollars et, en novembre, il emménagea avec Cathy dans un logement également très modeste au 13, Effra Road, à Brixton. Il était financièrement très serré. «Joyce m'informe que, de toute façon, je ne recevrai pas d'argent de Putman avant un mois, écrivit-il à Diana Athill. La vie sera dure jusque-là, mais Cathy va se mettre à la recherche d'un emploi dès lundi, et, comme le nouveau logement coûte moins cher, je crois qu'on pourra tenir le coup jusque-là.»

En décembre, Richler avait écrit vingt mille mots de son nouveau roman dont le titre de travail était Losers [Perdants], *et il dit à Andre Deutsch qu'il espérait l'avoir terminé à l'été 1954. Un mois plus tard, lui et Cathy déménageaient une fois de plus – ils s'installèrent au 23, Belsize Avenue à Hampstead, «snowdon [une banlieue juive de Montréal] de nouveau», écrivit-il. Cathy, qui assurait le pain quotidien, trouva du travail comme sténodactylo à Londres – l'un des nombreux emplois mal payés qu'elle accepta. Pour sa part, Richler demanda – et obtint – une bourse d'études à l'étranger du Canada d'une valeur de deux mille dollars, et il continua à faire appel à ses oncles à Montréal pour recevoir de l'aide financière. Comme il l'écrivit à Weintraub, «Oncle Bernard, mon vieux copain, est de nouveau fauché comme les blés, il ne lui reste plus que cinq cent mille dollars – non pas des francs.*» Il essaya également d'intéresser le Montreal Star *à une chronique littéraire londonienne régulière, mais ce projet n'aboutit pas. Il exprimait parfois sa frustration, non en ce qui concernait ses difficultés financières, mais par rapport aux dieux de l'écriture impossibles à calmer.*

«*Oisif et impuissant dans la nuit froide, complètement déprimé, sirotant un nescafé au coin du feu pendant que Cathy tricote un jupon*», *écrivit-il crûment à Weintraub dans une lettre particulièrement révélatrice datée de janvier 1954. Il s'agit d'un document remarquable, d'autant plus que son premier livre n'avait pas encore été publié.* «*Le livre m'a diminué. Ce sont des choses qui arrivent. Je sais qu'elles arrivent. Chaque jour on reste assis là, vide, sans rien écrire, mais quand même enchaîné à la machine à écrire – et chacun de ces jours ressemble à une sorte d'enfer. Des questions se posent, qui causent de petites blessures. Pourquoi écris-tu ce livre? Est-ce que ça compte? Y crois-tu? C'est alors qu'on se lève et qu'on prend une cigarette et/ou un café. Ensuite, on va marcher un peu. On fume une autre cigarette. On prend des choses. Des livres sur lesquels on n'arrive pas à se concentrer. Des journaux qu'on n'arrive pas à comprendre... Je crois qu'être un artiste ou essayer de l'être est source de désespoir... Plus encore que la vanité ou la prescience de la mortalité. Je crois que la réussite n'existe pas dans l'écriture... Toute écriture est un niveau d'échec. Rien ne sort vraiment. Non, ce n'est pas exactement ce que je veux dire. Ce que je veux dire, c'est qu'une fois qu'on poursuit une vérité, on ne peut que s'en approcher – plus hier qu'aujourd'hui, plus la semaine prochaine que cette semaine. Mais ce n'est jamais là, l'orgasme n'a jamais lieu. L'espoir de l'excitation, parfois même l'excitation elle-même (l'inspiration?), mais jamais le point culminant, la mort ou la naissance... Il n'y a pas de renom-mée assez grande, de rétribution financière suffisante pour compenser la souffrance qu'on éprouve en écrivant un roman. (Même la joie mitigée de la publication est dérisoire, une aspirine pour soigner un cancer.) Alors, pourquoi est-ce que j'écris? Je ne le sais pas vraiment. Je peux penser à un tas de raisons, mais elles sont toutes* «*réfléchies*» *et ne sont vraies qu'en partie. La réponse la plus près de la vérité est "Je dois le faire".*»

Richler écrivit également à son éditeur pour lui recommander le premier roman sérieux de son ami Brian Moore – qui avait déjà écrit plusieurs thrillers sous pseudonyme. «*Je n'ai moi-même pas vu le livre, bien sûr, dit-il. Mais je suis porté à penser et à espérer qu'il est bon. Ce genre de gars est très mal à l'aise parce qu'il écrit des trucs sirupeux pour de gros magazines, mais il est trop faible pour renoncer à l'argent que ça* lui rapporte. Si son livre a du succès, et s'il reçoit de l'encouragement, je pense qu'il pourra effectuer cette rupture. »

Malgré quelques problèmes de dernière minute avec les imprimeurs, qui considérèrent certaines parties du manuscrit comme obscènes et blasphématoires – Richler accepta volontiers les changements suggérés –, The Acrobats parut finalement en Angleterre le 19 avril 1954. Les critiques furent mitigées. Au lancement chez Diana Athill, « deux bouteilles de gin, un peu de cinzano, de dubonnet, etc. ont été consommés. [Louis] MacNiece, [John] Davenport, qui appelle Faulkner "Bill" et Eliot, "Tom", et d'autres étaient là. Tout le monde s'est soûlé. La fête s'est terminée après minuit. Cathy a dit à Louis que sa poésie était hermétique. Elle a dit que les poèmes devraient être comme des nouvelles. Louis l'a traitée de simplette. Je lui ai demandé de nommer un poète qu'elle aimait. Donne, John Donne, a répondu Cathy. Louis m'a regardé et j'ai regardé Louis. On a tous deux pris un verre. Quel est le problème avec John Donne ? a demandé Cathy. À ce moment-là, John Davenport a fait remarquer que les seins de la femme de Willy Richardson ressemblaient à de petits œufs. Cathy a embrassé Louis. J'ai embrassé Diana. Tout le monde pense que j'ai écrit un bon livre. »

À ce moment, Richler avait terminé le premier jet de son deuxième roman, Alors intitulé Perdants, il prendrait par la suite le titre de Mon père, ce héros, un livre qui, comme il l'avait justement écrit de Paris à William Weintraub en mai, allait lui « causer des problèmes à Montréal ». Et s'il avait déjà été impressionné par la bohème qui évoluait sur la rive gauche, il ne l'était plus. « Paris, c'est de la merde, écrivit-il à Weintraub. J'en ai ma claque de cette ville. Des artistes américains complètement nuls il y a un an prennent maintenant un verre au Tournon. Tout le monde est rédacteur, écrivain et tout le monde se conforme au non-conformisme. » Il était en route pour Munich, où il allait faire la promotion de l'édition allemande de son roman The Acrobats et encaisser un chèque de deux cent vingt-cinq dollars. L'argent constituait toujours un problème. En novembre, espérait Richler, il aurait fini de réécrire Mon père, ce héros, et il recevrait une avance.

En juin, il reçut une lettre encourageante d'un vieil ami de Paris, l'écrivain irlandais Michael Sayers. « Tu écris bien. Il faut que tu le saches. Tu es un écrivain-né. Tu es encore très jeune et inexpérimenté, mais tu possèdes la perception et l'enthousiasme. Reste toi-même et écris à partir de ce que tu connais, de ce qui t'émeut, de ce qui te touche… Fais de la menuiserie télévisée si cela t'est offert facilement, mais n'abaisse jamais ton regard qui doit viser le centre du cercle. »

MORDECAI RICHLER

Le deuxième roman est toujours très difficile parce que, quand on écrit le premier, on ne pense pas que quelqu'un sera assez stupide pour le publier, et puis voilà que quelqu'un le fait. On est tellement inhibé, la deuxième fois. On se dit : « Mon Dieu, ça va être publié. J'aurai l'air d'un fou », et c'est très intimidant. Mais il n'y a rien comme publier un premier roman, parce que ça signifie qu'il y a assez de fous dehors qui pensent qu'on est un écrivain.

Richler passa la majeure partie du printemps et de l'été sur le continent. À Paris, il s'installa à l'Hôtel de France, sur la rive gauche, et il renoua avec de vieux amis, notamment les écrivains Alan Temko, James Baldwin et le romancier antillais George Lamming. « Je bois trop ici, écrivit-il à Diana Athill. Épuisé… Pourquoi diable n'y a-t-il pas une critique de mon livre dans ce maudit Statesman ? *N'ai-je pas été un bon socialiste ? »*

À Munich, Richler fut célébré par le milieu littéraire local, et on lui offrit des « gallons de scotch gratuit » à la base militaire de Karlsplatz. Il avait réécrit la moitié de Mon père, ce héros, *un roman qui retracerait « l'évolution du ghetto dirigé par le poète érudit, puis le chef autoritaire, puis libéral, puis l'argent », un arc représentant la progression de la vie des Juifs à Montréal et ailleurs. « Je n'ai pas envie de porter des jugements ou de vociférer, écrivit-il à Weintraub. Je me contente d'observer. » Mais comme il prévoyait une réaction brutale du milieu juif, il ajouta : « Les seules personnes qui vont trouver ce livre antisémite… ce sont les Juifs qui sont terrifiés. Je ne me prends pas pour un écrivain juif ou canadien. Je suis un écrivain. Le fait que les Juifs ne soient pas admis dans certains hôtels ou sur certains courts de golf ne m'intéresse pas. Les Juifs m'intéressent en tant qu'individus – et je n'écris pas un livre sur le problème juif. Bref, on peut le dire comme ceci : je suis d'avis que ceux qui ont été tués à Dachau ne doivent pas être pleurés comme des Juifs, mais comme des êtres humains. (Cette distinction est importante, je crois.) Je ne crois pas qu'il existe quelque chose comme un point de vue juif, ou un Problème juif ou un Porte-parole juif. Chaque homme a son propre problème (dont une partie pourrait évidemment découler de sa judaïcité). »*

Dans une lettre adressée à Athill de Munich, Richler l'informa que la manuscrit n'avait pas encore de fin, mais il promit qu'on ne pourrait l'accuser d'être « sordide, sexuel, sinistre ou blasphématoire… du moins je ne crois pas… J'aimerais que, quand vous recevrez le livre, vous le lisiez très vite et me donniez vos impressions. Je suis – c'est le moins qu'on puisse dire – inquiet à son sujet. J'espère que vous l'aimerez quand vous l'aurez, mais dans le cas contraire, ne vous laissez pas influencer par les sentiments personnels, l'amitié. Tous mes amis ne vont pas faire de moi un écrivain. »

Entre-temps, il avait déjà commencé à prendre des notes pour un troisième roman, dont l'intrigue se déroulait dans le sud de la France. « *Ce qui ne veut évidemment pas dire qu'il s'agisse d'un autre* Acrobats... *Je commence à penser que j'écrirai de nombreux livres sur Montréal, alors celui-ci est très important.* »

À la recherche de fonds supplémentaires, Richler eut l'idée de demander une bourse de mille dollars au Congrès juif canadien. En retour, il accepterait d'en faire mention dans toutes les éditions de son prochain livre. « *Mais si je l'ai, écrivit-il à Diana Athill, je devrai probablement jouer au basket-ball pour le Y.M.H.A. Moore dit qu'un antisémite comme moi n'a pas à quémander de l'argent aux Juifs.* »

Plus sérieusement, il écrivit à William Weintraub : « *Quant au Philistin hébreu, je ne vois pas pourquoi il devrait être à l'abri de la critique. Cela fait partie du fait de ne pas être antisémite. Le livre n'est toutefois pas sérieusement anti-Outremont. Outremont n'a pas tant d'importance, même si le bourgeois juif ne s'en tire pas si bien. Il y a une autre possibilité. Avant la fin de septembre, il y aura probablement un mariage mixte entre Cathy et moi.* »

Il envoya à ses parents une lettre qu'il qualifia de « *longue et gentille* » pour leur exposer ses projets, et il reçut une réponse furibonde de son père. « *Je savais comment tu vivais et j'ai toujours craint ce qui en résulterait. J'espérais que tu écouterais et ne permettrais pas que cet acte honteux se produise. Tu viens de porter un coup. Tu écris que tu n'épouses pas une Juive ou une Gentile, mais une femme, la femme que tu aimes. Maintenant, dis-moi, as-tu déjà vu des jeunes couples se marier parce qu'ils se détestent ?... En ce qui te concerne, tu es devenu amoureux d'une femme de ton choix parce que tu étais un homme tout seul au monde et qu'elle est venue vers toi en montrant un intérêt ou peut-être de la pitié ou peut-être a-t-elle vu en toi la possibilité d'une vie meilleure. Elle non plus ne sait pas ce qu'elle fait... Quand on change une lettre au mot "vie", il devient "vil", et quand je vois comment tu commences, je ne vois pas d'autre résultat qu'un mariage désastreux, voué à l'échec. Réfléchis, réfléchis, réfléchis, réfléchis, réfléchis fort avant de franchir cette étape radicale parce que, après le 28 août, ma porte, et tout ce qui va avec, te sera fermée. Les portes de la famille Richler ne s'ouvriront plus pour t'accueillir. Tu me couvriras de déshonneur si tu réalises ton projet. Tu devras oublier mon adresse et ne plus tenter de me revoir, parce que te revoir ne ferait que rouvrir les blessures du chagrin... Il te reste maintenant à choisir entre une femme qui n'est pas la bienvenue et ton père qui a fait pour toi tout ce qu'il a pu. Je termine cette lettre avec les plus vifs regrets. C'est peut-être la dernière. C'est désormais à toi de choisir.* »

Écrivant plus tard à Weintraub, Richler dit ceci : « *C'est la lettre la plus étrange et la plus humaine que j'aie jamais reçue. Je n'ai rien pu faire de la journée. En la relisant, je ris parfois aux larmes, et parfois je me sens affreusement triste… J'ai répondu du mieux que j'ai pu, mais j'ai peur que cela ne le fasse pas revenir sur sa décision.* »

Son frère Avrum essaya à son tour d'amener Richler à changer d'idée. « *Il a toujours su que je ferais un exploit quelconque, écrivit-il à Weintraub. Il veut que j'y repense parce que, entre autres, il aimerait un jour avoir de vrais neveux et nièces.* »

MORDECAI RICHLER

Mon père m'a écrit cette lettre furieuse disant que les mariages mixtes ne fonctionnent jamais. Plus tard, je lui ai dit : « Papa, tu étais marié avec la fille d'un rabbin et ça n'a pas marché. » « Eh bien, c'était différent ! » m'a-t-il répondu.

Richler et Boudreau se marièrent le 28 août 1954, à Londres. Après la cérémonie, son agente, Joyce Weiner, offrit un déjeuner aux vingt invités.

CATHY BOUDREAU

Nous étions jeunes et plutôt inconscients. Mais sait-on jamais ce qu'on fait ? Je ne pensais pas à son avenir, je ne me demandais pas s'il aurait du succès. Nous vivions ensemble et j'ai dit que je voulais me marier. Il m'a répondu : « Je ne veux pas vraiment me marier, mais je ne veux pas non plus te perdre. »

FLORENCE RICHLER

Mordecai disait qu'elle l'avait toujours poursuivi et, encore une fois, il a toujours été honnête. J'aimais bien Cathy. Au début, je la craignais, parce qu'elle avait la langue acérée, j'imagine. Je n'étais pas sûre de pouvoir composer avec ça. Je l'ai néanmoins toujours aimée, de plus en plus avec les années. Alors, comme ça, j'ai dit à Mordecai, un soir, au souper :

« Vous avez dû bien vous amuser ensemble. »

« Oui, bien sûr. »

« Et tu devais l'aimer puisque tu l'as épousée. »

« Non… Ce que je ressentais était de la compassion. Notre relation durait depuis si longtemps. »

C'était très touchant et peu étonnant. Nous nous sentons, pour la plupart, seuls, et les erreurs que nous commettons dans nos relations avec autrui sont souvent causées par ce sentiment de solitude.

Une quarantaine d'années plus tard, dans Le monde de Barney, *Richler (Barney) raconte comment il rencontre Miriam, sa troisième femme. Cela se passe pendant la réception de mariage de Barney et de la deuxième Mme Panofsky, à Montréal. Dans le roman, c'est un coup de foudre immédiat, et il quitte la réception, poursuivant Miriam qui prend le train pour Toronto. Cette histoire a depuis été acceptée comme une version très proche de la vérité, mais il est clair que, avec le temps, les impératifs de l'écriture ont servi pour embellir la réalité. En fait, Richler fit la connaissance de Florence Mann (née* Wood) à Londres, où elle travaillait comme mannequin. La rencontre eut lieu en 1954, la veille de son mariage, chez son ami Ted Allan.*

FLORENCE RICHLER

J'ai entendu pour la première fois parler de Mordecai peu de temps après mon mariage [avec Stanley Mann]. J'étais à Toronto, et il y avait une fête chez Ted Allan. Kate [sa femme] avait besoin de deux ou trois choses pour la réception, et elle a demandé à Ted d'aller les chercher. Je l'ai accompagné. Dans la voiture, Ted parlait de ce jeune homme qui lui avait rendu visite et qui lui avait donné son premier roman à lire. Il était très content. J'ai dit : « Quand nous reviendrons, après la fête, j'adorerais le lire. » C'est comme ça que je l'ai connu. Je l'ai lu. Pour un premier roman, je l'ai trouvé impressionnant. Ted m'avait dit qu'il avait à peu près vingt et un ans, et j'ai dit : « À cet âge, avoir des préoccupations aussi graves ! » Ted a approuvé, et il a ajouté que c'était un jeune homme très sérieux.

Ensuite, nous avons tous déménagé en Angleterre, Stanley et moi, et Ted et Kate Allan. La veille de la réception, j'étais partie à la recherche d'une maison – nous habitions temporairement chez Ted et Kate, au 18, Kent Terrace. À mon retour, cet étrange jeune homme était dans le salon. C'est comme ça que nous nous sommes connus. C'était un garçon très gauche, et il y avait pourtant quelque chose de très attirant chez lui. Sa sensibilité était évidente. Il n'est resté que quelques minutes. Ce fut une rencontre très bizarre. Très puissante, en vérité. Le lendemain, après une petite cérémonie en présence de quelques amis intimes, je suis allée à la réception. Il m'a offert d'aller me chercher un verre, m'a suivie au bar, manifestement très intéressé par moi. Je l'ai trouvé bizarre, indubitablement. Il y avait en lui quelque chose d'écorché, quelque chose d'inachevé et d'exposé. J'ai senti qu'il ne faisait pas vraiment confiance aux gens qui parlaient trop. Ai-je trouvé insolite qu'il me suive partout? Je n'étais pas une femme très vaniteuse, alors j'ai trouvé cela plus curieux que flatteur. Et comme il y avait des gens qui nous regardaient, j'ai trouvé cela amusant. Mais quand on examine l'autre côté de la médaille, c'est peut-être un peu vaniteux de trouver tout naturel que les gens se conduisent ainsi.

Richler raconta leur rencontre de façon plus laconique.

MORDECAI RICHLER

Ted Allan m'a présenté Florence. C'est Michael Sayers, un journaliste de gauche à Paris, qui a écrit un livre un jour célèbre intitulé *The Plot Against the Peace*, qui m'avait présenté Ted Allan. Alors, quand je suis retourné au Canada, je suis allé voir Ted à Toronto. Ensuite, il est venu à Londres, et Stanley et Florence également, et c'est comme ça que j'ai fait sa connaissance.

Même si elle allait vivre heureuse dans l'ombre de son mari pendant quarante ans, Florence Richler a une histoire également remarquable à plusieurs égards. Elle naquit à Montréal le 19 octobre 1929 et fut adoptée peu après sa naissance par Ethel et Albert Henry Wood. Elle était leur troisième enfant – tous adoptés, venus de familles différentes. Élevée à Pointe-Saint-Charles, un quartier ouvrier dur et défavorisé de Montréal près du canal Lachine, elle raconte avoir eu une enfance malheureuse – en partie parce que sa mère était alitée dans une chambre sombre, en proie à des maladies réelles et imaginaires. Comme le personnage d'Emily dans Les femmes du général, *sa mère dirigeait la maisonnée depuis son lit et se servait de sa maladie pour contrôler la vie de la jeune Florence. Son père était «un homme taciturne, mais très chaleureux qui, d'une certaine façon, m'a préparée à Mordecai».*

Elle vénérait son grand-père maternel, un libéral érudit qui méprisait les préjugés raciaux et ethniques. Un jour, son cousin étant sur le point d'épouser une francophone, il y eut des murmures de protestation à la table du souper. Son grand-père s'érigea vigoureusement contre ce genre de sentiments et il ajouta: «J'espère qu'un jour l'un d'entre nous épousera un Juif.»

Des années plus tard, avec l'aide de l'avocat montréalais Jon Robinson, Florence tenta de retrouver les documents relatifs à sa naissance, mais elle apprit qu'ils avaient été détruits dans un incendie. «Je suppose que cela devait présenter un certain intérêt pour moi. Je crois que nous sommes toujours curieux à propos de nos parents, même si les gens qui m'ont élevée m'étaient très chers.» Elle raconta que sa mère ne semblait pas désirer avoir des enfants, mais qu'elle en avait plutôt besoin, pour des raisons de statut social, et que, d'une certaine façon, elle et Mordecai voulurent prouver qu'il était possible d'avoir des enfants désirés.

Comme Richler, Florence Wood n'avait pas vingt ans quand elle se rendit en Europe. À son retour à Montréal, elle entra dans une troupe de théâtre semi-professionnelle, la Mountain Playhouse. Tout en travaillant comme mannequin, elle y fit la connaissance de Stanley Mann, un jeune Montréalais qui aspirait à devenir comédien, auteur et metteur en scène. Elle tomba amoureuse de lui et ils se marièrent en 1953, au cours d'une cérémonie juive réformée, car elle s'était convertie au judaïsme pour apaiser la famille de Stanley. «Cela m'a paru très peu important et très faux. Nous avons parlé environ une heure dans le bureau du rabbin. Ce fut tout. Je ne voulais toutefois pas qu'on me fasse me sentir étrangère.»

WILLIAM WEINTRAUB

Selon moi, les gens qui ont lu *Le monde de Barney* ont inventé l'idée qu'il avait fait du plat à Florence au cours de son propre mariage. Je n'étais pas présent, mais je n'ai certainement jamais cru que cela s'était passé comme ça. Il l'a peut-être vue là, mais s'il lui avait fait du plat, je l'aurais su. Alors, je n'y crois pas.

FLORA ROSENBERG

Je suis arrivée [à Londres] en 1954, et lui et Cathy étaient déjà mariés. Ils habitaient dans une rue de Belsize Park et nous allions chez les uns et les autres. Mordecai arrivait et me demandait: «Flora, peux-tu préparer des *kneidlach* [boulettes matzo] pour une fête?» Nous nous rencontrions régulièrement, deux ou trois fois par semaine quand il était marié avec Cathy, et moins souvent par la suite. Cathy était très grande et très très mince, plus grande que Mordecai, très anguleuse, avec des yeux noirs brillants – comme un personnage d'un de ses derniers bouquins. Elle était la lumière qui brillait. Elle faisait tout le boulot. C'était une merveilleuse cuisinière, elle pétait le feu, elle était au centre de tous les plaisirs, de la boustifaille et des réceptions. Je suis tombée sur Doris Lessing à la Royal Academy; elle se rappelait avoir marché dans la rue avec Mordecai – Doris a à peu près quatre-vingt-six ans, et elle est toujours une vieille dame remarquable mais, dans sa jeunesse, elle était une sous-Ava Gardner. Doris m'a raconté qu'ils avaient croisé une Nord-Africaine très décharnée dans la rue, et il lui avait dit – à elle qui avait les lèvres rouges et qui était voluptueuse : « Tu vois, ça, c'est beau. » Parce que Cathy était comme ça.

AVRUM RICHLER

Je n'ai jamais rencontré sa première femme. Elle s'appelait Cathy. Je ne sais rien d'elle. Quand je lui posais des questions à son sujet, il répondait : « Acchh », dédaigneusement, juste comme ça. Je sais qu'ils ont été mariés à peu près un an [quatre ans]. Mon père était en deuil quand ils se sont mariés. Toute une semaine. Mon frère était mort. Il avait épousé une *shiksa*. Mais pas quand il a épousé Florence. Après ça, c'était bien. C'était kasher. Je pense que [mon père] l'aimait bien, et elle était gentille avec lui.

WILLIAM WEINTRAUB

Je ne trouvais pas qu'ils formaient un couple très bien assorti. Elle n'avait pas la langue dans sa poche. Elle n'était pas gentille comme Florence. Elle pouvait être très drôle, très sarcastique, mais il y avait chez elle quelque chose de tranchant, une friction. Dans chacune des lettres qu'il m'a envoyées, Cathy se cherchait du travail, mais elle n'avait jamais l'air d'en trouver. Dans une lettre, il m'a dit : « Cathy a commencé des cours de chinois. J'ignore dans quel but, mais elle sera peut-être capable de travailler dans une buanderie. »

FLORENCE RICHLER

Je trouvais qu'ils allaient bien ensemble, réellement. Elle était fringante, fantasque, d'un tempérament beaucoup plus bohème que moi, ils avaient le même sens de l'humour et ils étaient très grégaires. J'ai fini par l'apprécier et je l'aimais vraiment beaucoup.

MAVIS GALLANT

Cathy était la sœur d'une de mes meilleures amies, Tess Taconis, que j'ai connue après la guerre à Toronto. De toutes les personnes que j'ai rencontrées, Tess était celle qui avait le moins d'argent et le plus d'élégance. Cathy ressemblait à sa sœur. Elles étaient toutes deux très minces, jolies, mais pas d'une façon banale. Je me souviens que les amis de Mordecai ne l'aimaient pas. Connaissez-vous cette nouvelle de Tchekhov intitulée *La fiancée* ? C'est l'histoire d'une femme qui change avec tous les hommes qu'elle connaît, dont un petit garçon. Cathy était un peu comme ça. Elle était plus âgée que Mordecai, un peu plus âgée.

BERNARD ET SYLVIA OSTRY

SYLVIA : Je trouvais cela très bizarre, parce qu'elle n'avait pas d'idées intellectuelles.

BERNARD : Ou, si elle en avait, nous n'en avions pas conscience. Je ne l'ai vue que quelques fois, avec lui. L'hostilité était terrible. Ils n'arrêtaient pas de se crier après.

SYLVIA : C'était vraiment étrange.

BERNARD : J'avais juste envie de m'en aller. C'était affreux. Je ne voulais pas m'en mêler. Mais il ne parlait jamais d'elle, jamais avec moi.

En octobre, cette année-là, Richler remit le manuscrit de Mon père, ce héros *à Andre Deutsch et, selon une lettre à Weintraub, il se lança aussitôt dans un marathon de travail lucratif – une frénésie d'écriture commerciale pour la radio et de nouvelles avec une fin arrangée, qui étaient alors en demande. Il conclut même un marché avec Brian Moore, qui avait écrit plus d'une demi-douzaine de thrillers sous pseudonyme. Dans le cadre de leur collaboration, Brian fournirait l'intrigue (pour vingt-cinq pour cent des revenus) et Mordecai écrirait le livre. Le projet n'aboutit pas. Entre-temps, lui et Cathy avaient trouvé un logement dans Park Crescent, dans le West End de Londres.*

CATHY BOUDREAU

À l'époque, il était un autre Mordecai. Il est devenu snob et alcoolique, mais il n'était pas comme ça, parce que nous n'avions pas d'argent. Nous nous réunissions chez les uns et les autres et sirotions une bouteille de pinard. Et comme ils étaient tous des écrivains, nous rentrions de bonne heure. Mais nous avons eu de bons moments. Il nous est arrivé de faire la fête jusqu'à quatre heures du matin, après quoi nous allions préparer des *latkes* à la cuisine. Il m'a montré à faire quelques plats de la cuisine juive. Il disait que mes *latkes* étaient meilleurs que ceux de sa mère. Il était très drôle, mais il est devenu encore plus drôle en prenant de l'assurance. À cette époque, il ne buvait pas autant. Il buvait du café. Il en apportait dans sa chambre, puis, à onze heures, il allait faire un tour dans un bar en ville et il lui arrivait de faire la sieste l'après-midi, juste pour se reposer de l'écriture. Écrire, la seule chose qu'il ait jamais eu envie de faire.

DIANA ATHILL

J'ignore ce qui est arrivé à Cathy ; on dirait qu'elle s'est évanouie dans la nature. Quelqu'un m'a dit qu'elle est plus tard devenue une nonne bouddhiste. Cela cadre. Elle était toujours en train de mijoter quelque chose. Elle avait l'impression que les activités littéraires de Mordy la rejetaient dans l'ombre et elle voulait jouer un rôle. Elle était terriblement ennuyeuse, mais *très, très* gentille. Elle avait bon cœur et on lui pardonnait d'être aussi ennuyeuse. Mordy était extrêmement discret et très loyal. Il n'était pas du genre à parler en mal de sa femme parce qu'il s'ennuyait avec elle. Mais je me rappelle qu'une fois – c'est pratiquement la seule chose qu'il m'ait jamais dite à ce sujet –, il m'a dit : « Cathy veut avoir un enfant, et je ne peux pas, parce que si nous avons un enfant, je devrai rester avec elle. »

MARYON KANTAROFF, *connaissance*

Cathy voulait des enfants et il n'en voulait pas, parce qu'il savait que cela le lierait à elle. Pour désirer des enfants, il faut être vraiment amoureux de la femme, non? Il ne l'aimait pas – rien d'étonnant. L'aimait-elle? J'en doute. Je pense qu'il lui a donné une vie. Il lui a donné une raison de fonctionner dans le monde, une raison respectable : s'occuper de lui. Elle était une servante.

L'inquiétude de Richler en ce qui concernait les bébés n'était pas simplement théorique. Au début de l'année 1955, il écrivit à Weintraub : « Je rentre de l'hôpital où Cathy se remet raisonnablement bien de sa fausse couche. C'est peut-être une coïncidence, mais elle a perdu Bill – c'est le nom que nous aurions donné à la chère petite chose – quinze minutes après avoir lu ta lettre. »

Comme il le confia à Weintraub, quand il n'était pas en train d'écrire, « je passe une grande partie de mon temps à marcher dans les rues, à penser à mon nouveau roman. » Entre-temps, Malcolm Cowley, consultant éditorial chez Viking, à qui Joyce Weiner avait envoyé le manuscrit de Mon père, ce héros, *écrivit dans son rapport qu'il s'agissait d'un « roman manifestement autobiographique qui ne traite pas du héros, mais de la communauté juive, du ghetto de Montréal ». Refusant le livre, Cowley ajouta que Richler écrivait « avec puissance et pourrait devenir un écrivain assez important, mais... il donne une image si déplaisante de la famille du héros que le livre pourrait bien être perçu comme un document antisémite. »*

Le critique Walter Allen, qui avait également lu le manuscrit, lui accorda toutefois un appui enthousiaste. Dans une lettre qu'il envoya à Deutsch en décembre 1954, il écrivit : « C'est très bon. Le thème n'est pas neuf, mais je ne crois pas l'avoir jamais vu traité avec plus d'assurance ou de perspicacité. Comme roman, il est beaucoup moins fougueux, beaucoup plus mature à tous les égards que The Acrobats... *La chose la plus importante, à mon avis, c'est qu'un roman canadien émerge pour la première fois. »*

Déterminé à réussir comme romancier, Richler acceptait de recevoir de modestes avances pour ses romans. Pour Mon père, ce héros, *son deuxième livre, Deutsch lui donna cent cinquante livres. Pour* Le choix des ennemis, *son troisième, il reçut deux cents livres, et il reçut la même somme pour* L'apprentissage de Duddy Kravitz. *Pour* The Incomparable Atuk (1962), *Deutsch lui donna deux cent soixante-quinze livres. Ces à-valoir ne couvraient que les droits britanniques mais, à cette époque, les droits étrangers généraient rarement des sommes plus importantes. Atlantic Monthly Press lui donnerait par la suite mille dollars américains pour les droits de* Duddy Kravitz *aux États-Unis.*

Peu de temps après que Cathy se fut rétablie de sa fausse couche, le couple partit pour Paris; ils louèrent un appartement au sixième étage, rue Notre-Dame-des-Champs, à Montparnasse, avec chauffage central et eau chaude, deux pièces et une cuisine. Le loyer était de dix-sept mille francs par mois. Là, Richler effectua les dernières révisions de Mon père, ce héros. *Il avait déjà commencé à travailler sur ce qui deviendrait son troisième roman,* Le choix des ennemis *(intitulé à l'origine* Til Break of Day *[Jusqu'au point du jour]).*

De retour à Londres à l'été 1955, Richler commença à lire et à évaluer des romans américains pour Andre Deutsch, ce qui lui permit de gagner quelques livres supplémentaires. Puis, lui et Norman Levine persuadèrent Deutsch de publier une anthologie de nouveaux auteurs canadiens – nouvelles, poèmes et pièces de théâtre.

En avril 1956, Richler et Cathy déménagèrent encore une fois; le nouveau logement, non meublé, se trouvait au 5, Winchester Road, à Londres. À mi-chemin du premier jet du Choix des ennemis, *il s'était mis à écrire des textes pour la radio de la CBC au Canada, et il avait scénarisé une adaptation de* The Acrobats *pour la télévision de la CBC.*

Distribué sous forme de manuscrit, le nouveau roman de Richler, Le choix des ennemis, *ne reçut pas un accueil très chaleureux. Bob Weaver, un producteur respecté à la CBC, avait donné un avis très caustique sur le roman, et Viking, une maison d'édition états-unienne, avait refusé le manuscrit d'entrée de jeu. L'argent continua donc d'être un problème. Comme il en informa Weintraub dans une lettre datée de juin, à moins qu'un nouvel emploi ne se matérialise, il était sur le point de faire appel à lui pour un prêt de cinq cents dollars. En même temps, il annonça que lui et Cathy avaient «à quatre-vingt-dix pour cent décidé de rentrer au Canada en septembre», non pas à Montréal, mais à Toronto. Il espérait que Weintraub pourrait le présenter à des amis de l'Office national du film, pour qui il écrirait des scénarios. Mais bien que Richler soit rentré au*

Canada cet automne-là, ce fut seulement pour travailler à la pièce d'une heure adaptée de son roman The Acrobats *pour la CBC.*

Mordecai et Cathy quittèrent Genève avec Terry Southern et se rendirent en voiture dans le midi de la France; ils passèrent le printemps et l'été 1957 à Tourrettes-sur-Loup. Reuben Ship et sa femme, Elaine, habitaient tout près – après leur journée d'écriture, les deux hommes allaient se baigner et prendre un verre ensemble. Diana Athill leur rendit également visite cet été-là; elle apporta du thé anglais, une demande spéciale de Mordecai qui trouvait le thé français lamentable.

DIANA ATHILL

Mordecai et Cathy m'ont trouvé un appartement infesté de puces. Brian et Jackie [Moore] se trouvaient à Villefranche, et Mordecai se montrait très tendre avec Mason Hoffenberg [écrivain états-unien]. Je me souviens qu'il m'a dit: «Écoute, il ne dira pas grand-chose, mais il n'a pas la vie facile parce qu'il prend de l'héroïne.» Mordecai essayait de l'aider à résoudre ce problème, et Mason restait la plupart du temps assis, mortellement silencieux. Ce n'est pas drôle d'être marié avec un écrivain, et Mordecai en était très conscient. Ou bien il n'est pas là parce qu'il est en train d'écrire, ou bien il n'est pas là parce qu'il est d'humeur massacrante parce qu'il n'écrit pas. C'est vrai, réellement. Ils se sont tous tués.

Cet été-là, en France, Richler fit la connaissance de Ted Kotcheff. Ambitieux réalisateur à la télévision canadienne, Kotcheff était sur le point de travailler pour ABC à Londres. Il allait devenir l'un de ses amis les plus proches pendant quarante-quatre ans.

TED KOTCHEFF

Voici ce qui s'est passé: Nathan Cohen, le critique de théâtre du *Toronto Star*, était le réviseur de la série dramatique sur laquelle je travaillais à la CBC, et il venait de lire *The Acrobats*. «Un écrivain fantastique dont la sensibilité est proche de la tienne.» Je ne savais pas de quoi il parlait parce que je n'avais jamais rencontré Mordecai. Il m'a dit: «Tu devrais le voir si tu vas en Europe. Il est dans le sud de la France.» J'ai lu le livre, je l'ai beaucoup aimé et la CBC en a fait une adaptation que j'ai diffusée en janvier 1957. Leo Orenstein était le metteur en scène. À l'été 1957, j'ai été invité chez un autre réalisateur canadien, Henry Kaplan, à Tourrettes-sur-Loup. Nous sommes allés au bar d'un petit hôtel, et nous nous sommes assis. [Mordecai était là.] Je n'avais jamais rencontré personne d'aussi laconique, d'aussi taciturne. «Seigneur, ai-je pensé. C'est loin d'être facile.» Il n'y avait que moi qui parlais. Je n'aime pas trop le silence, alors j'ai recommencé, et il a continué à se taire. «Soit je suis l'homme le plus ennuyeux de la terre, soit il est l'homme le plus taciturne», me suis-je dit. Mais nous sommes restés là à boire pendant deux ou trois heures cet après-midi-là. Je me souviens qu'il m'a demandé : «Quel est votre romancier préféré?» «Henry James», ai-je répondu avec ostentation. Il a dit : «Eh bien, dans ce cas, vous allez aimer mes romans», et j'ai pensé : «Bon, tout compte fait, ce type a le sens de l'humour.» Je l'ai vu pendant à peu près une semaine à Tourrettes.

Après notre drôle de première rencontre, il n'y a jamais eu de volubilité. Il était porté à l'introspection. En sa présence, les gens étaient nerveux parce qu'ils avaient l'impression d'être silencieusement jugés par lui et, à certains égards, c'était vrai. J'ai reçu plus tard une lettre de Mordecai dans laquelle il me demandait de l'excuser d'avoir été si morose. «Je sais que je n'ai pas été très communicatif, a-t-il écrit. Je suis toujours comme ça quand je suis au milieu de l'écriture d'un roman. Je deviens complètement absorbé, ça bouillonne sans arrêt dans ma tête, et j'ai très peu à dire sur n'importe quoi d'autre.» C'était une lettre très très gentille.

Quand les Richler retournèrent à Londres à l'automne, Kotcheff était déjà bien installé à ABC. Son premier travail consista à réaliser l'adaptation de The Shining Hour, *une vieille pièce britannique des années trente.*

TED KOTCHEFF

C'était un certain Peter John Dyer qui faisait les adaptations pour quinze livres. Dans *Duddy Kravitz*, Mordecai en a fait un cinéaste britannique, Peter John Fryer. L'adaptation de *The Shining Hour* était médiocre. J'ai dit au producteur : «Cette adaptation est de la merde, c'est inutilisable. Je veux engager mon ami Mordecai Richler pour écrire une bonne adaptation, et je veux qu'il soit payé cent livres.» Il a répondu : «Cent livres? Avez-vous perdu la tête? Nous payons quinze livres pour ce genre de travail.» Mais j'ai insisté, et il a fini par accepter.

Leur collaboration la plus réussie fut The Trouble with Benny [Le problème avec Benny], *basée sur une nouvelle de Richler.*

TED KOTCHEFF

Nous avons répété toute la semaine à Londres, puis, le vendredi, nous sommes allés dans une banlieue de Manchester en train et nous l'avons tourné, en direct. Nous n'avons jamais eu aucun problème. Nous nous parlions toujours franchement. Les gens me demandaient: «Pourquoi travailles-tu toujours avec Mordecai Richler?» Je répondais: «Parce que les mots sont superflus quand je parle avec lui.» Nous n'avions pas besoin de finir nos phrases.

«Mordecai, penses-tu que...»

«Oui, ce qu'il faut, c'est...»

«Exactement.»

Puis, nous sommes rentrés à Londres par le train de nuit. Nous étions dans un wagon-lit, mais qui dormait? Nous buvions sans arrêt. Et quand nous sommes arrivés à King's Cross, la critique du *Times* avait déjà paru. Ça commençait par quelques mots sur l'aspect éphémère de la télévision en direct, et j'ai eu un serrement de cœur parce que je pensais que le mot suivant serait «heureusement». Mais la critique disait que c'était une tragédie, parce que *The Trouble with Benny* était l'une des choses les plus remarquables jamais diffusées à la télévision.

Différents facteurs dont, peut-être, son intérêt croissant envers Florence Mann, qui était déjà séparée de Stanley, incitèrent Richler à retourner à Londres. Dans une lettre envoyée à Weintraub en décembre 1957, Richler écrivit que lui et Cathy étaient allés «les voir et boire de la vodka jusqu'à une heure du matin. [Stanley] est très déprimé, il boit beaucoup. Lui et Florence ne se voient presque plus (le bébé [Daniel] a l'air bien).» Mais c'est également vrai qu'on lui offrait alors la possibilité de travailler tout de suite en Angleterre et de gagner de l'argent – particulièrement à des adaptations pour le cinéma et la télévision – et qu'il serait suffisamment payé pour se concentrer sur ce qui comptait le plus pour lui, ses romans.

STANLEY MANN

Il a commencé à venir souvent le soir, seul. On prenait un verre et on bavardait. Avais-je conscience qu'il était en train de devenir amoureux de Florence? Absolument pas. Ça ne m'a jamais traversé l'esprit. Mais j'étais un *nudnik* [nullité]. Centré sur mes propres problèmes.

TED KOTCHEFF

Stanley était un incurable coureur de jupons, et il ne cachait pas ses aventures avec différentes femmes du milieu du show-business. Il était alors très entiché d'une vedette de comédie musicale, et il ne se montrait pas très discret à ce sujet. Florence était enceinte, et la pire chose qui puisse arriver à une femme enceinte, c'est de voir son mari courir la galipote. Elle était très blessée, et elle l'a mis à la porte parce qu'elle en avait assez.

DIANA ATHILL

À l'époque où Florence accouchait ou allaitait le bébé [Daniel], il y a eu une fête quelque part, et son mari m'a draguée. J'ai trouvé que c'était *un peu* fort qu'il fasse ça pendant qu'elle accouchait ou venait d'accoucher. Ce n'était pas très délicat de sa part. C'était un homme insouciant. Un de ces types qui ne font rien et recherchent la compagnie de mannequins, de jolies filles séduisantes. Florence était époustouflante, une belle femme, vraiment très belle.

Entre-temps, les amis de Richler, dont Tim O'Brien, un brillant jeune décorateur de plateau à ABC Television, s'étaient aperçus qu'il était de plus en plus obsédé par Florence Mann.

TIM O'BRIEN, *ami*

J'ai raconté à Mordecai qu'une fois, au Québec, dans un hôtel de campagne pendant un orage épouvantable, j'avais vu un ours avancer et reculer au milieu des éclairs. Puis, pour enjoliver l'histoire, j'ai ajouté: «Et, dans cet hôtel, j'ai vu la plus belle femme du monde.» «La plus belle femme du monde, c'est Florence Mann!» a répliqué Mordecai. De toute évidence, Cathy, qui avait l'air un peu morose, n'occupait pas la première place dans l'esprit de Mordecai. Florence Mann, oui.

TED KOTCHEFF

Nous allions à des parties – les Canadiens étaient tous très grégaires – et nous nous rencontrions chaque semaine. Mordecai me disait: «Je l'aime. Je la veux. Elle est à moi!» Je répondais: «Seigneur! Mordecai, tu es fou. Elle est mariée et toi aussi. Qu'est-ce que tu racontes?» «Je m'en fous. Elle est à moi. Je la veux et je l'aurai.» Il avait cette qualité – que Florence appréciait beaucoup: quand il avait décidé qu'il voulait quelque chose, rien ne pouvait l'arrêter.

FLORENCE RICHLER

Stanley est parti pour New York quand Daniel avait à peu près six semaines. Je l'ai rejoint quand Daniel avait à peu près trois mois [en mars 1957], parce que je voulais assister à la première [la pièce de Mann, *Hide and Seek*, écrite en collaboration avec Roger MacDougall, débuta à Broadway le 6 avril et fut retirée de l'affiche après sept représentations]. Malgré tout, il était indéniable que notre mariage s'en allait à vau-l'eau. J'ai trouvé très difficile d'accepter que, même si une première à Broadway revêtait une énorme importance, il n'ait pas trouvé le moyen d'emprunter de l'argent pour m'acheter un billet, ni demandé à des amis de m'héberger, ou loué une petite chambre. Je n'étais vraiment pas exigeante, et je ne demandais ni ne voulais beaucoup d'argent, juste assez pour vivre avec Daniel. Je crois que je ne me suis pas remise de cette blessure. Pauvre Stanley, cher Stanley. Quand on y songe, il a dû souffrir terriblement, parce que c'était une personne vraiment très sensible, c'était un homme intelligent et il n'aurait jamais voulu me blesser de cette façon. Mais il a dû se faire à l'idée que ça ne marchait pas. Il a protesté, mais je ne voulais plus continuer.

Ce fut pendant cette période que Richler, toujours marié avec Cathy, eut ce qu'on peut considérer comme son premier rendez-vous avec Florence.

FLORENCE RICHLER

J'habitais seule avec le petit Daniel. J'avais demandé à Stanley de partir, parce que je sentais que notre mariage était fichu, et celui de Mordecai l'était pratiquement aussi. Nous sommes allés marcher ensemble, et il m'a dit, simplement et romantiquement, que, pour lui, c'était très difficile de seulement être près de moi. Il m'a dit qu'il était amoureux de moi depuis quelque temps. J'ai été réellement surprise, parce que, malgré le contexte et même si je pensais très souvent à lui, je n'avais vraiment pas imaginé quoi que ce soit de romantique. Il m'a donné un baiser sur la joue et nous nous sommes séparés. Je suis rentrée chez moi, très songeuse. Je consultais une analyste parce que j'étais profondément malheureuse. Mon mariage était un fiasco et j'avais honte. C'était une époque différente, et l'on se sentait responsable quand son mariage tombait à l'eau. La décision avait été très difficile à prendre, surtout parce qu'il y avait un enfant en jeu. J'avais vraiment besoin de parler avec quelqu'un, moins pour me faire conseiller que pour partager et voir mon intimité respectée. Elle m'a très peu dit – cela n'a duré que quelques mois –, mais, un après-midi que j'étais particulièrement déroutée, elle m'a laissé entendre qu'il est possible de changer, que je devais envisager une vie plus heureuse et que je pourrais très bien rencontrer quelqu'un. J'ai dit que j'en doutais beaucoup : parmi tous les hommes de ma connaissance, il n'y en avait pas un seul dont je me sentais proche, et surtout pas profondément. «"Pas un seul" est peut-être exagéré», a-t-elle dit. Alors, je me suis corrigée et j'ai dit: «Je suppose que ça dépend de ce qu'on entend par avoir vraiment confiance en quelqu'un. Il y a cet homme dont je vous ai parlé, par exemple.» Et je me suis retrouvée en train de décrire Mordecai, en quelques mots: «Oh! Il a une personnalité très difficile, il a beaucoup de problèmes avec la plupart des gens qu'il rencontre, ou bien ce sont eux qui en ont avec lui, et pourtant, de toutes les personnes que j'ai connues au cours des dernières années, il est peut-être le seul dont j'admire et respecte l'intelligence, et c'est un homme à qui je ferais totalement confiance.» Elle avait cette façon de pencher la tête d'un côté, que je me suis mise à imiter et que j'imite encore. Elle m'a dit: «Intéressant, Florence.»

Richler devait se trouver dans une position conflictuelle. D'une part, il éprouvait indubitablement un intérêt de plus en plus romantique pour Florence et, comme le suggèrent ses lettres envoyées à Weintraub en 1957 et au début de 1958, il suivait de près l'évolution de son mariage. D'autre part, Mann était un ami proche. En février 1957, il écrivit à Weintraub: «Stanley a fini le film avec Lana Turner et en a commencé un autre. Il a toujours le cafard. Il est vraiment très triste.» Plus tard, après l'échec de Hide and Seek *à New York, Richler écrivit: «Pauvre Stanley. Christ, il y a un an, je lui ai dit que la pièce n'était pas bonne. Le voyage, sans parler de l'aspect émotionnel, a dû lui coûter au moins trois mille dollars. Au bout du compte, il doit avoir le moral à zéro. Christ.»*

Selon un vieil ami, comme s'il cherchait une façon de se sortir de son mariage avec Cathy, Richler devint impuissant. «Elle n'était pas fidèle à Mordecai, raconte cet ami qui préfère garder l'anonymat. Je ne pense pas qu'elle voulait le tromper mais, vers la fin, Mordecai n'était plus intéressé et il se retenait; je suppose que, poussée par le besoin, elle a couché avec certains de ses amis. Et Mordecai s'en est douté. Dans une scène de Joshua au passé, au présent, *il va voir cet écrivain anglais [Murdoch] et l'accuse de coucher avec sa femme. Mais Mordecai ne blâmait pas Cathy. Il voulait rompre leur relation et ne savait pas comment s'y prendre. Il avait de la peine pour elle. Elle s'était donné un mal de chien pour lui permettre d'écrire ses trois premiers romans. Il se sentait incroyablement coupable. Il n'a jamais été amoureux d'elle – jamais.» Et il était toujours obsédé par Florence.*

FLORENCE RICHLER

Nous nous sentions de plus en plus attirés l'un par l'autre et trouvions de plus en plus pénible d'être séparés.

6

POINT TOURNANT

« Si tout a bien fonctionné ? Ma foi oui. Mordecai est tombé en
amour. Je suis tombée en amour. Tout a très bien fonctionné. »

FLORENCE RICHLER

*L'année 1958 marqua un tournant dans la vie personnelle et littéraire de
Richler. À l'hiver, il fit l'objet d'un article critique signé par Nathan
Cohen dans la* Tamarack Review. *Au printemps, son ami, le réalisateur
Jack Clayton, lui demanda de réécrire le scénario de* Room at the top [Les
chemins de la haute ville] – *un travail qui l'aiderait à s'assurer une base
financière. À l'été, il se sépara de Cathy Boudreau avec qui il était marié
depuis quatre ans, et il entreprit une idylle intense avec Florence Mann. À
l'automne, il termina* L'apprentissage de Duddy Kravitz, *son quatrième
roman (dédié à Florence), le livre qui allait marquer son entrée dans le
monde littéraire comme écrivain important.*

*Dans une lettre adressée à Bill Weintraub un an plus tôt, Richler
avait dit que Nathan Cohen avait reçu le mandat de l'interviewer pour
la* Tamarack Review. *« Je suis flatté, gêné, et j'appréhende. » L'article de
Cohen parut l'hiver suivant; il critiquait les trois premiers romans de
Richler dans les termes les moins charitables. Leurs héros, disait Cohen,
étaient « égoïstes, inconscients de la dignité humaine, froids, insen-
sibles, ils n'ont aucune conscience et détruisent gratuitement toutes
relations humaines. » Faisant allusion à cet article dans une lettre à
Weintraub datée du 1er mars 1958, Richler observa amèrement: « bon
Dieu, ce n'est qu'au Canada que quelqu'un est capable d'écrire un
article long [treize pages] et définitif sur un jeune débutant qui n'a*

publié que trois livres. J'ai l'impression d'être mort, ou quelque chose comme ça. »

Mais il avait aussi ses défenseurs. Le numéro suivant de la Tamarack Review *contenait un commentaire du poète Peter Scott, qui était fortement en désaccord avec le point de vue de Cohen. Le critique Robert Fulford, qui n'avait pas encore rencontré l'auteur, insista sur les ondes de la CBC pour dire que les romans de Richler affrontaient réellement « certains aspects primordiaux de notre époque... Ce qui importe peut-être le plus, c'est qu'il est contre ceux qui s'opposeraient, par des moyens politiques ou personnels, à l'autonomie de l'individu. Dans les années cinquante, ce choix est moins facile que cela peut le sembler à certains d'entre nous. »*

ROBERT FULFORD

Cela paraît ridicule aujourd'hui et ça n'avait pas du tout l'air très sensé à l'époque. Le principal grief de l'article [de Cohen] était que Richler semblait toujours écrire le même roman ; ensuite, il disait : « Il n'y a eu aucun progrès. » C'était un autre paragraphe : « Il n'y a eu aucun progrès. » L'auteur n'avait écrit que *trois* livres. Nathan critiquait Mordecai d'une façon grandiloquente, et j'ai simplement dit qu'il avait tort sur ce point, celui-ci et celui-ci.

Richler s'était entre-temps lié d'amitié avec le réalisateur Jack Clayton, qui essayait de tirer quelque chose de Room at the Top. *Insatisfait du scénario original de Neil Patterson, Clayton demanda à Richler de l'aider à le polir. Il lui garantissait de deux à cinq cents livres si un nombre substantiel de ses révisions étaient intégrées dans le scénario de tournage définitif. La version de Richler était nettement supérieure, et elle fut utilisée. Mais, soit à cause d'une entente préalable ou soit en vertu d'une décision arbitraire, Richler renonça à tout crédit comme scénariste, et ce fut donc Patterson qui se retrouva en nomination pour l'Oscar du meilleur scénario. À Londres, Clayton informa cependant tout le monde qu'il avait tourné le scénario de Richler et celui-ci commença alors à recevoir des propositions pour réviser des scénarios. Le producteur britannique Sidney Box le paya mille cinq cents livres pour six semaines de travail sur le scénario de* No Love for Johnny *et seul son nom apparut au générique comme scénariste. Par conséquent, comme il l'écrivit à Bill Weintraub, il se retrouva « financièrement très solide, de façon même gênante, et capable de faire traîner mon roman pendant des mois et des mois, ce qui était le but de la chose... Si les choses vont comme tout l'indique, l'année prochaine, je donnerai une bourse au Conseil des Arts. »*

MORDECAI RICHLER

Je me suis rapproché de Jack Clayton, qui est devenu mon meilleur ami; il devait tourner *Room at the Top*, et je l'ai réécrit pour lui. Par la suite, Jack l'a raconté à tout le monde et je me suis soudain mis à recevoir des offres de travail du milieu du cinéma, ce qui m'a certainement facilité la vie. Il a été le parrain de mon fils. Je travaillais sur un film tous les dix-huit mois environ, et ça suffisait à me financer. Plusieurs de ces films n'ont même pas été tournés, mais j'étais payé. Et, à cette époque, je recevais entre cinq cents et sept cent cinquante livres par semaine, ce qui était une *fortune*. Je travaillais huit ou neuf semaines, après quoi j'étais libre de faire ce que je voulais. À la mort de Jack [en 1996], il y a eu un service commémoratif et le producteur John Woolf a reconnu mon travail.

TED KOTCHEFF

Je partageais un appartement avec Mordecai quand il a réécrit *Room at the Top*. Il y a travaillé pendant six semaines. Le producteur, Jimmy Woolf [le frère de John Woolf], qui était un vieux renard, a, pour une raison quelconque, refusé de donner le crédit à Mordecai. Mais Mordecai a reçu deux mille livres [cinq cents, selon Richler]. Lui et moi, nous ne cessions de nous emprunter mutuellement de l'argent. Mordecai m'empruntait cinq livres, mais je lui en devais cent et il m'en devait cinq cents. Nous avions donc de petites, moyennes et grosses dettes, et le débiteur changeait sans arrêt. Un jour, il est revenu à la maison avec deux mille livres en billets qu'il s'est mis à lancer dans les airs. C'était comme une scène médiocre dans un navet. « Allez, lui ai-je dit, il faut fêter ça. » Nous avons caché l'argent dans des livres sur l'étagère et nous sommes allés nous soûler. Le lendemain matin, nous ne l'avons pas retrouvé. Notre femme de ménage était une Allemande qui ressemblait à un gnome, elle se promenait dans l'appartement en marmonnant: « Dégoûtant, dégoûtant. » Nous avons pensé: « Mme Hartman a pris notre argent. Nous ne le retrouverons jamais. Est-il dans le Kafka? Non. Dans le Céline? Non. Où diable avons-nous bien pu le mettre? » Mais nous avons fini par le retrouver, mille cinq cents livres pour lui et cinq cents pour moi, l'argent qu'il me devait. Mais c'est Mordecai qui a fait ce film. Il n'a reçu aucun crédit, et le film a remporté un Oscar. Je me suis souvent demandé si cette expérience n'était pas à l'origine de ses sentiments pour Lionel [Chetwynd, des années plus tard, à propos du crédit pour le scénario de *Duddy Kravitz*]. En voilà un autre qui, selon Mordecai, a été reconnu sans l'avoir mérité.

Au cours des années qui suivirent, Richler travailla sur Life at the Top – *la suite de* Room at the Top *avec Ted Kotcheff, ainsi que sur* Tiara Tahiti. *Pour Clayton, il écrivit également le scénario de* The Looking Glass War [Le miroir aux espions] *d'après un roman de John Le Carré, « mais nous avons tous deux laissé tomber. Ils voulaient le rajeunir un peu. »*

Avec l'argent gagné pour le scénario de Room at the Top, *Mordecai acheta sa première voiture, une petite Renault. Le seul problème, c'est qu'il ne savait pas conduire.*

FLORENCE RICHLER

Ted Kotcheff lui a montré. Mordecai n'avait aucun sens de la direction, absolument aucun. Pour commencer, Ted lui a demandé d'effectuer un démarrage en côte. Qu'est-ce qu'un démarrage en côte ? Alors, un demi-tour en trois manœuvres ? Et qu'est-ce qu'un demi-tour en trois manœuvres ? Mordecai n'en avait aucune idée. Ils désespéraient d'obtenir le permis de conduire. Ils ont alors déniché un endroit à Leicester Square où l'on vous donnait un permis de conduire international si vous pouviez seulement prouver que vous saviez diriger une voiture, sans rien de compliqué. Pour l'examen de conduite de Mordecai, Ted a appliqué de petits autocollants Gauche et Droite aux endroits appropriés, et ils sont partis, avec les autocollants dans la fenêtre. Mordecai est entré, il a trouvé l'examinateur et est ressorti avec lui. « Bien, tournez à droite à la prochaine intersection », a dit l'examinateur. Mordecai a regardé les autocollants et il a tourné à droite. Ensuite, l'examinateur lui a demandé de tourner à gauche à la deuxième intersection. Comme Mordecai savait quand même compter, il a eu son permis de conduire international cinq minutes plus tard.

TED KOTCHEFF

C'était un épouvantable conducteur. Il a mis très longtemps avant de devenir seulement passable.

Cette année-là, une ancienne petite amie de Ted Kotcheff, la sculpteure torontoise Maryon Kantaroff, arriva à Londres et loua un appartement à quelques pas de chez Mordecai et Cathy.

MARYON KANTAROFF

Cathy était ma copine. Je n'aimais pas trop Mordecai, parce qu'il n'était pas très sympa avec elle. Il était méprisant. Mordecai était très égocentrique. Kotcheff était totalement subjugué par ce trait de caractère que je trouvais si pénible chez Mordecai – un homme centré entièrement sur lui-même. Mordecai et Kotcheff menaient tous deux la vie d'artiste, et il leur fallait quelqu'un de soumis. Stanley [Mann] ne me plaisait pas beaucoup. Il était plutôt insipide, pas très brillant. Au moins, Mordecai donnait. Il avait une énergie mentale. Stanley était superficiel. Florence, c'était autre chose. Incroyablement séduisante. Élégante, sensible. Fine – fine comme une flèche. Brillante. Je n'ai passé qu'une seule soirée seule avec elle, à l'appartement où elle vivait avec Stanley. J'ai été renversée. Elle avait une aura comme celle de Mordecai, d'une façon différente, parce qu'elle était si belle qu'elle avait dû apprendre à survivre. Elle avait toujours les yeux très noirs, complètement maquillés. Mais je n'arrivais pas à croire à quel point elle était brillante. Elle avait un esprit incroyable – critique et analytique.

CATHY BOUDREAU

Son mariage? Il battait de l'aile, c'était évident. Stanley était un mufle. Il ne s'occupait pas d'elle. Florence était essentiellement la femme d'un seul homme. Mais elle n'a pas eu la vie facile après Stanley. [Avant Richler], elle a eu une liaison avec quelqu'un d'autre qui lui a brisé le cœur.

TED KOTCHEFF

Il y a eu un médecin, en effet. Il était amoureux de Florence et elle était amoureuse de lui, mais je ne connais pas la cause de leur rupture.

Les Mann s'étaient séparés en 1957 et ils tentèrent de se réconcilier en 1958.
«Les nouvelles vont te laisser aplati comme une flaque de pisse sur un plateau, écrivit Richler à Weintraub en mars. Prends cet animal de Stanley Mann. Tu te souviens de lui? Je veux bien être damné s'il n'a pas repris avec sa petite dame. Ce doit être sa manière de faire les crêpes, je suppose. Mais ils sont de nouveau ensemble, et Stanley est en train d'écrire un autre de ces films parlants.»

Entre-temps, les deux couples étaient restés amis. «Nous avons loué une immense villa au bord de la mer avec les Mann, écrivit Richler à Weintraub en juin 1958. C'est à Roquebrune, à une vingtaine de minutes de marche de Monte [Carlo]... Deux pédalos, camouflés avec des palmes, seront prêts à toute heure sur la plage. Avec notre cargaison de gin, de pâté et de lance-pierres, nous pourrons – au besoin – nous enfuir vers Gênes... Nous donnerons à notre hors-bord le nom de Miss Conseil des Arts du Canada.»

STANLEY MANN

C'est moi qui l'ai louée. Il n'avait pas un sou. Ils sont venus essentiellement comme nos invités. Je ne me souviens pas de grand-chose, sauf que Florence était très malheureuse, avec raison. J'étais plongé dans mon propre travail, dans ma propre tête, et je ne lui accordais pas l'attention qu'elle méritait.

FLORENCE RICHLER

Oui, nous avons partagé une maison à Roquebrune. Stanley et moi avons essayé de renouer, une sorte de réconciliation, et une partie de cette réconciliation consistait à passer l'été là. Nous étions tous copains. Ils ont mentionné qu'ils allaient dans le sud de la France, alors pourquoi ne pas louer une maison plus grande et partager les frais? Si tout a bien fonctionné? Ma foi, oui. Mordecai est tombé en amour. Je suis tombée en amour. Tout a très bien fonctionné.

CATHY BOUDREAU

J'ai vu l'amour naître, entre lui et Florence, mais ils ne faisaient pas grand-chose à ce sujet au début. C'est faux qu'il ait dragué Florence à notre réception de mariage. Je sais exactement à quel moment il est devenu amoureux d'elle. Ça s'est passé comme ça et ils ont été aussi surpris que moi. Nous sommes allés, tous les quatre, dans une boîte de nuit et j'ai vu cela arriver. Nous sommes allés à Monte Carlo et c'est là qu'il m'a dit qu'il était amoureux de Florence et qu'il voulait l'épouser.

FLORENCE RICHLER

Je crois savoir de quel dîner elle parle, oui, oui. Mais cela n'a fait que confirmer ce que nous savions déjà. Cathy n'était peut-être pas au courant. Stanley non plus. Je suppose qu'une personne observatrice devait s'en rendre compte, c'est tout.

STANLEY MANN

J'ai été bouleversé, oui. Je ne m'en doutais pas du tout. Mais j'étais tellement centré sur moi-même que ce n'est pas étonnant.

STANLEY PRICE, *ami*

Stanley Mann n'arrivait pas à y croire parce que, à l'époque, Mordy était un vrai bohémien. Il n'était pas très propre. Il avait les cheveux longs. Il portait des pantalons avec des boutons, et comme il avait perdu les boutons, il avait rafistolé le tout avec de la ficelle. Il se baladait comme ça dans Paris, et les gens qui l'ont connu là le trouvaient un peu négligé. Il se targuait d'être un diamant brut. Une attitude acceptable quand on a le talent qu'il faut. Sans talent, vous vous faites traiter d'imposteur. Mais il avait ce talent. Ce n'était pas un imposteur. C'était Mordy – c'était son attitude. On l'acceptait ou non.

MAVIS GALLANT

D'après ce qu'elle m'a dit, Cathy a fait une dépression nerveuse quand il l'a quittée. Elle ne pouvait y croire. La rupture a été très brutale, mais il avait raison – il n'y avait aucune autre façon de le faire. C'est oui ou c'est non. Oui, c'est terrible de rejeter quelqu'un comme ça, mais qu'en était-il de sa vie à lui? Il avait le droit de vivre sa vie. Il était encore jeune. C'est dur, c'est terrible, quelqu'un qui s'accroche… Elle m'a raconté qu'un après-midi, à quatre heures, elle arrivait de la plage, et il lui a dit : « C'est fini. Je ne suis pas amoureux de toi. Il est temps d'en finir. » Elle était assommée. Elle ne s'en doutait pas. Elle était dévastée. Elle est partie pour Villefranche et elle a commencé à donner des cours à des enfants. À la porte, il lui a dit : « Puis-je te donner un baiser d'adieu ? » Elle a répondu : « Es-tu fou ? »

TED KOTCHEFF

Je suis allé là-bas à la fin de la saison à la télévision. J'ai atterri à Nice, et Mordecai est venu me chercher à l'aéroport avec Cathy.

Cathy m'a dit : « Tu sais quoi, Ted ? »

« Quoi ? »

« Nous allons divorcer. »

« Et qu'est-ce qui te rend si joyeuse ? »

« Eh bien, c'est la meilleure chose qui puisse arriver. »

Mais à entendre le ton sur lequel elle le disait, on savait qu'elle souffrait. Mordecai est resté silencieux. Stanley était déjà rentré à Londres. Lui et Florence s'étaient querellés, et, la veille, Cathy et Mordecai avaient décidé de divorcer. Cathy est partie pour Villefranche. Je me suis donc installé avec les deux autres. Je dormais au rez-de-chaussée. Il y avait deux chambres en haut, et un cagibi sous l'escalier pour moi. Je dors très mal, je me réveillais et j'entendais Mordecai se faufiler dans la chambre de Florence. Je savais où était le cœur de Mordecai. Et Florence s'est vraiment mise à l'aimer pendant cette période.

CATHY BOUDREAU

J'habitais à Villefranche, un village de pêcheurs, et je gagnais un peu d'argent en donnant des cours de natation. Bien entendu, je ne lui ai pas rendu les choses faciles. Je fulminais. Je m'étais occupée de lui, j'avais préparé ses repas, j'avais reçu ses amis.

FLORENCE RICHLER

La situation avec Cathy était difficile, évidemment. Et, bien sûr, elle était blessée, et, bien sûr, elle s'est battue pour qu'il revienne, mais la décision de Mordecai était irrévocable. Je n'étais pas là quand ils en débattaient. Cela me semblait préférable.

MORDECAI RICHLER

Nous ne nous sommes pas séparés à l'amiable. Cathy était offensée et furieuse. J'écrivais *Duddy Kravitz* à l'époque. Florence avait déjà rompu avec Stanley – ils avaient fait une tentative de réconciliation qui avait échoué. Florence est rentrée à Londres et je suis resté là pour terminer mon roman.

Richler traita de front la moitié du problème dans une lettre qu'il écrivit à Weintraub le 25 juillet 1958. « Cathy et moi, nous nous sommes séparés et nous allons divorcer bientôt, à l'automne, j'imagine. Cathy va bien, ne t'inquiète pas pour elle. Elle habite à Villefranche et je la vois de temps en temps. Elle a trouvé du travail là-bas, dans un camp de vacances pour enfants américains… Financièrement, je m'occupe d'elle, bien sûr. Je ne vois pas la nécessité d'entrer dans les détails. Pour ainsi dire, il n'y a pas eu de véritable incident. C'est sans doute simplement que nous étions malheureux depuis longtemps… Dieu sait que c'est une gentille fille et que je ne lui souhaite que du bien. (J'espère ne pas avoir l'air trop niais), mais nous ne pouvions plus continuer honnêtement ensemble. »

Dans la même lettre à Weintraub, il dit s'attendre à avoir fini le premier jet de L'apprentissage de Duddy Kravitz *le 1er septembre, après quoi, il aurait besoin « de prendre une pause d'une couple de mois pour gagner de l'argent ». Le 29 août, il était de retour à Londres, et il avait fini son livre. « J'ai peur de le relire, et je vais le laisser sur la glace pendant quelque temps. Ce n'est pas un livre drôle, même s'il comporte – j'espère – des passages comiques, et qu'il est beaucoup plus drôle que tout ce que j'ai jamais écrit. Quoi qu'il en soit, je suis très préoccupé à son sujet. »*

Il ne parla pas de son amour croissant pour Florence Mann. Il ne fit, à la fin de sa lettre, qu'une seule allusion sibylline à Florence, camouflée au milieu d'autres potins : « Je crois que Florence et Stanley vont divorcer. »

CATHY BOUDREAU

Je n'ai jamais été follement amoureuse de Mordecai. Mais j'ai tiré le maximum de mes histoires au cours des années. Nous nous sommes beaucoup amusés ensemble.

MARYON KANTAROFF

Je me rappelle être allée chez Mordecai quand Cathy n'était pas là. Florence était restée, ce soir-là. J'étais très contente de les voir ensemble. Il est devenu plus humain. Il ne lui a jamais manqué de respect, à *elle*, je vous assure. C'était une reine.

FLORA ROSENBERG

De toute façon, je n'ai pas l'impression que leur mariage était très heureux. À son retour, Mordecai m'a dit: «J'ai payé le loyer de la villa. Tu as besoin de vacances. Tu as envie d'y aller?» J'y suis donc allée et je suis restée jusqu'à la fin du bail. Il semblait très mal en point. Cathy avait disparu, elle était en Espagne. J'ai demandé: «Qu'est-ce qui se passe?» «C'est Florence et moi», a-t-il répondu. Nous n'avons rien ajouté.

CARMEN ROBINSON, *amie*

Il m'a dit plus tard que Cathy était devenue nonne bouddhiste, la première nonne bouddhiste du Canada. Il m'a dit: «Tu imagines ce que ce devait être que d'être mariée avec moi? Regarde ce qu'elle a fait ensuite!»

En juin, Richler se décida à parler de ses sentiments pour Florence à Bill Weintraub. Sympathisant avec son ami montréalais qui venait de se séparer de sa femme Bernice Grafstein, il écrivit: «Si ce mariage vous rendait tous deux vraiment malheureux, alors il ne fallait pas continuer – en fait, c'est seulement plus cruel de rester ensemble... Quand même, je ne crois pas que tous les mariages soient voués à l'échec, et, pour ma part, je veux et j'entends avoir des enfants.» Il y avait une raison expliquant pourquoi il ne cessait de reporter son retour au Canada, dit-il. «C'est Florence Mann qui me retient ici. J'attends qu'elle divorce pour rentrer au Canada avec elle. Nous nous aimons. Et nous allons nous marier dès que nous le pourrons. Tout ceci est très confidentiel – ça ne doit pas aller plus loin que Brian et Jackie [Moore], bien qu'un tas de gens soient probablement au courant car Florence et moi, nous nous retrouvons chaque soir et on nous a vus ensemble un peu partout... Juste une chose à signaler: mon mariage était chose du passé quand je me suis engagé avec Florence; elle n'est donc pas une "briseuse de ménage", comme on dit. En fait, nos deux mariages étaient fichus. En fait, je peux aller encore plus loin et dire que, pour commencer, je n'avais jamais eu l'intention d'épouser Cathy, mais que j'ai graduellement succombé.» Dans une lettre écrite un peu plus tard, il ajouta: «Il y a peut-être quelque chose de vrai dans l'idée que, d'emblée, je n'avais jamais voulu me marier et que Cathy le savait.»

À ce moment-là, Ted Kotcheff avait emménagé avec Richler dans un logement au 5, Winchester Road, dans le quartier Swiss Cottage; comme Richler l'écrivit en plaisantant à Weintraub, cet arrangement avait suscité des ragots tels que: «Ted et moi, nous sommes, eh bien, pédés. Je fais de mon mieux pour encourager cette rumeur.» Il remarqua que cette année avait été extraordinaire: il avait écrit un roman, réécrit un film, adapté une pièce pour la télévision et écrit deux pièces originales, plusieurs nouvelles, des articles, et deux pièces radiophoniques. «JE SUIS CREVÉ, J'AI BESOIN DE REPOS, quoi!» À l'aise financièrement, peut-être, pour la première fois de sa vie, Richler s'acheta un smoking. «J'en avais besoin pour le bal de la télé, écrivit-il à Weintraub. Je le porte maintenant au travail. Très chic, monsieur.» Kotcheff connaissait certainement l'éthique de travail de Richler.

TED KOTCHEFF

L'écriture est une affaire très solitaire, alors que la réalisation est très conviviale. Je passais toute la journée avec des designers et des créateurs et, quand je rentrais à la maison, j'avais envie de me relaxer, mais il disait: «Allez, on sort, on va faire la fête.» Il avait cependant un régime absolument incroyable. Le matin, à son réveil, il allait chercher deux ou trois journaux – le *Times*, l'*Express* et un torchon –, puis il se préparait des œufs et du salami ou une omelette aux oignons verts, il lisait de huit heures à neuf heures, puis, directement à la machine à écrire. Il y avait une pause d'une ou deux minutes, puis clac, clac, clac, clac, clac jusqu'à midi. Ensuite, il allait se promener dans Finchley Road, s'achetait un sandwich *delicatessen* et rentrait avec le *Herald Tribune* pour lire les résultats sportifs en mangeant son sandwich au corned-beef avec ses cornichons. Il faisait un petit somme jusqu'à deux heures, puis, à deux heures deux, il se rasseyait devant sa machine et clac, clac, clac, clac, clac jusqu'à cinq heures. Il s'arrêtait alors, allait directement chercher la bouteille de gin Gordon, se servait un apéro, un gin-tonic, puis nous allions manger. Nous mangions rarement à la maison. Un jour, je lui ai dit: «Tu sais, j'ai de vieilles idées romantiques à propos des écrivains. Tu fais ça comme si c'était un travail. Où est la muse? Quand se présente-t-elle?» Il m'a répondu: «Ted, si je restais assis à attendre l'inspiration, je n'écrirais jamais un maudit mot.»

Le décorateur Tim O'Brien se rappelle que l'appartement de Winchester était «miteux, miteux, délabré, mais fortement charpenté».

TIM O'BRIEN

Ce qui émanait de Ted et de Mordecai, c'est que le monde n'était pas fait pour les mous, et que toute sorte d'hésitation sur des bases morales (ils n'allaient toutefois pas jusqu'à recommander le meurtre), qu'il s'agisse d'expression de soi ou d'autocomplaisance, devait être traitée avec une grande circonspection, parce que c'était peut-être simplement de l'inhibition causée par la peur, ce qui n'avait rien d'admirable. En société, Mordecai se montrait laconique, un peu sauvage et, absolument et indéniablement, réaliste. Ted m'a présenté Mordecai et, à mes yeux, il incarnait l'écrivain fécond, l'écrivain expatrié installé dans mon quartier. Son apparence juvénile n'était pas sans rappeler celle de James Dean. J'ai été stupéfait et impressionné par ses habitudes personnelles – je ne le voyais consommer que deux choses : des tomates et du gin. Mordecai a donc toujours eu un statut assez spécial dans mon esprit.

Les deux œuvres de Mordecai sur lesquelles je me souviens d'avoir travaillé sont *L'apprentissage de Duddy Kravitz* et *The Trouble with Benny* [supervisée par le producteur canadien Sidney Newman]. Sidney avait toujours l'impression que nous étions ingrats. Il n'aimait pas que nous discutions avec lui. Il disait : «Les gars, vous n'êtes pas capables de perdre une bataille à l'occasion dans le but de gagner la guerre ?» Et nous répondions : «Non, Sidney, nous gagnerons cette bataille, et la prochaine, et l'autre encore !» Sidney disait : «Ted, tu es un ingrat, je t'ai sorti du ruisseau.» «Du ruisseau jusqu'à toi, tu appelles ça monter, Sidney ?» rétorquait Ted.

Pour moi, ce travail a été une occasion en or, il m'a permis de me développer, parce que Ted ne connaissait qu'une position sur la pédale de l'accélérateur : au plancher. Mon manque d'assurance a été balayé et on m'a laissé donner libre cours à mon enthousiasme. Nous n'étions pas dociles, et Mordecai se montrait particulièrement mordant à propos de Sidney Newman – tout en comprenant qu'il fallait des gens comme Sidney dans le monde. Pour avoir ne serait-ce qu'un minuscule intermède de libéralisme, il fallait des gens comme Sidney, juste assez fous pour manœuvrer les leviers qui permettent à cet intermède de se produire.

Nous montions une pièce – ce devait être *The Trouble with Benny* – et je me rappelle avec beaucoup de plaisir avoir parlé avec Mordecai de la façon dont nous montions une scène quand Ted a dit : «Le problème, Mordecai, c'est que cette scène n'est pas très bien écrite.» Cette façon de traiter la chose, sans aucune trace de sentiment personnel ou d'anxiété, s'est révélée très instructive. Ted n'a pas mis de gants blancs ni rien, c'était totalement neutre. Morcecai n'a rien dit. On a peut-être parlé de ce qui faisait défaut dans la structure et de ce qu'il fallait faire pour lui donner un sens. J'ai trouvé exemplaire ce niveau de professionnalisme sans *amour propre**, même si ça n'a pas empêché Mordecai de se montrer très condescendant envers certains aspects de notre travail. Nous montions une pièce traitant de la guerre civile aux États-Unis, dans un studio de Manchester, et il y avait une petite chanson avec les mots : « Deux frères se mettent en route, l'un en bleu, l'autre en gris. » Les jours qui suivirent, Mordecai se promenait dans les champs autour du studio en chantant : « Deux clichés se mettent en route, l'un en bleu, l'autre en gris. »

L'été 1959, Florence alla en cour pour obtenir son jugement provisoire de divorce.

FLORENCE RICHLER

Le jour du divorce, nous nous sommes présentés à l'Old Bailey. Stanley était un peu plus haut dans le grand escalier qui menait à la porte, il m'a envoyé la main et j'ai répondu à sa salutation. C'était plus que de la simple courtoisie, c'était très chaleureux, parce que nous étions restés en excellents termes. Le greffier s'est précipité vers moi et il m'a dit : « Il ne faut pas faire ça ! » Il était dans tous ses états. Je me sentais un peu étourdie et je lançais de petits regards à Stanley, puis nous sommes entrés au tribunal, et il y avait l'avocat de la couronne, John Mortimer [auteur de la série des *Rumpole*], tout à fait superbe avec sa perruque et sa toge. Il m'a regardée d'un air très sévère et m'a demandé si, après sept ans, j'en étais venue à trouver mon mariage intolérable, et j'ai dit : « Oh ! non. » Il a levé les yeux, froncé les sourcils et légèrement hoché la tête. Je voulais dire la vérité, c'est-à-dire que nous étions devenus incompatibles, mais on n'avait pas le droit de dire ça en cour. Comme il n'obtenait pas les réponses qu'il voulait, M. Mortimer a finalement essayé une autre tactique ; il m'a dit qu'il poserait les questions et que je n'aurais qu'à répondre par oui ou par non. Pour finir, passablement frustré, M. Mortimer m'a demandé : « Eh bien, pourrait-on dire sans nous tromper que quand vous serez divorcée, votre vie sera plus agréable que quand vous étiez mariée ? » Et j'ai dit que oui. Ensuite, nous sommes tous allés au Cheshire Cheese de l'autre côté de la rue, puis nous avons mangé rue Fleet et célébré le jugement de divorce provisoire. Nous devions attendre trois mois pour le jugement *nisi*. Pendant cette période, il n'était évidemment pas question de batifoler, parce que je voulais la garde de Daniel.

TED KOTCHEFF

Nisi veut dire «à moins» et il fallait rester totalement chaste pendant les six mois qui suivaient le jugement. Et, pendant ces six mois, une personne appelée le fondé de pouvoir de la reine pouvait se pointer chez vous à n'importe quelle heure du jour ou de la nuit, et s'il trouvait un homme dans votre lit, le divorce était annulé. Florence avait un appartement au rez-de-chaussée dans Hillgate, et je restais assis dehors au cas où le fondé de pouvoir de la reine se présenterait. J'étais le coucou, l'oiseau guetteur. Un soir, il était à peu près une heure du matin, j'ai vu entrer un type et j'ai klaxonné trois fois et Mordecai est sorti en courant par la fenêtre comme Douglas Fairbanks Junior; tout en s'escrimant pour remettre ses vêtements, il a sauté dans la voiture et nous sommes partis. C'était une époque complètement dingue.

Pour obtenir son divorce, il fallait alors plaider l'adultère; on allait donc consulter un avocat, et il embauchait une professionnelle, non pas une prostituée, mais une femme qui faisait ça pour gagner sa vie. Quand Mordecai a divorcé de Cathy, il s'est rendu à Brighton, il a rencontré une femme dans un hôtel, ils sont montés à une chambre, se sont déshabillés et se sont mis au lit. À ce moment-là, un détective et un photographe ont fait irruption et – clic clac – ils les ont photographiés nus dans un lit. Ensuite, cette charade a été présentée à la cour, et la cour a déclaré Mordecai divorcé.

En grande partie à cause de Daniel, le fils de Florence alors âgé de deux ans, le couple resta en bons termes avec Stanley Mann.

FLORENCE RICHLER

Oh! oui, nous sommes restés en contact. Mordecai lui a toujours envoyé ses livres, dès leur parution. Stanley venait nous voir au cottage. Nous lui rendions visite chaque fois que nous allions à Los Angeles. Il n'y avait pas de rancœur, d'animosité entre nous. Au début, évidemment, c'était profondément troublant, mais Mordecai a été le premier à dire: «Nous devons inviter Stanley plus souvent, pour que lui et Daniel se voient et apprennent à se connaître.»

MORDECAI RICHLER

Pour commencer, comme toujours, c'était acrimonieux et pénible, mais après, quand nous vivions à Kingston Hill [dans le Surrey],

Stanley s'est remarié et il est venu habiter à proximité. Nous avions l'habitude de manger ensemble le dimanche midi. J'ai toujours voulu que Daniel sache qui était qui et ce qui en était.

STANLEY MANN

Il y avait deux étoiles dans notre groupe. Ted Allan était la vedette sociale, le centre magnétique de toute l'attention. Mordecai était la star de l'écriture. Oui, nous étions tous des écrivains, nous écrivions tous des pièces et des scénarios et ainsi de suite, mais Mordecai était le seul écrivain authentique du groupe, nous le savions tous même si nous ne le disions pas.

JOSH GREENFELD, *ami de longue date*

Stanley vénérait Mordecai – c'était une chose des plus étranges. Il l'adorait. Je ne l'ai jamais entendu dire quoi que ce soit de négatif à son sujet, du moins publiquement. Ça m'a toujours étonné.

Il n'y avait qu'un obstacle potentiel aux projets de Richler. Florence, déjà mannequin-vedette chez Dior et Sassoon, avait une carrière naissante comme comédienne de cinéma et de télévision. À un moment, elle se fit offrir un rôle dans The World of Suzy Wong.

FLORENCE RICHLER

Ted Allan avait organisé une lecture de sa pièce et une foule d'acteurs et quelques metteurs en scène devaient y assister. Quelqu'un est tombé malade. Ted m'a téléphoné et m'a dit : « Il faut que tu viennes lire. » Je n'avais jamais fait ce genre de chose, mais j'avais tout à fait confiance. Je savais que je lisais bien. Je me suis donc présentée. Je me souviens que j'étais assise à côté de Georgia Brown et je crois que Sean Connery était là – il allait probablement faire la mise en scène – et tous les amis de Ted. Pour finir, un homme est venu me voir, à l'appartement, pour parler du rôle. Comme nous devions sortir pour aller souper tôt avec Daniel, Mordecai était là, il s'occupait de Daniel dans l'autre pièce, et je n'étais pas dérangée. Mais ça m'amusait énormément, parce qu'il était aussi très protecteur, un peu comme un *ange gardien**. Je pensais que c'était plutôt gentil, et je comprenais aussi que les projets d'avenir de Mordecai étaient menacés. J'ai donc lu, et Peter, l'un des Peter metteur en scène, a alors dit que je serais la femme d'Alan Bates, probablement un tout petit rôle. Le soir, j'y ai repensé. Cela me semblait une entreprise un peu frivole. Mordecai, j'en ai peur, se sentait de plus en plus menacé, puis, un soir, il a dit que j'avais de toute évidence un choix très sérieux à faire, et il était très sympathique, mais il n'a rien pu me dire de plus que: «Ça va, oui, poursuis ta carrière de comédienne. Ce sera de toute évidence relativement facile pour toi. Ou bien, je te montrerai le monde.» Ma foi, comme il n'avait pas un radis, je n'ai pas cru que j'allais voir beaucoup plus du monde que ce que j'en avais vu déjà. Mais néanmoins, comme toujours, il a tenu ses promesses... Je pense que j'avais fondamentalement assez de bon sens et que je savais aussi que, aussi brillant que le monde soit, il est aussi pas mal fragile.

Il devait croire qu'il n'était pas possessif, qu'il était, strictement parlant, juste amoureux. Il n'aurait sans doute pas aimé que j'emploie le mot possessif, mais il l'était. À certaines occasions, j'ai été très consciente que j'aurais pu faire bien d'autres choses, et les faire bien, j'aurais peut-être même pu conduire une voiture. J'aurais peut-être même eu une vie plus riche si j'avais eu une carrière. D'autre part, j'aurais peut-être perdu tout ce que nous avons eu ensemble.

Cet automne-là, L'apprentissage de Duddy Kravitz *parut chez Deutsch (au Royaume-Uni),* Atlantic Monthly Press *(aux États-Unis) et Collins (au Canada). Selon Diana Athill, c'était là le roman dans lequel Richler semblait remplir la promesse de ses premières œuvres et avoir trouvé sa voix d'écrivain. Les critiques furent en général d'accord avec elle mais, au Canada, plusieurs membres de la communauté juive se sentirent horrifiés par le portrait du personnage principal, Duddy, un Juif cupide et amoral, qui ne cherche, de façon transparente et agressive, qu'à servir ses propres intérêts. Exprimant une position qu'il privilégierait pendant les quarante années suivantes, Richler écrivit à Brian Moore que «l'idée morale derrière Duddy était de le montrer de l'intérieur, de montrer à quel point le fonceur, ce type pour qui personne n'a de temps... est, à plusieurs égards, vraiment sympathique. C'est pourquoi j'étais si heureux quand [le critique états-unien Alfred] Kazin a dit "mais il a également évité la formule prévisible de rendre son personnage méprisable". C'était essentiel pour moi.»*

SANA (SONNY) IDELSON, *ami*

Je trouvais l'attitude de la communauté juive montréalaise très étrange. À vingt-cinq ans, quand je suis arrivé d'Israël où j'avais grandi, j'ai découvert l'esprit de clocher de cet endroit. Ici, la communauté est très jalousement possessive. Quand vous êtes juif, ils veulent vous recruter. Vous leur appartenez, surtout si vous êtes écrivain, un écrivain juif. Vous connaissez l'expression «Si vous ne pouvez pas les battre, joignez-vous à eux». Eh bien, apparemment, ça fonctionne à l'envers. Ils lui en voulaient parce qu'il refusait de se mettre au pas. Il ne voulait pas être recruté. Une fois, je suis allé à une réception où Leo Kolber, qui était alors l'homme à tout faire des Bronfman, a offert à Mordecai de l'amener dans le Nord dans l'avion de la compagnie, et Mordecai a refusé. Mais c'était l'attitude – si tu ne peux pas les battre, mets-les sur la liste de paie. Et il a refusé par esprit de dignité.

TED KOTCHEFF

J'ai fait quatre pièces télévisées avec Mordecai, et l'une était basée sur un chapitre de *Duddy Kravitz*. Ce fut un désastre artistique, mais j'ai vu les erreurs que j'avais commises et j'ai compris ce qu'il ne fallait pas faire quand nous avons plus tard tourné le film. Sidney Newman a été très gentil et il a dit : «Nous allons la programmer un dimanche soir pendant les vacances – personne ne le remarquera.» Et personne n'a rien remarqué. Parce que j'avais lu le roman sous forme de manuscrit et j'avais dit : «Ce livre est le meilleur roman canadien jamais écrit et, qui plus est, un jour, je rentrerai au pays et j'en ferai un film.» Et nous avons tous éclaté de rire. À la publication du livre, les premières éditions états-uniennes ont paru et j'étais tout seul dans l'appartement quand Cathy est arrivée à l'improviste. Nous avons bavardé un peu, puis elle est allée dans la partie de la pièce réservée à Mordecai – décorée par Charles Dickens et l'Armée du Salut. Les livres étaient sur une table haute, elle en a ouvert un et a vu qu'il était dédié à Florence. Ça l'a rendue folle. Complètement dingue, hystérique. Elle s'est mise à déchirer les livres, puis elle a attrapé la machine à écrire de Mordecai et l'a lancée par la fenêtre arrière. La machine à écrire a atterri dans la boue. Je criais : «Arrête, Cathy!» Pour finir, je lui ai donné une claque. Je l'ai frappée si fort du plat de la main que je l'ai assommée. Et elle sanglotait hystériquement. «Toutes ces années, toutes ces années... J'ai travaillé pour lui permettre d'écrire. Je l'ai soutenu. Et maintenant, il dédie son roman à cette garce.» Une drôle de fille. C'était terriblement pénible.

En décembre 1959, peu de temps avant le troisième anniversaire de Daniel, Mordecai et Florence chargèrent leur Renault sur un petit avion et partirent pour la Hollande. De là, ils se rendirent à Rome où, par l'intermédiaire d'Andre Deutsch, ils avaient loué une petite maison avec un jardin au 3, Via Biferno. Là, Mordecai travaillait le matin – sur ce qu'il appelait à l'époque son court roman (35 000 mots) à la manière de Shalinsky Griffin, It's Harder to Be Anybody *[C'est plus dur d'être n'importe qui],*

qui allait devenir Cocksure. *Ils avaient trouvé une école pour Daniel qui, grâce à Florence, avait déjà appris à lire. Ensuite, ils allaient ensemble prendre un long et bon déjeuner.*

ROBERT FULFORD

Il voulait s'éloigner de Londres parce que, après tout, il y avait Stanley Mann et ses amis, et deux divorces dans le même cercle social [Brian et Jackie Moore avaient divorcé quelques années auparavant], et ça semblait bien d'être ailleurs.

DANIEL RICHLER

Un jour, j'ai demandé à papa pourquoi nous étions allés sur le continent. «Il fallait partir, m'a-t-il répondu. La situation était un peu difficile pour nous.»

Le printemps suivant, Mordecai, Florence, qui était enceinte, et Daniel rentrèrent au Canada. Ils sous-louèrent le rez-de-chaussée d'un duplex au 4821, avenue Dornal, pour huit mois, et une maison à Toronto pour six mois. Ce fut à Montréal que les Richler se marièrent enfin au mois d'août – dans un église presbytérienne. Aucun rabbin n'accepta de les marier.

WILLIAM WEINTRAUB

J'étais sur place pour servir de témoin au mariage de Florence et de Mordecai. Florence était enceinte d'à peu près neuf mois [de Noah] quand ils se sont mariés. Ted [Kotcheff] et moi avons dit au pasteur [une femme]: «S'il vous plaît, juste la cérémonie légale minimale, pas de sermon.» Et elle, après les signatures officielles, s'est lancée dans un discours à n'en plus finir sur la façon dont les gens doivent apprendre à s'aimer mutuellement. Mordecai était hors de lui.

TED KOTCHEFF

Aucun rabbin ne voulait les marier parce qu'ils n'avaient ni l'un ni l'autre obtenu le divorce d'un rabbin. Florence était enceinte et je me trouvais à Londres, mais ils m'ont demandé de leur servir de témoin. Mordecai m'a téléphoné: «Ted, je ne veux pas que mon enfant naisse comme un bâtard. Quand reviens-tu?» «Je termine un film, Mordecai, ai-je répondu, et le jour où il est fini, je saute dans un avion.» Mordecai était de plus en plus nerveux parce que Florence était dans son neuvième mois de grossesse. Quand je suis arrivé, je me suis précipité à l'église et j'ai parlé à l'assistante du pasteur. «Regardez, lui ai-je dit, ces deux personnes sont juives et elles sont obligées de se marier ici. Je vous en prie, ne parlez pas de Jésus-Christ. Ils ne veulent pas de religion et la mariée est enceinte jusqu'aux yeux, et si vous parlez trop, les contractions pourraient bien commencer pendant la cérémonie.» Bon, ils se sont mariés à l'étage dans un vestibule, et le pasteur a décidé de faire une homélie de vingt minutes sur l'amour et le symbolisme de l'anneau, qui n'a ni commencement ni fin, comme le cercle, éternel et parfait. Et Mordecai mâchouillait un pansement qu'il avait au doigt et il avait envie de la tuer, mais il savait qu'il ne pouvait pas le faire parce qu'elle ne les avait pas encore déclarés mari et femme. Elle continuait son sermon interminable et Florence, debout là, avait mal au dos. C'était une formidable cérémonie de mariage. Nous avons fini par sortir et nous sommes allés manger du homard dans un restaurant. Là, au beau milieu du repas, Florence a dit: «Mordecai, c'est le moment. Accompagne-moi à l'hôpital et reviens ici finir le champagne. Tu viendras me voir plus tard.» Et c'est ce qu'il a fait. Elle affichait un calme olympien.

Kotcheff, qui avait suggéré le prénom de Noah, fut le parrain de l'enfant.

Un an auparavant, Richler – qui n'avait pas encore vingt-neuf ans – s'était déplacé une vertèbre, ce qui l'avait obligé à garder le lit pendant une semaine. La chose se reproduisit cet automne-là et se reproduirait périodiquement pendant des années. De façon également troublante, Diana Athill exprima de sérieuses objections à It's Harder to Be Anybody; *selon elle, bien que ce fût une satire «de tout ce qui bouge... dans les faits, elle s'applique surtout aux Juifs. Pourquoi une personne qui en a envie ne pourrait-elle se moquer surtout des Juifs? Il est grand temps qu'on le fasse... Oui, mais la plupart des gens ne le comprendront pas ainsi. Je crois que pour un grand nombre de lecteurs – la majorité, peut-être –, le livre sera tout simplement perçu comme antisémite.» Andre Deutsch partageait cet avis, et il incita Mordecai à le mettre de côté. Richler obtempéra et entreprit d'écrire un recueil de nouvelles interreliées situées dans le quartier où il avait passé son enfance. L'ouvrage serait par la suite publié sous le titre de* Rue Saint-Urbain. *Auparavant, Richler écrivit toutefois une lettre critique à Deutsch. «La prochaine fois que vous voudrez me dire qu'un de mes livres est infect, j'aimerais que vous écriviez plus d'un paragraphe pour m'expliquer votre point de vue. Vous n'êtes quand même pas si occupé que ça, non?.... Je suis moi-même très occupé, mais jamais trop pour écrire à mon ami et éditeur une longue lettre chaleureuse (si j'arrive à l'attraper à son bureau entre ses voyages de ski, notamment).»*

Selon Richler, le livre était «délicat et différent de tout ce que j'ai fait auparavant». Mais il n'avait pas envie de simplement l'abandonner et il se promit de reprendre le roman l'hiver suivant et de l'attaquer sous un angle différent.

Inévitablement, Florence fut présentée aux parents de Mordecai à Montréal. «Les commentaires de mon père? écrivit Richler à Diana Athill. "Ma foi, elle est très bien." Puis, il m'a demandé en aparté: "Est-ce qu'elle aime être juive?"»

Il expliqua sa décision de rentrer au pays dans une lettre à Brian Moore datée du 16 février 1959, écrite en réponse à la critique du manuscrit de L'apprentissage de Duddy Kravitz *faite par ce dernier. «Duddy est essentiellement le premier tome d'une trilogie que je projette d'écrire. Le prochain, dont le titre provisoire est* Dudley Kane's First Marriage *[Le premier mariage de Dudley Kane], sera fait dans quelques années, du moins je l'espère. J'ai pourtant l'impression que, quoi qu'il en soit, je devrai attendre encore dix ou quinze ans avant de m'attaquer au dernier tome. Duddy est aussi un tremplin pour toute une série de romans, grands et petits, portant sur les anciens de la rue Saint-Urbain... Bref, je veux marquer la ville juive de Montréal dans la tradition de H. de Balzac et du grand Bill Faulkner. Et c'est pour ça, monsieur, que je dois retourner chez moi pour au moins un an, et faire ça tous les trois ans. »*

À Toronto, Richler rencontra le critique Robert Fulford, qui admirait depuis longtemps et avec constance son œuvre. Ils se lièrent d'amitié.

ROBERT FULFORD

> Une chose à propos de Mordecai qui me paraît maintenant bizarre, c'est son assurance, après avoir écrit *Duddy Kravitz* et l'avoir envoyé à l'éditeur. Après Duddy, il a écrit à Weintraub [en réalité, c'était à Brian Moore] cette chose surprenante: «Voici ce que je veux faire pour le reste de ma vie.» Il exposait sa carrière en trois phrases. Pourtant, personne à l'exception de Mordecai, de son agente ou de son éditeur n'avait lu *Duddy Kravitz*, mais Mordecai savait qu'il tenait le bon filon. Il parlait de la rue Saint-Urbain, de Duddy et de ses contemporains, puis il a soudain compris que: «Attends une minute, il y a là tout un monde.» Comme le comté de Yoknapatwpha de Faulkner. Personne d'autre n'avait encore lu le livre, mais il le savait.

À l'origine, les Richler avaient eu l'intention de passer l'hiver de 1960-1961 au Mexique, mais la pression due au travail – des commandes d'articles pour Maclean's, Chatelaine, Commentary *et* Holiday, *un documentaire pour l'Office national du film et son recueil de nouvelles – les obligea à changer leurs projets. Ted Allan leur trouva une maison à louer au 44, avenue Cork, dans le quartier Dufferin/Lawrence de Toronto. À l'époque, Richler versait encore une pension alimentaire à sa première épouse, Cathy Boudreau.*

ROBERT FULFORD

Il y avait un petit problème : elle s'était remariée et ne le lui avait pas dit, et il était à Toronto en train de lui signer des chèques. La pension alimentaire devait durer tant qu'elle ne se serait pas remariée. Mordecai est tombé sur sa sœur, Tess Taconis, qui habitait à Toronto. Et Tess lui a dit : « Qu'est-ce que tu penses de ça ? Elle s'est mariée. » Il a aussitôt fait arrêter le paiement du chèque qu'il lui avait fait parvenir une semaine plus tôt. Elle était mariée depuis deux ou trois mois et n'en avait jamais rien dit.

En 1961, le besoin d'argent accéléra leur retour en Angleterre. Posant sa candidature pour une bourse de cinq mille cinq cents dollars de la Fondation Guggenheim, Richler ajouta à son dossier des lettres de recommandation d'un groupe formidable de personnes comprenant notamment Alfred Kazin, Graham Hicks, Walter Allen, Sam Lawrence, Hugh MacLennan, Claude Bissell, Frank Scott, Brian Moore et Penelope Mortimer.

MORDECAI RICHLER

J'étais complètement fauché. Florence venait d'avoir un bébé, nous étions à Toronto et les Guggenheim étaient censées être annoncées et elles ne l'étaient pas. Quand on ne la recevait pas, on devait recevoir un avis environ six semaines plus tôt. Un soir que j'étais soûl, j'ai téléphoné à la Fondation Guggenheim, et le gars qui m'a répondu m'a demandé mon nom. Je le lui ai dit et il a dit : « Si j'étais vous, je ne m'inquiéterais pas. » Nous sommes donc retournés à Londres.

Comme il l'écrivit plus tard à Jack McClelland, l'éditeur de McClelland and Stewart, le lendemain de son arrivée, « on m'a proposé d'écrire une comédie britannique d'évasion, Tiara Tahiti [réalisée par Ted Kotcheff et mettant en vedette James Mason et John Mills], un travail d'un mois à un salaire hebdomadaire si élevé que c'en est gênant. Encore trois semaines et je pourrai enfin m'attaquer à mon propre travail pour un bon bout de temps. » Dans le scénario, il avait mis quelques répliques destinées à des amis.
Une touriste torontoise d'âge mûr murmure à une autre : « Je n'avais pas besoin de venir à Tahiti. J'aurais pu retourner à Nassau. Les McClelland et les Fulford sont là. »
L'autre dame répond : « Qui est encore capable de les supporter ? »

7

« SWINGING SIXTIES »

« À une époque où l'on ne s'entend pas sur les valeurs, où l'on voit
s'effondrer des valeurs religieuses ayant manifestement engendré
un certain ordre ou une norme, on est obligé de concevoir son
propre code d'honneur et son propre système de croyances et de
mener une vie aussi honorable que possible. »

MORDECAI RICHLER

*Pour répondre aux conditions de la bourse reçue en 1961 de la
Fondation Guggenheim, Richler devait passer une partie de l'année
aux États-Unis. Le printemps suivant, après avoir voyagé trois semaines en
Israël au mois de janvier pour le compte de* Maclean's, *la famille loua une
maison à Amagansett, à Long Island, une colonie d'écrivains et d'artistes
où la vie ne coûtait pas trop cher.*

JOSH GREENFELD

Nous avons été ses invités à la fin de l'été 1962, mais nous connaissions déjà Mordecai et Florence. En théorie, tout le monde avait l'air
de travailler le matin et d'aller à la plage l'après-midi, mais je ne me
rappelle pas avoir vu Mordecai sur la plage. Je me souviens de Brian
[Moore]. Je garde cette image de Mordecai: un cigare Schimmelpenninck dans une main et un petit verre de scotch ou de porto dans
l'autre. Mordecai n'aimait pas les plaisanteries. Il économisait son
humour. Sa compagnie n'avait rien de particulièrement amusant.
C'était un auditeur fantastique. Il absorbait vraiment tout, sans penser à ce qu'il allait dire ensuite, mais digérant ce qu'il venait d'entendre, et cela nous donnait un grand sentiment de sécurité. Il avait

ce style, quel qu'il soit. Il me faisait penser à [l'écrivain] Bruce Jay Friedman. Ils avaient tous deux une propension à l'humour noir. Écoutez parler Bruce – il ne paraît pas drôle. Mais quand on met ses paroles sur papier, ça le devient. Mordecai et Philip Roth se connaissaient. Philip était très dur, et c'était difficile d'être son ami. Philip est quelqu'un de très très drôle. Quand on mangeait avec lui, il pouvait se lancer dans une improvisation tellement comique qu'on riait à s'en décrocher la mâchoire. Je ne crois pas connaître personne de plus drôle que lui. Un grand comique. Henry James l'a ruiné comme humoriste. Brian Moore était quelqu'un de très fort, qui exerçait une grande influence. Lui et Mordecai ont été longtemps amis. Mordecai le respectait, mais je n'ai pas l'impression que la réciproque est vraie. Je crois cependant que c'est Mordecai qui a fait entrer Brian chez Andre Deutsch [son premier éditeur]. Si vous me demandez de décrire l'amitié entre Mordecai et Brian du point de vue de Mordecai, je vous dirais qu'ils étaient de très bons amis. Mais du point de vue de Brian, c'était ce que Roy Campanella disait à propos de son amitié avec Jackie Robinson : ils étaient de mauvais amis.

Vous voyez, tout le monde se brouillait avec Brian. Impossible de faire autrement. À mon avis, Brian était envieux ou jaloux parce que Mordecai a fini par devenir plus connu que lui qui était un peu plus vieux que Mordecai. Pour Brian, Mordecai a toujours été le jeune – il l'appelait le Barde. Et quand Brian a mis les voiles avec Jean [Russell, en 1964], tous ceux qui avaient été proches de [sa femme] Jackie Sirois se sont éloignés de lui.

DIANA ATHILL

Brian avait ce genre d'attitude pénible – celui qui n'est pas avec moi est contre moi. À l'époque, tout le monde se remariait, c'était une véritable folie. Selon moi, comme il avait une conscience catholique très stricte, de l'Irlande du Nord, enfouie en lui, Brian en faisait plus de cas que les autres. Je pense qu'il se sentait très coupable et qu'il se déchargeait de ce sentiment sur les autres. Jackie avait été une de nos bonnes amies à tous.

RON BRYDEN, *ami*

Nous aimions tous Jackie, et pour les amis de Brian, c'était très difficile de savoir quoi faire après leur rupture.

WILLIAM WEINTRAUB

Il y avait un conflit latent entre Brian et Mordecai. Ils étaient les meilleurs amis du monde dans les années cinquante et au début des années soixante, puis, d'une certaine façon, leurs routes se sont séparées. Brian avait une attitude très critique envers tout le monde, et il était capable de laisser tomber soudainement des amis, pour des différends réels ou imaginaires. Il s'est un jour plaint à moi que Mordecai l'avait obligé à payer une facture très salée au restaurant, alors que Brian croyait qu'il était l'invité. Et les factures de Mordecai pouvaient être vraiment très salées quand il lui prenait envie de commander du cognac de grande qualité. Mais c'est le seul commentaire négatif qu'il ait jamais fait sur Mordecai. J'ignore si celui-ci était pleinement conscient que Brian l'évitait. Florence s'en rendait compte, parce qu'elle m'en a parlé un jour. Mais si Mordecai le savait, il n'en parlait jamais.

ROBERT FULFORD

Je n'ai jamais compris cette relation. À un moment donné, Brian a commencé à en avoir assez de Mordecai. Rappelez-vous qu'ils étaient tous deux jeunes à Montréal et que Brian n'arrivait pas à faire publier son livre. Tous les éditeurs avaient refusé *Judith Hearne*. Si mes souvenirs sont exacts, il a essuyé seize refus. Il avait pensé le faire publier à New York, puis dans le monde entier. C'était la meilleure façon d'entreprendre une carrière sérieuse. Et Mordecai a présenté le manuscrit à Andre Deutsch, qui avait déjà publié *The Acrobats* et il lui a demandé de le publier. Andre Deutsch l'a fait lire à un écrivain anglais, et ce type a dit : « C'est terrible, je le déteste, mais si vous ne le publiez pas, je vous tue. » C'était un ouvrage incroyablement génial. La semaine de sa parution, il a fait l'objet d'à peu près neuf critiques dithyrambiques de gens influents comme Kingsley Amis. Seymour Lawrence d'Atlantic Little Brown s'est immédiatement engagé pour le livre. Brian était réellement en dette envers Mordecai et vous savez comment les mauvaises actions restent impunies. Ma foi, Brian était magnifique, c'était un homme magnifique et je l'adorais, mais il avait une tendance à la rancœur, et je crois qu'il digérait mal d'être entré dans le milieu littéraire grâce à ce jeune homme qu'il connaissait comme un personnage marginal de Montréal. C'était ce que je croyais. Quand Brian s'est installé en Californie [en 1965], ils ont gardé leurs distances.

STANLEY PRICE

Fondamentalement, Brian était un gros bonhomme peu avenant ; sous cette carapace, c'était quelqu'un de gentil, mais de très sardonique. C'était un catholique de Belfast, et il avait été passé à tabac à cause de ça. Cela déteignait sur lui. Et il avait d'abord épousé une femme qui n'avait rien d'affriolant pour s'en aller ensuite avec une femme affriolante, un ex-mannequin, qui l'aimait malgré sa graisse, puis il s'était retrouvé dans le monde du cinéma, au milieu de tous ces gens prestigieux. Mordy, lui, avait le même passé difficile, et il est arrivé à Londres pour vivre en expatrié, de la même façon que Brian était allé au Canada. Les expatriés sont des gens bizarres. Pour moi, ils passaient leur temps à s'épier les uns les autres. Brian avait eu le Prix du Gouverneur général – qu'est-ce que Mordy avait? Brian avait obtenu une bourse Guggenheim – Mordy en aurait-il une? Mordy avait un film en production – le film de Brian serait-il tourné? Dans le milieu littéraire, la compétition était féroce. Ils passaient le temps à se surveiller mutuellement.

DIANA ATHILL

Brian en voulait-il à Mordecai? Non. À la parution de *Judith Hearne*, je dirais que, dans ce pays du moins, Brian a certainement été plus respecté que Mordecai et il n'avait rien contre lui. Voici comment il doit avoir pris la chose: «Terrible. On a un pincement au cœur quand notre ami est meilleur que nous. Les écrivains sont méchants, non?» Et il aurait éclaté de rire. Sans parler de véritable rancœur, il aurait tout de même admis éprouver un sentiment bizarre. Pour sa part, Mordecai n'en a jamais voulu à quiconque qui réussissait bien. Je crois qu'il y avait en Mordecai une chaleur qu'on retrouve rarement chez une personne aussi engagée envers l'écriture. Ce genre de personne n'a habituellement pas l'énergie nécessaire pour éprouver de l'empathie. Il l'avait. Il ne supportait pas les fous avec plaisir, mais quand on était son ami, on l'était, parce qu'il était un homme très perspicace et qu'il ne se faisait pas avoir.

MAVIS GALLANT

Je n'ai jamais aimé Brian. Jamais. Je ne peux rien dire de positif à son sujet, sauf qu'il était un écrivain. Un soir, vers la fin des années quatre-vingt ou le début des années quatre-vingt-dix, je dînais avec Mordecai et Florence. Quelque chose a été dit, et j'ai seulement pensé – Brian était encore vivant –: «Inutile de tourner autour du pot. Je l'avoue: je ne l'ai jamais aimé. Je ne l'ai jamais aimé.» Trois visages bouleversés – leur fils Jacob était présent – se sont tournés vers moi, et j'ai compris que j'avais violé une tradition nord-américaine. On peut dire qu'on déteste quelqu'un. Mais on ne peut pas dire qu'on ne l'aime pas… Et lorsque nous sommes sortis du restaurant, Mordecai m'a accompagnée au taxi, il s'est penché et il m'a dit: «Je sais ce que tu veux dire. Nous étions proches, mais…» Il n'a pas dit qu'ils s'étaient brouillés, mais il y avait eu une faille, il s'était passé quelque chose. « Il était tellement amer », ai-je dit. « La vie lui a donné tout ce qu'il désirait, et il était tellement cynique », a répondu Mordecai. Quelque chose comme ça. Il y avait quelque chose dans leurs deux tempéraments. Parce que Mordecai n'était certainement pas cynique ou amer à propos de sa vie. Il était heureux. Un écrivain n'est jamais heureux, bien sûr, parce qu'il y a quelque chose en lui qui l'a poussé à écrire, mais Mordecai était profondément satisfait. C'était un des rares hommes de ma connaissance qui adorait être tout le temps avec sa femme. C'était Florence. Il avait de la chance. Elle l'aimait, absolument.

« *Brian et moi, nous nous sommes aidés mutuellement, écrit Richler dans un article après avoir appris le décès de Moore en 1999. Je l'ai présenté à Diana Athill, mon éditrice chez Andre Deutsch, et elle a pris* Judith Hearne, *ce qui a annoncé l'émergence d'un talent remarquable. Un jour, j'ai taquiné Brian à ce sujet. "Tu as fait une erreur en publiant un premier roman aussi formidable. Moi, après* The Acrobats, *je ne pouvais que m'améliorer. Mais tu vas avoir des problèmes." Par la suite, Brian a parlé en ma faveur à son éditeur aux États-Unis, Seymour Lawrence d'Atlantic Monthly Press, et Sam a publié* L'apprentissage de Duddy Kravitz. *Nous avons continué à nous fréquenter à Montréal, à Londres, dans la région des Alpes-Maritimes et au cours d'un été mémorable à Long Island. C'était en 1962, et Brian et Jackie, qui étaient des habitués d'Amagansett, nous ont trouvé une maison là-bas. Nous ne connaissions personne, alors ils nous ont présenté à des gens, se sont assurés que nous étions invités aux réceptions... Brian a montré à Daniel à rouler à vélo. Il était le parrain d'Emma... Nous nous trouvions souvent dans des pays différents, et nous échangions des lettres amusantes et irrévérencieuses. Puis, malheureusement, il s'est produit une rupture dans notre amitié. Il n'y a eu aucune querelle. Nous nous sommes simplement éloignés l'un de l'autre. On m'a dit que Brian trouvait que j'avais eu tort de faire partie du jury du Book of the Month Club et de me prononcer sur le travail d'autres écrivains. Et j'ai riposté en demandant comment il pouvait enseigner ce qui était impossible à enseigner, la création littéraire, à l'université de Californie. Par la suite, nous ne nous sommes rencontrés qu'à des événements publics. Une table ronde à Toronto sur les romans dans les films, Brian, David Cronenberg et moi. Ou bien nous nous saluions brièvement dans le hall d'un hôtel quand nous avions des lectures publiques des soirs différents à Harbourfront, puis nous allions manger chacun de notre côté... La*

dernière fois que j'ai vu Brian, c'était à un dîner organisé à l'occasion du
prix Booker à Londres en 1990. Il était finaliste pour la troisième fois, et
moi, pour la deuxième fois. Nous n'avons ni l'un ni l'autre remporté le
prix, mais là n'est pas la question. Nous étions debout là, et je me sentais
idiot et engoncé dans mon smoking, et nous plaisantions maladroitement,
ce qui était fichûment dommage, quand on pense que nous avions été si
proches pendant tant d'années... La dernière fois que j'ai eu des nouvelles
de Brian, je me trouvais à l'hôpital [en 1998] pour une opération désa-
gréable. J'ai reçu un mot de lui me souhaitant un prompt rétablissement
et, dans mon état de vulnérabilité, j'ai versé quelques larmes sur notre
amitié stupidement avortée. Dans ma tête, je ne cesse de nous revoir à ce
dîner du prix Booker, gênés dans nos smokings, trop puérilement fiers pour
faire le premier pas, réparer les choses. Florence et Jean, qui étaient toutes
deux plus raisonnables, plus avisées, étaient manifestement réduites à
l'impuissance à cause de leur loyauté. Et maintenant, il est trop tard.»

FLORENCE RICHLER

Mordecai a souffert de la perte de cette amitié. Il n'a jamais, d'aucune
façon, été hostile envers Brian. On avait demandé à Mordecai de
critiquer un des romans de Brian – c'était pour le magazine *Life*, il
me semble. Et Mordecai avait l'impression qu'un ami ne doit pas
critiquer le livre d'un ami, qu'il l'aime ou non. Ce refus a vraiment
rendu Brian furieux. Brian pouvait être absolument merveilleux,
mais ce n'était pas le plus généreux des hommes. Cela peut sembler
peu aimable, mais c'est la vérité. Je pense qu'il y a toujours eu beaucoup de jalousie, et que Brian s'est toujours montré assez méchant
avec Mordecai. Dès le début, à mon avis. Jeune, il faisait des remarques désobligeantes sur Mordecai. Je ne crois pas qu'il l'ait jamais
considéré comme un *romancier*. Je crois qu'il a fait très mal à
Mordecai, même si Mordecai n'en laissait rien paraître. Avec Brian,
ces petits coups de couteau ne s'enfonçaient jamais à plus d'un quart
de centimètre sous la surface. Et ils étaient lancés dans toutes les
directions. Une fois, Mordecai a fait une remarque à mon sujet, et
Brian a répondu: «Ma foi, elle est au-dessus de mes moyens!» À
l'époque, je crois que, de toutes les femmes de ma connaissance à
Montréal, j'étais la plus économe. Je n'avais rien à dépenser. Et
comme j'étais très frugale et que je tirais le maximum de l'argent
dont je disposais, j'ai été vraiment vexée qu'on puisse penser que
notre relation, à Mordecai et à moi, avait eu quelque chose à voir avec
l'argent. Mais si je m'étais tournée vers Brian et lui avais dit: «Ça,

c'est mesquin. Pour commencer, ce n'est pas vrai», il l'aurait vraiment regretté. Il était très gentil avec moi. Il m'aimait bien – je le sais. Je n'avais donc aucune raison personnelle de me plaindre de lui, mais j'en avais à propos de Mordecai.

William Weintraub passa également une grande partie de cet été à Amagansett. Selon Richler, il « est arrivé pour passer une fin de semaine et il est resté six ou sept semaines ».

WILLIAM WEINTRAUB

J'habitais chez eux et, un soir, il y a eu une fête et j'ai été… comment dire… séquestré pour la nuit. Quand je suis arrivé en rampant le lendemain matin, Mordecai avait mis un grand écriteau dans la fenêtre. Chambre à louer.

Au début des années soixante, Richler entreprit ce qui allait devenir une longue et fructueuse association personnelle et professionnelle avec Jack McClelland. Ce dernier publiait déjà les plus grands romanciers et essayistes canadiens et il s'intéressait à Mordecai depuis 1954. Mais le romancier était alors plus ou moins – à contrecœur – engagé envers Collins, le distributeur de Deutsch au Canada. Au début des années soixante, Richler réussit enfin à s'extirper de cet arrangement et, par la suite, M & S publia tous ses livres au Canada en commençant par The Incomparable Atuk, *une satire de l'univers culturel canadien, puis tous les autres pendant vingt-cinq ans.*

Au départ, McClelland n'était pas très enthousiaste à propos d'Atuk. «Je suis absolument convaincu que c'est votre pire ouvrage à ce jour, écrivit-il. Sauf l'empailler, expliquez-moi ce que vous voulez que nous en fassions.» Mais l'éditeur changea d'idée une fois que Richler l'eut réécrit. «Je crois maintenant que c'est une chose admirable.» Le livre parut aux États-Unis sous le titre de Stick Out Your Neck, *un titre que McClelland tourna en ridicule en en parlant comme de* Stick Out Your Atuk *ou* Your Atuk and Mine.*

Les deux hommes s'entendaient comme larrons en foire – ils étaient tous deux de grands buveurs et ne détestaient pas les fêtes animées. Mais leur relation fonctionnait également très bien sur le plan professionnel, et Richler se fiait à l'instinct et aux conseils éditoriaux du flamboyant McClelland. Richler proposa un jour une anthologie de textes de dix ou douze auteurs canadiens réputés parlant de leurs écoles, des comptines, des jeux, des devinettes, des expressions familières de leur enfance, et des chansons de l'époque et du lieu où ils l'avaient passée. « *Si vous vous en occupez, nous la publierons, écrivit McClelland. Mais est-ce bien le genre de projet auquel vous voulez participer à ce point de votre carrière? Cela ne va pas rehausser votre prestige. Cela ne rapportera pas d'argent. Le temps que vous y consacrerez pourrait sans doute être mieux utilisé si vous en profitiez pour écrire bien et de façon prolifique.* » Richler abandonna bientôt cette idée. Dans une veine similaire, McClelland tenta de convaincre Richler de ne pas faire de la pige pour des magazines britanniques comme The Spectator et The New Statesman. « *Le cachet n'en vaut pas la peine. Je ne crois pas que cela augmente la notoriété d'un écrivain... C'est comme si vous invitiez ouvertement d'autres critiques et romanciers à éreinter votre prochain ouvrage au moment de sa parution.* »

Comme ce fut souvent le cas avec les amis intimes de Richler, un élément facétieux se fraya un chemin dans leur correspondance. Dans une lettre, par exemple, Richler intervint en faveur de son ami Norman Levine, chroniquement à court d'argent. « Bon Dieu, quelle sorte d'avance avez-vous versée à Norman pour ses nouvelles? Il cire les chaussures dans Trafalgar Square et il porte un chandail avec les initiales M & S imprimées dans le dos. » Dans une autre lettre, il fait remarquer que comme M & S a envoyé les exemplaires de presse du roman de Brian Moore, The Luck of Ginger Coffey, *avec du vrai gingembre et du café, « j'insiste pour que quand mon livre,* It's Harder to be Anybody, *sera prêt, les membres de la presse canadienne reçoivent de délicieux sandwiches au foie haché. » « Je les préparerai moi-même », répondit McClelland.*

En janvier 1963, Richler confia à McClelland qu'il avait l'intention de retourner au Canada; la vie coûtait en effet de plus en plus cher en Grande-Bretagne, et il pourrait augmenter les revenus que lui assuraient ses romans au Canada grâce à des articles pour des magazines aux États-Unis et à des films à New York. « Vous me demandez si n'importe quel quartier ferait l'affaire [pour une maison à Toronto]. La réponse est non. Je veux m'installer dans un quartier où l'on n'accepte ni gens de couleur (ils font de bons chanteurs et danseurs à claquettes, mais) ni Juifs. Appuierez-vous ma candidature pour devenir membre du Granite Club [alors un club privé de Toronto ne comptant que quelques rares personnes de couleur ou juives – sinon aucune – parmi ses membres]? »

D'une manière tout aussi ironique, McClelland annonça qu'il avait « démissionné du Granite Club pour devenir membre du Primrose Club [entièrement juif] – j'ai peur que ça ne dure pas parce que j'ai fait l'objet de regards très curieux l'autre jour dans le vestiaire. Ce sera vraiment très dommage si je suis forcé de démissionner. Ces jeunes Juives me plaisent énormément. »

Au début des années soixante, Richler entreprit également ce qui deviendrait une relation riche et originale avec Robert Gottlieb, qui était alors correcteur-réviseur chez Simon & Shuster, aux États-Unis. Leur amitié devint bientôt une affaire de famille ; ils se rendaient régulièrement visite pendant l'été, et les Gottlieb deviendraient plus tard les parrains de Jacob, le plus jeune fils des Richler.

ROBERT GOTTLIEB

J'ai fait sa connaissance par l'intermédiaire de Monica McCall, son agente, une charmante Irlandaise généreuse, dure, honnête et indomptable. Elle m'a téléphoné un jour pour me demander si je serais intéressé à publier Mordecai Richler. *Duddy Kravitz* avait paru chez Atlantic Monthly Press, qui est devenu Little Brown, et c'est ainsi qu'elle nous a mis en contact en tant qu'auteur et éditeur. Nous aurions pu nous rencontrer sur la plage. Mordecai et moi avons exactement le même âge. Nous nous sommes plu tout de suite, et nous avions le même sens de l'humour, ce qui était de toute première importance. Et la nature d'une relation… se poursuit comme elle a commencé. La nôtre a toujours été facile, nous plaisantions, nous échangions de petits propos absurdes, nous nous taquinions. C'était en partie la nature des relations avec Mordecai. C'était un ami merveilleux. Il n'avait pas de génie pour l'intimité. J'avais avec Florence une relation très intime, et elle était très proche de Maria [Tucci, sa femme]. Mais avec Mordecai, il n'y avait jamais de débat métaphysique, pas même à propos des livres. Il demandait toujours à Florence de les lire en premier, et c'était formidable parce qu'elle était une excellente correctrice, une lectrice exceptionnelle. Pour la plupart des livres, je faisais un travail cosmétique. C'était plus que de la simple révision, mais moins que de la correction vraiment sérieuse. À certaines occasions, je trouvais le livre trop long, trop ceci, trop cela. Nous en discutions. La plupart de mes corrections cosmétiques, vraiment mineures, il ne les regardait même pas. Ça lui était égal. Quand il y avait des problèmes, nous les réglions verbalement. Mais je me suis rendu compte il y a quelques années que les écrivains avec lesquels je me suis lié quand j'étais plus jeune sont devenus de très bons amis – Mordecai, Doris Lessing, Edna O'Brien, Joseph Heller, et plusieurs autres. Nous étions personnellement engagés l'un vis-à-vis de l'autre. Mordecai illustre parfaitement ce phénomène parce que notre relation est devenue presque tout de suite une affaire de famille, et les livres étaient comme des interruptions. Et cela a été favorisé par le fait que lui et Florence restaient ici quand ils venaient à New York, pour le Book of the Month Club, toutes les trois ou quatre semaines. Je lui ai également présenté Deborah Rogers, qui est devenue son agente à Londres.

Pourtant, à plusieurs égards, Gottlieb fut plus proche de Florence que de Mordecai.

ROBERT GOTTLIEB

Si on parle d'intimité, ma relation était et est toujours surtout avec Florence. Quand il s'agissait de s'amuser, de faire des histoires et de se taquiner mutuellement, c'était surtout avec Mordecai. Il était très fidèle à ses habitudes, vous savez. Il débarquait chez vous. Il avait cette façon de faire, peu importe où il se trouvait. Il avait son réseau d'amis, il dînait avec celui-ci, prenait un verre avec celui-là, rencontrait cet autre. C'était presque comme s'il avait une liste. Et il aimait ça. Il vivait un peu comme un journaliste, et beaucoup de ses amis étaient journalistes. Je suis le contraire de ça – la désinvolture en amitié ne m'intéresse pas. Seule l'intimité m'intéresse. Alors, sans Florence, nous aurions été de bons copains et de bons collaborateurs, et nous nous serions vus trois fois par année.

*Au cours de la décennie suivante, alors que leur famille s'agrandissait (Emma naquit en 1962, Martha en 1965 et Jake en 1967), les Richler continuèrent d'évoluer dans un cercle restreint mais célèbre de gens du milieu littéraire et cinématographique comprenant notamment Doris Lessing, Jack Clayton, Karl Reisz, Sean Connery, Angus Wilson, Philip Roth, Kingsley Amis, George Lamming, Beryl Bainbridge, Robert Conquest, Mel Lasky, le rédacteur en chef d'*Encounter *(qui était réputé pour organiser les réceptions les plus réussies), Walter Allen et de nombreux autres. L'Irlandais Stanley Price se joignit à ce cercle d'intimes; comme Richler, il barbotait dans le milieu du cinéma et du journalisme pour arrondir les modestes revenus qu'il tirait de l'écriture de ses romans. Parmi la vingtaine de scénarios écrits par Price, le plus connu fut Ara-besque. À l'égard de ce genre de travail, il avait la même attitude que Richler. «On travaille trois mois sur un film, puis on a neuf mois de liberté pour écrire des romans», disait-il.*

STANLEY PRICE

Mordy et Florence vivaient dans un appartement de Parkhill Road, à Hampstead, un logement au rez-de-chaussée, pas très grand, une petite cuisine, une salle à manger et salle de séjour combinées. Et je me suis rendu compte qu'il existait ce truc macho, la mafia canadienne – Ted Allan, Ted Kotcheff, Mordecai, Reuben Ship, Sidney Newman et leurs femmes. Les réunions avaient surtout lieu chez Mordecai. David Deutsch en faisait partie – c'était un producteur de cinéma britannique. Jack Clayton était un habitué. J'étais, en quelque sorte, leur égal comme écrivain – j'avais travaillé pendant quatre ans pour *Life* à New York et j'avais un roman publié –, mais certainement pas comme Canadien. Ils possédaient à un degré incroyable ce que les Anglais appellent l'instinct grégaire. Leur club était très exclusif. La petite clique se rassemblait dans la cuisine, abandonnant les autres qui n'en faisaient pas partie dans le salon avec les femmes. Très viril, vraiment. Et ils mangeaient de la nourriture importée de Montréal – de la viande fumée. Et ils buvaient la bière qu'ils avaient achetée. Moi, j'étais une poule mouillée – je restais avec les filles dans le salon avec le saumon fumé. Mordecai affichait une attitude bizarre – en ce qui concernait sa présence en Grande-Bretagne. C'était un homme très compliqué, Mordy – j'aimais énormément un côté de lui. Il était doué et spirituel et, sous sa carapace, c'était un type très chaleureux, un bon père. Mais, d'une certaine façon, c'était aussi – en vérité, c'est stupide de dire ça d'un écrivain – un mésadapté. Il ne s'adaptait pas. Il portait des jugements très catégoriques sur les groupes et les lieux. Et il était très conscient de la structure de classe, ce qui, en vérité, est curieux pour un étranger. Il n'avait pas souffert de la structure de classe ici.

En matière de conversation, il était bourru. C'est le mot que j'emploierais. J'aimais son esprit. Son esprit était incroyablement affûté, et à cause de ces étincelles, on supportait beaucoup de Mordecai. Mais ce n'était pas facile de parler avec lui et, dans l'ensemble, les femmes avaient beaucoup de problèmes avec lui.

JUDY PRICE

Je crois que les Anglaises l'intimidaient, j'ignore pourquoi. C'était cette histoire de classe. Il avait l'impression de ne pas cadrer dans le décor.

STANLEY PRICE

Il était très très déterminé. Il existe des expressions, des mots très déplaisants pour le dire – on peut rendre n'importe quoi péjoratif.

On peut dire qu'il était fortement carriériste, ou dénué de scrupules, impitoyable, égoïste, mais ce n'était pas aussi méchant. Quand on avait appris à connaître Mordy, quand on savait d'où il venait, c'était tout à fait explicable. La condition d'expatrié exacerbait cela, mais je crois que les autres Canadiens l'exprimaient avec un peu plus de grâce que Mordy.

MORDECAI RICHLER

Être canadien, c'était presque avoir un laissez-passer gratuit hors du système de classes, parce que personne n'arrivait à reconnaître votre accent, à comprendre quelle université vous aviez fréquentée ou d'où vous veniez. C'était très utile d'être en dehors.

Bien que Richler eût, en janvier 1963, dit à Jack McClelland qu'il rentrait au Canada, il déménagea de nouveau avec sa famille (il y avait maintenant trois enfants) cet automne-là. Ils quittèrent le nord de Londres et s'installèrent à la campagne. Florence trouva une grande maison pleine de coins et de recoins à Kingston Hill, dans le Surrey, à environ une demi-heure en voiture de la capitale, avec un grand jardin à l'arrière et un bureau pour Mordy au troisième étage. Pour commencer, les enfants furent inscrits à l'école publique, mais Mordecai fut « horrifié » par leurs résultats. « Alors, comme tous les bons socialistes, nous avons fini par envoyer nos enfants à l'école privée. » McClelland n'était pas content. « Je suis plumé, complètement à sec », écrivit Richler en lui annonçant l'achat de la maison. « Qu'est-ce que ça veut dire, bon Dieu, acheter une maison? répondit McClelland. Je pensais que vous n'aviez que temporairement modifié vos projets. Vous voulez dire que vous ne revenez pas du tout ici? Comment sommes-nous censés vendre vos livres si vous vivez en Angleterre? Bill Bailey, rentrez donc chez vous. » Richler ne plaisantait pas quand il parlait de problèmes financiers. À l'été 1963, il demanda à Brian Moore de lui consentir un prêt. Moore accepta et lui écrivit qu'il pouvait lui prêter « 1300 dollars canadiens en septembre, encore 1500 en octobre et possiblement 1500 en janvier ».

Les livres de Richler ne se vendaient pas exactement comme des petits pains dans les librairies canadiennes. « Que se passe-t-il? demanda l'écrivain dans une lettre envoyée en 1963. Se passe-t-il quelque chose? Si je comprends bien, on ne trouve mon livre [son cinquième roman, The Incomparable Atuk] dans aucune librairie de montréal sauf chez Eaton's. Quelle honte. » « C'est simplement qu'il n'a pas pris le chemin qu'on s'attendait à lui voir prendre, expliqua McClelland. Nous en vendrons deux mille cinq cents – peut-être moins. Ces choses sont parfois inexplicables. »

RON BRYDEN

J'ai fait la connaissance de Mordecai en 1961. J'étais chroniqueur littéraire au *Spectator* de Londres. Cela voulait dire que les éditeurs me courtisaient et c'est ainsi que j'ai connu Diana Athill et Andre Deutsch. Andre, un émigré de l'Europe de l'Est, s'attachait à faire connaître des auteurs de l'Est, tandis que Diana a très tôt reconnu, avec beaucoup de justesse, selon moi, que les nouveaux écrivains les plus intéressants en Angleterre étaient les gars et les filles du Commonwealth qui revenaient à Londres – Mordecai, V. S. Naipaul, Dan Jacobsen de l'Afrique du Sud. Mordecai a critiqué quelques livres pour nous, puis, en 1962, le *Spectator* a congédié tous les gauchistes, dont moi, et opéré un virage vers l'extrême droite... Je me suis retrouvé dans un magazine illustré plutôt moche appelé *Town*. Parmi les responsabilités qui m'incombaient, je devais trouver des nouvelles. J'en ai acheté une qui est plus tard devenue le premier chapitre de *Cocksure*. D'une certaine façon, c'est ce qui l'a lancé comme écrivain populaire. J'ai dû lui offrir cinquante livres. Je pense qu'il l'avait écrite comme une nouvelle et qu'il l'a transformée en roman. Très grivois et très amusant.

Stanley Price – scénariste pour le cinéma et la télévision – nous a un soir invités à dîner, moi et ma femme, Mordecai et Florence, et Philip Roth. Le meilleur souvenir que je garde de Mordecai, c'est ce soir-là à Hampstead, à la table de Stanley. Mordecai venait de publier cet extrait de *Cocksure*, ou peut-être le roman, et Roth travaillait alors sur *Portnoy et son complexe*. Ils ont tous deux décidé de faire un concours pour voir jusqu'où on pouvait aller dans l'obscénité. Je ne me souviens d'aucun propos obscène précis, mais c'est allé assez loin. À l'époque, c'était extrême, même si, aujourd'hui, ça semble idiot. Mais je me rappelle surtout l'expression des trois épouses à la table – Roth était seul. La femme de Stanley, l'hôtesse, était pâle d'horreur devant ce qui se passait sous son toit et parce qu'elle ne pouvait rien faire pour arrêter ça. Stanley n'allait pas intervenir. Quant à ma femme, elle était furieuse et elle détestait ça – ces jeunes hommes injurieux. Et puis, il y avait Florence, assise là et souriant gentiment, sans rien censurer, comme une maman qui a vu bien des gamins se mesurer pour voir lequel pissait le plus loin. « Des jeux de petits garçons, laissez-les faire. » Ils ont continué pendant à peu près une heure à rivaliser dans la grivoiserie, à tenir des propos impossibles à répéter. Et il y avait dans tout cela un aspect « c'est-une-activité-nécessaire-de-notre-époque », regardez Lenny Bruce, il nous a montré que c'était l'une des libertés qu'il fallait revendiquer, une frontière que les écrivains devaient explorer, et ils l'exploraient dans une compétition. Il n'y a pas eu de vainqueur. Le match a été manifestement nul. À la fin de la soirée, Roth a demandé à Mordecai comme à un pair : « Pourquoi ne rentrez-vous pas à New York avec moi ? Vous pourriez vous lancer dans les affaires juives. »

STANLEY PRICE

Chez la plupart des gens, la mémoire se détériore avec l'âge. Chez Ron Bryden, elle semble s'être améliorée. Que ses souvenirs soient exacts ou non est une autre paire de manches. Judy et moi connaissons tous les acteurs présents à cette réception, mais nous n'avons gardé aucun souvenir de l'événement. Ron se trompe toutefois un peu sur quelques points. *Town*, le magazine qu'il qualifie de feuille de chou et où il travaillait comme chroniqueur, était plutôt bien ; c'était un magazine au papier glacé, à tendances littéraires, illustré de photos, sur le modèle d'*Esquire* dans ses meilleurs jours. Il se trompe aussi un peu à mon sujet quand il dit que j'étais scénariste pour le cinéma et la télévision. Je n'étais ni l'un ni l'autre. J'étais journaliste et romancier, j'avais déjà fait paraître deux livres à l'époque dont il parle. Que cette réception ait eu lieu ou non, la conclusion est certainement excellente.

FLORENCE RICHLER

Ça n'a pas duré une heure, mais quelque temps. C'était très amusant. [Le critique] Bamber Gascoigne était également présent. C'était fait de façon très ludique. Le rapport entre les deux [Roth et Richler] était formidable. Ils s'entendaient à merveille. Je me rappelle que Judy a servi des œufs à l'écossaise.

Vers la fin de 1964, Richler avait commencé à travailler sur Cocksure, *qu'il décrivit dans une lettre à Andre Deutsch comme un roman davantage dans la veine de* Duddy Kravitz, *dont l'intrigue se déroulait à Londres, où il croyait avoir le plus important marché potentiel. En effet, Richler était très malin quand il s'agissait de gérer ses affaires, et c'est là un aspect de son caractère dont on a peu parlé. Dans une lettre à Andre Deutsch sur la vente des droits canadiens de* Duddy Kravitz *en format de poche, qui étaient détenus par Penguin U. K., il demanda : « Pourquoi partager un pourcentage dérisoire du prix de vente à l'exportation de Penguin quand nous pourrions facilement partager 50-50 sur dix pour cent du prix de détail au Canada ? » Cela valait la peine de se démener un peu, observa Richler, parce que* Duddy *était au programme de lecture de plusieurs écoles* secondaires au Canada et qu'on en vendait normalement de deux à trois mille exemplaires par année en format de poche. De la même façon, il écrivit à Jack McClelland quelques années plus tard que, sur les ventes de l'édition de Duddy Kravitz à la New Canadian Library, son relevé de droits d'auteur l'avait crédité pour des ventes de plus de cinq mille exemplaires au prix de vente de 1,95 $, «mais sur les retours de 95 exemplaires, les déductions se basaient sur un prix de 2,35 $. Louche.»

Tout en nourrissant une aversion fondamentale envers l'écriture de scénarios, Richler se sentit forcé d'accepter à l'occasion ce genre de travail parce qu'il avait cinq enfants à nourrir, habiller, loger et envoyer à l'école. L'un des films sur lesquels il travailla fut Life at the Top, la suite de Room at the Top, tournée en 1965. Réalisé par Ted Kotcheff, le film mettait en vedette Lawrence Harvey et Jean Simmons. Mais Richler refusa de consacrer son talent à l'industrie du film. Comme il l'écrivit à Jack McClelland en juin 1965: «A-t-on envie d'aller à Hollywood où on peut avoir des tas d'argent et de starlettes quand on peut aller à Moose Jaw [pour faire la promotion de ses titres parus chez McClelland & Stewart] et rencontrer le gratin littéraire canadien?» Il refusa l'offre d'écrire le scénario de The Blue Max, un drame sur la Première Guerre mondiale.

DANIEL RICHLER

On lui avait proposé d'adapter *The Blue Max*, mais il refusa parce qu'il trouvait que cela glorifiait les pilotes de la Première Guerre mondiale. À l'école, mes amis et moi étions obsédés par la guerre et nous aimions reconstituer des batailles avec des soldats de plomb. Je faisais partie d'un groupe de jeux de guerre que papa désapprouvait fortement. Une fois, nous avons reconstitué la bataille d'Afrique du Nord, Rommel contre Montgomery, et j'avais passé des semaines ou des mois à fabriquer des tanks miniatures et à fignoler d'autres détails; armés de râteaux de croupier, nous envoyions des dizaines de milliers de soldats à la mort. J'étais très fier de cela, mais papa m'a dit [après la représentation] à quel point il était dégoûté. «Tu ne comprends pas que ces figurines représentent de vraies personnes?» m'a-t-il dit. Ce profond sentiment moral était très présent dans nos conversations, même celle-ci. Il n'était pas fâché contre moi – je n'avais pas conscience de ce que je faisais. Mais j'ai compris clairement le message au seul ton de sa voix.

Vers la même époque, Daniel se souvient d'avoir été pris à voler des soldats miniatures à l'étalage.

DANIEL RICHLER

On m'a amené au poste de police. Ou bien papa et maman sont venus me chercher, ou bien le flic m'a ramené à la maison. Papa a compris que l'expérience en elle-même était suffisante, mais il se demandait pourquoi j'avais fait ça. « Je ne te donne pas assez d'argent de poche ? Tu n'économises pas ? Pourquoi as-tu besoin de voler ? J'aimerais le savoir. »

Haya Clayton pourrait être une bonne candidate pour l'un des portraits présentés dans Where Are They Now. *Née à Haifa, elle s'appelait à la naissance Haya Harareet; devenue comédienne, elle a joué avec Charlton Heston dans* Ben-Hur. *Mais, quelques années plus tard, jouer dans des films commença à l'ennuyer et elle prit sa retraite. À Hollywood, elle fit la connaissance du réalisateur britannique Jack Clayton et l'épousa. Les Clayton comptèrent parmi les meilleurs amis des Richler pendant les quarante-cinq années qui suivirent.*

HAYA CLAYTON

Quand nous sommes retournés à Londres en 1962, Mordecai et Florence vivaient encore dans Park Hill Road, tout près de Haverstock Hill; je suis allée souper là et c'était la première fois que je les voyais. Je me souviens d'avoir été frappée par la beauté de Florence. Mais je lui ai dit plus tard : « Tu as l'air de demander pardon d'être belle. » Elle était très timide. Quant à Mordecai, je savais exactement ce qu'il y avait en lui. Je me suis tout de suite sentie à l'aise. Je connais bien des gens qui étaient intimidés par lui, mais ce n'était pas mon cas. Nous avions tous les quatre une relation très agréable. Ce qui était mystérieux, en réalité, c'était la relation entre Mordecai et Jack, parce qu'ils étaient complètement différents. Je veux dire que Mordecai était juif, et que Jack ne l'était pas. Jack était très anglais, dans son apparence et dans ses manières. Il était par nature très élégant, et Mordecai ne l'était pas. Jack avait fait la guerre, dans l'aviation, avec un autre ami, qui était juif, ils avaient vu les camps de concentration, et cela l'avait marqué d'une façon indélébile. C'était peut-être à cause de ça. Et Jack aimait bien lever le coude. Ensemble, ils restaient assis et buvaient en silence. Ils étaient tous deux peu loquaces, et je crois que le fait d'avoir été deux artistes d'une véritable intégrité a contribué à les rapprocher. Avec eux, il n'y avait pas de foutaises. Ils avaient le même sens de l'humour, et ça, c'est beaucoup. C'était un lien très particulier. Il y avait une certaine maladresse chez Mordecai. Mais son trait dominant, selon moi, était son humanité.

STANLEY PRICE

Nous les avons évidemment moins vus après qu'ils ont déménagé à Kingston Hill. La distance causait un problème. Et Mordy, qui habitait dans la partie nord de Londres, la partie juive, s'est déplacé très facilement vers Kingston. Kingston était très *goyisch* [gentil], d'une façon anglaise, en quelque sorte. Nous sommes allés à quelques réceptions chez eux. La maison était somptueuse, et le style de vie était également somptueux – il avait alors un peu plus d'argent. Je pense à cette fête mémorable à Kingston Hill où Rod Steiger essayait de sauter Edna O'Brien sur le canapé. Mordecai est devenu plus «grand seigneur». Il adorait ça. Rod Steiger, Sean Connery. J'aurais réfléchi avant d'adopter ce style de vie, mais pas Mordy, il n'avait pas ce genre d'inhibition. C'était l'aspect visible de son attitude en société. On n'avait pas à être inhibé. On était un étranger et on pouvait faire tout ce qu'on voulait. Il disait: «Qui est Sean Connery? Juste un autre Écossais de la classe ouvrière.» Et Connery était flatté d'être invité par un écrivain sérieux.

En juin 1966, Richler se débattait avec Le cavalier de Saint-Urbain. *«Quelles nouvelles? écrivit-il à McClelland. Je suis collé à ce roman. Voilà les nouvelles.» McClelland ne manifesta pas beaucoup de compassion. «Juste ciel! Qu'est-ce que vous entendez par collé au roman? Voulez-vous dire que vous êtes occupé à l'écrire? Ou voulez-vous dire que vous êtes bloqué? Il est grand temps de le finir.» Par la suite, Richler expliqua à McClelland: «En août 1965, après m'être escrimé pendant plusieurs mois sur* Le cavalier de Saint-Urbain, *je me suis senti déprimé et je l'ai mis de côté, ce qui m'a fait mal, et j'ai tout à coup commencé un autre roman, une satire, et j'y ai travaillé pendant tous ces mois, puis Gottlieb est venu et je lui ai fait lire la moitié du roman satirique. Il avait mis 2 500 $ sur* Le cavalier *et il mettrait 2 500 $ sur celui-ci à condition que je ne renonce pas au Cavalier, alors je lui en ai montré deux cents pages pour lesquelles il a manifesté un enthousiasme débordant. Voici donc la situation: il va maintenant me donner 2 500 $ pour que je lui livre le nouveau roman au printemps et, au printemps, encore de l'argent pour les deux... Je vous compte parmi mes amis, ce qui n'est pas donné. J'aimerais que vous me remettiez maintenant encore 500 dollars pour la livraison au printemps... J'essaie de m'organiser pour une année maigre sans film – sans brandy de grande cuvée, sans roulette, moins de saumon fumé. Au lieu de cela, un* roman fini, puis un autre… *Tout ce que je peux vous dire à propos du nouveau roman, c'est que l'intrigue ne se déroule pas au Canada, mais dans la ville folle de Londres, et que c'est incroyablement obscène. Je rougis en le réécrivant. Quel égoutier je suis. Mon seul réconfort, c'est que vous allez devoir le publier et que vous ne pourrez plus jamais regarder dans les yeux vos amis respectables.* »

Répondant à sa lettre, McClelland accepta de lui verser une avance de cinq cents dollars. « *D'accord, écrivez votre bouquin grivois. Vous ne pourrez pas m'ébranler. Nous publions Leonard Cohen. Nous nous consacrons au sexe. Que pouvons-nous faire de plus ?* »

Mais le chèque n'était pas encore arrivé le 15 décembre 1966. « *Pourquoi ne recevons-nous pas des cadeaux à Noël comme les autres enfants juifs? me demandent les miens. Sommes-nous pauvres comme Norman Levine ?* »

En avril 1967, Cocksure, *le roman drôle, était fini.* « *C'est cochon, Jack, écrivit Richler à McClelland. Rempli d'obscénités, des obscénités amusantes, et je ne sais pas si ça va vous causer des ennuis au Canada…* [George] Plimpton *en a lu huit ou dix pages, et il dit que j'ai de bonnes possibilités de remporter le prix de l'humour* Paris [Review], *ce qui est prestigieux, j'imagine, mais, comme c'est loin d'être définitif, je vous en prie, n'en parlez pas… Je suis fauché et je me cherche un film sur lequel travailler cet été – sinon je devrai faire comme Levine et me faire payer à la pièce pour nettoyer les marées noires sur les plages de Cornwall… P. S. Margaret Lawrence est nymphomane… propagez la nouvelle.* »

McClelland répondit avoir craint que Les perdants magnifiques *de Leonard Cohen soit censuré,* « *mais je n'ai pas entendu un mot à ce sujet… À propos de Margaret Lawrence, quel est le problème ? J'avais toujours considéré cela comme un attribut. À qui dois-je transmettre la nouvelle ?* »

Au départ, Cocksure *était une nouvelle –* « *Griffin, Shalinsky and How They Settled the Jewish Question* » [Griffin, Shalinsky et comment ils ont réglé la question juive]; *elle fut d'abord publiée dans la* Tamarack Review *en 1958, puis, en 1961, avec certaines modifications dans* Maclean's *sous le titre de* « *It's Harder to Be Anybody* ». « *Je travaillais depuis deux ans au* Cavalier de Saint-Urbain, *écrivit plus tard Richler; découragé par les frais scolaires qui proliféraient, les économies qui fondaient et des progrès intermittents, j'ai fini par être si bloqué que la seule chose à faire était de mettre le manuscrit de côté. J'ai commencé un autre roman, j'y ai travaillé un an, et ça a donné* Cocksure. » *Les critiques ont dans l'ensemble été très positives, et le livre, traduit dans plusieurs langues, a permis à Richler de remporter le Prix du Gouverneur général du Canada. La remise du prix, au printemps 1969, procura à Richler un riche filon de matériel comique. Curieusement peu impressionné par le Gouverneur général, qui était à l'époque Roland Michener, il le décrivit dans une publication comme «la femme de chambre personnelle de la reine»; une autre fois, il écrivit qu'il avait «des manières de maître d'hôtel dans un thé dansant»; une troisième fois, il dit qu'il était «bon pour inaugurer des autoroutes, lancer des destroyers, faire des visites officielles dans des îles au soleil, et s'occuper en général de frivolités dont nous ne pouvons nous charger nous-mêmes parce que nous sommes trop occupés».*

La renommée et la notoriété de Richler augmentaient avec chaque nouveau roman, mais lui et Florence essayaient dans la mesure du possible de tenir leurs enfants à l'écart.

DANIEL RICHLER

Mes parents nous cachaient habituellement les coupures de presse et les articles à son sujet. Nous étions protégés contre sa réputation, parce qu'il était un auteur à succès et qu'ils ne voulaient pas que nous en soyons gênés. Cela deviendrait un problème au Canada où ses livres étaient à l'étude dans les écoles secondaires. J'ai dû découvrir par moi-même qu'il était connu. La première fois, je devais avoir à peu près neuf ans, ça s'est passé à l'heure du dîner, à l'école; un garçon appelé Clive, qui venait d'une famille de bègues, m'a dit: «Mon père a lu le livre de ton père.» Il parlait de *Cocksure*, qui était sur la liste des dix meilleurs vendeurs. J'étais complètement naïf. «Ah! oui? Et qu'est-ce qu'il en a pensé?» «Un mot», m'a-t-il répondu. «Quoi?» «Un mot de six lettres.» «Quel mot?» «C-O-C-H-O-N.» Je crois que je savais qu'il avait mauvaise réputation, mais qu'est-ce que ça voulait dire, être un écrivain cochon? Je n'avais encore aucune idée cochonne dans ma tête. Je n'avais rien à rattacher à ce concept. Je n'ai commencé à lire ses œuvres qu'après notre déménagement au Canada, en 1968-1969. C'est à ce moment-là que j'ai pour la première fois ouvert *Duddy Kravitz* et commencé à voir ses articles dans les magazines.

LILY RICHLER FRIENDLY, *tante*

Après avoir lu *Cocksure*, je l'ai jeté à la poubelle, au feu, en réalité. Je ne voulais pas voir ce livre ou que mes enfants le voient. C'était horrible, obscène au premier degré. Je l'ai fait brûler. Je n'en voulais pas dans ma bibliothèque.

Presque chaque année, habituellement dans le cadre de son travail pour un magazine états-unien comme Holiday, Playboy *ou* Commentary, *Richler*

se rendait à New York. À une occasion, il tomba sur un vieil ami de
Montréal.

WALTER TANNENBAUM

Je n'avais pas vu Mordecai – Mutti, comme nous l'appelions – depuis
plusieurs années. Puis, alors que je travaillais pour un studio
d'enregistrement à Manhattan, j'attendais ma femme dans la 44e Rue
quand je l'ai vu sortir du Costello's Bar, un des repaires préférés des
journalistes. « Mon Dieu, voilà Mordecai Richler », ai-je pensé. Je suis
donc allé vers lui et j'ai dit : « Je pense que tu avais coutume d'être
Mordecai Richler. » « Bon sang, qui peux-tu bien être ? » a-t-il
répondu. Puis, il s'est montré très sympathique et il s'est invité pour
prendre un café le lendemain matin. J'étais fier de l'avoir chez moi,
et nous avons bavardé, puis, j'ai pensé qu'il était en train de m'interviewer. C'était typique de Mordecai. Il ne disait pas grand-chose. Il
n'a jamais dit grand-chose. Il grommelait et marmonnait. « Qu'est-ce
que tu deviens ? » m'a-t-il demandé. Je l'ai mis au courant. Il n'a pas
pris de notes. Il m'a peut-être posé trois questions, puis il s'est levé et
est parti.

BILL FREEDMAN, *ami*

La première fois que je l'ai rencontré, ce devait être en 1965. J'assistais
à une première à Londres, dans le quartier West End. Mavor Moore
avait quelque chose à voir avec ma présence là-bas, et on me l'a
présenté. Je savais vaguement qui il était et qu'il avait écrit ce gros
bouquin. Je lui ai dit : « Je suis vraiment heureux de faire votre
connaissance », comme on dit dans ce genre de situation sociale. Il ne
m'a pas tendu la main et il m'a demandé : « Pourquoi ? » Je l'ai
seulement regardé et je me suis éloigné.

LES WEINSTEIN

Je me trouvais à Londres à la fin des années soixante, je lui ai donné
un coup de fil et nous sommes allés prendre un verre au White
Elephant Club, rue Curzon. Il en a parlé dans *This Year in Jerusalem*.
Je suis Myer – c'est le nom qu'il m'a donné dans le livre. Mais quand
j'ai lu ce chapitre, j'ai été consterné. L'anecdote de base était bien,
mais les mots qu'il m'a mis dans la bouche ! Je n'aurais jamais dit ce
genre de chose. Je ne parle pas comme ça. Il a fait de moi quelqu'un
d'épouvantable. Comme il voulait écrire quelque chose d'intéressant
– si c'est mièvre, ça ne vaut rien –, il a fait de moi un personnage laid
et il a déguisé mon identité. Plus tard, chaque fois que je le croisais à
des événements de cinéma et de télé à Toronto ou à Montréal, je

m'efforçais de le saluer et d'échanger une poignée de main avec lui. Il regardait toujours au travers de moi. L'espace d'une seconde, ça fait mal, puis on se dit : « Qu'il aille au diable. »

BERYL BAINBRIDGE, *amie*

Je venais de publier dans une maison appelée New Authors, une filiale d'Hutchison's. Ce devait être en 1967 ou 1968, il me semble. C'était l'été et, pour une raison quelconque, nous étions un groupe photographié à Primrose Hill [dans le nord de Londres]. L'un d'entre nous était Mordecai. Ce n'était pas un nouvel auteur, et je ne sais pas ce qu'il faisait là. Et j'ai toujours aimé les Juifs râblés. La plupart des collègues de mon père étaient juifs. Il était très sûr de lui, du moins le paraissait-il. Mais il était alors un écrivain établi, non ? Qu'est-ce qu'il pouvait bien faire là ? Je lui ai depuis posé la question, et il n'arrive pas non plus à se rappeler.

Depuis longtemps malheureux à cause de l'avarice de son éditeur britannique, Andre Deutsch, Richler décida finalement de rompre leur engagement. Dans une lettre à Deutsch datée du 28 janvier 1967, il écrivit qu'il avait « broyé du noir au sujet de notre relation. Je vous ai écrit pour vous dire que j'étais fauché, très fauché, et je vous ai demandé de me verser cinquante livres sur The Acrobats, *et vous m'avez alors téléphoné pour me suggérer de prendre les cinquante livres dans les cent vingt-cinq que je vous devais déjà. J'avais composé une longue lettre, plus qu'une longue lettre, avant d'aller me coucher, mais je n'avais pas envie de me laisser aller à des reproches qui nous conduiraient à des engueulades. Pour conclure, j'ai malheureusement le sentiment qu'il n'existe plus de relation entre nous. Je vous considère comme un éditeur de tout premier ordre, mais j'ai perdu confiance en vous comme éditeur de mes livres, tout comme j'ai l'impression que vous avez perdu confiance en mon travail. J'espère que nous pourrons qualifier cela de rupture à l'amiable. Je n'éprouve ni hostilité ni rancœur. Je ne vois tout simplement plus d'intérêt à continuer. J'espère que vous n'avez pas l'intention de jouer la comédie de me faire des propositions. »*

Diana Athill répondit : « Avec votre lettre, la semaine a très mal débuté… Si vous êtes déterminé à partir, d'accord, mais… vue d'ici, votre décision paraît énigmatique. Vous pouvez difficilement nous reprocher notre manque d'intérêt à l'égard de votre travail, car il y a très longtemps que vous ne nous avez rien proposé. » S'il décidait de partir, poursuivait Athill, elle ne ferait rien pour l'en empêcher, « mais je serais certainement en rogne. Voilà que vous arrivez avec ce qui doit être et ce qui sera probablement votre meilleur livre [Cocksure], et c'est le moment que vous choisissez pour nous quitter... Je veux ce livre, et je ne vais pas faire semblant que je ne le veux pas... Il me semble que, après cinq ouvrages, ce serait simple justice que nous ayons la possibilité de publier celui qui risque d'être un succès. »

Richler s'en alla pourtant, et il proposa le livre à Tony Godwin chez Weidenfeld et Nicolson. Mais il fut, dans une certaine mesure, forcé de prendre cette décision parce que, comme Athill le lui écrivit après avoir lu le manuscrit pendant l'été, elle et Deutsch étaient «incapables d'être enthousiastes à son sujet. J'espère ne pas faire preuve de trop d'imagination en disant que, dans ce cas précis, j'espère vraiment que notre grand âge de nous afflige pas d'un manque de jugement ou de cran. »

Son espoir se révéla prophétique. Bien que W. H. Smith, la chaîne de librairies britannique, ait refusé de vendre le livre et que celui-ci ait été interdit dans plusieurs pays du Commonwealth – on trouvait sa langue sexuellement explicite inacceptable –, le premier tirage de cinq mille exemplaires se vendit entièrement en Angleterre et l'on dut en imprimer mille cinq cents de plus. Dans une lettre à Andre Deutsch, Richler lui fit également remarquer que: «Panther a payé magnifiquement pour les droits de l'édition de poche. Bantam aux États-Unis également... Je ne dis pas ça pour pavoiser, Andre, car vous vous êtes montré vraiment très honnête à propos de mon départ... mais, bon Dieu, vous avez faibli au mauvais moment. »

DIANA ATHILL

The Incomparable Atuk a été son dernier livre publié chez nous... puis il est revenu, beaucoup plus tard, avec quelques livres pour enfants. Après cela, il a commencé à avoir besoin de plus d'argent, et Andre était l'un des éditeurs les plus mesquins du monde; à l'époque, Mordecai jouissait d'une bonne notoriété, et les gens étaient prêts à payer pour l'avoir. Il était marié et il avait une famille à faire vivre. Je ne lui en ai jamais voulu de nous avoir quittés. Nous n'avons plus été des amis proches, mais j'ai toujours adoré Mordecai.

JEREMY LEWIS, *ami*

Andre, ce pauvre vieux, était un grippe-sou, même s'il a revitalisé le monde de l'édition britannique avec George Weidenfeld. Comme éditeur, il faisait des économies de bout de chandelle, il réussissait à surnager en coupant les coins, en versant de petites avances et en faisant des couvertures vieillottes en deux couleurs, et Cape et Weidenfeld ont changé tout ça. Quand j'ai travaillé là en 1968 ou

1969, Andre venait de perdre Norman Mailer, Philip Roth, Brian Moore et Mordecai Richler d'un seul coup. Ils sont tous allés chez Cape ou Weidenfeld. Je suis allé à une réception chez Tom Rosenthal – un éditeur britannique qui réussissait très bien – et je me suis retrouvé debout à côté de Mordecai Richler et de Brian Moore qui parlaient tous deux d'Andre avec une sorte d'affection irritée, disant pourquoi ils ne pouvaient plus envisager d'être encore publiés par lui. Mordecai est allé chez Weidenfeld où travaillait Tony Godwin, qui était un champion, un éditeur brillant. Je me souviens de cette rencontre indirecte ; j'étais très embêté à propos d'Andre, qui payait encore, je ne sais pas, sept cents livres d'à-valoir, tandis que Weidenfeld en payait deux mille. J'étais complètement intimidé de me trouver dans la même pièce que Mordecai.

PERCY TANNENBAUM

Nous nous sommes liés d'amitié pendant l'année que nous avons passée à Londres. Une fois, j'ai dû me rendre à New York pour un travail de consultant ; je faisais une escale à Montréal et Mordecai s'est arrangé pour que sa mère me fasse livrer de la viande fumée. Je devais l'apporter à New York et la garder au frigo. Dans les années soixante, ça n'allait pas de soi, parce qu'il fallait l'apporter à la cuisine de l'hôtel. Et puis, le personnel de la cuisine a failli la manger – ils ne savaient pas à qui ça appartenait. Mais je l'ai récupérée et rapportée dans l'avion. Nous avons atterri le matin à sept heures trente et Mordecai était là pour nous accueillir, moi et la viande fumée. Nous avons roulé en direction de la ville, et tout à coup, il s'est arrêté à côté d'une station de métro et m'a dit de sortir. « Tu ne me raccompagnes pas chez moi ? Ce serait la moindre des choses », ai-je dit. Il m'a répondu qu'il ne voulait pas se retrouver pris dans les embouteillages du matin dans la ville. J'étais très fâché contre lui. Se sentant un peu coupable, je pense, il m'a invité à lui rendre visite le dimanche suivant après sa partie de soft-ball.

En juin 1967, Mo, le père de Richler, décéda à Montréal. Il l'avait vu en avril pour la pâque juive.

AVRUM RICHLER

Mordecai et moi avons passé le dernier *seder* [repas et cérémonie] dans la chambre de son père, qui était alité et incapable de se faire comprendre. Ça a été une expérience très triste et traumatisante. Nous nous sommes organisés pour que le *seder* ne s'éternise pas. Aux

funérailles de mon père, alors que Mordecai et moi étions debout devant le rabbin, il a refusé qu'on coupe un morceau de son veston ou de sa cravate [un rituel de deuil symbolique juif]. Je me souviens qu'il a dit : « Arrêtez, ce veston m'a coûté une fortune. »
SAM ORBAUM, *cousin*

À la mort de son père, Mordecai a pris l'avion de Londres pour venir observer le *shiva* [sept jours de deuil]. La Bubbe [grand-mère] était très drôle, m'a dit Mordecai. Il avait apporté une bouteille de scotch, et on lui a demandé ce qu'elle pensait de lui. Elle a répondu : « *Ehh drinkt, ehr pisht* » [Il boit, il pisse]. Elle avait résumé tout son être en quatre mots. Je m'étais toujours posé un tas de questions sur Mordecai, j'avais interrogé mes parents, mes oncles et mes tantes, mais ils répondaient toujours de façon très évasive ou sèche. Je voulais apprendre des choses à son sujet, mais personne ne voulait en parler beaucoup, sauf quand il s'agissait des raisons pour lesquelles il était méprisé. (« Il écrit contre la famille, contre la religion, et il a épousé une *shiksa* [non-Juive]. ») J'étais peut-être poussé à poser des questions sur lui pour contrarier tout le monde.

Un jour, cette semaine-là, Richler héla un taxi et alla rendre visite à ses amis, dont Naim Kattan.

NAIM KATTAN, ami

J'avais écrit un article sur l'ensemble de son œuvre à ce moment-là et, à la fin, je disais quelque chose comme : « Mordecai Richler est à une croisée de chemins dans son évolution. Il pourrait devenir un Saul Bellow. Ou il pourrait devenir un Herman Wouk. » Autrement dit, ou un écrivain juif populaire, ou un écrivain juif sérieux. Quand il est venu me voir, il ne m'a pas dit qu'il avait lu l'article, mais, pendant les six mois qui suivirent, j'ai reçu des lettres qu'il signait « Herman » ou « Wouk ». C'était une blague entre nous, sa façon de me dire qu'il l'avait lu, sans me dire qu'il l'avait lu.
AVRUM RICHLER

Au *shiva*, il a bu passablement. Je lui ai demandé une fois : « Pourquoi bois-tu autant ? » Il m'a répondu : « Si je ne bois pas, je suis incapable d'écrire. »

8

LE RETOUR AU PAYS

« Peu importe combien de temps je continuerai à vivre à
l'étranger, mes racines sont pour toujours à Montréal,
rue Saint-Urbain. C'était mon époque, mon lieu,
et j'ai choisi de bien les rendre. »

MORDECAI RICHLER

*Bien que les Richler ne soient rentrés au Canada qu'à l'été 1972, le sol
natal exerçait depuis longtemps son attrait. Ils avaient déjà passé une
période de quatorze mois à Montréal et à Toronto (1960-1961) et, l'année
suivante, dans une lettre à Jack McClelland, Richler écrivait qu'il
« envisageait sérieusement de retourner vivre au Canada dans une couple
d'années. Pour finir, j'ai peur que mon travail en souffre si je dois rester à
l'étranger plus de dix ans (huit sont déjà passés), mais la vérité c'est que,
ici, je peux gagner ma croûte – une bonne croûte – en trois mois de travail
facile. Au Canada, d'où viendra mon argent? Des émissions de télé? Non,
pas ça. » Richler exprima également un autre thème qui allait devenir
familier. « Si je veux écrire des livres qui ne payent pas, c'est mon mal de
tête, pas celui de mes enfants. Ils ont droit à la sécurité, etc., etc., etc. Le
Canada n'est pas non plus obligé de me faire vivre. Croyez-moi, c'est très
clair dans ma tête. Si je veux écrire et vivre là-bas, encore une fois, c'est
mon mal de tête. Je ne m'attends pas à ce qu'on lance des fleurs sur mon
chemin. »*

*En 1968-1969, on offrit à Richler un poste qui lui permettrait de rentrer
au pays – du moins temporairement: celui d'écrivain en résidence à
l'Université Sir George Williams de Montréal. Par la suite, il qualifierait
cela de période d'essai, une période qui cristallisa sa détermination à*

rentrer de façon permanente. À Sir George, il était payé douze mille dollars — dont six mille étaient versés par l'Université, et six mille par le Conseil des Arts du Canada — plus les frais de voyage. Bill Weintraub trouva une maison à louer pour la famille à West Island; le loyer était de trois cent cinquante dollars par mois. Comme Florence Richler se le rappelle en riant, la maison se trouvait à Dorion. « *Un endroit merveilleux directement au bord du lac des Deux Montagnes, sauf que nous avons dû déménager parce que, même si la maison semblait très moderne et qu'elle était agréable, il y avait des rats.* » *Entre-temps, Florence avait l'impression d'être* « *un peu prisonnière à la campagne* », *surtout la fois où, au mois d'octobre, Mordecai alla chercher à Montréal son éditeur britannique, Tony Godwin.*

FLORENCE RICHLER

Il y a eu une tempête inattendue et ils ont été bloqués à Montréal. Je crois que Bill Weintraub les a rescapés et hébergés. Mordecai m'a donné, comme d'habitude, d'innombrables coups de téléphone très prévenants pour me dire : « Nous essayons de rentrer, nous essayons de rentrer, je ne pense pas que nous pourrons rentrer », le blizzard était si terrible. J'ai répondu que j'allais m'arranger sans problème, et à ce moment-là, la ligne a été coupée. Nous nous sommes précipités à la recherche de chandelles au cas où l'électricité tomberait aussi en panne, ce qui s'est produit moins d'une heure plus tard. Alors, bien sûr, l'adorable Daniel a proposé que nous racontions tous des histoires de fantômes autour du feu, ce que nous avons fait.

DANIEL RICHLER

C'était une belle maison et, encore une fois, papa avait son bureau à l'étage où il avait une vue sur l'eau, et il y avait à proximité un bois sombre et broussailleux où nous allions jouer et, à un certain point, nous nous retrouvions sur l'autoroute Transcanadienne. Nous avions imaginé ce jeu, Noah et moi : laisser tomber de petits morceaux de gravier sur le toit des voitures qui passaient plus bas. Il ne nous était jamais venu à l'esprit que si nous jetions les cailloux trop tôt, il pourrait y avoir des problèmes. Un jour, c'est ce qui s'est produit. Nous avons pris nos jambes à notre cou, et ce gros bonhomme s'est mis à courir après nous, et nous ne savions même pas ce que nous avions fait. Un des cailloux avait fracassé son pare-brise alors qu'il roulait à soixante milles à l'heure. Nous sommes rentrés chez nous en tremblant. Papa était là et ça n'a pas dû être facile pour lui non plus. Il s'est contenté de vider nos comptes d'épargne, au complet, pour payer les dommages causés. C'était une question de principe. Il ne nous a jamais infligé de châtiments corporels, du moins rien de comparable à ce que nous avons connu à l'école, mais ce n'était pas nécessaire. Il prenait simplement notre main et la tapait, et cette tape nous communiquait toute sa désapprobation et sa déception. Et c'était d'autant plus efficace que c'était rare.

Jon et Carmen Robinson font partie des couples que les Richler ont rencontrés et avec lesquels ils se sont liés d'amitié. En fait, ce furent les Robinson qui leur trouvèrent bientôt un nouveau logement – à Westmount, au 1, Malcolm Road. Une adresse plus chic, donc un loyer plus élevé: six cents dollars par mois.

CARMEN ROBINSON

C'était en 1968. Je sais exactement quand c'était parce que Florence allaitait encore Jake. Il y a eu un buffet avant une partie de football des Alouettes de Montréal, et je faisais la queue, attendant mon assiette, et cette autre personne attendait dans la file. Je suis quelqu'un de très timide. Je ne parle pas aux étrangers, et Mordecai non plus, vous pouvez me croire. Pourtant, il semblait encore plus mal à l'aise que moi, alors je lui ai demandé: «Puis-je vous aider?» Nous avons un peu bavardé en faisant la queue, et il a marmonné: «Mordecai Richler.» J'ai reconnu le nom et je me suis dit que c'était vraiment parfait, parce que tout le monde sait que je ne parle pas aux étrangers et que mon mari, Jon, aimait ses œuvres encore plus que moi. J'ai donc dit: «Pourquoi ne venez-vous pas vous asseoir avec nous?» Je l'ai donc paradé avec désinvolture et, avec la même désinvolture, j'ai dit: «Oh! À propos, voici Mordecai Richler», et l'assiette de Jon a volé dans les airs. J'étais si fière de moi. Florence n'était pas à la partie parce qu'elle allaitait, et nous avons continué à le voir, lui, mais jamais elle. Je me suis donc imaginé une espèce de cendrillon, comme dans un roman de Dickens, en train de récurer la maison et de prendre soin de cinq enfants pendant qu'il courait le guilledou. Puis, en janvier 1969, nous avons été invités à une fête d'anniversaire chez Leo Kolber. Je suis entrée, j'ai aperçu cette femme et je me suis demandé: «Qui est-ce?» Puis, j'ai compris. C'était Florence. Elle n'était pas superbe. Elle était éblouissante. Quelle cendrillon!

La relation entre les deux couples s'épanouit. Jon devint l'avocat de Richler et, de fait, son conseiller fiscal. Carmen se lia d'amitié avec Florence et, presque chaque année pendant plusieurs années, les deux couples se retrouvaient à Paris ou à Londres pour trois ou quatre jours de vacances, habituellement pendant la première semaine d'octobre.

CARMEN ROBINSON

Nous allions pique-niquer au bois de Boulogne. Florence et moi achetions la nourriture et les deux hommes se chargeaient du vin et du cognac – et la journée s'éternisait. À deux heures et demie du matin, nous nous promenions sur les Champs-Élysées et nous nous arrêtions pour boire un autre armagnac. C'était incroyable.

JON ROBINSON

À titre d'avocat, j'ai rédigé son testament, j'ai acheté sa maison et je m'occupais de ses déclarations de revenus. Chaque année, pendant à peu près quinze ans, j'allais le voir, nous buvions du scotch et Florence préparait à manger. Ses papiers étaient éparpillés un peu partout et je me servais de mon imagination pour faire sa déclaration de revenus. Aucun expert-comptable n'aurait osé faire ce que nous faisions. Nous utilisions toutes les idées imaginatives possibles, surtout les miennes, pour qu'il n'ait pas d'impôts à payer. Parce que, certaines années, il avait des revenus considérables, et d'autres années, il n'avait aucun revenu, du moins découlant de ses livres. Plus tard, il a pu compter sur un revenu régulier grâce au Book of the Month Club et à ses tournées de conférences. Mais il en avait besoin. Il avait cinq enfants. À l'époque [en 1974], nous avons donné ses documents à l'Université de Calgary qui nous a remis un reçu d'impôt. Cela s'est révélé très utile, du point de vue fiscal. Comment avons-nous évalué cette donation ? Nous avons fait appel à un évaluateur. Nous sommes allés voir quelqu'un et nous lui avons expliqué de quelle évaluation nous avions besoin. Comme vous le savez, c'est très subjectif.

Entre-temps, Carmen, la femme de Robinson, qui voulait s'assurer que son amie ne devienne pas une cendrillon des romans de Dickens, lui proposait souvent de l'accompagner au concert.

FLORENCE RICHLER

J'étais très profondément incrustée chez moi avec les enfants, et Carmen était le genre de personne, du moins avec moi, qui disait : «Demain soir, nous allons au concert», en sachant que cela me plairait. Je ne pouvais que répondre : «C'est impossible. Comment puis-je laisser la maison avec cinq gamins ? » Elle savait parfaitement bien que j'avais cinq enfants et que, oui, je pouvais laisser la maison. À l'époque, je n'avais pas vraiment les moyens de payer une gardienne, mais elle disait : « Florence, je viendrai te chercher demain à sept heures », et j'étais donc obligée de trouver une gardienne. Et, bien sûr, je pouvais me le permettre. Je suis rarement, peut-être jamais, partie en les confiant à Mordecai ; ce n'était pas son truc. Nous nous divisions les tâches – je n'étais pas davantage capable d'écrire ses livres qu'il pouvait s'occuper de cinq enfants, et nous faisions tous deux très bien notre travail.

Au milieu et à la fin des années soixante, Richler avait travaillé à un livre qu'il appelait Duddy Deux – Le cavalier de Saint-Urbain. *En panne d'inspiration, il l'avait mis de côté et avait écrit* Cocksure, *son sixième roman, en neuf mois. Cela eut l'air de le débloquer. Quand il retourna en Angleterre à l'été 1969, il acheva* Le cavalier de Saint-Urbain *en dix mois. Le manuscrit fut livré à Knopf, son éditeur aux États-Unis, le 3 septembre 1970. «* On dirait que tu l'as décontracté, *lui écrivit Robert Gottlieb en faisant allusion aux versions précédentes. Il avance et recule, mais sans m'étourdir. Quoi qu'il en soit, ça fonctionne... Repose-toi, repose-toi, esprit perturbé. » Puis, reconnaissant le rôle de Florence comme première lectrice et correctrice, il ajouta : « Une poignée de main virile à l'une de mes coréviseures, et un gros câlin à l'autre. Elles pourront choisir ce qui leur convient. »*

Une fois Le cavalier de Saint-Urbain *terminé, Richler se retrouva de nouveau devant le dilemme bicéphale que la vie à l'étranger lui posait de plus en plus – son inaptitude à pleinement appréhender et habiter la culture étrangère britannique, et la déconnexion croissante avec la source la plus riche de son imaginaire littéraire. Mais si Richler avait de plus en plus hâte de rentrer au Canada, ce n'était pas le cas pour Florence.*

FLORENCE RICHLER

J'étais allée très jeune à la découverte de Londres. Je ne détestais pas vivre au Canada, mais ma vie s'était beaucoup enrichie du fait que j'étais partie pour l'étranger. Je n'avais donc aucun désir de changer cet état de chose et j'étais déterminée à rester. De toute évidence, Mordecai était quant à lui profondément attaché au Canada. Son enracinement me faisait presque peur. Il n'était pas entiché des Anglais comme je l'étais. S'il ne les aimait pas, c'était sans doute pour les bonnes raisons. J'ai toujours compris l'horreur de la distinction de classes, mais je n'en étais pas victime. J'éprouvais également beaucoup de sympathie pour les familles que j'avais rencontrées qui avaient perdu des êtres chers, parce que j'avais moi-même perdu plusieurs des membres de la famille que je recherchais la première fois que j'étais allée à Londres. J'avais été consternée de découvrir qu'aucun d'eux n'était vivant. Mes sentiments étaient donc différents. C'était un peuple qui s'était battu pour que j'existe. Pour moi, ils étaient des héros, comme ils l'avaient été pour mon père, en particulier, et pour mon frère qui avait participé à la Deuxième Guerre mondiale. Je me sentais reconnaissante d'être là, horrifiée par la dévastation que je voyais partout – alors qu'on reconstruisait l'Allemagne, c'était inquiétant de voir le contraste et l'appauvrissement de la majorité des Anglais. Mes sentiments étaient donc très profonds. J'aimais vraiment ma vie en Angleterre et je n'avais aucunement l'intention de rentrer au pays.

NOAH RICHLER

J'avais coutume de dire que notre famille rejouait *Les trois sœurs*, sauf qu'au lieu de «Moscou, Moscou, Moscou», ils criaient «Londres, Londres, Londres». Et quand nous sommes déménagés au Canada, ma mère a été très perturbée. Mon père avait l'habitude de paraphraser cette citation de V. S. Naipaul disant qu'on ne savait jamais ce que faisait un Anglais quand il rentrait chez lui le soir. Et ma mère ne l'a jamais vraiment accepté. Je pense qu'il voulait simplement rentrer chez lui, et cela a coïncidé – je pose une hypothèse, c'est tout – avec un moment où les impôts en Angleterre étaient devenus très élevés pour les artistes et principalement les gens du milieu cinématographique.

FLORENCE RICHLER

Il a toujours eu l'intention de rentrer, mais, comme il n'avait pas fixé de date, j'ai classé cela dans mon esprit jusqu'au soir de décembre 1970 où il m'a invitée au restaurant. Nous sommes allés manger à un petit restaurant familial appelé le San Lorenzo, à Wimbledon. Une fois assis, nous avons commandé un verre. Il a regardé au loin et il a dit: «Il y a quelque chose dont je voudrais discuter avec toi. Je crois que je dois retourner au Canada.» Ça a été la première phrase. J'ai dit: «Pouvons-nous attendre que les vacances de Noël soient passées avant d'en parler aux enfants?» Il a répondu: «Oui, certainement.» «Quand as-tu besoin de rentrer?» ai-je demandé. «Dès que nous pourrons organiser le départ», a-t-il répondu. J'ai dit: «C'est bien», et nous n'en avons plus reparlé. Un an plus tard, en décembre, il m'a dit brusquement, comme il avait coutume de le faire : « Je pense que nous devrions retourner à ce restaurant de Wimbledon. C'était sympathique. » « Oh ! Mon Dieu, mon Dieu », ai-je pensé. Cette fois, c'est moi qui ai commencé. « Comme ça, tu a décidé de retourner là-bas ? » Il a répondu : « J'ai décidé que *nous* retournions là-bas Et, si c'est possible, j'aimerais partir au printemps. » Je l'ai taquiné. Je lui ai dit que plusieurs exilés s'en tiraient à merveille. Oui, a-t-il dit. Doris Lessing commençait à écrire sur ses extraterrestres, un livre après l'autre, tous illisibles. C'était son exemple. Je pensais que Joyce avait fait une œuvre remarquable avec *Ulysse*. Ses exemples étaient très pertinents, les miens aussi, et nous avons fini par éclater de rire. Puis, il a dit que, malgré tout ça, il aimerait rentrer au printemps. Il sentait que c'était nécessaire. Il ne pouvait pas faire de mal à ses racines, d'aucune façon, et il était profondément enraciné au Canada. Que peut-on répondre à ça ?

Dans une lettre à William Weintraub datée du 31 août 1971, écrite pendant des vacances familiales dans un hôtel sur la plage de Connemara, en Irlande, Richler confia ses projets à son ami : « Nous avons enfin pris la grande décision concernant le changement de vie – avec, comme tu peux le deviner, beaucoup de doutes et d'appréhensions… ce qui veut dire que nous réintégrons la colonie pénitentiaire. Il est parti jeune homme et est revenu dix-neuf ans plus tard avec une femme, cinq enfants, deux cygnes à queue zébrée, deux perruches, etc. » Le plan, annonça-t-il, consistait à louer la maison de Kingston Hill et à la garder comme un « exutoire. Mais mon intention est de rester au Canada… et, dans deux ans, nous vendrons probablement Kingston Hill et achèterons une datcha pour l'été… Pour dire la vérité, je préfère vivre à Londres, mais, mais, j'ai peur pour mes romans. Regarde les autres qui sont dans la même position que moi… [Dan] Jacobsen, [Doris] Lessing, [J. P.] Donleavy, et même Brian [Moore]. L'œuvre risque de devenir trop mince quand on est trop longtemps loin de ses racines. Je n'ai pas envie de consumer mes quarante ans à écrire des romans historiques (Jacobsen). Ou à imaginer des mondes (Doris). Donc, pour honorer mon "talent", je rentre. Jusqu'à présent, les enfants ne le savent pas. Je leur assènerai la décision à Noël. »

DANIEL RICHLER

On ne nous l'a jamais dit, du moins, jamais dit que c'était permanent. Je ne crois pas que nous ayons été consultés. Je me souviens que, des années plus tard, maman a dit qu'ils avaient convenu de rester à peu près un an, et qu'il n'a plus jamais ramené le sujet sur le tapis.

MORDECAI RICHLER

Je suis rentré simplement parce que, après *Le cavalier de Saint-Urbain*, j'avais l'impression que je ne pouvais plus écrire de romans là-bas. Il fallait que je revienne. Et j'avais toujours eu l'intention de revenir. Ça a été difficile pour Florence. La dernière chose qu'elle voulait, c'était épouser un homme qui voulait retourner au Canada. Alors, pour elle, ça a été tout un sacrifice. Les gens que je connaissais à Londres étaient des écrivains, des critiques, des réalisateurs ou autre chose, et nous nous amusions énormément, mais ce n'était pas ce sur quoi j'avais envie d'écrire. J'avais l'impression de me trouver dans une impasse. Ici, je connais des avocats, je prends un verre dans un bar fréquenté par des ouvriers à la campagne – c'est beaucoup plus riche. Mais je ne regrette pas d'avoir vécu à l'étranger toutes ces années, et je ne regrette pas non plus d'être revenu.

En mai, cette année-là, Richler alla au Festival de Cannes où il rencontra notamment Jeanne Moreau et Groucho Marx. Il alla luncher avec Jeanne Moreau; il s'attendait à être seul avec elle, et il fut renversé en voyant apparaître des douzaines d'autres journalistes. Il amena sa fille Emma, qui avait alors onze ans, manger avec Groucho.

« Veux-tu te marier avec moi ? » lui demanda Groucho, de son air de pince-sans-rire.

« Je suis trop jeune », protesta Emma.

« Très bien. Je te reposerai la question dans trois semaines. »

Peu de temps avant leur retour, les Richler reçurent une visiteuse inattendue à Kingston Hill : Cathy Boudreau, la première femme de Mordecai, qui était devenue une nonne bouddhiste et portait le nom d'Hananda.

MORDECAI RICHLER

Le téléphone a sonné – il devait être cinq heures et demie ou six heures du matin –, et c'était Cathy. Elle a demandé si elle pouvait venir. J'ai dit : oui, bien sûr. Elle est arrivée avec une autre fille. Elles portaient des cafetans, on aurait dit des draps. Elles sont venues déjeuner, les enfants sont descendus et, plus tard, ils m'ont demandé : « C'était qui ? » « Oh ! C'était ma première femme. »

FLORENCE RICHLER

Elles sont entrées dans leurs robes blanches. Mordecai était à la fois amusé et pétrifié. Ils n'avaient pas eu de contact depuis plusieurs années. Nous les avons invitées à prendre un café et le petit déjeuner. Mordecai ne disait pas un mot. Il s'est arrangé pour se lever et aller faire bouillir de l'eau, ce qu'il ne faisait pas très souvent, et je suis restée à bavarder avec elles sur ce qu'elles faisaient. Puis, Mordecai a annoncé qu'il devait aller à sa banque à Camden Town, et Cathy a dit: «Bon, je dois aller voir quelqu'un à Camden Town, alors je t'accompagne.» Mordecai m'a lancé un appel à l'aide avec ses yeux, et je me suis préparée pour les accompagner. Nous sommes partis ensemble et elle s'est montrée sympathique. C'était une femme très raffinée.

En juin 1972, la famille a finalement fait ses bagages et s'est préparée à monter à bord du S. S. Alexander Pushkin pour faire la traversée. Daniel prendrait l'avion quelques semaines plus tard – après avoir passé ses examens au brevet. Carmen Robinson vint les accueillir au débarcadère.

FLORENCE RICHLER

Renoncer à notre modeste mais ravissante maison de Kingston Hill fut pour moi une expérience traumatisante. Au moment de partir pour nous rendre au bateau, j'ai dit à Mordecai: «C'est parce que c'est une rupture dans la continuité.» Il m'a regardée très tendrement et il m'a dit qu'il comprenait. Il n'a rien ajouté. J'ai mis presque dix ans avant de comprendre à quel point j'étais privilégiée d'être de retour au Canada, quelle chance j'avais de vivre ici, un lieu auquel je suis maintenant profondément attachée. Quand Mordecai en a eu finalement les moyens, il m'a envoyée à Londres pour trouver une maison, et même s'il était incapable de dire: «C'est vraiment pour toi», c'était en réalité un cadeau qu'il me faisait. Pendant toutes ces années, une des rares choses qui me tombaient sur les nerfs, c'était que Mordecai était incapable de dire explicitement: «Je sais quel sacrifice tu fais en venant ici. Je sais ce que tu ressens par rapport à cette rupture de la continuité.» Il était incapable de le dire, mais il le savait, il y pensait, et profondément, et il ne pouvait que montrer ses sentiments, parce qu'il était si aimant, si conscient de tout ce que j'éprouvais. Mais, pendant ces dix années, je n'ai qu'une seule fois eu besoin d'entendre ces mots.

ROBERT GOTTLIEB

Le soir précédant leur départ, l'atmosphère était très tendue. Elle ne voulait pas partir. Elle comprenait pourquoi elle devait le faire et elle l'a accompagné, mais je crois que cela la rendait très malheureuse et très très déprimée et, si elle était déprimée, elle était probablement fâchée. Le fait est qu'il la vénérait – il l'idolâtrait. Il était incapable d'être éloigné d'elle. Quand elle était ailleurs, plus le temps passait, plus il devenait nerveux. Il disait: «Bon, il faut que j'appelle Florence», et il lui téléphonait. Et, d'une certaine façon, c'était sa récompense pour devoir mener une vie qui n'était pas réellement celle qu'elle voulait.

TED KOTCHEFF

J'étais chez eux quand ils sont partis. C'était un moment triste pour moi. J'entretenais avec Florence et Mordecai une relation distincte mais parallèle. Je connaissais déjà Florence quand il l'a rencontrée, et ce fut un moment chargé d'émotion pour nous tous. Toutes les valises étaient dans la voiture et nous étions tous les trois debout dans le vestibule quand Mordecai est retourné en trombe dans la maison et est revenu avec le grille-pain. Il l'a lancé par terre et l'a piétiné en disant: «J'ai toujours détesté ce grille-pain!» Florence a éclaté en sanglots. Je ne lui ai jamais demandé pourquoi il avait fait ça. «J'ai toujours détesté ce grille-pain!» C'était une conduite totalement caractéristique, et ça semblait symboliser quelque chose, comme le nouveau marié juif qui piétine le verre. Écraser ce maudit grille-pain… pourquoi?

JACOB RICHLER

Je me rappelle la traversée sur le *Pushkin* quand j'avais quatre ans. Je me levais de bonne heure et j'allais me promener avec lui sur le pont. Comme c'était un bateau russe, la nourriture était épouvantable, et tout le monde laissait ses fruits sur le bord des fenêtres pour qu'ils mûrissent au soleil. Et on se servait soi-même.

Richler rentrait au pays au sommet de sa carrière, dans le sillage de son septième roman, Le cavalier de Saint-Urbain, *qui avait fait l'objet de critiques élogieuses, gagné le Prix du Gouverneur général en littérature et qui se vendait très bien. (Robert Gottlieb aimait l'appeler en plaisantant* St. Urbain's Whore's Man [Le maquereau de Saint-Urbain].) *À la parution du livre, Richler entreprit une tournée promotionnelle. Dans une entrevue accordée au* Manchester London Guardian, *il dit: «Je suis certainement cruel, ouais. Je dois avoir un instinct cruel, j'imagine. Je n'aime que de rares personnes, mais je leur suis intensément loyal.» À un journaliste de l'*Edmonton Journal, *il dit: «Un écrivain n'a que son nom à vendre. Quand on le vend au rabais en faisant des choses vulgaires, en faisant pour de l'argent des choses fausses, on avilit sa valeur. Je prends*

donc mes attitudes au sérieux.» À la Gazette de Montréal, il expliqua
*l'aversion qu'il éprouvait fondamentalement à l'égard de l'écriture de
scénarios: «C'est une activité de groupe, et ça ne m'attire pas. Je n'aime
pas travailler avec d'autres. L'écriture de scénarios n'est pas pour les
écrivains sérieux.»* À James Geoffrey de Time Canada, *il précisa: «La
vérité, c'est que je suis très critique à propos d'à peu près tout. Si j'étais
satisfait, je n'écrirais pas.»* À Gordon Pape, *qui était alors journaliste à
Londres, il dit: «Quand j'ai quitté le Canada, je n'aimais tout simplement
pas le pays. Je le trouvais abrutissant et oppressif, et Montréal était une très
petite ville. J'avais aussi l'impression que je ne prouverais rien en publiant
au Canada. Si je voulais m'établir comme écrivain, je devais aller en
Angleterre ou aux États-Unis.»* Invité à l'émission Telescope à la CBC, *il
dit: «Certains jours, on se dit que si on n'avait pas une femme et cinq
enfants, on pourrait partir et aller passer une semaine en Amérique du
Sud, mais ce sont des jours de congé. Je ne veux pas prendre un air
supérieur, mais je suis content du choix que j'ai fait.»* Et interviewé par
Donald Cameron, *il exposa une sorte de précis de sa mission littéraire: «Je
suis très engagé, et je l'ai été dès le début, d'une façon hésitante, avec des
valeurs et avec dignité. Je dirais que je suis un moraliste, vraiment. Il se
peut que vous ne puissiez pas voir quel code d'honneur ou quelle façon de
vivre je recherche, mais c'est vraiment mon obsession.»*

*Cameron lui demanda d'expliquer le personnage du cavalier, qu'il
trouvait insaisissable et complexe. «Il est conçu pour être insaisissable et
complexe, répondit Richler. Il est conçu comme un personnage ambivalent,
plein d'ambiguïtés. Toutes les ambiguïtés sont intentionnelles dans ce
livre... Je ne crois pas que rien soit clair ou explicable.»*

*Richler lui-même écrivit un texte à l'automne, faisant observer qu'il
avait eu quarante ans cette année-là, «un âge atroce pour un romancier,
le moment exact où l'on cesse d'être un jeune auteur plein de promesses,
d'une apparence romantiquement négligée, sympathiquement brutal dans
ses propos même s'il est un buveur insouciant, pour émerger comme un
romancier mûr, débraillé et malotru, plein de promesses manifestement
non tenues.*

«J'avais espéré publier Le cavalier de Saint-Urbain *le jour de mon
quarantième anniversaire, confessa-t-il, mais je ne l'ai pas fini à temps
pour cet acte de défi calculé. Pour tout dire, il n'était pas fini non plus pour
mon trente-sixième, mon trente-septième, mon trente-huitième ou mon
trente-neuvième anniversaire, parce que le roman a passé cinq ans dans le
four, cinq ans sans que la pâte lève, avec des faux départs, des doutes et des
faux-fuyants.»*

Peu de temps après la parution du livre, Richler reçut une lettre de félicitations de son frère Avrum, qui venait de lire le roman et l'avait aimé. «Si tu le veux bien, j'aimerais avoir de tes nouvelles», écrivit l'aîné des Richler dans une autre de ses vaines tentatives pour rétablir le contact.

Dans le cas d'un homme si dévoué à sa famille, il est difficile de comprendre l'éloignement de Richler à l'égard de son frère aîné. Sauf un repas occasionnel et un échange occasionnel de lettres, ils se sont rarement parlé entre la fin des années soixante et l'an 2000, alors que Mordecai et Florence mangèrent deux fois avec Avrum et sa troisième femme, Eve, à Saint-Jean de Terre-Neuve.

WILLIAM WEINTRAUB

Il semblait considérer Avrum avec une sorte de mépris et être amusé par lui. Je ne sais pas vraiment pourquoi.

JACK RABINOVITCH

Ça avait quelque chose à voir avec une dette non remboursée, non? Une dette de jeu.

AVRUM RICHLER

Il m'est arrivé une fois d'avoir des dettes de jeu. J'étais vraiment dépendant et j'ai eu des ennuis, mais j'ai réussi à guérir. On est venu me voir et on m'a menacé, c'est vrai, c'est ce qui s'est passé. J'ai arrêté d'un coup. Mais je n'ai *jamais* emprunté d'argent à personne pour payer ces dettes, et surtout pas à ma mère. Malheureusement, ma mère avait l'habitude d'inventer des histoires. Elle ne m'a pas adressé la parole pendant plusieurs années parce que je l'avais surprise à mentir – dans une circonstance où elle avait favorisé Mordecai à mes dépens. Elle était donc montée contre moi et elle a probablement raconté ce mensonge à mon frère pour expliquer notre brouille. Ça s'est passé vers 1970; après avoir épousé ma deuxième femme, je lui ai téléphoné à Montréal pour lui demander de venir garder les enfants à Saint-Jean comme elle l'avait déjà fait par le passé, parce que nous allions passer quelques jours de vacances à Londres. Elle a soulevé des difficultés, nous disant qu'elle avait des ennuis avec sa fournaise et qu'elle devait attendre le réparateur. Bien. Nous avons trouvé quelqu'un d'autre, ce n'était pas plus compliqué que ça. Quand nous sommes arrivés à Londres, j'ai appelé Mordecai, et devinez qui m'a répondu? Mordecai et Florence étaient à Paris, et ma chère maman gardait leurs enfants à Londres. Elle était très gênée d'être prise en flagrant délit de mensonge, et elle a passé à peu près trois ans sans m'adresser la parole. Pour finir, après la naissance de mon dernier enfant, je me trouvais à Montréal et je suis allé sonner à sa porte. Je lui ai dit que je voulais reprendre notre relation là où nous l'avions laissée et que nous ne reparlerions jamais de cet incident. Quelques années plus tard, Eve et moi l'avons amenée vivre chez nous à Saint-Jean. Avec son sale caractère, elle a dû dire à Mordecai que je lui devais de l'argent pour des dettes de jeu. Je ne vois pas autre chose.

Ma mère était une personne terrible. Je ne sais pas si vous avez déjà vu *Les sopranos*, mais plusieurs personnes ont observé que la mère de Tony était le portrait craché de la mienne. Je l'ai sûrement dit, Eve aussi, de même que les enfants. Voilà. L'histoire est fausse. Et je dois dire que je n'ai jamais eu l'impression que Mordecai s'était éloigné de moi. Nous nous parlions et nous nous écrivions. Il a assisté à deux de mes mariages, mais comme ma mère était présente à mon troisième, il n'est pas venu. Je pense que nous avons été perçus comme éloignés l'un de l'autre à cause de ce satané film de David Paperny [*The Life and Times of Mordecai Richler*, 1997), dans lequel je lui demande de me téléphoner. Me jugeait-il? Oh! oui, j'en suis convaincu.

MAX RICHLER

J'ignore ce qui est à l'origine de sa rupture avec Avrum, mais c'était sûrement très grave, parce qu'Avrum voulait réciter le *Kaddush* [la prière juive pour les morts] aux funérailles de Mordecai, et Florence m'a dit que Mordecai avait demandé de ne pas le laisser faire. Ce devait donc être une rupture très très grave. Avrum est venu vers moi aux funérailles, et il m'a dit: «Je suis le seul parent par le sang.» J'ai répondu: «Tout ce que je peux te dire, c'est que si je récite le *Kaddush*, c'est parce qu'on me l'a expressément demandé.»

AVRUM RICHLER

Vous savez, dans tous ses livres, il n'a jamais rien écrit à propos d'un frère. Nulle part. Sinon un fois, dans *Duddy Kravitz* – le frère est un dentiste qui étudie à McGill, mais il fréquente le milieu de Westmount, ce que je n'ai jamais fait. Je lui ai une fois posé la question, et il m'a répondu: «Mes livres sont de la fiction. Si je disais que j'ai un frère, les gens penseraient que je parle de toi.» Mais ça me dérangeait.

Avant son retour au Canada en 1972, Richler avait accepté d'enseigner à l'Université Carleton d'Ottawa deux jours par semaine.

JAMES DOWNEY

Je venais d'être élu président du Département d'anglais. Quelques mois plus tôt, Davison Dunton, le doyen de Carleton, m'avait dit que Mordecai voulait enseigner à temps partiel pour augmenter ses revenus. M. Dunton m'incita à l'inviter pour donner un ou deux cours à l'université. J'ai rencontré Mordecai cet été-là à une terrasse de café, à Montréal. Il avait quarante et un ans, et il avait déjà une réputation internationale comme écrivain. Pour ma part, j'avais trente-trois ans et j'étais, comme il se doit, impressionné de me trouver tout à coup en sa compagnie. Nous nous sommes facilement entendus sur ses charges de cours. Il donnerait un cours de création littéraire destiné à un petit groupe, et il participerait à un séminaire de quatrième année en théorie littéraire réservé aux meilleurs étudiants. Il arriverait à Ottawa le lundi matin et repartirait le mardi en fin d'après-midi, ce qui lui permettrait de consacrer le reste de la semaine à l'écriture. Il a fait cela pendant deux ans.

L'enseignement ne l'attirait pas et ne le divertissait pas non plus. Les étudiants qui s'étaient inscrits à son cours de création littéraire n'étaient en général pas très doués. Ils pensaient seulement qu'ils expérimenteraient peut-être quelque mystérieuse mutation grâce à ce contact avec un grand auteur. Ils ont vite déchanté quand Mordecai a insisté pour qu'il achètent et utilisent le *Concise OED* [petit dictionnaire Oxford] et le *Modern English Usage* de Fowler. Il n'y avait pas d'écriture automatique, d'avalanches de métaphores ou de majuscules idiosyncratiques. La première tâche consistait à apprendre à écrire une prose simple et claire: les mots justes à la bonne place. La réaction des étudiants fut loin d'être enthousiaste, ce qui faisait tout à fait l'affaire de Mordecai. Il avait une nature bonne et généreuse, mais il était incapable de donner de faux encouragements et il avait un don pour dessouffler les ballons. Il était sympathique quand il critiquait les travaux des étudiants, mais il était capable de se montrer acerbe avec ses collègues. Quand Robin Matthews et James Steele ont fait paraître un livre déplorant l'américanisation des universités canadiennes, Mordecai en a fait une critique sévère. On a beaucoup parlé, et avec raison, de son opposition déclarée au nationalisme québécois dans les années quatre-vingt-dix, mais il ne se plaignait pas moins du nationalisme canadien dans les années soixante-dix.

MORDECAI RICHLER

Il y a beaucoup de conneries dans ce nationalisme. On ne peut pas faire une culture à partir d'une deuxième classe culturelle. Les œuvres canadiennes sont largement surévaluées.

JAMES DOWNEY

Sa présence dans l'équipe du séminaire de quatrième année n'a pas exigé de gros efforts à Mordecai. Il semblait (et il était manifestement) ennuyé par le phénomène d'introspection qui était populaire à l'époque chez les professeurs. À l'occasion, il était entraîné dans une discussion à propos d'un écrivain ou d'un mouvement, mais, la plupart du temps, il restait silencieux à distiller pour la deuxième fois la vodka et le cognac qu'il avait consommés au repas du midi. À l'expiration du contrat de deux ans, en 1974, nous avons discuté de la possibilité qu'il continue. Il a fait une proposition qui a semblé trop raide pour le budget réduit du département, et c'est ainsi qu'a pris fin son association avec l'Université Carleton. Notre propre association s'est toutefois poursuivie par des billets sporadiques et des rencontres fortuites.

MORDECAI RICHLER

J'ai stupidement donné un cours frauduleux de création littéraire pendant à peu près un an. Je suis d'avis que, pour quiconque a du talent, c'est le dernier endroit où aller. Il vaut bien mieux être un vendeur de voitures ou n'importe quoi n'ayant rien à voir avec la littérature.

JOHN AYLEN, *ancien étudiant, ami*

Nous étions essentiellement un groupe de quinze ou vingt étudiants qui participions à un séminaire d'écriture donné une fois par semaine, et nous lisions nos nouvelles à voix haute, nous critiquions mutuellement et faisions des commentaires à tour de rôle. Comme tous les autres, j'étais très intimidé par lui. J'avais lu toutes ses œuvres. Il n'était absolument pas impressionné par notre travail et il a clairement expliqué qu'il ne trouvait personne de particulièrement doué dans la salle. À l'occasion, quelque chose lui plaisait, quand l'écriture était énergique ou vivante. Les étudiants écrivent d'une façon si solennelle, si introspective qu'il hochait la tête devant le phénomène. Mais il était très généreux. Une fois, il nous a invités à luncher au club de la faculté et il a tout payé. Ou bien, nous nous réunissions chez quelqu'un et il achetait de la pizza et de la bière. Les professeurs ne sont pas réputés pour leur générosité. Je me rappelle qu'il a amené Robert Weaver dans la classe. Je crois qu'il lisait ou feuilletait tous les travaux, mais il ne voyait pas pourquoi il aurait dû le faire armé d'un peigne fin. Je pense qu'il a dû donner B à tout le monde.

Peu après son retour au Canada, Richler a rompu les liens avec sa mère.

EVELYN SACKS

J'ai l'impression que sa mère voulait jouer un rôle dans sa vie… elle voulait écrire. Et elle a écrit – elle a écrit un livre [*The Errand Runner*, ses mémoires]. Mais elle voulait jouer un rôle dans sa vie. Et je pense que c'est pour ça qu'ils ont rompu plus tard.

DANIEL RICHLER

Il y a une scène à la fin de *Duddy Kravitz*, la terrible dispute avec l'oncle, et, pour moi, cette scène symbolisait la nécessité d'une évaluation morale de toute relation. Papa n'était pas un pacificateur, il n'aimait pas les personnes manipulatrices, et il sentait que sa mère était très manipulatrice. Elle était peut-être incapable d'exprimer de l'amour autrement, mais quand elle nous rendait visite à Londres, ses valises débordaient de jouets. Comment pouvait-on s'opposer à ça? Et il fallait chaque jour nous mettre en ligne et recevoir des baisers et des jouets. J'étais conscient qu'il s'agissait d'un genre d'affection obligée – un jeu d'échelles et de serpents en échange d'un baiser, un troc qui était étranger à notre famille. C'était une sorte de sentiment maternel compétitif, tyrannique. La rebuffade était toujours sous-jacente. Je crois qu'elle se montrait très autoritaire avec maman. Comme si maman ne savait pas élever des enfants. Oh! Vous n'avez pas de Saran Wrap en Angleterre? Plus tard, elle avait l'habitude de se pointer chez nous à Montréal et de jouer ce genre de numéro à Florence, et elle n'était plus vraiment la bienvenue. Mais nous allions assez souvent la voir chez elle, rue Stainer, et elle nous installait devant le poste de télévision où nous regardions *The Price Is Right* et nous nous moquions de sa cuisine. Elle faisait pourtant de gros efforts. Il ne venait même pas nous reconduire – nous y allions tout seuls. Nous n'appréciions pas beaucoup. Nous devions être d'un abord très difficile, une bande d'enfants anglais. Elle nous accueillait toujours bien, mais nous n'avons jamais établi de véritable relation.

Il ne parlait jamais d'elle. Il ne lui demandait jamais de ses nouvelles. Nous servions de tampon. Nous n'avons jamais été forcés d'y aller, mais après deux ou trois ans, nous avons arrêté.

Nous n'avons jamais demandé à maman de nous parler de grand-mère Lily. Je ne lui ai jamais demandé. Il n'y a jamais eu de conversation sur quoi que ce soit. J'ignore quelle sorte de brutalité émotive, de tyrannie intellectuelle papa a vécues chez lui dans son enfance. Je l'ignore ou je ne peux pas le dire, mais ce que je sais, c'est que les jugements qu'il portait sur les gens remontaient en grande partie à cette période. Il était dégoûté par sa façon de dénigrer son père, par la préférence qu'elle affichait à l'égard des réfugiés européens, et par ses aspirations et ses prétentions intellectuelles. Il détestait ça et il le détestait quand il le reconnaissait chez les autres. Son éthique, toujours. Il n'y avait pas d'équivoque. Je suis reconnaissant d'avoir été élevé sous sa tutelle, parce que c'est de son exemple que me viennent la force que je peux avoir, ma faculté de prendre des décisions et de porter un jugement moral.

Mon père a donc entretenu une relation normale avec sa mère pendant des années et des années. Dès le début, il a envoyé de l'argent chez lui – d'abord à son père, qui lui en avait donné pour lui permettre de voyager. Ensuite, pendant toutes ces années, chaque mois, infailliblement, pendant trente ou quarante ans, à sa mère. Apparemment, elle ne l'a jamais remercié pour ça. Et nous servions d'intermédiaires.

TED KOTCHEFF

Sa mère représentait l'un des éléments les plus douloureux de sa vie. C'était doublement douloureux parce qu'il aimait son père et qu'il a été éloigné de lui pendant son enfance. Il adorait son père. Son père était un homme très drôle. Il lisait le journal et disait : « Une de mes actions est passée de cinquante cents à quatre-vingt-quinze cents. Le seul problème, c'est qu'elle valait dix dollars quand je l'ai achetée. » Nous avions des parents semblables. Nos pères étaient des perdants et nos mères nous disaient : « Ne sois pas comme ton père. » Vous savez, sa mère l'enfermait dans un placard sombre quand il avait fait une bêtise. C'était une femme insupportable. Elle se montrait toujours réprobatrice, surtout à l'égard de Florence. Elle était comme une surveillante hautaine, et Florence était si gentille, elle essayait toujours de lui faire plaisir. Je crois que l'incident qui a conduit à la rupture – sa mère préférait Avrum, et Mordecai, pendant ces années où il tirait le diable par la queue, lui envoyait de l'argent qu'elle se hâtait de donner à Avrum pour financer ses affaires à la noix. Mordecai vivait dans un appartement infesté de rats avec des meubles achetés à l'Armée du Salut, et il économisait sur tout pour lui envoyer cinquante dollars par mois qu'elle refilait à Avrum. Cela le mettait hors de lui. Tout simplement hors de lui. C'est pour ça qu'il la détestait.

Il était presque rabbinique dans sa conception de la conduite à suivre, il avait un sens moral de l'engagement. Et il me le reprochait quand je manquais à ce code d'éthique. Le soir de la première de *Life at the Top*, à Londres, nous étions tous assis ensemble à une table à la réception qui a suivi. Jean Simmons, Lawrence Harvey et d'autres acteurs étaient à la table d'honneur, et Lawrence Harvey m'a dit: «Ted, pourquoi ne te joins-tu pas à nous?» J'ai donc quitté la table de Mordecai et je suis allé m'asseoir avec eux. Il m'a téléphoné le lendemain matin et m'a dit: «Tu ne t'es pas conduit comme un ami hier soir.» J'ai répondu: «Tu as raison. J'ai laissé mon ambition faire obstacle à notre amitié. C'était un acte purement opportuniste.» Il avait raison.

MORDECAI RICHLER

J'ai été très proche de ma mère pendant une certaine période, puis elle est devenue invivable et j'ai fini par me rapprocher de mon père. C'était un homme très timide, très réservé, modeste, pas remarquablement brillant, un homme qui avait eu une vie difficile. Elle me rendait fou. Elle arrivait sans s'être annoncée à sept heures du matin. Et elle était très paranoïaque. Elle s'est pointée un jour à l'heure du lunch – j'étais assis dans le jardin à lire le journal, j'avais une terrible gueule de bois – et elle m'a reproché de ne pas faire appel à elle pour garder les enfants. Je ne lui demandais pas de garder les enfants parce que les enfants ne pouvaient la supporter. Et puis, je lui ai envoyé de l'argent pendant des années. En Europe, c'était facile parce que je la faisais venir une fois par année, ça durait deux semaines et c'était très bien comme ça, nous passions au travers. Mais quand nous sommes revenus, elle a voulu s'installer chez nous, et j'ai pensé: «Ce sera invivable.» C'était donc une question de survie, et j'ai choisi la mienne. Ça devait être en 1974. La dure vérité, c'est que quand elle m'a dit: «Je ne veux plus te voir», je me suis senti, pour ainsi dire, soulagé. C'était très égoïste. Elle était une boule de colère et ça l'a tenue en vie pendant plus de quatre-vingt-dix ans. J'aurais pu mieux me conduire, mais je ne l'ai pas fait.

Quelques années plus tard, le professeur et cinéaste montréalais Stan Asher fut invité chez Lily Richler dans le quartier Snowdon. Elle lui montra fièrement sa bibliothèque, une impressionnante collection d'ouvrages sur le *judaïsme ainsi que des romans de Saul Bellow, Bernard Malamud, Philip Roth et d'autres auteurs juifs. Sa collection ne comprenait aucun livre de son fils. Plus tard, au début des années quatre-vingt-dix, Asher et un autre réalisateur, Dov Okouneff, interviewèrent Mme Richler dans le cadre d'un documentaire sur le Montréal juif d'autrefois. Ils avaient été informés à l'avance de ne poser aucune question sur Mordecai, sinon l'interview se terminerait aussitôt, et ils se conformèrent scrupuleusement à cette injonction. Après deux heures, se souvient Asher, alors qu'ils remballaient leur matériel, elle leur dit : «Vous n'avez rien à me demander au sujet de mon génial de fils ?»*

STAN ASHER

Et elle a commencé une tirade pleine d'amertume. C'était très mélo-dramatique. «Qui sont les meilleures mères? Qui sont-elles? Le savez-vous?» «Bien sûr que oui», ai-je répondu. «Suis-je une mère juive, oui ou non?» Je ne savais plus où me mettre. Elle nous a raconté comment, un jour qu'elle marchait rue Sherbrooke, elle s'était sentie mal parce qu'elle portait de lourds paquets, de la nourriture pour la pâque, puis elle est passée devant l'appartement de Mordecai, mais non – même si elle aurait bien apprécié un verre d'eau, elle ne voulait rien lui demander. À sa mort, quelques années plus tard, je suis allé à ses funérailles. Il n'était pas là.

JON ROBINSON

Il ne pouvait supporter ni sa mère ni son frère. Je ne sais pas pourquoi. J'ignore pourquoi il ne s'entendait pas avec son frère, mais c'était probablement parce que son frère s'entendait avec sa mère. Il haïssait de toute évidence sa mère à cause de ce que, selon lui, elle avait fait subir à son père. Je l'ai compris comme ça. Il en parlait en termes généraux. Nous en avons parlé quand elle a décidé qu'elle allait écrire un livre. Il était furieux. Il pensait qu'elle tirait profit de son nom et de sa réputation. Il était réellement outré.

EMMA RICHLER

Quand j'étais enfant, je trouvais très étrange qu'on puisse ne pas aimer sa mère.

En 1958, au cours de cet été fatidique dans le sud de la France, Ted Kotcheff, l'ami de Richler, avait lu le manuscrit de Duddy Kravitz. Il avait alors dit au romancier : «Je vais retourner au Canada et faire ce film.» Dans le monde du cinéma, les fournaises brûlent lentement, et ce ne fut qu'au début des années soixante-dix que Kotcheff se déclara prêt à entreprendre

le projet. Le film fut finalement tourné en 1973 et sortit en salle un an plus
tard. Il fut acclamé par l'ensemble des critiques.

MORDECAI RICHLER

Voici ce qui s'est passé: Alan Pakula voulait tourner *Le cavalier de Saint-Urbain* et je travaillais au scénario. Alors j'ai dit à Ted: «Je ne peux pas faire le scénario de *Duddy Kravitz.*» Un type appelé Lionel Chetwynd en a fait un, mais la Société de développement de l'industrie cinématographique canadienne l'a refusé. Je l'ai donc réécrit pour cinq mille dollars. Et nous l'avons tourné. Le tournage de ce film a coûté neuf cent cinquante mille dollars.

JON ROBINSON

J'ai été impliqué dans *Duddy Kravitz* à titre d'avocat. J'ai aidé à réunir le financement, j'ai travaillé avec des investisseurs privés et la Société de développement de l'industrie cinématographique canadienne. Je me suis chargé de la paperasserie et nous avons fini par obtenir une subvention ou un prêt de la Société de la même importance que n'importe quel autre film canadien. C'était le film le plus ambitieux jamais réalisé au Canada anglais. Je harcelais Mordecai, je lui disais qu'il y avait un rôle d'avocat dans le scénario, et il me répondait toujours que je serais nul dans un rôle d'avocat. Puis, un jour, j'ai reçu un coup de fil et on me demandait de me rendre au quartier général. Là, on m'a coupé les cheveux sans me dire pourquoi, puis on m'a tendu un scénario. J'ai incarné le rabbin. J'étais à l'écran pendant à peu près dix minutes. J'avais une seule réplique: «Un expérience des plus édifiantes, une œuvre d'art.»

Nous avons eu un plaisir fou en tournant ce film. Dans la première scène, vous vous rappelez peut-être, il y a une parade et le gars qui conduit la parade suit un cheval et il marche dans du crottin. Alors voilà, le cheval ne chiait pas. On lui a donné des pilules et on a tout essayé, il commençait à faire froid, tout le monde était gelé, et on a fini par appeler le vétérinaire. Et le vétérinaire lui a rentré le bras… jusqu'à l'épaule. Je ne sais pas ce qu'il a fait. Mais le cheval a chié, la parade a continué, puis le cheval a foncé vers le sommet de la montagne.

À ce moment-là, nous tournions à la synagogue Har Zion, et Ted Kotcheff voulait faire la scène où nous défilons et retournons la Torah à l'arche. Nous l'avons faite plusieurs fois, et Ted a dit: «Ça ne marche pas. Ça ne marche pas parce que le chantre ne chante pas.» Il m'a demandé de demander au chantre de chanter. Je suis donc allé voir le chantre et je lui ai dit: «La prochaine fois, auriez-vous l'obligeance de chanter les paroles?» «Je ne peux pas... par principe», m'a-t-il répondu. Je l'ai répété à Ted, et il a dit d'accord, et nous avons réessayé de tourner la scène encore quelques fois, et ça ne fonctionnait toujours pas. Ted m'a dit: «Peux-tu trouver de quel principe il s'agit?» Je suis donc retourné voir le chantre et je lui ai demandé: «Chantre, de quel principe s'agit-il exactement?» Il m'a répondu: «Si je ne suis pas payé, je ne chante pas.» Nous l'avons donc payé, il a chanté et tout s'est bien passé.

Ensuite, nous avons eu une poursuite judiciaire, une menace d'injonction. Nous avions une scène où Duddy se rend sur la tombe de sa mère. Nous avions donc besoin d'une pierre tombale avec le nom Kravitz gravé dessus. Il n'y en avait pas, mais Ted en a vu une très belle qui portait le nom de Schwartz. Alors il a fait ce que font les gens du cinéma et avant même qu'on s'en soit rendu compte, on pouvait lire le nom Kravitz sur la pierre tombale. Ils ont tourné la scène et ils sont partis, mais ils ont oublié d'effacer le nom de Kravitz de la pierre tombale. Une semaine plus tard, une certaine Mme Schwartz s'est présentée au cimetière et a vu cette profanation. J'ai aussitôt reçu une lettre d'avocat. Je l'ai donc appelé et lui ai expliqué qu'il s'agissait d'une scène très importante – comment pouvait-on la montrer sans jamais voir la vraie pierre tombale? Et c'est ainsi que nous avons réglé ce litige – il n'y a pas eu d'argent versé.

La principale controverse ayant découlé du film concerna le crédit accordé pour le scénario. Bien que les premières versions aient été écrites par Lionel Chetwynd, un jeune Montréalais vivant à Londres, le scénario de tournage a été celui que Richler avait réécrit. Chetwynd réussit néanmoins à négocier qu'au générique, on reconnaisse qu'il avait «adapté» le roman «pour l'écran». Richler était furieux.

LIONEL CHETWYND

J'ai rencontré Ted Kotcheff à Londres, en 1969, je crois, j'ai oublié dans quelles circonstances. Je travaillais pour Columbia Pictures comme adjoint au directeur général, jeune Canadien fringant, frais émoulu de l'école de droit d'Oxford. Ted était metteur en scène au théâtre, et c'était très stimulant d'être en sa présence, c'était un grand type costaud et débordant de vie. Nous avons parlé du Canada et des arts et je lui ai dit que le seul grand roman canadien que j'avais jamais lu était *Duddy Kravitz*. Il m'a dit: «Eh bien, je détiens les droits de ce livre.» Je suis devenu très fébrile et je lui ai dit que je tenterais d'écrire un scénario s'il me servait de tuteur. Il a accepté et nous sommes devenus associés. Je travaillais donc chez Columbia pendant la journée, puis je le rencontrais le soir et je rentrais chez nous travailler au scénario. Un scénario a finalement émergé. À ce moment-là, il n'y avait aucun problème, et tout ce que j'ai échangé avec Ted, ça a été une poignée de main. Je n'avais pas reçu d'argent et je ne pense pas que Mordecai avait fait une révision à ce moment. Ils utilisaient encore le scénario que j'avais écrit. Mais au fur et à mesure que le projet se rapprochait de la concrétisation, Richler dut composer avec un changement de réalité, c'est-à-dire que cette chose qu'il avait créée, le personnage de Duddy Kravitz, qui était certainement un aspect de lui-même et de sa propre vie, allait maintenant être réalisée et livrée au monde sous forme d'un film, et qu'on allait percevoir la collaboration de deux auteurs. Et voilà que l'essence même de l'aspect écrit de cette création serait en quelque sorte diluée par la présence d'un jeune morveux – c'était ainsi qu'il faisait allusion à moi. Et, pour lui, c'était très douloureux. Je n'avais pas conscience de ça – je me débattais avec mes propres problèmes. À l'époque, j'avais quitté Londres et je vivais au Connecticut. Je ne travaillais pas et mes ennuis financiers m'avaient amené au bord du suicide. J'avais deux enfants. Gloria [sa femme] ne travaillait pas. Et c'est à ce moment-là que le film est venu au monde.

JON ROBINSON

Je sais que Chetwynd a obtenu le crédit pour le scénario et qu'il n'avait rien fait. Il a écrit un scénario, mais ce scénario n'a pas été utilisé.

FLORENCE RICHLER

Si mes souvenirs sont bons, le film n'aurait peut-être jamais été réalisé parce que le scénario comportait de graves lacunes. Ted a demandé à Mordecai s'il voulait bien le réécrire, mais il ne s'agissait pas d'une révision – c'était une véritable réécriture, basée, après tout, sur son propre livre. Il a fait un travail magnifique et il était certainement celui qui méritait le crédit. Évidemment, Lionel Chetwynd était profondément bouleversé, comme n'importe qui l'aurait été à sa place, parce qu'il devenait clair qu'il n'était pas celui qui méritait le prix, ce qu'il aurait lui-même dû savoir s'il connaissait quelque chose sur son propre travail.

LIONEL CHETWYND

Ils m'ont donc appelé et ils m'ont dit que nous devions conclure un marché. Au départ, nous devions recevoir vingt-cinq mille dollars chacun – Ted et moi –, mais ils m'ont dit : « L'entente a changé. Bob Shapiro vous expliquera. Allez voir Bob Shapiro. » Et Shapiro m'a, par mégarde, fait une grosse faveur. Je suis allé à l'agence William Morris et Bob Shapiro n'a pas daigné me rencontrer – on a envoyé un préposé au courrier avec le contrat que je devais signer. C'était très humiliant. J'allais recevoir quinze mille dollars et un et demi pour cent des profits. J'ai demandé : « Puis-je en discuter avec quelqu'un ? » Ils ont refusé. Bon, c'était quinze mille dollars, alors j'ai signé. Plus tard, on m'a téléphoné pour me dire : « Écoutez, si vous acceptez de renoncer au crédit, nous vous donnerons vingt-cinq mille dollars. » J'avais besoin de l'argent, mais avant que j'aie eu le temps d'accepter, on m'a retéléphoné et on m'a dit : « Écoutez, Mordecai a complètement réécrit le scénario, il ne reste plus rien de votre travail, et nous ne vous accorderons aucun crédit. Vous avez raté le bateau. » J'étais catastrophé, parce que rien ne fonctionnait pour moi. Je suis donc allé consulter la Writers Guild, ils ont étudié le contrat, puis ils m'ont dit : « Eh bien, c'est un contrat type, et il y a une clause d'arbitrage de la Guilde, alors attendez qu'on tourne le film et nous appliquerons la clause pour vous, mais n'en parlez à personne. » Le film a fini par se faire et la Guilde a informé Kemeny que M. Shapiro avait commis une erreur. Parce que s'il m'avait fait venir et s'il avait lu le contrat avec moi, il aurait remarqué la clause d'arbitrage et l'aurait retirée, et je n'aurais jamais obtenu aucun crédit pour le film. Ils se sont donc de mauvaise grâce soumis à l'arbitrage. Pour finir, j'ai accepté une proposition différente. Le générique dirait : « Scénario de Mordecai Richler, adapté pour l'écran par Lionel Chetwynd ». C'est sur quoi nous nous sommes entendus. Et j'ai eu ma part des profits.

JOSH GREENFELD

À mon avis, toute cette histoire nécessite un petit réajustement. On ne peut retirer la clause d'arbitrage du contrat, parce qu'aucune partie n'est autorisée à le faire. Si vous êtes engagé comme auteur après que le producteur a soumis le contrat à la Guilde comme signataire pour approbation des crédits, vous en êtes informé. Si vous n'êtes pas d'accord avec les crédits, vous pouvez demander un arbitrage. Voici comment fonctionne l'arbitrage de la Guilde en ce qui concerne les crédits : le premier scénario écrit est traité pratiquement comme si le roman n'existait pas. En fait, c'était un truc manigancé par de vieux scénaristes malins qui concoctaient un premier jet consistant plus ou moins à tout sortir du bouquin et à mettre des numéros devant chaque paragraphe comme s'il s'agissait d'une scène scénarisée. De cette façon, ils pouvaient se déclarer responsables de l'inclusion de cette scène dans le film. Je sais – parce que j'ai siégé à des arbitrages sur des crédits – que «adapté par» est le crédit le plus insignifiant qu'un auteur puisse obtenir.

TED KOTCHEFF

Le récit de Lionel est assez exact. J'avais essayé pendant plusieurs années de tourner le film. J'avais tenté d'intéresser Sam Arkoff; il avait lu le livre, il l'avait aimé, mais il avait dit: «Qui va aller voir ce film à propos d'un jeune Juif à Montréal? Pourquoi ne pas situer l'intrigue à Pittsburgh?» J'avais refusé. Mais Mordecai m'avait cédé pour un dollar une option permanente sur le livre, et je continuais à essayer. Et puis, je me suis dit que la seule façon d'y arriver, c'était d'avoir un scénario. Ils n'ont pas le temps de lire un livre et, pour eux, c'est trop loin de la réalité. Mais je n'avais pas d'argent, et qu'est-ce qu'on fait quand on n'a pas d'argent? On trouve quelqu'un pour l'écrire gratuitement. Alors, j'ai rencontré Lionel et je lui ai dit: «Seriez-vous intéressé à collaborer avec moi à l'adaptation?» Le premier jet n'était pas très bon, et Lionel en a écrit deux ou trois autres et ce n'était jamais satisfaisant, mais j'avais maintenant un document assez consistant pour aller voir Michael Spencer à la Société de développement de l'industrie cinématographique canadienne. Il a donné son accord, mais le scénario à son avis n'était pas assez bon. Quand la Société a dit ça, Mordecai a lu le scénario et à partir de là, Lionel n'était plus dans le portrait. Il a rejeté le premier tiers du livre et a réécrit les dialogues; le reste est à peu près pareil. Mais j'aime bien Lionel, et le fait est que, sans cette version, ce manuscrit original, le film n'aurait pas été réalisé.

LIONEL CHETWYND

J'ai reçu un coup de téléphone de Paramount me demandant si je voulais voir la première version du film. J'ai vu le film. Je ne l'ai pas aimé. J'ai alors appelé Leo et je lui ai demandé s'il était trop tard pour recevoir les vingt-cinq mille dollars. Il m'a dit: «Tu es fou. Ce n'est peut-être pas le meilleur film de tous les temps, mais le comédien est incroyable. Ce gamin est une star, tu ne comprends pas? Ce film va lancer sa carrière, et la tienne aussi.» Et c'était Richard Dreyfus qui nous a fait à Ted, à moi et à Richler, un cadeau magnifique. Il portait le film sur ses épaules. Grâce à lui, nous avons été sous les feux de la rampe et, à partir de là, nous pouvions devenir ou non des gens importants. Et je le reconnais librement.

J'ai apporté ma contribution à ce film, mais ce film est celui de Mordecai Richler. Il émerge de son œuvre. Ma contribution a été entièrement technique. C'est arrivé au début de ma carrière, et une grande partie de ce que j'ai fait, je l'ai appris de Ted à cette époque. En fin de compte, je devrais être reconnaissant pour la part de crédit que j'ai obtenue, cette nomination à l'Académie. Je n'ai pas à me plaindre.

La première de Duddy Kravitz *donna naissance à cette anecdote mille fois racontée à propos de Richler : sa rencontre avec Saidye Bronfman. Selon la légende, Richler la bouscula dans le hall de la Place des Arts de Montréal, et elle lui dit : « Eh bien, Mordecai, pour un garçon de la rue Saint-Urbain, vous avez fait pas mal de chemin. » Et il répondit : « Et vous aussi, pour une femme de contrebandier. » Mais l'a-t-il vraiment dit ?*

JON ROBINSON

C'était sans doute ce qu'il aurait souhaité dire. Il était beaucoup trop timide, et très respectueux.

JOHN SCOTT, *ami*

Si je me souviens bien, il nous a raconté l'anecdote et a conclu : « C'est probablement ce que j'aurais dû dire. »

En plus de l'Oscar, le film a également remporté le prix de la Writers Guild pour la meilleure adaptation.

LIONEL CHETWYND

Richler ne devait pas venir à la cérémonie de remise des prix de la Writers Guild, et Carl Foreman pensait qu'il n'était pas là. Carl m'a remis mon prix et j'ai remercié Carl, qui avait été mon mentor, et il a dit : « Si vous voyez Mordecai Richler, donnez-lui ceci. » Richler s'est alors levé – il levait passablement le coude à l'époque –, il s'est approché en titubant et il a dit : « C'est juste que je partage ceci avec un écrivaillon puisque vous êtes vous-mêmes une bande d'écrivaillons. » Puis il est retourné en titubant à son siège.

ROBERT SHAPIRO, *agent et ami de longue date*

J'étais avec Mordecai. Il n'est pas parti en protestant. Il était furieux que Lionel monte sur scène. Il n'avait jamais rencontré Lionel. Mordecai est allé dire quelques mots de remerciement et Lionel – ils n'étaient pas à la même table – a fait de même. « Qui est-ce ? » a demandé Mordecai, et on lui a répondu : « Eh bien, c'est Lionel Chetwynd. » Mordecai a dit quelque chose comme : « C'est la première fois que je vois cet homme. » C'était très amusant. Les personnes qui étaient au courant ont éclaté de rire. Je ne pense pas qu'il ait éprouvé de l'animosité envers Lionel à titre personnel – ou peut-être que oui. Je ne sais pas. Mais le fait que le nom de Lionel soit mentionné à propos du scénario adapté de son livre le dérangeait. J'ai le sentiment que tout ce qu'on voit à l'écran est de Mordecai Richler. En fait, je le sais. Mordecai avait peut-être l'impression que Lionel aurait dû refuser de voir son nom inscrit au générique. Habituellement, c'est le premier auteur d'un scénario qui obtient le crédit, mais il ne le méritait pas.

LIONEL CHETWYND

Pour dire la vérité, je ne l'ai vraiment rencontré qu'une fois. À la remise des prix de la Guilde. Nous nous sommes rencontrés au bar de l'hôtel Beverly Wilshire où nous séjournions tous les deux, et je lui ai dit : « Monsieur Richler, j'ai beaucoup de chance d'être ici et je vous remercie beaucoup de m'en avoir donné la possibilité. » Je me rabaissais – je suis très doué pour ça. Mais j'étais sincère. J'ai ajouté : « Je peux comprendre ce que vous ressentez, mais… » – et ce sont là mes paroles exactes, je le sais parce que je les avais répétées – « la fée marraine ne vient pas très souvent jeter sur nous sa poudre d'étoile ; c'est ce qui se passe actuellement et ce serait bien si nous pouvions au moins être cordiaux. » « Cordial avec vous ? Vous vous flattez », m'a-t-il répondu. Alors, j'ai dit : « Va te faire foutre », et je suis parti.

Les deux hommes se rencontrèrent à une autre occasion, en avril 1975, à la remise des Oscars.

LIONEL CHETWYND

Mario Puzo avait loué une maison sur la plage à Malibu et il nous a invités – Richler et moi – à lui rendre visite. J'y suis donc allé, mais Richler ne s'est pas présenté. Il était de très mauvais poil cette fin de semaine-là. Il avait un verre dans le nez. À la cérémonie des Oscars, il s'est avili. C'était affreux. Mordecai se donnait vraiment du mal pour être grossier. Il était comme ça. Irving Layton et tout un groupe venu de Montréal croyaient que c'était en se montrant grossier qu'on affirmait son statut d'artiste. Le soir de la remise des Oscars, Gloria et moi, nous sommes allés nous asseoir à nos places ; lui et Florence et Laureen Bacall et Marty Feldman étaient à côté de moi. L'histoire à propos du scénario avait circulé, et Laureen Bacall, que je connaissais, m'a dit : « À partir de maintenant, vous serez invité ici chaque année. » Elle a ajouté : « Vous aussi, monsieur Richler. » Il lui a lancé un juron. Elle en est restée bouche bée – on ne lance pas de gros mots à Betty Bacall. Je pense qu'il lui a dit «Va te faire foutre», mais c'était une sorte de gargouillis… Florence était, comment dire, mortifiée, puis Marty est arrivé et il a dit: «Mordecai est là, hein? Il est adorable. Je veux le rencontrer.» «Je ne suis pas la personne idéale pour vous le présenter», ai-je dit. Alors, Marty a dit: «Mordecai Richler, j'adore vos livres. J'adore vos livres.» Et Richler s'est contenté de renifler, et Foreman s'est éloigné en levant deux doigts en l'air. «C'est ça, va te faire foutre.» Et c'est de cette façon que la soirée s'est déroulée pour lui. Il s'est méthodiquement aliéné toutes les personnes en vue. Il pensait que les artistes devaient se comporter ainsi.

Le 1ᵉʳ juillet 1974, les Richler et un autre couple, Elliot et Kay Catarulla, se rendirent en Estrie pour examiner une propriété à vendre sur la rive occidentale du lac Memphrémagog.

FLORENCE RICHLER

Je suppose que je m'attendais à voir la famille bientôt dispersée. Daniel prévoyait déménager à Toronto. Noah voulait voir le monde. Emma allait bientôt entrer à l'université, et qu'allions-nous faire? Avions-nous les moyens de garder la maison? Et Mordecai avait toujours voulu avoir une maison à la campagne. C'est arrivé exactement comme ça. J'adorais la maison d'Edgehill Road et je n'éprouvais aucun besoin d'en avoir une autre parce que c'était une maison extraordinaire. Il y avait plein de recoins où l'on pouvait avoir son intimité. Mais Mordecai avait toujours rêvé d'avoir une maison à la campagne. Ça n'avait jamais fait partie de mon expérience. Ma famille n'aspirait pas à en posséder une et elle ne pouvait certainement pas se le permettre. Mais nous avons dîné avec des amis qui nous ont suggéré de chercher un endroit à la campagne, et je me suis organisée pour le faire. Bien entendu, Mordecai était aux anges. Je me rappelle encore le jour où nous sommes allés ensemble à la campagne pour la première fois voir cette maison. Je n'ai rien dit. On ne voyait pas le lac avant de sortir de la voiture et de monter quelques marches. On arrivait alors sur la terrasse et le lac s'étalait devant vous, magnifique. Ce fut une expérience vraiment très agréable. Les garçons ont été les premiers à arriver sur la terrasse et ils sont restés là, bouche bée, le souffle coupé. C'était si beau. Je crois que Mordecai était secrètement enchanté, vraiment.

Plus tard, une fois que les enfants eurent commencé à quitter la maison, le couple décida de vendre la maison d'Edgehill Road et de louer un appartement, qu'ils achetèrent par la suite, rue Sherbrooke Ouest, à Montréal. À la fin de sa journée de travail à Montréal, Mordecai avait coutume d'aller à l'un de ses antres préférés – Grumpy's, rue Bishop, et, plus tard, Winnie's ou Ziggy's, rue Crescent. Là, il se retrouvait au milieu d'un groupe d'hommes – auquel une femme se joignait parfois – qui pensaient comme lui, avec qui il pouvait discuter de politique et des événements qui avaient marqué la journée. Ce groupe comprenait le regretté Nick Auf der Maur, un journaliste et homme politique local, le regretté Ian Mayer, un autre journaliste, le caricaturiste Terry Mosher (c'est-à-dire Aislin), la regrettée Doris Giller, journaliste littéraire à la Gazette *de Montréal et mariée avec Jack Rabinovitch, un vieil ami de Richler, Hubie Bauch, journaliste à la* Gazette, *John Aylen, directeur des relations publiques, l'homme d'affaires Irwin Steinberg et, à l'occasion, l'avocat et homme politique Richard Holden.*

JACK RABINOVITCH

Quand Mordecai est revenu en 1972, il s'est rapidement lié avec des gens du *Montreal Star* et de la *Gazette*. Doris Giller, mon épouse à présent décédée, faisait partie de ce groupe et c'est ainsi que nous avons repris contact. Comme je l'ai souvent dit, Mordecai avait plus de temps à consacrer à un voyou qui l'amusait qu'à un honnête cancre. J'étais le chauffeur attitré, mais j'étais surtout là parce que j'étais régulier et parce que, je suppose, Doris payait les frais d'entrée. Je cadrais dans le décor. Ils ont commencé à prendre un verre ensemble. Et nous sommes devenus très très amis. Nous avions une maison à Orford, dans les Cantons-de-l'Est, et la sienne était à Austin, à dix minutes en voiture. Notre relation s'est donc développée. Il m'appelait et disait: «Je vais à la boulangerie Saint-Louis, tu m'accompagnes?» C'était une boulangerie juive rue Saint-Laurent, près de chez Schwartz's. Comment expliquer ce que les gens qui ont grandi à Montréal connaissent si intimement?

ZIGGY EICHENBAUM, *ami*

Mordecai et Nick Auf der Maur s'asseyaient sur la terrasse et discutaient – Nick était celui qui parlait le plus fort. Ils arrivaient, et Nick lisait son article, puis Mordecai lisait le sien. Mordecai devait toujours être à proximité du téléphone. Nous avons beaucoup ri ensemble. Mordecai avait un sens de l'humour très caustique, et il fallait toujours qu'il ait le dernier mot.

HUBIE BAUCH

Il n'essayait jamais de dominer le groupe. C'était un côté très sympathique chez lui. Nous savions tous qu'il était un géant littéraire, mais la flagornerie n'était pas tolérée – cela vous aurait immédiatement exclu de la conversation. Il n'était pas du genre à faire de l'esbroufe. Il était informé sur la politique. Il ne vous renversait pas, mais il avait toujours quelque chose de perspicace ou d'amusant à dire. Ce groupe dégageait quelque chose de sympathique, et Nick [Auf der Maur] en était le centre, vraiment.

DAVID STAINES, *ami*

J'ai fait sa connaissance en 1977. J'enseignais à Harvard et je l'ai invité à venir faire une causerie devant mes étudiants. C'était alors un écrivain de grande réputation. Je lui ai écrit et nous lui avons offert deux cents dollars américains. Il m'a répondu en à peu près trois phrases pour me dire qu'il venait. Il est arrivé un mercredi et je l'ai accueilli à l'aéroport – Florence est venue de Montréal. Il s'est adressé à la classe le jeudi matin et, le jeudi soir, il y a eu une réception épouvantable en son honneur organisée par le consulat canadien – sept personnes par table. Nos hôtesses nous ont demandé: «Quelqu'un veut du vin? De quelle couleur le voulez-vous?» C'était si insultant, si *déclassé**, il voulait partir, alors je lui ai proposé de retourner au Leverett House, pour voir le match de hockey. C'est ce que nous avons fait, et nous avons pris un verre en regardant la partie. Je l'ai raccompagné à une heure et demie du matin. Je suis revenu le lendemain matin pour leur dire au revoir – j'avais la gueule de bois et ils étaient frais comme des roses –, et Mordecai m'a invité à leur rendre visite quand je retournerais au Canada. Je pensais qu'il m'invitait par simple courtoisie. Puis, le lundi matin, j'ai reçu un coup de fil de lui. Il m'a dit: «N'oubliez pas, nous voulons que vous veniez nous voir.» J'ai alors compris qu'il était sérieux.

Je leur ai donc rendu visite cet été-là et j'ai passé quelques jours chez eux au bord du lac. J'ai connu un autre aspect de lui – je l'ai vu en tant que père avec ses trois enfants les plus jeunes, Jacob, Martha et Emma. Il se baignait avec les jeunes, jouait avec eux, faisait leurs quatre volontés. Ce fut vraiment une très belle expérience, et je me suis senti privilégié de partager leur intimité.

Entre-temps, les discussions entourant l'adaptation du Cavalier de Saint-Urbain *pour le cinéma étaient au point mort. Le réalisateur hollywoodien Alan Pakula avait laissé son option venir à expiration et, en 1977, Richler avait entrepris des pourparlers avec la famille d'Harold Greenberg à Montréal, qui avait participé à la production de* Duddy Kravitz. *Le manque de dynamisme ennuyait Richler. En octobre, il écrivit à Greenberg:* «Le cavalier de Saint-Urbain *a besoin d'un jockey, pas d'un gars embauché pour l'exercer. J'en ai assez des réunions, des offres de financement provisoires, des augmentations du budget, des nouveaux délais: une autre année de bavardage. J'ai quarante-six ans, j'ai les dents déchaussées, je porte des lunettes de lecture, le cognac a commencé à me garder réveillé. J'ai passé l'âge de bâtir des châteaux en Espagne chez Rubi Foo's. Le temps est venu de couper le cordon, mon vieux.» Greenberg lui répondit en rejetant le blâme sur Ted Kotcheff, l'ami de Richler et le réalisateur potentiel du film. «Je pense qu'un jour votre entraîneur préféré deviendra un jockey.»*

Plutôt que de donner un coup de main pour Le cavalier de Saint-Urbain, *Kotcheff obtint du travail pour Richler sur un film tourné à Hollywood,* Fun with Dick and Jane [Touche pas à mon gazon], *mettant en vedette George Segal et Jane Fonda. Son agent Bob Shapiro lui arrangea un excellent contrat: trois semaines de travail pour trente mille dollars américains, l'avion en première classe pour lui et Florence, une suite au Beverly Wilshire, et cinq cents dollars par semaine pour ses dépenses personnelles. S'il devait travailler plus longtemps, il gagnerait sept mille cinq cents dollars pour chaque semaine supplémentaire plus le transport et les dépenses.*

DANIEL RICHLER

J'étais impressionné qu'il ne veuille pas se laisser entraîner dans les sables mouvants hollywoodiens. Il a dit: «Je resterai là-bas un certain nombre de jours. Je veux qu'on paie le voyage en avion à ma femme et je veux qu'elle vienne deux fois pendant mon séjour. Je ferai la réécriture. Ensuite, je ferai une correction et après, mon travail sera terminé.» Le film a obtenu un grand succès et, à la suite de cela, on lui a offert un million de dollars ou une autre somme faramineuse pour écrire un scénario original. Je pense qu'il l'a accepté à titre d'avance et, un an ou deux plus tard, comme il n'avait rien écrit parce qu'il travaillait à un roman, il a renvoyé le chèque. Ils ont dit: «Non, ça va» et l'ont renvoyé à leur tour, et il a dit: «Non, je travaille sur ce roman interminable» et il a renvoyé le chèque une deuxième fois. Mais – et cela doit s'expliquer par quelque chose de plus personnel –, ils l'ont renvoyé une troisième fois, et il a dit: «D'accord, je le garde.»

9

L'HOMME PUBLIC

« Je suis toujours bien plus intéressé à critiquer les choses
auxquelles je crois ou auxquelles je suis attaché, ce qui est peut-
être une forme très perverse d'amour. Mais c'est la seule dont je
suis capable. »

MORDECAI RICHLER

Mordecai Richler était essentiellement un homme privé. Mais sa personnalité publique, tour à tour amusante, provocatrice et soupe au lait, fut du genre à engendrer une foule d'anecdotes sur sa conduite, notamment de la part de personnes qui n'eurent que des contacts fortuits avec lui.

FLORENCE RICHLER

Mordecai n'aimait pas vraiment discuter – de quoi que ce soit. Il pouvait se retrouver forcé de le faire à des réunions publiques, mais même dans ces cas-là, il devenait rapidement un auditeur. Il tombait souvent sur les nerfs des gens, parce qu'il semblait toujours si grave. Noah et Emma sont comme ça. C'est là, tout simplement, le poids de leur personnalité, leur substance, et c'est lourd. De temps à autre, je devais l'aiguillonner pour qu'il consente à discuter, parce que cela ne me semblait pas juste. Je lui disais par exemple : « Bon, ce soir, quand nous entrerons, aurais-tu l'obligeance de ne pas prendre cet air de patriarche qui va terrifier tout le monde ? »

« Mais je n'ai rien fait. Je ne suis même pas entré dans la pièce. »

« Je sais, mais nous sommes sur le point d'ouvrir la porte. »

Il riait, et il disait : « Je vais sourire. »

« Non, ça aurait vraiment l'air faux. Tu n'es pas obligé d'aller aussi loin. Contente-toi d'entrer et d'essayer d'apprécier les autres. Et participe. »

Ça a été une blague récurrente, pendant des décennies. Il avait coutume de dire qu'entre nous, c'était rarement nécessaire de discuter de quoi que ce soit, et je comprenais. Oui, nous avions une telle relation que la discussion aurait été superflue.

ADAM FEURSTENBERG

Une fois, je l'ai entendu lire à une synagogue, et une vieille femme avec un fort accent yiddish s'est levée et s'est mise à l'enguirlander, à le traiter d'antisémite, à lui reprocher de se moquer des Juifs et d'appuyer nos ennemis, ce genre de chose. Ça s'est passé au moment même où Mel Lastman [alors maire de New York] organisait une bar-mitsvah pour son fils Dale, et qu'il dépensait des centaines et des centaines de milliers de dollars pour l'occasion, et c'était choquant. Mordecai a dit : « Avez-vous lu vos journaux, madame ? Je ne pourrais pas inventer ça. » Les gens présents l'ont applaudi.

W. HUNTLEY CAMERON

J'étais à Ottawa et je me trouvais au Château Laurier le lendemain matin après la première de l'adaptation musicale de *Duddy Kravitz* [1984]. Au moment où je sortais, j'ai vu M. Richler ; je venais de lire la critique cinglante dans le journal du matin à propos de la première présentée la veille à Edmonton. J'avais beaucoup de peine pour lui et je suis allé lui offrir mon chaleureux support. Il m'a alors abreuvé d'injures, m'a demandé qui je pouvais bien être et m'a sommé de disparaître de sa vue. Sa conduite m'a horrifié. J'ai conservé dans ma mémoire ce malheureux incident pendant toutes ces longues années et j'ai toujours regretté que ce souvenir assombrisse mon opinion sur lui. Je lui ai bien sûr pardonné. Il était dans un état épouvantable après avoir été éreinté de la sorte.

WILLIAM WEINTRAUB

Bien des gens le trouvaient grossier et il était très sec, souvent impoli, pensaient-ils. Je passais mon temps à m'excuser en son nom et à dire : « Il n'est pas vraiment grossier, il est très timide et vous ne savez pas ce que les écrivains doivent supporter et combien de fois une femme ennuyeuse comme la pluie vient lui demander : "Écrivez-vous à la main ou à la machine ?" Qu'est-ce qu'on peut faire dans ces cas-là ? »
Ça m'a énervé pendant un certain temps – pourquoi devais-je faire ça et dire qu'il était vraiment un chic type ? Il n'avait absolument aucun don pour le bavardage mondain. Et il n'avait pas grand-chose

à dire aux femmes. Florence a réparé beaucoup de pots cassés. C'est le rôle de l'épouse d'un auteur à succès : s'excuser pour ses lacunes sur le plan social. En ce sens, il n'est pas facile d'être célèbre. Il faut avoir beaucoup de talent et de patience pour supporter les choses absurdes auxquelles est soumise une personnalité du monde littéraire.

JOE KERTES, *directeur du programme de création littéraire de l'Université Humber*

Il est venu pour une semaine. Il devait donner un cours de création littéraire, mais il n'avait aucune intention de le faire. Il a renoncé après cinq minutes. Pour dire les choses telles qu'elles sont, il a parlé pendant à peu près cinq minutes, puis il s'est assis, il a fumé et bu du scotch. Nous avions fourni la bouteille – du Macallan. C'était vraiment quelqu'un, il était très sympathique, il avait bon cœur, mais quand on lui a demandé de prendre la parole à la plénière, il s'est mis à tout dénigrer. « Vous devriez tous laisser tomber le programme de création littéraire, a-t-il dit. Aucun programme n'a jamais aidé un écrivain. » Alors, une personne de l'auditoire a dit : « Et qu'en est-il de John Irving ? » « D'accord, lui, peut-être. » « Et qu'en est-il de Flannery O'Connor et de J. D. Salinger ? » « Ça va, a-t-il dit. Oubliez ce que j'ai dit. » Il a passé presque tout son temps dans mon bureau à fumer et à boire, mais je l'ai trouvé très gentil, très bon, très différent de son personnage public. Et, à la fin, il m'a invité à son hôtel, le Park Hyatt. Il m'a dit : « J'aimerais vous offrir le petit déjeuner. » J'ai pensé : « C'est bien. Nous allons avoir une conversation. » J'y suis donc allé, et nous sommes restés assis sans qu'aucune parole ne soit échangée entre nous. Ça m'a plutôt plu.

PERCY TANNENBAUM

Il est un jour venu nous voir à Berkeley. Le consulat canadien avait organisé quelque chose, alors il est entré en contact avec moi et m'a annoncé sa venue. Pouvais-je lui organiser d'autres conférences dans la Bay ? Un soir, nous nous sommes rendus à une synagogue de la banlieue. Après sa lecture, il y a eu une période de questions. Un gars s'est levé et a dit : « M. Richler, j'ai bien aimé vos livres, mais pourquoi êtes-vous si antisémite ? » Ce n'était évidemment pas la première fois qu'on lui posait cette question. Il était là, debout sur une estrade, devant l'auditoire, et il est resté muet. C'était le silence total. Puis, on a entendu des gens tousser, remuer les pieds. Le consul du Canada ne savait plus où se mettre. Une autre minute a passé – toujours rien. Finalement, le type a demandé : « Pourquoi ne répondez-vous pas ? »

Il a commencé à aiguillonner Mordecai. Mais Mordecai ne répondait pas. Tout le monde était mal à l'aise, y compris moi. Personne ne se regardait. On aurait entendu voler une mouche. Puis, finalement, finalement, il a dit : « Pour être franc, je ne crois pas que cette question mérite une réponse. »

DAVE GURSKY

Cette anecdote m'a été racontée par une femme qui avait été invitée à un déjeuner dans un hôtel sophistiqué, à Kingston. La réception était organisée par un groupe de femmes communes et Mordecai était le conférencier invité. La raison qui l'avait poussé à accepter restera à jamais un mystère. Il s'est montré arrogant, désagréable, pas du tout sympathique. Après sa mort, on a raconté toutes sortes de choses positives à son sujet – mais c'était faux. Quoi qu'il en soit, il n'a fait que boire pendant tout le repas, il était complètement dans les vapes, et la présidente du groupe s'est levée pour le présenter. Elle n'arrêtait plus de parler, il ne tenait plus en place et quand il a pu finalement se lever, il a dit : « Madame la présidente, avec une langue comme la vôtre, vous devriez vous lancer dans la fellation. » C'est authentique. Ça a été la fin de son discours. On l'a aussitôt fait sortir de la salle.

À une autre occasion, Richler et Florence mangeaient avec un ami dans un restaurant chic. Richler alluma un cigarillo et le garçon de table, un gay flamboyant, vint lui demander de l'éteindre. Comme si de rien n'était, Richler se tourna vers les clients aux autres tables et leur demanda si la fumée les dérangeait. Ils répondirent tous que non, et il s'alluma un autre cigarillo. Le garçon revint lui demander de l'éteindre. « Écoutez, lui dit Richler. Je ne m'occupe pas de ce que vous vous mettez dans la bouche, vous. »

ROBERT SHAPIRO

En 1984, nous avons participé à un safari au Kenya avec Mordecai et Florence et Ted et Laifun Chung. À l'époque, je travaillais encore à la Warner Brothers. Avant notre départ, il m'a téléphoné et m'a demandé : « Comment est votre service du son ? » « Je crois qu'il est plutôt bon. Pourquoi ? » Il a répondu : « J'ai pensé à quelque chose de très amusant. Apporte-moi un enregistrement de cris et de grognements d'animaux et, quand nous serons sous la tente, nous ferons peur à Florence et à Ted. » J'ai donc fait cet enregistrement et nous l'avons fait jouer le premier soir. Tous ces cris d'animaux étaient plus terrifiants que les lions de la MGM. Ça a marché. Ses yeux brillaient de malice. »

FUZZY GURSKY, *ami d'enfance*

Je l'ai vu à une première au Centre national des arts en 1968 ou 1969 et j'ai eu envie d'aller le saluer. Je lui ai dit: « Salut, Mutti » – c'était ainsi qu'on l'appelait –, et il m'a dit: « En ce moment, j'ai un gros problème. » « Pourquoi? » ai-je demandé. « La personne qui m'appelle Mutti me connaît depuis très longtemps. » Nous avons donc parlé, et il était très enthousiaste et heureux de me voir. Il m'a demandé ce que je devenais, et des nouvelles de mon frère [Dave] et de mes parents. Mais plus tard, quand il est venu à l'Université Carleton pour lire des extraits de *Gursky* – mon père s'appelait vraiment Solomon Gursky –, je suis allé le voir. Il savait que je ne serais pas content qu'il se soit servi de ce nom. « Pourquoi? » lui ai-je demandé. Il a fait un geste comme pour balayer ça du revers de la main. « Ce n'est qu'un nom », a-t-il dit. J'ai répondu: « Alors, prends-en un autre. »

Avec le temps, les journalistes s'étaient mis à considérer Richler comme l'une des personnes les plus difficiles à interviewer – il était truculent, peu communicatif, il répondait souvent aux questions par des monosyllabes, ce qui déroutait les interviewers et leur faisait perdre le fil. En 1991, son fils Daniel lui posa directement la question lorsqu'il l'invita à son émission de télévision Imprint.

Daniel: À Radio-Canada, tu es réputé pour être la pire personne à interviewer au Canada. Peut-on considérer cela comme une sorte d'accomplissement?

Richler: Je crois que oui et j'aimerais que ça reste comme ça.

Même son ami, le regretté Peter Gzowski, personnalité de la radio de Radio-Canada, se plaignait qu'avec Richler, il avait toujours l'impression d'être stupide. « Ensuite, il prend vos inepties, les met dans un livre et gagne un million de dollars. » Il adoptait parfois cette conduite pour le simple plaisir – comme un sport; d'autres fois, c'était parce qu'il détestait instinctivement la personne de l'autre côté du micro. À d'autres occasions, il pouvait pourtant se montrer la générosité même.

Lorsqu'on demanda à Rex Murphy, de la télévision de Radio-Canada, d'interviewer Richler au sujet de son roman Gursky, *les producteurs le préparèrent en lui faisant écouter les enregistrements de vieilles entrevues au cours desquelles Richler avait été difficile. Sur l'un de ces enregistrements, il participait à un talk-show animé par Paul Soles dans les années soixante-dix. Le principal segment était comme suit:*

Mordecai Richler: Eh bien, nous avons cinq enfants et je suis sûr que nous commettons beaucoup d'erreurs avec eux. J'essaie d'être un bon parent.

Paul Soles: Quel genre d'erreur commettez-vous?

Richler: Ma foi, je n'ai pas envie de discuter de ces choses à la télévision. Je ne fais pas consciemment des erreurs. Mais je suis sûr que j'en fais.

Soles: Pensez-vous qu'on en ait fait avec vous?

Richler: Oh! Eh bien…

Soles: On considère de nos jours que le fait de réfléchir à l'hostilité éprouvée à l'égard de sa mère ou de son père constitue une bonne thérapie, et il serait facile de…

Richler: Je ne discute pas vraiment de ces choses en public.

Soles: Eh bien, cela me paraît plutôt juste. Je vais respecter ce droit. De quoi aimeriez-vous discuter en public?

Richler: Bon, alors pourquoi ne pas parler de vous, si vous êtes d'accord?

Soles: Très bien, posez-moi une question.

Richler (indiquant d'un geste les papiers de Soles): Est-ce que ce sont vos propres questions ou les a-t-on préparées pour vous?

Soles: Ha ha. Un peu des deux.

Richler: Vous opposez-vous au fait de poser des questions qui ont été rédigées pour vous par quelqu'un d'autre?

Soles: Non, selon moi, c'est souvent un autre point de vue, auquel je n'aurais jamais songé.

Richler: Oh! Je trouverais cela difficile. Posez donc vos propres questions.

Mais Murphy connut une expérience très différente.

REX MURPHY

Je me demandais pourquoi on m'offrait ce conditionnement préalable, mais je suis arrivé à Montréal puis j'ai roulé jusqu'aux Cantons-de-l'Est en me disant qu'il allait peut-être m'avaler tout rond. J'avais lu le livre et j'avais préparé quelques questions, de vraies choses que je voulais découvrir. Je me suis dit: il mord. Mais s'il me mord, je vais le mordre à mon tour. Ça va être vrai et je serai là comme un guerrier ninja. Dans le livre, il y a une citation concernant Cyril Connolly, qui dit que quand on écrit un livre, notre seul but doit être d'écrire un chef-d'œuvre. Je me suis dit que j'allais lui renvoyer le compliment, j'allais tourner une question intelligente et nous verrions. Et quand, une fois chez lui, je lui ai lancé cette citation, il a répondu de façon très élaborée. Alors, j'ai pensé: «Qu'est-ce qu'on m'a raconté? Ce sont des foutaises. Cet homme est très poli, très courtois.» Je ne veux pas en rajouter, mais cette entrevue compte parmi mes cinq ou six meilleures.

RICHARD KING, *libraire montréalais*

Il aimait se présenter comme un type bourru, mais on pouvait compter sur lui à cent pour cent et il était très généreux avec son temps. À la parution du *Monde de Barney* en 1997, il devait participer à un déjeuner d'auteur avec nous et – j'ignore comment c'est arrivé –, quelqu'un chez Random House a fait paraître une annonce dans la *Gazette* de Montréal disant qu'il serait chez Paragraph Books un jeudi soir. L'activité n'avait pas été planifiée, mais j'ai commencé à recevoir des coups de fil de gens qui me demandaient la date. Nous avons finalement conclu que la meilleure chose à faire serait de faire paraître une autre annonce pour dire qu'il serait là. Nous avions fixé dix-huit heures, et il était incroyablement ponctuel. S'il disait qu'il serait là à six heures, il y était. Un couple est entré, et la femme tenait une enveloppe. Elle l'a fait glisser sur la table en lui demandant s'il voulait bien le lire. C'était un roman. Il a répondu: «Je le lirai, mais je vais dîner à l'extérieur et je ne veux pas l'emporter avec moi. Envoyez-le-moi par la poste. Je suis dans l'annuaire.» L'adresse d'un des plus grands écrivains du Canada était dans l'annuaire téléphonique. Il a poussé le manuscrit vers elle. Je pense qu'elle ne l'a pas cru, parce qu'elle a de nouveau fait glisser son enveloppe. Et il l'a de nouveau poussée vers elle en disant: «Je vous en prie, envoyez-le-moi.» Elle a fini par reprendre le manuscrit. J'ai demandé à M. Richler si cela se produisait souvent et s'il lisait vraiment ces manuscrits, et il m'a dit que cela arrivait à l'occasion et qu'il les lisait, ou qu'il en lisait une partie suffisante pour se faire une idée de leur mérite. Je ne sais pas si elle lui a envoyé le manuscrit, mais il l'aurait lu, comme il aurait lu ceux de tous ceux qui le lui auraient demandé. C'était incroyablement généreux de sa part. Il devait gagner sa vie et ce n'était pas vraiment en lisant les manuscrits d'inconnus.

ALEX PICK

Il y a plusieurs années, j'ai amené ma femme à la gare Union pour prendre le train de Montréal. «L'homme» étais assis dans la salle d'attente. J'ai essayé d'amorcer une conversation avec lui en le félicitant à propos du *Cavalier de Saint-Urbain* – qui était alors la dernière œuvre que j'avais lue de lui. Je lui ai dit que j'avais particulièrement apprécié la scène où Duddy K. allait le soir à des cocktails à un hôtel londonien où séjournaient d'autres écrivains canadiens. Avant d'arriver, il téléphonait et demandait au concierge de «demander Duddy Kravitz». Quand il arrivait, ses amis étaient tout excités qu'on l'ait cherché – Duddy devenait quelqu'un d'important. Il m'a répondu: «Oh! J'ai dit ça?» le message était clair: «Va te faire foutre.»

JOHN AYLEN

Il rendait par de la grossièreté ce qu'il percevait comme de la grossièreté. Les gens avaient l'impression que sa notoriété leur donnait le droit d'empiéter sur son intimité. Il n'était pas d'accord. Il se débarrassait des intrus en les renvoyant d'un ton bourru ou en disant: «Je ne veux pas vous parler.» Je comprends cette réaction. Je ne l'ai jamais vu se montrer spontanément impoli, sauf quand il était acculé au mur, et dans ces cas-là, il était grossier, brutal et envoyait les gens se faire voir. Les gens croyaient toujours que leurs histoires auraient dû l'intéresser, mais il ne voyait pas pourquoi.

MICHAEL LEVINE, *ami, avocat*

L'une des plus graves erreurs de ma vie, je l'ai faite quand j'ai présenté Tad Homer-Dixon et Michael Ignatieff à des diffuseurs à Londres. C'était au cours d'un dîner très important et j'avais invité les directeurs de toutes les chaînes britanniques. En témoignage d'amitié, Moses Znaimer et Patrick Watson ont tous deux traversé l'Atlantique pour l'occasion. Mordecai et Florence se trouvaient à Londres, et j'ai décidé de les inviter. Mais j'ai commis une assez grave erreur: offrir du Macallan. Mordecai s'est dirigé vers le Macallan et, lorsque nous avons été prêts à passer à la table, il était prêt à s'en aller. Pendant le repas, au cours duquel on nous a servi des mets et des vins extraordinaires, j'ai présenté les deux invités d'honneur, et Michael a fait son numéro habituel: «Hum, hum. je suis brillant, je suis fantastique, merci beaucoup et au revoir», et tout le monde a été charmé. Tad s'est levé et, ayant mal évalué l'assistance, il a fait son petit discours sur l'avènement de l'anarchie, le tiers-monde, la dégradation de la planète et du climat, et il a conclu en demandant s'il y avait des questions. J'ai vu Mordecai lever la main, j'ai croisé le regard de Florence, et je savais que j'étais dans le pétrin. Mordecai a dit: «Jeune homme, je veux simplement vous dire que ce sont les pires conneries que j'ai jamais entendues de ma vie.» Tad, il faut le reconnaître, n'a pas bronché.

SONDRA GOTLIEB, *écrivain*

Il est venu à Washington pour faire une conférence à la Bibliothèque du Congrès et il habitait avec nous à l'ambassade du Canada.

Florence, hélas, ne l'accompagnait pas. Il avait très hâte au dîner donné en son honneur par la Bibliothèque, alors dirigée par l'historien Daniel Boorstin. Mordecai avoua que le protocole le rendait un peu nerveux. Nous avons essayé de le rassurer. Après tout, il était honoré à titre d'écrivain, pas comme s'il était le roi de France. À notre grande surprise, Mordecai était assis dans notre salon, complètement sobre et très troublé, quand nous sommes rentrés plus tard d'un dîner ailleurs. «J'ai fait quelque chose de terrible, nous a-t-il annoncé. J'ai créé une scène terrible.» Je ne pouvais imaginer ce qu'il avait pu faire. «Avez-vous offensé quelqu'un par vos propos?» ai-je demandé. «Ce n'est pas ce que j'ai dit, c'est ce que j'ai fait, a-t-il répondu. J'essayais de prendre ma serviette et j'ai par inadvertance commencé à tirer sur la nappe, sans m'apercevoir de ce que je faisais. Quand j'ai voulu me dépêtrer de la nappe, j'ai rabattu le panneau de la table et tout a dégringolé, la nappe, les verres de vin, la nourriture. Tous les convives ont vu leur assiette de poulet tomber sur moi ou sur le sol.» Mordecai était mortifié. Il avait le visage terreux. Nous avons éclaté de rire. «Ce n'était pas drôle», a-t-il dit. Ce fut son seul commentaire. «Dan Boorstin n'a pas ri.»

GREG GATENBY, *fondateur des Harbourpoint Reading Series*

Au début de sa carrière, il a rempli la salle Brigantine [au port de Toronto] et je l'ai présenté. Il a dit: «Juste avant de commencer, j'aimerais dire combien je suis ému parce que j'ai étudié l'albanais, je le parle maintenant couramment et j'aimerais profiter de votre patience pour vous lire maintenant quelque chose en albanais.» Il a ouvert un livre qui semblait être une traduction de son roman en albanais, il s'est raclé la gorge, et après un instant, il a dit: «C'était une blague.»

NOAH RICHLER

Il adorait chahuter. Je sais que, une fois, au Savoy, il devait avoir trente ou trente-cinq ans, il a interchangé les chaussures aux portes des chambres – les gens les mettaient dans le corridor pour les faire cirer. C'est maman qui me l'a raconté. Et, une fois, à la remise des Oscars, ils sont sortis et ont vu que la circulation était complètement congestionnée. Un type arrive avec une limousine pour M. Untel, papa dit oui, il monte et se fait conduire à son hôtel. Le chauffeur lui demande: «Qu'aimeriez-vous que je fasse maintenant, monsieur?» «Eh bien, j'imagine que vous feriez mieux de retourner chercher la personne que vous deviez conduire.» Il a toujours aimé jouer des tours.

En 1976, l'école Baron Byng, où Richler avait fait son cours secondaire,
organisa une réunion des anciens. Richler fut accueilli en héros. Il but
beaucoup ce soir-là. Un groupe présenta un numéro de chansons et de
danse, après quoi Mordecai devait prendre la parole. Sur l'enregistrement
de l'événement, on le voit devenir de plus en plus morose et sombre
pendant que les chants s'éternisent. Il monta sur le podium et dit : « Je serai
très bref. L'école Baron Byng s'est révélée beaucoup plus utile pour moi que
pour la plupart d'entre vous. Je crois que c'était une bonne idée d'organiser
cette réunion, mais je ne sais pas qui a trouvé ces épouvantables et ridicules
chanteurs, ni quel rapport ils ont avec nous. Sinon, je suis très content
d'être ici. »

JOHN SCOTT

Un jour, nous déjeunions avec Mordecai et Florence dans le jardin du
Ritz Carlton, à Montréal, et une femme exubérante, que nous connaissions très peu, est venue à notre table et s'est mise à compli-
menter Florence sur sa robe blanche, elle n'en finissait plus de
s'exclamer, et nous restions là à attendre qu'elle se taise enfin.
Mordecai s'est alors penché vers ma femme et lui a dit calmement :
« Ta robe est aussi très belle, Janet. »

DANIEL RICHLER

Ce n'était pas de la grossièreté. Il était simplement direct. Nous
sommes censés être gentils alors nous acceptons la grossièreté des
gens, nous laissons faire. Il ne laissait jamais faire. Une fois, je suis allé
à Sir George Williams où il s'adressait aux étudiants. Quelqu'un s'est
levé et a demandé : « M. Richler, comment pouvez-vous expliquer
l'incroyable distance parcourue depuis un livre aussi mauvais que
The Acrobats jusqu'à ce merveilleux *Cavalier de Saint-Urbain* ? Il a
répondu : « Vous n'êtes qu'un malotru. » Point à la ligne. Il n'a rien
ajouté. Parce que c'était une question impolie. Même pas amusante.

GUY VANDERHAEGHE, *ami*

Un jour, je me trouvais à un festival avec lui et j'ai fait l'erreur de me
plaindre d'un certain écrivain – dont je tairai le nom – qui était un
véritable mufle. J'ai dit : « J'ai été coincé pour prendre le petit
déjeuner avec lui pendant une heure et demie, et, bon sang, ne laisse
jamais ce type s'accrocher à tes basques parce que tu es foutu. » J'ai
levé les yeux et cet auteur arrivait vers nous. « Youhou ! l'a appelé
Mordecai. Guy me parlait justement de votre livre fascinant. » Le
casse-pieds a donc enjambé la clôture, a bruyamment atterri à côté
de la table, et Mordecai a consulté sa montre et a dit : « Oh ! mon

Dieu, j'avais oublié. J'ai un rendez-vous», et il m'a planté là. C'était tout à fait lui.

Une fois, à l'époque où ils vivaient à Londres, Richler but plus que de raison et il commença à faire des remarques désobligeantes. Toujours consciente des désastres potentiels, Florence monta vite à l'étage, téléphona à la gardienne et lui demanda de rappeler dans cinq minutes pour dire que le bébé lui faisait des misères et leur demander de revenir tout de suite.

MICHAEL LEVINE

Ma fille, Tamara, qui avait environ quinze ans et qui était amoureuse de Mordecai, lui a demandé d'aller faire une causerie à son école, Bishop Strachan. Mordecai a accepté, mais il avait certaines exigences. *Primo*, il tenait absolument à avoir un cendrier, parce qu'il voulait fumer à onze heures. *Secundo*, il avait besoin d'une bouteille de Macallan. *Tertio*, il voulait un repas kasher. Bon, Mordecai était un païen, et s'il a demandé ce repas kasher, c'était parce qu'il voulait voir la camionnette du Yitz's [Deli] entrer dans la cour de l'école Bishop Strachan. Il s'est donc présenté devant un millier de jeunes filles et a lu un extrait du *Monde de Barney*, ce passage célèbre: «Mon père mourut sur la table de massage peu de temps après avoir éjaculé.» Ce qu'il disait, au fond, c'était: «Levine, j'accorde des faveurs comme personne n'en accorde. Tu ne m'en demanderas plus jamais.»

Extraits d'une séance de questions et de réponses avec Mordecai Richler, le 16 mars 1969, au centre Saidye Bronfman, à Montréal.

«Pourquoi écrivez-vous?»
   «Parce que j'aime ça.»
   «Est-ce tout?»
   «Ma foi, je suppose que c'est parce que je sens devoir le faire.»
   «Vous arrive-t-il d'éprouver des doutes concernant votre travail?»
   «Je doute tous les jours.»
   «Qu'est-ce qui vous pousse à continuer?»
   «Oh! Un peu de scotch.»
   «Vous avez beaucoup écrit à propos de la rue Saint-Urbain. Permettez-moi de vous demander ceci. Quand allez-vous écrire sur la rue Hutchison? Je veux dire, il n'y a pas d'évolution. Ne pensez-vous pas que votre public risque de vous laisser tomber?»
   «J'accepte de courir ce risque.»

«Dans le cadre d'une dissertation trimestrielle, on a demandé à des étudiants d'université de discuter cette question : Mordecai Richler est-il antisémite ? Comment y répondriez-vous ? »

«Ça ne me préoccupe pas. »

«Mais, M. Richler, vous devez répondre à cette question. C'est un devoir envers la communauté juive de Montréal. »

«Cette accusation a habituellement été portée par des goujats. Mes romans ne suscitent pas ce type de réaction à Londres ou à New York, ni même à Toronto. Je ne participe pas à ce genre de dialogue. Pour vous dire la vérité, la communauté juive de Montréal ne m'intéresse pas tant que ça. J'écris sur plusieurs choses, dont les Montréalais font partie. »

«Quelle image avez-vous de vous-même ? »

«Aucune. »

«Allons, M. Richler. Si vous étudiez la sociologie, vous savez que nous avons tous une image de nous-mêmes. »

«Je n'étudie pas la sociologie. »

«Comment vous percevez-vous par rapport aux autres ? Comment vous visualisez-vous ? »

«Je ne vois aucune utilité à expliquer mon travail. »

«Alors, donnez-nous une explication de vous-même. »

«Vous voulez des renseignements sur ma solvabilité ? »

«M. Richler, vous avez déjà dit que vous avez une vision. Quelle est-elle ? »

«Vingt sur vingt. »

«M. Richler, vous devez bien écrire pour une raison. Ne serait-ce pas parce que vous pouvez ainsi contribuer à changer la société ? »

«Pourquoi s'attendre à ce que les écrivains changent la société ? Si vous voulez changer la société, vous faites de la politique, non ? La plupart des écrivains ne sont pas du tout des gens d'action. J'ai pitié de l'auteur qui pense pouvoir effectuer un changement politique. En vérité, je ne crois pas que les arts aient une telle importance. Écrire est un acte moral. »

NOAH RICHLER

Nous étions au Splendido's [un restaurant chic de Toronto], en train de manger, quand un type est arrivé et s'est penché devant mon père – en l'appelant Mutti ou autre chose. Papa l'a regardé, absolument épouvanté, et l'a repoussé. Il mangeait du veau *au jus**. Le serveur s'est approché et lui a demandé : «Aimeriez-vous un peu plus de Juifs ? » [*Jew* et «jus» ont la même sonorité. (N.D.T.)] Il a adoré ça.

SANA IDELSON

Nous avions organisé une petite réception à laquelle Florence et Mordecai ont assisté. Une notable particulièrement odieuse, dont je tairai le nom, s'est approchée de Mordecai et lui a demandé : «Comment vous appelez-vous, monsieur?» comme si elle ne le savait pas. Il a marmonné son nom : «Richler.» «Oh! Eh bien, je suis la présidente d'un groupe, et nous aimerions vous inviter à présenter une causerie.» «Bon. Je demande deux mille dollars», a-t-il répondu. Elle a dit : «Mais nous ne sommes pas le Hadassah Wizo.» Et il a dit : «Pour le Hadassah Wizo, c'est trois mille dollars.» C'était typique de Mordecai.

En 1993, Don Johnston invita Richler et Pierre Trudeau pour un voyage à Sable Island, au large de la côte de la Nouvelle-Écosse.

DON JOHNSTON, *ami*

C'est un lieu extraordinaire et c'était une journée magique, merveilleuse – nous apercevions les poneys et les phoques et ainsi de suite. Mordecai n'avait vraiment pas l'air à sa place, ce n'était tout simplement pas son milieu. Mais il s'est produit un incident que je n'oublierai jamais. Les *Mémoires* de Trudeau venaient tout juste de paraître et, quand nous sommes arrivés à la station météorologique, un homme en est sorti en courant et a dit : «M. Richler, j'aimerais que vous dédicaciez mon exemplaire de *Gursky*.» J'ai accusé Richler d'avoir manigancé ça. Je veux dire, il y avait à peu près dix habitants à Sable Island.

REX MURPHY

Un certain Larry Shapiro animait une émission de télé du type *Fighting Words*. Mordecai et moi étions invités, et il y avait un Américain, professeur de littérature comparée à Harvard ou Yale, Hilton Kramer et une femme de *Village Voice*. Nous étions autour de la table, Mordecai a sorti un cigarillo et cet homme de Harvard s'est tourné vers Richler en disant : «Vous allez fumer ça?» «Pourquoi pas?» a demandé Mordecai. «Je suis allergique à la fumée du tabac», a répondu le professeur. «Oh! a dit Mordecai. Et qu'est-ce qui se passe?» «Que voulez-vous dire "qu'est-ce qui se passe?"» «Mon Dieu, est-ce que vous devenez couvert de boutons?»

Ils ont enregistré cinq de ces émissions en une seule journée, et c'était le deuxième tour, et nous avions plus ou moins formé des équipes. Nous avons commencé à discuter de quelque chose, et notre

« copain » s'est mis à parler de James Joyce. J'en sais long sur Joyce et je me suis lancé dans la discussion avec beaucoup de vigueur. Je surveillais Mordecai du coin de l'œil et je l'ai vu allumer un cigarillo et se mettre à fumer. Le « copain » était perturbé parce que je le contredisais sur Joyce. J'ai fini ma tirade et pris mon paquet d'Export A. Pendant la pause, nous avons appris que notre « copain » était tombé à bras raccourcis sur Larry Shapiro et lui avait déclaré : « J'en ai ma claque. Je ne veux plus jamais avoir affaire à ces gens. » Sur ce, il était parti. On dirait une histoire d'adolescents, mais Mordecai réagissait à l'agressivité. De l'autre côté, ce n'était rien d'autre qu'une attitude, comme pour dire : « Si vous n'êtes pas du bon côté de cette question, vous ne devriez pas y répondre. » Notre « copain » ne connaissait pas Joyce autant qu'il le croyait.

J'aimais beaucoup la personnalité publique de Mordecai – je ne dirai pas qu'il avait un sale caractère, ce serait le réduire. Il était acéré, non pas abrasif, et il avait le courage de s'opposer à ce qui suscitait l'adhésion générale. C'est très bien de s'attaquer aux vices de la dernière génération, comme cette stupide histoire de tabagisme. Il y avait bien plus que cela dans son attitude – c'était une résistance au groupe et à la confusion qui se cachait sous un air de vertu intellectuelle. Il n'acceptait pas le mensonge – pas même les petits mensonges sociaux. « Je suis allergique. » « Oh ! Est-ce que vous devenez couvert de boutons ? » Si vous voulez que j'arrête parce que vous voulez que j'arrête, dites-le simplement et je le ferai probablement. Mais si vous voulez mentir en ayant l'air vertueux, allez vous faire foutre.

10

UN HOMME ACCOMPLI

« Je me suis senti obligé de témoigner honnêtement de ce que je
connais. Ceci comprend une reconnaissance de la mort, une sorte
de désir de vengeance ainsi qu'un besoin de me faire connaître…
J'ai certes plus de questions que de réponses.
Je crois n'avoir aucune réponse. »

MORDECAI RICHLER

En juin 1980, le huitième roman de Richler, Joshua au passé, au présent
*parut au Canada, aux États-Unis et en Angleterre. Au Canada
seulement, on en vendit quarante mille exemplaires reliés. Le livre tirait
son origine d'un texte de cinquante mille mots que Richler avait écrit au
milieu des années soixante-dix pour accompagner* Images of Spain, *un
album de photos de Peter Christopher. Richler n'était pas allé en Espagne
depuis vingt ans, et, comme il le raconta plus tard, ce séjour de deux
semaines « constitua quelque chose de complet pour moi ». Les cinquante
mille mots voulaient « devenir un roman » et il excisa rapidement le
meilleur matériel du livre de Christopher, qu'il conserva comme l'intrigue
secondaire de* Joshua. *Comme ce fut le cas pour la majorité de ses derniers
romans, l'exercice d'écriture fut laborieux. Il reprit des parties du manuscrit sept ou huit fois, et finit par en retrancher trente mille mots.*

MORDECAI RICHLER

Très souvent, les passages écrits dans le feu de l'action sont nettement
supérieurs à ceux sur lesquels on s'est escrimé. C'est loin d'être juste,
mais c'est comme ça. Toute cette expérience espagnole a donné lieu
au roman, mais elle a graduellement perdu son importance. J'ai

Un homme accompli

commencé par certaines idées sur les personnages. On a assez de choses en tête pour savoir qu'on va rester enfermé dans son bureau pendant trois ans. Quand on en sort, on a trois ans de plus.

Comme il en avait l'habitude depuis le début des années soixante, Richler fit d'abord lire le manuscrit achevé à Florence.

FLORENCE RICHLER

C'est difficile de parler de ça. J'ai toujours été très modeste à ce sujet jusqu'à ce que Mordecai l'annonce publiquement. Je n'en avais jamais parlé à personne. Mais oui, c'est vrai, j'ai eu le grand bonheur de lire toutes ses œuvres importantes. Il ne me montrait jamais les articles qu'il écrivait pour *GQ* ou les petits textes qu'il faisait pour le plaisir ou pour l'argent, ou juste pour continuer à écrire. Mais je lisais tout ce qui était sérieux, je le lisais et le commentais quand c'était achevé. Il ne discutait jamais d'une œuvre en cours. Pour lui, c'était une chose totalement privée. Et je ne lui posais jamais de questions. On n'avait qu'à voir son expression quand il descendait l'escalier en sortant de son bureau pour comprendre que la page blanche était peut-être encore blanche. Mon travail a commencé avec une nouvelle brillante sur Shalinsky qu'il a écrite tout au début de sa carrière.

Quelques années plus tard, alors que nous déjeunions avec Tony Godwin, qui avait été son réviseur chez Weidenfeld et Nicolson et qui travaillait désormais chez Harcourt Brace à New York – Mordecai adorait Tony –, il lui a remis quelque chose, et Tony a dit: «Ah! Quel bonheur de recevoir un manuscrit aussi propre.» Mordecai a hoché la tête. Il n'a jamais été très doué quand il s'agissait de reconnaître l'aide qu'on lui apportait. Il n'a jamais senti que c'était nécessaire. Quand, plus tard, je lui posais la question, il me répondait: «Je le sais et tu le sais. C'est sans importance.» J'imagine que j'étais surprise, parce que ça venait d'un homme qui était si extraordinairement généreux pour tout le reste. Il a néanmoins hoché la tête quand Tony lui a dit cette phrase, et Tony a ajouté: «Je n'arrive pas à croire que tu as mis tout ce soin.» Ce n'est qu'à ce moment-là que Mordecai a tourné la tête et dit: «Florence.» «C'est vrai? a dit Tony. Accepterais-tu de travailler pour moi?» J'étais quelque peu interloquée. Il m'a dit: «Alors, je vais te téléphoner.»

Godwin téléphona et Florence commença bientôt à passer ses soirées à lire des manuscrits pour lui. Elle aurait aimé que Richler lui manifeste plus de reconnaissance, mais elle hésitait à affronter cette question.

FLORENCE RICHLER

Je dois avoir essayé d'en discuter avec lui, mais j'ai aussitôt compris que c'était voué à l'échec.

Pour Richler, seules une poignée d'opinions comptaient : celles de Florence, de Tony Godwin, de Bob Gottlieb, de Jack McClelland et, plus tard, celle de Louise Dennys.

FLORENCE RICHLER

Pour lui, leur avis – et aussi le mien, sûrement – était essentiel. Une fois le manuscrit achevé, je le lisais, comme n'importe quel lecteur, mais j'étais de nature très critique, je prenais le livre au sérieux et c'était peut-être quelque chose que j'aimais faire et que je faisais naturellement. Pas plus que n'importe qui d'autre, Mordecai n'acceptait facilement la critique, et je présume que je devais avoir un assez bon jugement, sinon il ne m'aurait pas permis de continuer à le lire. Mais, pour moi, il s'agissait d'un privilège et je m'acquittais consciencieusement de cette tâche. C'était très difficile quand il y avait des corrections sérieuses à apporter, pouvant concerner un personnage, une situation, ou encore un chapitre complet que je n'aimais pas. C'était très grave, très troublant, parce que quand on fait lire un livre à quelqu'un, on veut entendre que c'est superbe, qu'on n'a jamais rien écrit de mieux, que personne n'a jamais rien écrit de mieux – point à la ligne, et il n'est pas nécessaire d'en discuter. Mais je n'y allais pas par quatre chemins. «Selon moi, ceci ne cadre pas. Je ne trouve pas que ceci soit assez bon.» Je ne me basais que sur ces critères, jamais parce que je trouvais le passage outrageant ou irrévérencieux. Aucun auteur n'aime supprimer une phrase, encore moins un chapitre. Mais il prenait mes remarques très au sérieux et, d'habitude, il se fiait à mon jugement, même s'il ne l'a jamais admis explicitement. Habituellement, je passais la nuit à lire un livre. Je me rappelle avoir terminé *Gursky* à trois heures et demie du matin. Mordecai venait périodiquement voir où j'en étais, et je lui disais, en faisant un geste de la main : «Va-t'en, je te dirai ce qu'il en est quand j'aurai fini.» Il faisait demi-tour et retournait se coucher – pas dormir, s'allonger. Il attendait. Je me souviens de lui avoir dit : «Écoute, tu mets trop de pression sur moi, alors soit j'attends et je lis quand tu n'es pas à la maison, soit... Mais si tu veux rester ici, tu ne dois pas me déranger avant que j'aie fini.» Il a accepté. C'était aussi très touchant d'avoir encore cette relation après si longtemps et qu'il me fasse confiance à ce point. Il appréciait également ma discrétion. Je ne dirai pas que personne ne le savait, mais si quelqu'un entrait pendant que j'étais en train de lire, je couvrais discrètement le manuscrit ou je le rangeais. C'est resté une chose très intime entre lui et moi.

Bien que Richler ait dit à plusieurs occasions que Florence était sa première lectrice, ce fut lorsqu'il remporta le prix Giller en 1997 pour Le Monde de Barney, *dont Florence avait suggéré le titre, qu'il la remercia avec le plus de chaleur.*

FLORENCE RICHLER

J'ai été profondément touchée parce qu'il a parlé devant un public nombreux et respectueux et qu'il a dit des propos très flatteurs.

LOUISE DENNYS

Florence était la première lectrice et, dans certains cas, elle a été plus que ça. Florence ne dirait pas qu'elle était réviseure, mais c'est ainsi que tous les autres la considéraient. Ce n'est pas seulement par modestie – c'est sa façon de voir les choses. Il lui faisait confiance et il l'écoutait, et c'est ce qui rend son rôle de lectrice si important. Elle ne mettait pas de gants blancs, mais elle témoignait toujours un grand respect à Mordecai et à ce qu'il essayait de faire. Une ou deux fois, à propos de *Barney*, elle m'a dit : « Je suis si contente que tu aies dit ça », parce que nous étions d'accord et que cette deuxième voix donnait encore plus de poids à la sienne. Mais elle n'avait pas peur, et c'était ce qui faisait d'elle une première lectrice aussi formidable. On nuit à un texte quand on tourne autour du pot, et elle rendait service à Mordecai en étant directe. Ce n'est qu'au cours des quinze dernières années qu'il a commencé à le reconnaître. Il a attendu d'avoir suffisamment confiance en lui pour parler des gens qui ont compté dans sa vie d'écrivain – il a reconnu sa contribution, mais seulement quand il a été un petit peu plus mûr.

Pendant la tournée promotionnelle qu'il fit en Angleterre à la parution de Joshua, *Richler fit la connaissance de Nigel Horne, un jeune journaliste qui deviendrait d'abord son ami, puis, plus d'une décennie plus tard, son gendre.*

NIGEL HORNE

J'avais eu la chance de recevoir un exemplaire à l'avance. J'étais journaliste et je travaillais à l'*Evening Standard*. J'étais encore dans la vingtaine, il me semble. Deborah Rogers, son agente, m'avait donné le livre. Je l'ai trouvé fantastique et j'ai dit, comme un fan, que je voulais rencontrer l'auteur. Au bureau de Deborah, quelqu'un m'a suggéré d'aller faire un tour à l'hôtel Dorchester – je le verrais entrer pour le dîner. Je me suis conduit comme un vrai groupie, une chose que je n'avais jamais faite avant et que je ne referai jamais plus. Je me suis assis sur le canapé dans le hall de l'hôtel jusqu'au moment où j'ai vu entrer ce type qui ressemblait à la photo sur la jaquette de son livre. Je suis allé vers lui et je lui ai dit : « Salut, je voulais juste vous dire que je trouve votre livre fantastique. » Il m'a répondu : « Vous pouvez m'offrir un whisky pur malt. » Nous sommes donc allés au bar, je lui ai payé un Macallan et nous avons bavardé pendant dix ou quinze minutes.

Au Canada, la journaliste Sandra Martin l'interviewa pour Books in Canada. *Elle écrivit par la suite : « Ce serait le pire euphémisme que de dire que Richler se soumet aux questions. Il les tolère, il regarde fixement son interlocuteur d'un air torve, comme un taureau récalcitrant, déployant toute son énergie pour défendre son territoire. » Mais loin de le trouver arrogant et grossier, Martin dit de lui qu'il était « timide, mal à l'aise, poli et taciturne. Il m'est apparu comme un homme d'une grande intelligence doté d'antennes invisibles mais ultra sophistiquées, capable d'absorber chaque nuance, chaque son pour les traiter par la suite. »*

Mais Richler rejeta d'emblée toute tentative de dépeindre son œuvre comme romantique.

MORDECAI RICHLER

J'ai horreur de l'idée d'un plaidoyer particulier pour l'artiste, quel que soit son art. Je ne crois pas au tempérament artistique. À mon avis, c'est aussi difficile d'être un bon ébéniste ou n'importe quel genre de bâtisseur. C'est une vie très agréable. Personne, nulle part, ne me doit quoi que ce soit parce que je suis un écrivain. Si je suis écrivain, c'est parce que c'est ce que j'ai envie de faire, et l'homme qui peut gagner sa vie en faisant ce qu'il veut est un homme heureux. Les gens qui devraient faire l'objet d'une considération particulière sont ceux qui font un travail qu'ils détestent, qui mènent une vie mesquine et sordide et qui passent leurs journées à effectuer des tâches qui ne leur apportent aucune satisfaction. Je déteste cette idée sentimentale de l'artiste venue du dix-neuvième siècle. J'essaie d'être un témoin honnête de mon époque, et j'ai donc tendance à écrire satiriquement. C'est la seule époque que je connais. Un écrivain qui pense pouvoir changer le monde a perdu la tête. Je n'ai aucune illusion : je ne rendrai pas le monde meilleur. C'est manifestement absurde. Absurde comme le monde. C'est pourquoi j'écris sur ça.

Les romanciers très sérieux travaillent tous les jours. On ne peut pas écrire seulement quand on en a envie. Mais ça ne veut pas dire qu'on réussisse à faire quelque chose chaque jour. Je lis les journaux et les résultats sportifs, j'écris des lettres, mais je vais chaque jour dans mon bureau et j'essaie d'écrire. On ne peut pas se contenter d'attendre les journées propices, il faut les mériter, et c'est seulement en venant transpirer dans mon bureau que j'y arrive. Dorothy Parker a dit que quatre-vingt-dix pour cent de la chose consistait à poser son cul sur une chaise et à travailler. On n'a vraiment besoin que d'une pièce bien éclairée, avec les livres que l'on a envie d'avoir sous la main et du papier.

FLORENCE RICHLER

Il aurait trouvé prétentieux de parler de l'écriture comme d'une réponse à un appel, comme d'une mission. Ce qu'il savait sur lui-même, c'était qu'il devait écrire. Et, heureusement, je l'acceptais. Notre couple n'aurait jamais fonctionné si je n'avais pas compris, sans discussion, que c'était la chose la plus importante. Ce n'était pas pour gagner de l'argent qu'il travaillait dur. Il travaillait dur parce que c'était dans sa nature. Évidemment, il voulait être respecté. Il voulait être aimé – c'était beaucoup plus important qu'on ne le croit.

Dès la fin des années soixante-dix, l'idée de produire une adaptation musicale de Duddy Kravitz *fut discutée. À un moment, le Festival de Stratford annonça qu'il ajoutait* Duddy *à son programme, avec la collaboration de l'imprésario montréalais Sam Gesser. Mais le directeur artistique Robin Phillips donna sa démission, et son successeur, John Hirsch, décida finalement d'abandonner le projet. Par la suite, le Festival de Charlottetown montra un certain intérêt, mais il se retira à son tour lorsque Gesser fit appel aux compositeurs de chansons populaires américains Jerry Lieber et Mike Stoller pour composer la musique. Pour finir, Gesser réussit toutefois à rassembler une équipe de production de un million quatre cent mille dollars pour un spectacle qui serait présenté dans neuf villes canadiennes avant de s'attaquer à Broadway. On retint les services du metteur en scène chevronné Brian Macdonald. Richler écrivit le livret. Lieber et Stoller composèrent les paroles et la musique. Lonny Price, une vedette de Broadway, fut engagé pour jouer le rôle de Duddy. Joe*

Shoctor (comme Richler, fils d'un marchand de ferraille), qui était producteur au théâtre Citadel d'Edmonton, investit deux cent cinquante mille dollars à titre de coproducteur, et inscrivit le spectacle au programme de la saison 1983-1984.

À l'occasion d'une conférence de presse donnée à Toronto en janvier pour annoncer la tournée, on demanda à Richler s'il craignait de voir le spectacle devenir un autre Yentl. « Duddy n'est pas un travesti », répondit-il. Il décrivit le milieu de la comédie musicale comme « un monde très différent de celui auquel je suis habitué » et il ajouta : « Je l'ai compris quand Mike et Jerry se sont assis avec moi et m'ont demandé : "C'est vous qui connaissez le mieux Duddy. Le voyez-vous comme un baryton ou comme un ténor ?" J'ai alors compris que j'étais ailleurs. » Il conclut en disant : « Si je fais cette comédie musicale, c'est parce que j'ai toujours voulu passer le mois de mars à Edmonton. »

On s'interroge aujourd'hui sur ce qui a cloché dans ce spectacle – le scénario, les chansons, la mise en scène, l'intrigue. On s'entend toutefois sur ce point : à la première mondiale présentée le 7 avril 1984, Duddy n'avait manifestement pas été assez répété. Dans un effort désespéré pour sauver le spectacle, Gesser avait déjà annulé trois étapes de la tournée.

SAM GESSER, *ami*

Ce spectacle allait être la chose la plus sensationnelle de l'histoire canadienne. Après la première à Edmonton, nous devions partir en tournée, neuf villes, dix semaines, et finir à Toronto. Nous devions nous produire à Broadway. Nous avons débuté à Edmonton en pensant que les journalistes ne viendraient pas, mais ils sont venus de partout et leurs critiques n'ont pas été très enthousiastes. Celle de l'*Edmonton Journal* était carrément mauvaise. La seule critique positive a été celle de *Maclean's*. Nous avons donc investi plus d'argent et avons fini par aller le présenter à Ottawa. Nous avons perdu de l'argent. Et c'est pourquoi nous avons abandonné. Ça a été la fin de la tournée. Je n'étais plus capable de recueillir des fonds de la part des Canadiens.

Selon le journaliste Martin Knelman, Richler et Brian Macdonald tentèrent d'améliorer le spectacle à Edmonton. Mais Macdonald dut alors partir – il avait des engagements sur d'autres projets à Stratford – et Richler était très occupé à réécrire le scénario du film qui serait tiré de Joshua hier et aujourd'hui. Le Journal fit paraître une nouvelle critique, plutôt tiède. Selon la critique, le spectacle était « meilleur, mais encore mauvais». *Il y eut du remue-ménage interne. Lonny Price voulait qu'on embauche de nouveaux auteurs compositeurs, mais Lieber et Stoller menacèrent d'intenter une poursuite de cent mille dollars, et Gesser accepta de leur donner une autre chance. Après le départ de Macdonald, Gesser embaucha un nouveau metteur en scène, Paddy Stone de Winnipeg, pour réorganiser le spectacle qui serait présenté à Ottawa. Cela engendra une dispute féroce avec Macdonald à propos des crédits et des droits d'auteur, et la colère de la troupe qui n'accueillait pas avec plaisir la venue de Stone. Dans le journal qu'il tenait à l'époque, le choriste David Gale écrivit: «Ça a été une période ridicule. Il y a maintenant quinze personnes pour gérer ce qui se passe, et elles n'ont ensemble pas la moitié d'une idée.» À Ottawa, le spectacle fut présenté au Centre national des Arts devant une salle à moitié vide, après quoi Gesser annula les représentations prévues à Hamilton, en Ontario. Gesser perdit personnellement près de quatre cent mille dollars. Doug Cohen, que Richler avait rencontré vingt-quatre ans auparavant sur le bateau qui l'amenait en Europe, avait également investi une somme, beaucoup moins importante, dans le spectacle.*

SAM GESSER

Mordecai était déçu, évidemment. Il avait consacré trois mois de travail dans cette aventure. Mais il y a toujours eu un problème inhérent au scénario. À la fin, Duddy contrefait un chèque pour acheter le terrain. Si on enlève ça, on perd l'essentiel de l'histoire. Si on le garde, on se met le public à dos.

MORDECAI RICHLER

Les acteurs étaient magnifiques. Nous les avons laissés tomber.

MIKE STOLLER

Mordecai est un grand romancier. Mais le livret n'était pas vraiment un livret musical, et la mise en scène présentait des lacunes. Certaines des chansons étaient très bonnes, et d'autres l'étaient sans doute moins. Il aurait fallu y travailler beaucoup plus et on ne nous a pas permis de le faire.

La comédie musicale Duddy *eut néanmoins une deuxième vie, puis une troisième. Avec les nouvelles chansons d'Alan Mencken, récipiendaire d'un Oscar et d'un Grammy, et un nouveau livret écrit par Richler et Austin Pendleton, qui faisait aussi la mise en scène, elle fut présentée à Philadelphie en 1987 en tant qu'atelier. Lonny Price jouait, cette fois encore, le rôle titre. Les critiques furent mitigées, et une fois de plus, le rêve de le présenter à Broadway tomba à l'eau.*

AUSTIN PENDLETON

C'était un de ces projets qui a l'air sensationnel et qui l'est, mais qui comporte de nombreux pièges. Lonny Price est retourné à New York après la présentation au Canada, et il a essayé de réunir une nouvelle équipe. Il m'a demandé de faire la mise en scène et j'ai répondu : « Ouais, mais j'aimerais aussi collaborer au livret. » Dès le départ, j'ai dit à Lonny et à l'un des producteurs : « Il y a un os : la fin. J'ignore ce qu'il faut faire pour que la fin fonctionne. » D'après moi, c'est pour ça que le film n'a pas connu plus de succès. La fin fonctionnait mieux dans le roman, mais, d'un point de vue purement théâtral, j'étais très préoccupé par cet aspect. Vous voyez, Mordecai entraîne le lecteur et le public dans un passage très douloureux avec son jeune personnage. Duddy souffre pratiquement d'une dépression nerveuse. Yvette le quitte et tout s'effondre, puis il est pardonné. C'est très émouvant et vous avez l'impression d'avoir fait beaucoup de chemin avec lui, c'est tout à fait convaincant. Puis, à la fin, il redevient celui qu'il a toujours été. On ne peut pas entraîner un public dans un périple douloureux pour lui montrer à la fin le même connard superficiel du début. Lonny était catégorique : « La fin n'est pas négociable. » D'accord, ai-je dit. Et c'est là que nos ennuis ont commencé. Allan Mencken et David Spencer ont composé une merveilleuse partition, bien meilleure que celle de Lieber et de Stoller et plus compréhensible émotionnellement parlant, des paroles brillantes. C'était un spectacle fort. Il y avait des problèmes, mais on pouvait les régler. Tout pouvait se régler, sauf la fin.

Mordecai est venu à Philadelphie, et le père du producteur, qui finançait tout le projet et qui s'identifiait à Duddy Kravitz, a assisté à la première sur le campus de l'université de Pennsylvanie ; il a piqué une crise. Il devait croire que ce serait une glorification. Il a pété les plombs pendant la réception – c'était le soir de la mort de Bob Fosse. Il a annoncé que c'était fichu, que le spectacle était de la merde. Stewart Lane, le fils, nous a tous fait venir à sa suite d'hôtel le lendemain matin à huit heures et il nous a dit : « Je ne vais pas présenter le spectacle à New York. » Tout le monde a été abasourdi, parce que, la veille encore, il disait que ça marchait. Nous avions déjà reçu une excellente critique. Il a dit : « Eh bien, j'ai regardé le spectacle et ce n'est tout simplement pas prêt pour New York. En toute conscience, je ne peux... » Mordecai l'a soudain interrompu : « Allons, Stewart. Ce n'est pas une question de responsabilité en tant que producteur. C'est parce que ton père a retiré tout son argent hier soir. Sois au moins honnête avec nous. »

«Je vais trouver de nouveaux investisseurs, a fini par dire Stewart. Coupez les vingt dernières minutes et arrangez-vous pour que le spectacle finisse bien, par la rédemption et le pardon de Duddy.» Il y avait une chanson, «Welcome Home», une ballade, qui était applaudie pendant trois minutes chaque soir. C'était la fin naturelle, et j'ai donc appelé Mordecai pour lui dire: «Écoute, Stewart y tient absolument.» Mordecai était très malheureux, mais il a consenti. «Seulement un soir.» Nous avons eu une ovation debout – je le dois à Stewart Lane. Nous avions finalement réussi grâce à lui. Quelques jours plus tard, au cours d'un déjeuner avec Stewart et Mordecai, j'ai dit: «Parlons de la fin.» «Austin, je ne vais pas le permettre», a dit Mordecai, et j'ai répondu: «Je vais faire une analogie. Si *My Fair Lady* s'était terminé comme *Pygmalion*, le spectacle aurait pris fin dans les six mois, parce que le public reste avec un mauvais goût dans la bouche. La nouvelle fin change tout le sens de la pièce, c'est vrai, mais elle ne la viole pas.» J'ai tout essayé pour le convaincre. Nous étions sur le point de réussir quelque chose d'assez stupéfiant, mais personne ne m'a laissé faire ce qui devait manifestement être fait. Puis, quelques jours plus tard, Stewart m'a congédié comme metteur en scène. Il a dit que je pouvais rester comme auteur, mais je ne pouvais changer la fin, alors je me suis effondré et je suis parti.

J'adorais pourtant la compagnie de Mordecai. Quand on se trouve à l'étranger avec une comédie musicale qui bat de l'aile, que l'atmosphère est hystérique, démentielle, on s'attend à ce que le plus furibond soit l'auteur de l'œuvre. Or, Mordecai n'a jamais perdu les pédales. Il était seulement drôle. Il se montrait critique, mais d'une manière enjouée, et ses critiques valaient la peine d'être écoutées. Toute l'affaire aurait pu être un cauchemar, mais Mordecai en a fait quelque chose d'amusant, sans jamais renoncer à ses critiques. J'avais beaucoup d'admiration pour lui. Il jouait franc-jeu.

Finalement, dix ans plus tard, en 1997, le Centre Saidye Bronfman de Montréal a demandé à Richler la permission de monter une version en yiddish de la comédie musicale, avec de nouvelles mélodies (de Gary William Friedman), un nouveau livret et de nouvelles paroles (d'Edward Gallardo) et de nouveaux comédiens et chanteurs. Il a accepté et il a assisté à la première.

JOHN AYLEN

J'y suis allé avec Florence et Sam Gesser. Mordecai n'a fait aucun commentaire. Il a bien supporté le spectacle. Il l'a enduré.

Même avant la fin de la comédie musicale Duddy *au Canada, Richler avait travaillé à l'adaptation cinématographique de* Joshua. *Le film devait être réalisé par Ted Kotcheff et produit par Robert Lantos et Stephen Roth. Richler continuait toutefois à critiquer ouvertement l'industrie cinématographique canadienne.*

MORDECAI RICHLER

À quelques exceptions près, ça a été une occasion ratée, propulsée par la cupidité plutôt que par la création. Plutôt que d'essayer de tourner des films enracinés dans notre culture, entièrement à nous, comme les Australiens l'ont fait si brillamment, nous avons toujours essayé de faire du fric facile. Ici, ça a toujours été davantage une affaire d'évasion fiscale qu'une industrie cinématographique. Même alors, les investisseurs ont été brûlés par des producteurs sans scrupules, et nous les avons peut-être perdus à jamais. Le contribuable s'est fait avoir, tout comme les cinéastes.

« Un incroyable mauvais goût lardé de cupidité étayait la majorité des films canadiens, ajouta-t-il. À part quelques exceptions honorables, une grande partie de ce que nous avons produit ici est gênant, même dans ses intentions. Si Meatballs *a fait de l'argent l'an dernier,* Hamburger Helper *et* Kleenex *en ont fait aussi. »*

Le tournage de Joshua *débuta à l'été 1984. Le rôle principal fut confié à James Woods, mais plusieurs comédiens canadiens furent embauchés pour des rôles secondaires. Chuck Shamata était du nombre.*

CHUCK SHAMATA

Jusqu'à Mordecai, la culture canadienne-anglaise était définie par des auteurs WASP [White Anglo-Saxon Protestant]. Ils reflétaient le propos des politiques d'immigration canadiennes, qui étaient en effet racistes, bien que peut-être fortuitement, jusqu'après la Deuxième Guerre mondiale. Vous comprenez donc pourquoi Mordecai était plus qu'un écrivain pour moi – il était la première voix littéraire non blanche-anglo-saxonne-protestante, et il a procuré à bien des gens une légitimité qu'on leur refusait auparavant.

C'était la pause « déjeuner » pendant le tournage de *Joshua hier et aujourd'hui* à Montréal au milieu de la nuit. Il était à peu près deux heures et demie du matin, et nous étions dans un restaurant italien, rue Peel. James Woods dominait la conversation et il y prenait plaisir. Il est un mélange terrifiant – verbomoteur intelligent, férocement ironique, logique, très sûr de lui, et j'avais très hâte d'entendre ce qu'il avait à raconter. Je me rappelle qu'il a pris le propriétaire à part et lui a expliqué en long et en large qu'il voulait ses pâtes cuites *al dente* et ce qu'il entendait exactement par *al dente*. Quand il a eu fini, l'homme semblait confus et terrifié. Apprenant qu'on n'avait pas son scotch préféré – un Glen quelque chose –, Mordecai a accepté le meilleur pur malt disponible et il en a bu une quantité considérable avec le plaisir mitigé du vrai connaisseur. Loin d'être *al dente*, les pâtes étaient collées ensemble en paquets pâteux. «C'est ce que vous appelez *al dente*?» demanda Woods. Il renvoya son assiette et commença une litanie sur les tournages en Europe, les restaurants incroyables, les femmes, etc. – rapide, drôle, narcissique. Kotcheff nous a parlé de son expérience de tournage en Australie, dans l'arrière-pays. Mordecai, qui avait coutume de froncer les sourcils quand on se plaignait comme il se doit de la politique canadienne, a presque toujours souri pendant cette nuit-là. Leur conversation exprimait des expériences et des réalisations raffinées. Des douzaines de noms célèbres ont été mentionnés comme par inadvertance. C'était un moment difficile pour un acteur canadien aussi peu connu que moi. Je partageais une table avec des gens riches, célèbres et talentueux qui avaient fait leur marque. Leurs noms étaient connus dans le monde entier. Je me suis soudain senti incapable de participer à cette conversation. Mon estime personnelle est tombée à zéro: j'étais monté très haut par ma bonne contribution au film et voilà que j'avais la certitude que l'existence n'en valait pas vraiment la peine. C'est à ce moment-là que Ted m'a posé une question. J'ai été incapable de répondre. Littéralement. Ça ne m'était jamais arrivé auparavant et ça ne m'est jamais arrivé depuis – ma bouche bougeait comme si j'allais parler, mais aucun son ne sortait. James Woods a fait une blague, tout le monde a éclaté de rire, et un ange a passé. Après le repas, nous devions tourner la scène du «slip» dans les toilettes pour hommes – où Joshua et moi échangeons nos sous-vêtements. Malgré mon effondrement émotif quelques minutes plus tôt, la scène s'est très bien déroulée et elle est devenue l'une des plus drôles du film. Allez savoir pourquoi.

Par la suite, Richler dit à Shamata que c'était sa scène préférée.

CHUCK SHAMATA

Cette scène était-elle réellement sa préférée? Je ne sais pas. Peut-être – c'était une scène très amusante. Peut-être pas, mais quoi qu'il en soit, j'ai compris qu'il était un *mensch* [un bon être humain]. À mes yeux, c'est ce qui compte. Qu'une personne soit un bon ou un mauvais écrivain, un bon ou un mauvais directeur général importe, bien sûr, mais beaucoup moins que l'affection et le respect qu'elle inspire aux gens qui la côtoient.

Pendant cinq mois en 1984, Jacob Potashnik travailla sur le plateau de Johsua. *D'abord embauché comme chauffeur de Kotcheff, Potashnik – aujourd'hui scénariste – fut bientôt promu au poste de responsable du repérage. Il devint, en réalité, «la petite souris», un genre de paléoanthropologue culturel diplômé. Voici la version corrigée de ses souvenirs inédits de l'expérience; ce texte s'intitule* Stalking the Mastodon [Traquer le mastodonte].

Au cours d'une de mes expéditions de repérage, je tombai sur une petite rue du haut Westmount, un *cul-de-sac** dont j'ignorais l'existence. Je me garai, je marchai jusqu'à la première maison et je sonnai à la porte. C'était une femme d'un certain âge, une Gentile, aux cheveux blonds parsemés de gris, au beau teint lisse et pâle et aux yeux bleus évoquant un ciel de fin du jour en hiver. Ses petits pieds étaient nus, et ses ongles impeccables brillaient sous une couche de vernis à ongle «Simplement rose» modeste mais attirant. Elle évoquait un parfait à la crème.

«Joshua...» commença-t-elle en prenant ma carte de visite, et comme si elle reprenait son souffle, elle répéta: «Joshua au passé, au présent».

«Oui, nous tournons un film à partir du roman. De Mordecai Richler, vous savez?»

L'essence moléculaire d'une femme peut-elle se transformer en l'espace d'un instant? Parce que c'est exactement ce qui sembla se produire. De toute évidence, la seule mention du nom de Mordecai l'avait profondément émue.

«Et comment va Mordecai par les temps qui courent?» murmura-t-elle en s'appuyant au cadre de porte comme si elle cherchait un support. Les ondes des vibrations sensuelles émanant de son corps étaient aussi tangibles et puissantes que de l'oxygène à l'état pur.

«Il va très bien, répondis-je en bégayant. Vous savez... il travaille sur... ce... ce film... Avec Ted. Ted Kotcheff. Ils ont fait *Duddy Kravitz* ensemble.» Je bafouillais, fasciné par son regard. Heureusement, elle m'interrompit enfin.

« Le connaissez-vous ? Mordecai ? » lui demandai-je, retrouvant un contrôle partiel de ma bouche.

Elle poussa un léger soupir. « Il y a très très longtemps », répondit-elle, comme si elle prenait le contrôle de certaines pensées sauvagement imprévisibles et les cachait hors de la vue et de la conscience. « C'est merveilleux qu'il soit de retour, n'est-ce pas ? continua-t-elle en reculant un peu. On m'a dit qu'il avait des enfants vraiment adorables… Vous le saluerez de ma part quand vous le verrez », conclut-elle froidement en refermant sans violence mais catégoriquement la porte. Une fois dans ma voiture, je pris conscience que je n'avais aucune idée de son identité, que je ne savais pas comment parler d'elle, que je ne savais rien. Le lendemain, quand j'eus rassemblé assez de courage pour retourner sonner à sa porte, ne serait-ce que pour connaître son nom, je fus incapable de retrouver la rue.

Quand je revis Mordecai flâner nonchalamment dans le bureau, je l'examinai attentivement. L'impression était toujours néolithique, la grosse tête et le visage aux traits fermes, l'épaisse chevelure renvoyée en arrière, le regard furtif et pourtant provocateur. Était-ce l'homme qui avait fait palpiter les cœurs dans un passé préhistorique ?

Changement de lieu. Une autre sonnette, une autre maison, à Outremont, cette fois. Elle fut ouverte à la volée par une autre femme d'un certain âge, exprimant toutefois une réaction plus agressivement esthétique aux problèmes du vieillissement. Elle avait les cheveux noirs, elle était de taille moyenne et délicieusement potelée. *Zaftig.* Elle était vêtue très simplement d'un chemisier de soie blanc et d'une jupe noire. Un soutien-gorge en dentelle, ingénieux, pigeonnant, assez transparent pour révéler la couleur, sinon la texture, de ses mamelons proéminents, soutenait librement sa forte poitrine. J'ignore qui elle s'attendait à voir, mais j'aurais donné n'importe quoi pour être cette personne.

Avant que j'aie eu le temps de le réaliser, elle m'invita à entrer. Et, encore une fois, je me retrouvai baignant dans des ondes de phéromones excitées.

« Mordecai ? » C'était moins une question qu'un jugement définitif sur une cause, une situation, une équation que je ne pouvais même pas deviner.

Encore une fois, l'intrépide chargé du repérage trébucha sur la piste de la grosse bête paléolithique. L'air évoqua soudain la feuille de tabac cubain, le scotch de cette femme fut soudain celui de Mordecai, elle cessa de respirer, recommença, cessa encore et recommença encore. Deux mondes existaient simultanément dans cette cuisine. J'en occupais un et ma présence l'avait entraînée dans l'autre. Nous étions donc là, elle, perdue dans des souvenirs assez importants à ses yeux pour nécessiter encore deux doigts de scotch, et moi qui suivais la piste, espérant que cela me conduise à une vérité sur lui qui avait jusqu'alors échappé au regard du public. Mordecai, bête de la jungle venue d'un passé pléistocène. Mordy le débaucheur, de certaines femmes, d'un certain type. Même le mastodonte laissait des traces. Pourquoi pas Mordecai?

Y avait-il une histoire qu'il n'avait pas écrite? Le masque de grognon effervescent était-il une ruse pour rejeter le chasseur hors de la piste? Ou était-ce moi qui, hyper-stimulé par cette fuite en avant, imaginais tout cela? J'avais désormais trempé mes fléchettes dans la bonne potion. Je pouvais le faire redescendre, le rendre mortel. Il ne me restait plus qu'à m'approcher de lui.

J'eus ma chance. Un soir, Ted me demanda de raccompagner Mordecai chez lui.

« Ted m'a dit que vous écrivez », commença-t-il pendant que nous roulions, et, juste à entendre le ton de sa voix, je compris que Mordecai faisait tout son possible pour se montrer gentil.

« Ouais », répondis-je, étonné que mon nom ait été mentionné entre eux. Son attitude me désarçonna, mais ne m'arrêta pas. J'ajustai mon trait et levai ma sarbacane, prêt à poser la question du siècle, celle qui répondrait à tout. Mordecai prit une bouffée de son petit cigare et laissa son regard errer sur la ville qui luisait à présent dans le soleil couchant. Il avait baissé la garde et me révélait son flanc, ce qui me permit de prendre sa mesure. Clignant des yeux dans la lumière crue, d'un blanc doré, je m'aperçus, l'espace d'un moment de reconnaissance, que son visage n'était plus celui d'un animal sauvage. Il n'était pas un objet bizarre exposé, une peinture sur la paroi d'une grotte. Il était taillé en relief, mais, en fin de compte, il était à l'échelle humaine. Mordecai soupira profondément, tiré d'affaire.

« La vie est dure », dit-il calmement.

ROBERT LANTOS, *coproducteur*

Pourquoi *Joshua* n'a pas obtenu la reconnaissance et le respect qu'il mérite reste pour moi un mystère. J'adore ce film. Le succès a été raisonnable au moment de sa sortie en salle et nous l'avons présenté au festival de Cannes. Au Canada, les critiques ont été mitigées, et aux États-Unis, la plupart ont été élogieuses, mais il n'a jamais été près d'être sur les listes des plus grands films canadiens. Le temps de gestation a été long, car j'ai acheté les droits du livre en 1979 ou 1980, et la production a débuté en 1984. Contrairement à *Barney*, il n'a pas d'idée directrice, ce qui rendait difficile de l'ajuster à un format qui conviendrait.

En ce qui concerne *Joshua* et *Barney*, le dilemme, c'est qu'on a besoin d'un certain pourcentage de financement canadien pour financer un film aussi éloigné du courant dominant – vendeur de pop-corn –, qu'une œuvre de Mordecai. Avec ce genre de projet, on ne peut pas arriver chez Paramount et dire : donnez-moi quarante millions de dollars et nous ferons le film. En général, les studios financent les films pour ados, et s'ils s'aventurent à l'occasion dans un film destiné à un public adulte, ce ne sera pas pour raconter l'histoire d'un Juif canadien à Montréal – c'est tout simplement inconcevable. Dans le cas de *Joshua*, même si on avait de l'argent de la Twentieth Century Fox, qui détenait les droits de distribution aux États-Unis, la majeure partie du financement venait du Canada, ce qui voulait dire Téléfilm Canada, ce qui voulait dire que la distribution devait être majoritairement canadienne, et nous avions déjà James Woods et Alan Arkin, qui n'étaient pas canadiens. Il nous fallait donc offrir le rôle de Pauline à une actrice canadienne, au grand désarroi de Mordecai et de Ted, et du mien.

TED KOTCHEFF

Quand j'ai tourné *Duddy*, j'ai éludé les règles concernant les vedettes états-uniennes, parce que j'avais Richard Dreyfus et Randy Quaid, Jack Warden, Joseph Wiseman et Joe Silver. J'en avais six, ne me demandez pas pourquoi. Mais quand j'ai voulu faire *Joshua*, on m'a dit que je ne pouvais embaucher que deux États-Uniens ; Cybill Shepherd était prête à jouer le rôle de Pauline – elle voulait le faire –, j'avais James Woods et, en même temps, je voulais avoir Alan Arkin. On m'a forcé à choisir. Je suis allé voir des gens à Ottawa. J'ai plaidé ma cause. Laissez-moi prendre Cybill. Pour finir, Mordecai et moi avons décidé de prendre Alan Arkin et d'essayer de trouver une comédienne pour incarner l'épouse. Nous avons cherché et recherché. Gabrielle Lazure était une comédienne francophone qui avait cet incroyable air de princesse WASP. Il n'est pas facile de trouver la personne qui a exactement l'apparence voulue. Gabrielle avait un léger accent français, qui s'est révélé de temps en temps pendant le tournage. Mais ce n'est que lorsque nous avons eu suffisamment de pellicule que nous nous sommes rendu compte à quel point c'était contradictoire : une aristocratique fille de sénateur qui parlait avec un léger accent français. Le film a donc été torpillé. Elle n'était pas capable. Elle voulait le faire, mais elle n'avait pas ce qu'il fallait.

Nous avons quand même continué à produire des versions, et nous n'étions jamais satisfaits du scénario, et je pense que Mordecai était d'accord avec moi. Je lui disais : « Il n'y a pas de point culminant », et il répondait : « Ted, je suis vidé. Je n'ai plus rien à donner. »

ROBERT LANTOS

Le film a dépassé le budget, sérieusement, et dans ce genre de situation, il faut acheter une garantie d'achèvement. Les garants assuraient que le film serait achevé dans les limites du budget, mais à leur façon, c'est-à-dire en remplaçant le réalisateur – ils en avaient le droit. De toute évidence, nous n'allions pas accepter cela, mais ils n'étaient pas disposés à investir autrement. Nous avons donc été obligés d'aller quémander à la Twentieth Century Fox. Le directeur de la production à la Fox a été congédié alors que nous étions à la moitié du tournage, et Barry Diller l'a remplacé. Son seul intérêt dans ce film était de s'en sortir. Ce n'était pas son genre de film, et il était infecté par son prédécesseur. Nous n'avons pas réussi à le rencontrer et il a refusé de voir les rushes. Alors, nous nous sommes dit : bon, retournons voir les investisseurs ; ça ne devrait pas être trop difficile de leur faire cracher un autre dix pour cent. Téléfilm a accepté, la CBC a accepté [la CBC avait accepté de diffuser une mini série en quatre heures qui était tournée simultanément], et les investisseurs privés ont accepté – tous à condition que la Twentieth Century Fox donne son accord. Ted et moi avons donc monté environ quarante-cinq minutes du film sur une bobine et nous avons pris l'avion pour Los Angeles un dimanche pour la faire voir à Barry Diller, mais il n'est pas venu à la projection. Une poignée de personnes sont entrées dans la salle de projection à l'heure du lunch, mais pas de Barry Diller en vue. Il n'y avait personne en position d'autorité, et la Fox ne voulait rien approuver. Nous étions donc dans une impasse. À la fin du tournage, nous étions donc passablement endettés. Mon associé et moi étions couverts de dettes.

À cause de ces dettes, il ne restait plus d'argent pour envoyer les Richler à la première du film, qui était en compétition au festival de Cannes, en 1985. Richler était vexé et il l'exprima publiquement.

MORDECAI RICHLER

Je remercie les producteurs qui, entre deux tournages de films à succès légèrement pornos comme *Heavenly Bodies* et *Bedroom Eyes*, ont réussi à libérer un peu de temps de leur programme chargé pour se rendre à Cannes en première classe avec leurs épouses. Je présume que si mon travail sur ce film remporte quelque chose, ils auront la bonté de me le rapporter.

ROBERT LANTOS

Quand un film est en compétition, le festival de Cannes invite le réalisateur et deux vedettes – pas le producteur et pas le scénariste. C'est comme ça. Mordecai n'était pas content.

Mais Mordecai fut bien rémunéré pour son travail sur Joshua. *Il reçut cent cinquante mille dollars pour les droits cinématographiques, trente mille de plus pour les droits télévisés et encore cent cinquante mille pour l'écriture du scénario.*

Alan Arkin aima beaucoup incarner Reuben, le père de Joshua, un filou. Après le tournage, il écrivit à Richler : « Le rôle de Reuben a été l'un des meilleurs que j'aie jamais joués, et c'était un grand plaisir pour moi que d'avoir ces MAXIMES à croquer à belles dents. »

STEPHEN ROTH, *coproducteur*

Mordecai était un très bon romancier, mais pas un homme parti-culièrement sympathique. Lui et moi n'étions pas destinés à devenir les meilleurs amis du monde. C'était une relation d'affaires et ce n'était pas du gâteau. Le temps que je passais avec lui, à dîner, à prendre un verre, était toujours un peu exaspérant. Ted était un dur. Un jour, sur le plateau, il a pris un réfrigérateur et l'a lancé à travers la pièce. Il ne s'entendait pas avec Robert, parce qu'il le considérait comme un parvenu, comme un jeunot, et que Robert ne le traitait pas comme un roi. Ils ont insisté pour avoir un brandy à six cents dollars le verre pour une scène, ils en avaient besoin d'une demi-douzaine et cette scène occupait deux secondes du film. Ça s'ajoute au reste.

En août 1973, Richler forma une association qui allait lui permettre d'augmenter substantiellement ses revenus annuels et de donner un coup de main à d'autres écrivains canadiens. Le prestigieux Book of the Month Club, fondé en 1926 et dont le siège social se trouvait à New York, lui proposa de devenir collaborateur. Au départ, l'entente financière était de mille dollars américains par mois, plus cinq cents dollars par compte rendu de livre soumis à leur bulletin promotionnel. En février 1976, il fut invité à faire partie du jury, un poste pour lequel il se rendait à New York quinze fois par année pour des réunions éditoriales à l'heure du lunch. Cette première année, il reçut trente mille dollars plus un bonus de participation aux bénéfices et on lui paya une assurance-vie obligatoire. Lorsque sa collaboration avec le BOMC prit fin en 1988, il gagnait quarante-cinq mille dollars par année. Au moment de son départ, on lui versa son salaire annuel comme indemnité de licenciement. L'imprimatur du BOMC sur un livre n'était pas le fruit du hasard. Quand un livre était choisi, le club payait entre quatre-vingt-cinq mille et cent cinquante mille dollars d'à-valoir sur les droits d'auteur. À la fin des années quatre-vingt, le club – en compétition avec la Literary Guild – a parfois versé jusqu'à un million de dollars pour obtenir les droits d'un ouvrage.

MORDECAI RICHLER

Les lunchs étaient très agréables, mais il y avait beaucoup de lecture à faire. Je lisais presque chaque soir. Puis, Time-Life a acheté le Book of the Month Club en 1988. Jusque-là, nos choix étaient définitifs, mais Time-Life nous a transformés en comité consultatif et nous a congédiés, Bill [Wilfred Sheed], Gloria Norris et moi. Deux mois plus tard, le Book of the Month était devenu la collection de l'amélioration de l'habitat de Time-Life. Quand j'étais là, j'ai lutté très fort pour *Song of Solomon* [*La chanson de Salomon*] de Toni Morrison, *The World According to Garp* [*Le monde selon Garp*] de John Irving et *The Fatal Shore* de Robert Hughes. J'ai fait deux livres avec eux, une anthologie de l'humour américain qui s'est bien vendue, et une anthologie de mémoires de la Deuxième Guerre mondiale qui s'est mal vendue partout.

AL SILVERMAN, *éditeur, Book of the Month Club*

J'étais là quand il est devenu juge canadien, ce qui signifiait qu'il prenait un livre canadien chaque fois qu'il le pouvait. À l'une de nos premières rencontres, il m'a dit que Mavis Gallant avait presque terminé son roman et que nous devions le prendre. Ça ne s'est pas produit, mais il n'a jamais renoncé. Je crois qu'il l'aimait, à certains égards.

Je le trouvais charmant, il était une sorte de Huck Finn juif, un gars qui avait toujours l'air sur le point de faire quelque tour pendable. Un visage sérieux, les lèvres un peu retroussées et les propos chuchotés de sa voix gutturale. Nous sommes devenus de très bons amis. Nous avons fait plusieurs séjours au lac Memphrémagog. Nous avions toujours hâte d'aller rencontrer des éditeurs à Toronto, et Mordecai nous accompagnait souvent. Nous rencontrions Jack

McClelland – Jack aimait lever le coude. Ils étaient faits l'un pour l'autre.

À ces réunions, Mordecai était l'un des plus silencieux. Les discussions étaient en général dominées par Clifford Fadiman, parce qu'il était là depuis de nombreuses années et qu'il s'exprimait si clairement qu'il intimidait tout le monde. Mordecai mit quelque temps avant de se sentir à l'aise avec le groupe. Lui et Sheedy [le romancier Wilfred Sheed] étaient les jeunes du groupe. Nous allions à des parties de base-ball inaugurales ensemble. À la parution du *Monde selon Garp*, le roman de John Irving, l'une de nos meilleures lectrices le détesta passionnément et elle présenta un rapport si négatif que j'eus l'impression que je ferais mieux d'y jeter un coup d'œil. J'ai été plutôt enchanté par le livre et je l'ai donc envoyé aux juges. À la réunion, Fadiman s'est abstenu de prendre une décision, Sheed également, et Mordecai adorait le roman… et il a vraiment donné le maximum pour le faire accepter. « Il se passe quelque chose dans ce livre. Nous ne voulons pas perdre ça. Ses autres romans étaient bons, mais celui-ci est différent. » Il a donc suggéré que nous fassions une double inscription – quand nous choisissions deux titres principaux –, et c'est ce que nous avons fait. Nous l'avons accouplé avec *Compromising Positions* de Susan Isaac.

Je me souviens que les autres juges n'étaient pas très enthousiastes à l'égard de la *Chanson de Solomon* de Toni Morrison, mais, encore une fois, c'est Mordecai, avec Bill Sheed, qui a contribué à lui assurer sa place. *The Fatal Shore* – Sheed l'adorait et Mordecai l'adorait. Les deux autres hésitaient. Nous l'avons finalement choisi comme titre principal. Parmi les dirigeants de Time-Life, nombreux étaient ceux qui croyaient que ce serait un désastre, mais notre choix s'est révélé un des plus éclairés, et le livre a été l'un des meilleurs vendeurs.

Une règle était sous-entendue : quand trois juges sur cinq voulaient un livre, les deux autres s'inclinaient, mais il y avait un long débat avant de passer au vote, et les gens pouvaient changer d'idée. Mordecai était le plus gentil et le plus sensible des juges, à tous les égards. Il n'a jamais voulu faire de grabuge. Il était subtil. Il ne montrait pas à quel point il tenait à un titre.

La relation entre Richler et Silverman se termina néanmoins sur une note amère quand les gestionnaires de Time-Life, des diplômés de Harvard, décidèrent de les congédier, lui, Sheed et Norris.

AL SILVERMAN

J'ai commis une erreur : je me suis laissé convaincre d'annoncer la mauvaise nouvelle à Sheed et à Mordecai. Mordecai a été incapable de le comprendre... « Al, tu sais, nous étions là ensemble. Tu ne pouvais pas te montrer solidaire ? » Et il avait raison. On fait des choses, on pense parfois faire pour le mieux et quand on a tort, on a tort. Nous étions en 1988. La dernière fois que je l'ai vu, c'était dans un restaurant de Londres au milieu des années quatre-vingt-dix ; nous nous sommes fait l'accolade en grommelant les banalités habituelles. J'aurais tellement voulu lui dire à quel point je regrettais la façon dont notre relation avait pris fin, la rupture entre lui et moi.

WILFRED SHEED

Mordecai a été dégoûté par l'attitude d'Al. Il a dit : « Cet homme est un faible », ce qui était vrai, et il allait écrire un texte foudroyant. L'avocat était un de mes copains, et il ne leur était pas venu à l'esprit qu'ils congédiaient deux auteurs. Je crois qu'ils nous ont donné six mois de plus comme indemnité de licenciement si nous acceptions de ne rien écrire à ce sujet. Le fait est qu'ils avaient décidé de nous congédier et qu'ils ne nous en avaient pas parlé et que, s'ils l'avaient fait, nous aurions pu conclure d'autres arrangements. J'avais renoncé à quelques postes d'enseignant pour continuer à travailler pour le club. Nous n'étions pas sitôt congédiés qu'ils l'annonçaient dans le *New York Times*. « Le Book of the Month Club se prépare pour l'avenir », et nous étions du bois mort. Notre valeur sur le marché était fichue. Silverman était passé à l'ennemi. Il servait d'intermédiaire. Nous avions cru qu'il était avec nous, mais il jouait pour eux, et quand il a compris qu'il ferait mieux de ne pas être du mauvais côté, il a changé. Mordecai était furieux. À cause de l'aspect éthique de la chose. Ce n'était qu'un travail, je veux dire, mais, pour moi, c'était plus que ça. Mordecai m'a appelé et il m'a dit : « Tu devrais écrire un livre pour enfants. Tu ne peux pas te tromper avec un livre pour enfants. » Il est resté en contact, pour s'assurer que tout allait bien. La dernière fois que je l'ai vu, il m'a pris dans ses bras et c'était exactement ce qu'il devait faire, c'était peut-être un indice que nous ne nous reverrions plus. Il était le meilleur homme du monde.

Quelques années plus tard, Richler reçut un mot d'un autre membre du club, Clifford [Kip] Fadiman. « Vous me manquez, écrivit Fadiman. Nos discussions sont intelligentes, bien documentées et honnêtes. Mais depuis que vous et Bill [Sheed] êtes partis, je ne crois pas avoir entendu un seul commentaire spirituel ni vu aucune manifestation exubérante. Nous faisons notre travail, mais il n'y a pas de jeu d'esprit, pas de pétillement. »

Comme il le faisait depuis pratiquement le début de sa carrière, Richler continua à consacrer une grande partie de son temps au journalisme. En plus de lui assurer des honoraires impressionnants pour ses services, le journalisme le libérait de l'univers solipsistique de l'écriture de roman, le mettait en contact avec des gens de divers milieux et lui fournissait une matière première pour ses projets littéraires. Mais il ne se faisait aucune illusion sur son importance. Comme il le déclara au cours d'une entrevue, le journalisme était « *un travail de grammairien. Il ne fait pas descendre le seau aussi profondément dans le puits. Il traite de la grammaire des affaires humaines, tandis que la meilleure littérature de fiction traite de leur essence.* »

Pour une large part, le journalisme de Richler concernait essentiellement le sport. Il débuta par un article pour Maclean's au début des années soixante sur la participation des Trail Smoke Eaters aux Championnats du monde de hockey tenus à Stockholm, et, près de quarante ans plus tard, il produisit un livre sur le snooker [On Snooker: The Game and the Characters Who Play it]. Entre-temps, il écrivit pour GQ, Saturday Night et d'autres magazines des articles sur les joueurs de hockey et de base-ball, les lutteurs, la Coupe Grey et la pêche au saumon, un sport qu'il commença à pratiquer plus tard dans sa vie et qui lui plaisait beaucoup.

Ses articles étaient tout aussi mordants que ses romans – à certains égards, ils l'étaient encore davantage, car ils n'étaient pas atténués par une intrigue amoureuse. Lorsque, par exemple, il se rendit à Edmonton au milieu des années quatre-vingt pour écrire un article sur Wayne Gretzky, qui jouait alors pour les Oilers, il écrivit: « *Si le Canada n'était pas un pays, mais une maison, Vancouver serait la salle de jeu-solarium, une idée de la richesse, Toronto serait le bureau des comptables, là où l'argent déride les gens, Montréal serait le salon, et Edmonton, la chambre des fournaises. C'est à peine si on voit un arbre au centre-ville, il n'y a rien pour réjouir l'œil dans l'avenue Jasper. Les soirs où il fait trente sous zéro, de lugubres zélotes religieux surgissent au coin des rues et se parlent dans des langues inconnues, tandis que d'intrépides péripatéticiennes en minijupe se frottent aux fenêtres des voitures que la circulation a obligées à s'arrêter. On ne trouve aucun restaurant de première classe nulle part en ville. [Edmonton est] moins une ville qu'un fouillis de vieux chantiers de construction où les édifices à bureaux désaffectés, les boîtes à savon et les motels en parpaings rejetés dans la construction des vraies villes ont été abandonnés pour dépérir dans le cruel hiver des Prairies.* »

MEL HURTIG, *écrivain*

On peut écrire des commentaires justes et objectifs, mais ce que Richler a écrit était mesquin, ordurier, laid, haineux et vulgaire. Il avait évité ça pendant des années. Il gagne désormais sa vie en tombant à bras raccourcis sur le Canada. C'est un colonialiste obséquieux – la pire espèce.

MORDECAI RICHLER

Edmonton est une ville qui manque manifestement de confiance en elle, mais je ne peux prétendre qu'Edmonton est Paris, Rome ou Londres. La réaction m'a laissé sans voix. Ce n'est pas une belle ville – qu'y puis-je? Ce n'était pas un article méchant, même en faisant un gros effort d'imagination. Ils ont dramatisé.

Richler a grandi avec le base-ball et le hockey, et il a plus tard développé une passion pour le snooker et même pour la course automobile.

FLORENCE RICHLER

Surtout à cause d'Emma, il s'est mis à regarder des parties de snooker et il a fini par en devenir un fervent amateur. Je crois que c'est Daniel qui a eu l'idée d'organiser un tournoi le lendemain de Noël à la maison de campagne. Nous avions une petite plaque et quelqu'un allait chez Birks faire ajouter le nom du vainqueur. C'était un tournoi pour le plaisir, et tous les habitués du Owl's Nest étaient invités. Nous préparions une grosse marmite de chili con carne et nous servions trente ou trente-cinq personnes.

Dans sa jeunesse, il jouait au billard – pas au snooker –, et c'était très différent, comme Emma avait coutume de le faire remarquer très sévèrement au début. Elle raffolait totalement de ce jeu et elle est devenue une autorité en la matière. Mordecai s'y est de plus en plus intéressé, comme ça a été le cas pour les courses de Formule Un, auxquelles il avait commencé par résister. Il s'est ensuite trouvé obligé de les regarder, quand il le pouvait. Jakes était un grand connaisseur en matière de voitures, et nous avons beaucoup appris.

Au fil des ans, la personnalité publique de Mordecai est devenue de plus en plus sévère; il portait des jugements catégoriques, et raillait la sottise et la prétention chaque fois qu'il en était le témoin. Mais, même au milieu de ses amis, il était souvent silencieux, songeur ou soucieux. Daniel Richler décrit l'amitié de son père avec le regretté Jack Clayton, par exemple, en parlant d'une « sorte d'économie dans leur façon de communiquer ».

DANIEL RICHLER

Ils se disaient tellement en si peu de mots et prenaient tant de plaisir à être ensemble. C'est comme si tout ce qu'ils décidaient de ne pas énoncer était pesé, considéré. Ils n'allongeaient jamais la sauce. Ils savaient ce qu'ils voulaient dire. C'est peut-être enviable, mais les autres ont également de la difficulté à s'immiscer. Ted Allan le faisait tourner en bourrique tout en l'amusant, parce qu'il était un moulin à paroles, un amateur de potins, et surtout un rééscriveur – la blague, c'était qu'il n'avait qu'une seule histoire et qu'il en a fait treize pièces de théâtre, pièces radiophoniques et bandes dessinées. Il pouvait parler pendant des heures, et papa perdait patience. Papa avait dix règles d'écriture; l'une d'elles était: n'écris pas dix mots lorsque un seul suffit, et il s'y conformait. Il y avait une vigueur et une concision que je considérais avec intérêt. Je me débattais toujours pour exprimer ce que je ressentais vraiment. Jake avait un meilleur rapport avec lui. Ils se faisaient confiance et se comprenaient mutuellement. Je me débattais toujours pour expliquer les nuances, les ombres subtiles de mes émotions, et ça rendait parfois les choses difficiles.

Certains familiers de Mordecai trouvaient difficile d'être en sa compagnie.

JOHN FRASER, *ami*

Ce n'était pas facile d'avoir une conversation avec lui, mais j'adorais sa femme et, après un certain temps, j'en suis venu à le voir à travers les yeux de Florence, plutôt que comme un type renfrogné.

JOHN SCOTT

Mordecai n'avait pas la conversation facile dans le sens conventionnel du terme. Il y avait des silences quand nous mangions ensemble. Je me suis toujours senti à l'aise avec ces silences, parce que c'était un plaisir que d'observer Mordecai en train d'observer. Si Mordecai n'avait rien à dire, il ne disait rien. À mes yeux, c'est une question de temps – pour lui, je crois que le temps faisait partie de son capital de travail, et je n'ai jamais connu personne qui le gaspillait moins que lui. Je crois qu'il travaillait sans cesse, l'artiste en lui travaillait continuellement, et le journaliste ne cessait jamais d'observer. Alors, les silences – quand on savait ce que cela signifiait, il faisait ce qu'il faisait.

Personne toutefois ne fut plus exposé que Florence aux longs silences de Richler. En général, ces périodes troublées suivaient la publication d'un nouveau roman.

FLORENCE RICHLER

C'était l'inquiétude habituelle du créateur : pourrai-je encore écrire ? Bien entendu, quand on s'est complètement vidé après un livre comme *Gursky* ou *Le cavalier*, on croit tout de suite que c'est peut-être le dernier livre qu'on écrira de sa vie. Je souffrais beaucoup en observant ce phénomène, son silence une fois l'œuvre terminée, parce que nous étions tous si enthousiastes et submergés par ce qu'il avait accompli, et nous savions que tout ce dont il avait besoin, c'était d'aller sur la place publique où des gens le serreraient dans leurs bras, l'embrasseraient et le féliciteraient. Mais cette attention était nécessaire après une vie si douloureuse, douloureuse et solitaire. Je voyais qu'il avait besoin de quelque chose d'exubérant, comme un voyage à Nairobi, qui lui donnerait le temps de se rafraîchir pour pouvoir enfin recommencer à écrire.

Ses amis intimes voyaient pourtant un autre côté de Richler, un côté plus humain.

TED KOTCHEFF

Les gens ont toujours pensé que Mordecai n'était pas émotif, qu'il était flegmatique et rabbinique, qu'il ne montrait pas ses sentiments. Pourtant, personne ne m'a jamais aimé comme lui. Sous cette carapace, il y avait un homme aux sentiments très très profonds. Une fois, dans les années quatre-vingt, [le regretté] Ted Allan était en pleine détresse. Tout sembla imploser, il s'est effondré et il a fondu en larmes. Mordecai a traversé la pièce, il est allé vers lui et, comme une mère, il a pris sa tête et l'a appuyée contre sa poitrine, il l'a tenu dans ses bras et a pleuré avec lui. Les gens seront peut-être étonnés. Je ne l'étais pas. Il était capable d'une grande émotion. C'était un côté de lui que personne ne voyait jamais.

En novembre 1985, Jack McClelland annonça qu'il vendait ses intérêts dans l'entreprise familiale au promoteur torontois Avie Bennett. Bien qu'il eût d'abord accepté de rester pendant cinq ans au sein de l'entreprise à titre d'éditeur, cet arrangement se révéla intolérable et, en février 1987, le flamboyant McClelland décida de se retirer du monde de l'édition. Quelques mois plus tard, Richler annonça que Gursky, *son neuvième roman, paraîtrait chez Penguin Books Canada.*

MARGARET ATWOOD

Après Jack, je crois que les dames [Cynthia Good et Louise Dennys] se sont tour à tour efforcées de le séduire – pas littéralement, bien sûr.

ROBERT FULFORD

J'ai l'impression qu'il n'aimait pas Avie, bien qu'ils soient par la suite devenus de bons amis. Il n'a pas quitté Jack McClelland, il a quitté Avie Bennett. Il était disposé à accepter la meilleure offre, et Penguin le voulait.

FLORENCE RICHLER

Il était très loyal envers Jack McClelland et, quand il a appris son départ, il a senti qu'il ne pouvait tout simplement pas changer d'allégeance et se tourner vers quelqu'un d'autre. Il a toutefois accepté de rencontrer le nouveau propriétaire. Je crois que Mordecai avait l'impression qu'il allait rencontrer Avie seul à seul, mais Avie voulait amener sa femme, Beverly, et il a suggéré que nous allions dîner tous les quatre. La tristesse de la chose, c'est que si Avie avait connu Mordecai, ou s'il avait su quelque chose de lui, il aurait compris qu'il valait mieux le rencontrer tout seul. On n'amène certainement pas sa femme. Mordecai n'avait rien d'un jeune auteur qui se fait publier chez un éditeur dont la femme, même très brillante, va lire ses ouvrages et pourra les juger. On a sans doute laissé entendre ce soir-là que Beverly ferait beaucoup de lecture de manuscrits. Par la suite, il a indiscutablement beaucoup apprécié Avie. Ils allaient déjeuner ou prendre un verre ensemble. Mais c'était beaucoup plus tard. Mordecai n'était donc pas à la recherche d'un éditeur. Bob Gottlieb a parlé à Mordecai d'une jeune femme, une autre de ses auxiliaires [Cynthia Good de Penguin Canada]. Il la trouvait extrêmement brillante, bonne réviseure, et, se fondant sur les commentaires élogieux de Bob, Mordecai s'est dit que ce serait bien. Ils ont travaillé ensemble. Il la trouvait perspicace. Il l'aimait bien. Elle est venue à la campagne [chez les Richler, près d'Austin, au Québec]. Il l'aimait énormément.

AVIE BENNETT

À mon avis, voici ce qui s'est passé : avant notre rencontre, Mordecai me prenait pour un parvenu, un promoteur immobilier tout à fait ignorant du monde de l'édition, et il se méfiait beaucoup de moi. J'avais invité Mordecai et Florence à dîner. Ma femme, Beverly, était présente. Nous sommes allés au Posto. Mordecai s'est montré très peu communicatif, ce soir-là. Il grommelait des monosyllabes. Nous n'avons pas eu de véritable discussion. Il a beaucoup bu et fumé ses cigares. Il s'est montré grossier, difficile et buté. Florence, elle, était très gracieuse, gentille, pleine de tact. Ça s'est passé comme ça. Ma femme m'a dit plus tard qu'elle ne m'accompagnerait plus si je devais revoir Mordecai. Ce n'était absolument pas un dîner d'affaires – c'était seulement pour faire connaissance. Mais je n'ai jamais, au grand jamais, proposé que Beverly joue un rôle éditorial. À la fin du repas, nous sommes repartis chacun de son côté, point à la ligne.

Malgré ce début chambranlant, Richler et Bennett finirent par se lier d'amitié, à tel point qu'à la mort de l'auteur en juillet 2001, la famille demanda à Bennett de faire partie de ceux qui portaient le cercueil aux funérailles. Et McClelland & Stewart continua à publier ses livres pour enfants.

AVIE BENNETT

Quand je me suis associé avec les Expos de Montréal, j'ai téléphoné à Mordecai et je l'ai invité à la partie inaugurale. C'était en 1989 ou 1990. Nous nous sommes entendus comme larrons en foire. Il était un grand amateur de base-ball, tout comme moi. À partir de là, nous sommes devenus des amis. Il m'appelait et me demandait : « As-tu envie de venir déjeuner ou luncher ? » Je ne l'ai jamais invité à dîner à la maison, parce que je savais que ça ne marcherait pas. Nous avons donc souvent déjeuné ou lunché, habituellement à l'hôtel Quatre Saisons, et nous avons été très proches pendant les années suivantes. Nous parlions de base-ball, de littérature, de la politique québécoise, de la politique canadienne. À Montréal, nous allions luncher chez Schwartz's ou dîner chez Moishe's. Je le voyais de temps en temps à Londres, habituellement pour le dîner. Nous avons fini par nous aimer et nous respecter mutuellement. C'était un homme très chaleureux, prévenant, et il adorait sa femme. Bref, tout ce qu'il n'était pas en public. Mais je crois qu'il était vraiment soupe au lait. Il était honnête. Il vous traitait comme il pensait devoir le faire.

Il arrivait à Richler et Bennett de faire des paris amicaux.

AVIE BENNETT

Une fois, David Stanes lui a demandé d'écrire une postface du dernier recueil de nouvelles de Mavis Gallant dans le New Canadian Library. Le tarif habituel était de sept cent cinquante dollars. Mordecai m'a téléphoné et m'a dit qu'il ne le ferait pas pour cette somme. Lui ou moi avons suggéré que ce soit le double ou rien. Il me semble que c'est moi qui l'ai proposé et il a été d'accord. Nous avons tiré à pile ou face. Il était à Montréal, et j'étais à Toronto. Il a tiré la pièce. J'ai dit: «Pile.» Il a dit: «C'est pile. Je le ferai pour rien.» Et il a tenu parole. À une autre occasion, nous avons deux fois parié une caisse de champagne sur la remise de son prochain roman, *Jacob Deux-Deux* et, dans les deux cas, il a été en retard. Il m'a dit: «Achète la caisse de champagne et envoie-moi la facture», ce que j'ai fait.

Ce fut également à la fin des années quatre-vingt que Richler rencontra Guy Vanderhaeghe, qui connaissait bien ses romans. Ils se lièrent d'amitié.

GUY VANDERHAEGHE

Croyez-le ou non, je crois avoir lu un extrait du *Cavalier de Saint-Urbain* dans *Chatelaine*. Je me souviens que je suis allé acheter le bouquin, puis que j'ai lu ses œuvres précédentes, et je me tordais de rire. À cette époque, en 1972, la littérature canadienne commençait de toute évidence à trouver son équilibre, et il y avait quelques auteurs dont je connaissais l'existence. *Surfacing* d'Atwood venait de paraître, et *The Confessions of Big Bear* de Rudy Wiebe, mais Richler était la figure dominante, le plus célèbre des écrivains canadiens. Il a pris la parole à l'occasion d'un colloque organisé par la Saskatchewan Writers Guild. C'était bizarre, parce que j'avais déjà écrit la postface du *Cavalier* pour New Canadian Library, mais je ne le connaissais que de réputation comme quelqu'un de difficile, d'irascible, quelqu'un auquel on n'aurait peut-être pas envie de se frotter. Mais comme j'avais écrit la postface, les organisateurs m'ont demandé d'apporter une bouteille de Macallan à sa chambre. J'ai répondu: «Il n'en est pas question. Je l'admire comme écrivain, mais je n'ai pas l'intention d'y aller pour me faire insulter.» J'ai donc refusé.

Par la suite, bien que sans jamais parler directement à Vanderhaeghe de ses nouvelles ou de ses romans, Richler en faisait souvent l'éloge devant d'autres écrivains, ainsi que dans ses articles dans les journaux. Il fit de même pour The Danger Tree, *l'impressionnant premier ouvrage du jeune auteur torontois David Macfarlane.*

DAVID MACFARLANE

Quand j'ai fait sa connaissance, j'étais intimidé par lui. Ce n'était pas un homme démonstratif, il n'était pas très ouvert. Il paraissait un peu méfiant dans ses rapports avec les gens. Il s'asseyait un peu à l'écart et s'assurait qu'il n'avait pas affaire à des abrutis. Par la suite, j'ai commencé à entendre dire que Mordecai Richler parlait de mon livre. C'est Margaret Atwood qui me l'a dit – je n'ai pas eu de contact direct avec lui, mais il y avait une rumeur. Quelqu'un disait: «Je l'ai acheté parce que j'ai entendu Mordecai Richler en parler.» Je ne peux vous expliquer ce que cela a signifié pour moi, parce que j'étais convaincu qu'il n'y avait aucun moyen de faire ce travail, de gagner sa vie en écrivant des livres. Ensuite, il a écrit un article dans le *Saturday Night* à propos du problème auquel je faisais face – dans un pays peu peuplé, c'est pratiquement perdu d'avance et certains livres méritaient d'obtenir un méga succès. Il a cité *The Danger Tree*, et il s'est attardé un peu sur mon livre. C'était fabuleusement encourageant, excitant et très digne d'être cité dans la publicité. Il devait en être conscient. Il savait sûrement que ce qu'il écrivait serait très précieux pour moi.

En signe de reconnaissance, Macfarlane envoya à Richler une bouteille de Macallan de vingt ans d'âge.

À l'automne 1989, Gursky parut chez Penguin Canada; ce roman de cinq cent soixante pages et de cent soixante mille mots était le plus long de Richler, celui auquel il consacra le plus de temps. Il aurait été beaucoup plus long si Florence et, plus tard, Bob Gottlieb ne lui avaient pas suggéré de supprimer toute une intrigue secondaire. «J'étais vraiment bloqué, expliqua-t-il par la suite. Je l'ai mis de côté, recommencé. J'étais parvenu à, disons, deux cents pages et j'étais incapable d'aller plus loin. J'ai essayé je ne sais plus combien de constructions. Une fois, j'ai tenté de l'écrire chronologiquement. Il est mort entre mes mains.» En février 1990, on en avait vendu au Canada trente-huit mille exemplaires d'un premier tirage de quarante mille. Le roman fut également proposé par le Book of the Month Club comme titre canadien, et l'on dut en réimprimer vingt mille exemplaires. Même avant sa parution, un extrait avait été publié dans Saturday Night.

SAM GESSER

On m'a raconté qu'après la publication de l'extrait dans *Saturday Night*, les Bronfman sont devenus fous. Leo Kolber est allé voir Jack McClelland, qui avait déjà publié deux recueils de poèmes de la femme de Leo, et lui a demandé de ne pas publier le livre de Mordecai. McClelland l'a mis à la porte de son bureau – physiquement.

MICHAEL LEVINE

Sans commentaire.

MORDECAI RICHLER

Vous voulez avoir ma version des faits? Très bien, la voici. Je ne vais pas laisser cinq ans de travail réduits au niveau du ragot croustillant. Je crois vraiment avoir couru bien des risques avec ce livre; j'ai fait bien plus de recherches sur des choses comme l'expédition de Franklin et l'Angleterre du XIXe siècle que je n'en avais jamais faites pour mes autres romans. Je sentais que si je ne courais pas de risques maintenant, quand le ferais-je? Il ne s'agit pas d'un *roman à clef** même s'il existe de toute évidence certaines ressemblances entre les Bronfman et les Gursky, et leur façon de se lancer en affaires. Mais le grand-père de Sam Bronfman n'a pas participé à l'expédition de Franklin dans l'Arctique, et il n'y a personne qui ressemble à Solomon Gursky. Les personnages mythiques m'ont toujours intéressé, mais Solomon Gursky est un héros trop complexe pour être un héros. Quoi qu'il en soit, je pense que les Canadiens sont trop sceptiques pour croire aux héros. Nous ne sommes pas de super patriotes comme le sont nos voisins du Sud et, à mes yeux, c'est là un de nos traits les plus attachants. Cela nous rend plus aimables.

Quand il eut achevé son travail sur le manuscrit de Gursky, *Richler alla pêcher le saumon en Écosse avec son ami Bob Shapiro. Avant qu'il parte, Ted Kotcheff lui dit qu'il connaissait le propriétaire de la distillerie Macallan Single Highland Malt à Craigellachie. Après avoir montré une bouteille de Macallan dans un de ses films, Kotcheff avait en retour reçu une caisse du meilleur.*

JACOB RICHLER

C'est alors qu'il a eu cette idée extraordinaire. *Gursky* était encore sous forme manuscrite. «Jusqu'à présent, mon héros buvait du Glenlivet. Et si je changeais ça pour du Macallan?» Ce manuscrit avait environ six cents pages tapées à la machine. J'aurais été heureux d'expliquer à mon père qu'avec un traitement de texte, il aurait été très simple de remplacer le mot «Glenlivet» par «Macallan». L'opération aurait été terminée avant qu'on se soit versé son dernier verre de scotch mélangé. J'ai lu le manuscrit. Chaque fois que le mot «Glenlivet» apparaissait – et ça arrivait très souvent –, il avait été rayé à la main et «Macallan» avait été affectueusement écrit pardessus. Ce travail a dû être ennuyeux et déshydratant; mais, peu de temps après la parution, deux caisses de Macallan pur malt sont arrivées à notre appartement de Montréal. Et mon père, qui se ramollissait peut-être, ou qui devait plutôt céder aux pressions de ma mère, nous a même permis, à mes frères et à moi, de l'aider à le boire. Avant, il ne nous offrait que son scotch mélangé, celui des invités, comme il l'appelait.

11

LE MARIAGE

«En vérité, c'est la seule fois que j'ai été amoureux. On parle du
test d'un mariage – chez moi, ça a marché.»

MORDECAI RICHLER

L'union de Florence et de Mordecai Richler pourrait très bien être en elle-
même le sujet d'un livre. En partie par le traitement du mariage dans
ses romans et en partie par les innombrables anecdotes racontées par leurs
amis, elle a acquis une dimension presque mythique – c'est l'histoire de
deux amoureux à jamais fous l'un de l'autre. À l'instar d'un grand nombre
de mythes, il comporte un élément de réalité: il y avait dévouement et
dépendance réciproques. Pourtant, comme c'est le cas pour tous les mariages, celui-ci était parfois soumis à une certaine pression. Les observations
et anecdotes suivantes nous aideront peut-être à nous faire une idée.

JOHN SCOTT

C'était le mariage le plus solide que j'aie jamais vu ou sur lequel j'aie
jamais lu. Entre Mordecai et Florence, l'attachement, la proximité et
la compréhension étaient quelque chose dont il était fantastique
d'être le témoin, et ça a été vrai pendant toutes ces années. Mordecai
travaillait à la maison, et cela n'est jamais facile. À plusieurs égards, il
ressemblait à son grand-père maternel, le rabbin, en ce sens que
Florence devait être à son entière disposition pour organiser sa vie et
se charger du quotidien, pendant qu'il pouvait réfléchir à de grandes
choses et travailler. Je crois qu'il s'agit là d'une tradition, et l'analogie
avec le rabbin n'est pas incompatible avec l'image que je garde de lui

ou avec ma conviction en ce qui concerne les enjeux éthiques sous-
jacents à tout ce que Mordecai a écrit.

DAVID STAINES

Mordecai était un véritable bourreau de travail. Au lac, il se levait à
sept heures du matin et travaillait toute la journée ; il s'arrêtait vers
quatre heures ou quatre heures et demie, puis nous regardions la télé
et, vers neuf heures, il disait : « Viens, Florence. » Et on éteignait les
lumières, parce qu'il devait se présenter au bureau, à l'étage, le lendemain matin. Elle se conformait à ce régime. Elle était la vraie personne, et les romans – *Le cavalier de Saint-Urbain* et *Joshua au passé,
au présent* – finissent avec la femme, avec Florence. La femme est le
centre qui tient l'homme. Florence était la force autour de laquelle
gravitait la famille. Cette force donnait à Mordecai le temps d'écrire,
d'écrire et d'écrire. Elle a supporté toutes ces années pendant lesquelles il écrivait tout le temps, et elle a dû se charger de tout à la
campagne après le départ des enfants.

ROBERT FULFORD

C'était un mariage très solide. Ils se prenaient mutuellement très au
sérieux. Ils allaient bien ensemble en ce sens qu'elle était une excellente lectrice. Elle lisait énormément et elle était sensible à ce qui se
passait dans le milieu littéraire. Elle trouvait très facile ce que bien
des épouses trouvent difficile. C'est l'impression que j'ai. Un écrivain
pense à être un écrivain à partir de neuf ans, et quand il a trente et
un ans, il a dans son esprit sept mille connexions à toutes sortes
d'écritures, et bien des femmes trouvent cela dur à vivre. D'après ce
que j'ai vu, cela n'a jamais été un problème pour Florence. Elle aurait
facilement pu être plus cultivée que lui.

HAYA CLAYTON

Florence est trompeuse, parce qu'elle est si bien élevée, si effacée,
modeste et ainsi de suite, mais elle est également aussi coupante que
le diamant. Elle est observatrice et vise juste. Je pense qu'il admirait
ce côté d'elle, en plus de sa générosité et de toutes ses qualités fémi-
nines. Et, selon moi, il lui donnait une sensation de stabilité, peut-
être parce qu'il était juif, un père juif, il incarnait la solidité dont elle
avait besoin à cause de son passé. Et je crois qu'il la subjuguait littéralement avec ses émotions, son amour, son désir – et il avait un cha-
risme extraordinaire. Encore une fois, les contraires s'attirent.

DAVID STAINES

Elle avait toute la culture et le raffinement possibles, mais il savait
cela aussi.

AVRUM RICHLER

Les quelques fois où nous avons été ensemble, Mordecai et moi, je ne crois pas qu'il s'écoulait trente minutes sans qu'il aille lui téléphoner. Il ne l'a jamais dit, mais il n'avait pas besoin de me le dire : je pense que, sans elle, il était perdu. Si quelque chose était arrivé à Florence, il en serait mort. Elle arrangeait tout.

EVE RICHLER

La première fois que je les ai vus ensemble, c'est quand ils sont venus à Terre-Neuve en 2000. Il m'a fait penser à un homme qui aurait piégé un renard et lui aurait cassé la patte dans le piège. Il sait que le renard sera handicapé pour le reste de sa vie, alors il l'amène chez lui et en fait son animal de compagnie. Il reste près du renard et le surveille au cas où il tenterait de s'enfuir, et il se sent responsable de lui à cause de sa patte cassée. Le renard est Florence et, d'une certaine façon, il est endommagé. C'est pourquoi l'homme en prend tellement soin.

MARTHA RICHLER

Je pense que leur mariage était authentiquement réussi. Les gens peuvent être en désaccord sur plusieurs points – les opinions politiques de papa ou autre chose –, mais tout le monde s'entend pour dire qu'ils formaient un couple charmant à regarder. Qu'est-ce qui a fait un tel succès de leur union ? Je suis sûre que tous leurs enfants voudraient le savoir. Je dois admettre que maman s'adaptait très bien. Il y a eu des périodes très difficiles avec papa, quand il était entre deux romans, ou quand il en commençait un nouveau, ou quand les critiques commençaient à paraître et qu'il devait commencer à penser au prochain livre. Il y avait souvent de longues périodes pénibles – papa était très très silencieux et retiré dans son monde, alors que maman est une femme vivante et pleine d'entrain. Quand papa était à l'étage et qu'il avait la trouille et que maman était dans la cuisine, toute la maison s'en ressentait, vraiment, juste à entendre à quelle vitesse elle battait ses œufs. Mais elle n'était pas le genre de femme à exercer de la pression sur lui, jamais. Elle attendait, patiemment, et elle lui parlait en privé, parce qu'elle avait beaucoup de tact. Elle ne le mettait jamais sur la sellette ou dans une situation embarrassante devant les autres. Comme la situation changeait, je leur disais pour les taquiner qu'ils devaient avoir de très longues conversations sur l'oreiller. Elle riait, mais elle ne le niait pas.

C'était une dame très puissante : je suis sûre que les autres enfants diraient comme moi : elle était probablement la seule personne à avoir moralement de l'autorité sur papa. Personne d'autre qu'elle n'en avait. Elle était la seule qui, en haussant un sourcil, le faisait se sentir puni. Ce pouvait être à cause de sa conduite, d'une attitude ou d'une déclaration – toute une gamme de pensées et d'idées, ou même une chose qu'il aurait écrite ou la façon dont il l'avait écrite. Très peu de gens le reconnaissaient. À présent, ils la couvrent d'éloges, mais elle aurait bien aimé en recevoir un peu il y a trente ans. Une foule de gens ne se rendaient pas compte qu'elle n'était pas qu'une belle femme douce et gentille. Des femmes très ambitieuses, souvent comme Tina Brown, se précipitaient sur lui et écartaient littéralement maman du revers de la main quand elles ne lui faisaient pas débouler l'escalier par leur brusquerie. Elle a souffert, vraiment.

BARBARA GOWDY, *écrivaine*

Je participais à un événement à New York à titre d'écrivain et je l'ai aperçu dans un coin qui draguait une belle femme ; tous deux riaient. Cyniquement, j'ai pensé : « Oh ! Fantastique, encore un écrivain célèbre qui batifole quand il est en voyage. » Puis, plus tard ce matin-là, j'ai entendu cette femme dire à une personne de ma connaissance : « Bonjour, je suis Florence Richler. » J'ai été estomaquée d'apprendre que cette femme ravissante et coquine était en réalité la sienne. Cela s'est passé à une époque où j'étais très cynique – après ça, j'ai cessé de l'être.

TIM O'BRIEN

Je me souviens de lui avoir téléphoné une fois pour avoir sa recette de casserole de poulet à l'indienne. Elle était à leur maison au lac. Elle était en train de me la dicter quand Mordecai est arrivé. Il était allé faire les courses et cela lui donnait, selon lui, le droit absolu de se faire aider pour déballer les provisions et ranger la nourriture. Elle était de plus en plus crispée en me donnant cette recette. Elle a fini par me dire : « Je suis désolée, je dois te laisser. Mordecai ne me laissera pas poursuivre cette conversation. Il a besoin de moi. »

PETER GZOWSKY

De tous ceux de la bande qui avaient été jeunes ensemble – je parle de ceux de Montréal et de Toronto, je n'ai pas connu ceux de l'Angleterre –, ils sont les seuls dont le mariage a survécu. Leur mariage a duré alors que celui de tous les autres a éclaté en mille morceaux. Ce n'était pour ni l'un ni l'autre un premier mariage, mais ce fut un mariage magnifique dans le sens de ce qu'ils ont fait pour eux-mêmes.

EMMA RICHLER

Je n'ai jamais vu ailleurs une relation comme la leur. C'est extraordinaire qu'ils aient vécu cet amour romantique, mais ils avaient aussi autre chose. C'est stupéfiant, et bouleversant, en quelque sorte, parce que c'est très difficile pour les autres de viser moins haut. Je l'ai vu chez mes parents, je sais que ça peut arriver, mais c'est manifestement un objectif incroyable, inaccessible. Cet amour romantique n'empêchait pas maman de voir les chaussettes ou la cendre de papa sur le plancher. Ils étaient parfois ennuyés, et quand elle sentait qu'il sombrait dans une humeur épouvantable à cause de son travail ou d'autre chose, elle le lui disait. Quand c'était grave, ils en discutaient ensemble. Ils ne laissaient pas les choses se détériorer. Ce n'était pas une romance fleur bleue qui se serait poursuivie parce qu'ils auraient fait semblant de ne pas voir ce qui dérangeait. C'était une relation engagée, totale.

RON BRYDEN

Pour lui, Florence était très précieuse. Il était tout à fait conscient qu'il n'aurait jamais pu retrouver une femme comme elle. Il n'aimait pas la promiscuité. Il était du type pantouflard. Il voulait un bon foyer, meilleur que celui que ses parents lui avaient donné. Il a réussi. Il était très fier de sa maison au bord du lac. Et, de toute évidence, leur mariage fonctionnait parce que Florence voyait tout et qu'elle acceptait ou refusait certaines choses. Il m'a confié un jour que, sans Florence, *Gursky* aurait été beaucoup plus long et bien moins bon. « Je l'écrivais segment par segment, comme une mosaïque, m'a-t-il dit, et Florence disait que celui-ci ou celui-là n'était pas nécessaire, mais que j'avais besoin d'un chapitre pour traiter de ceci ou de cela. »

Une de mes filles, Diana, a vécu avec Emma pendant quelque temps, et elle trouvait parfois les propos d'Emma sur sa famille si irréels qu'elle ne pouvait plus l'écouter. Diana disait : « Elle croit vraiment que Florence est la reine des fées et que Mordecai est Balzac ; selon la mythologie familiale, Mordecai rote et pète, mais Florence, jamais. » Il y a une certaine forme d'irréalité dans tout cela.

DIANA ATHILL

J'imagine qu'à plusieurs égards, ce devait être assommant d'être mariée avec lui, mais il s'est toujours montré aimant avec Florence. À l'entendre parler d'elle, à voir les cadeaux qu'il lui offrait, comment il voulait combler ses désirs, on ne pouvait en douter : il l'adorait. Elle était toujours égale à elle-même et je crois qu'il la respectait. Il aimait sa façon de corriger, mais elle n'en parlait jamais, ne s'en vantait jamais.

DANIEL RICHLER

Nous avons évidemment été témoins de disputes et de terribles silences aux repas. Et parfois, parce que j'étais en colère, j'ai sûrement dit à maman : « Pourquoi restes-tu avec lui ? Un mariage a besoin de dialogue. » Mais elle répondait : « Mon Dieu, de toute façon, je sais ce qu'il veut dire. » Pourtant, quels qu'aient été les tensions, les désaccords, il n'a jamais été question pour eux de laisser sombrer leur mariage. C'est une chose très importante pour les enfants. Je peux les avoir vus se bagarrer sans jamais avoir eu l'impression que la relation était menacée. Ils m'ont donné ça.

CARMEN ROBINSON

Mordecai exprimait son adoration de manière beaucoup plus manifeste que Florence. Je crois qu'elle était tout aussi dévouée, mais il l'exprimait davantage. Il devenait hypersensible si quelqu'un laissait entendre qu'elle n'avait pas été traitée avec tous les égards qui lui étaient dus, qu'elle n'avait pas été traitée comme une reine – qu'elle n'avait pas été servie assez vite, qu'on n'avait pas répondu à l'une de ses demandes. Dans la hiérarchie familiale, tous les enfants savaient qu'elle était la première. Ils étaient bien sûr importants pour lui, mais elle était indiscutablement son principal objet d'intérêt – il s'assurait toujours qu'elle avait assez chaud, qu'elle était bien, qu'elle était ceci ou cela, qu'elle avait la bonne boisson. Oui, Mordecai avait développé une haine à l'égard de sa mère et, à cause de son expérience, il avait imaginé une femme suridéalisée, ce qu'une femme pouvait avoir été, ce qu'elle pouvait être, parce qu'il n'avait jamais été en contact avec l'équilibre, avec le bon et le mauvais. D'une façon simpliste, tous les sentiments qu'il éprouvait envers sa mère découlaient de la façon dont elle avait traité son père.

BERYL BAINBRIDGE

C'était un homme très loyal. Chez Mordy, c'était très bizarre parce que, en un sens, ce qu'il dégageait était si différent de ce qu'il était. Super viril tout en étant chaleureux. Il n'était pas dragueur, mais il avait conscience d'être un mâle dominant. J'avais l'impression de très bien le connaître, et je ne croyais pas pouvoir le connaître davantage à cause de cette histoire de famille – c'était totalement comparti-menté. Ce serait merveilleux de connaître la version de Florence. Il l'avait mise sur un piédestal. On ne voit plus ça très souvent, non ? Nulle part. J'aimerais savoir ce qu'il y avait en Florence et ce qu'il y avait en Mordecai qui les rendait si attachés l'un à l'autre. Qu'y avait-il dans leurs caractères pour leur faire éprouver ce sentiment ?

PERCY TANNENBAUM

Elle était peut-être ce qui le gardait en place. Elle savait ce qu'elle avait, il était tolérant et il lui donnait raison d'avoir confiance en lui.

HAYA CLAYTON

Il était l'incarnation du père juif – il était le pourvoyeur, il travaillait dur pour envoyer ses enfants dans de bonnes écoles, leur assurer la sécurité. Je ne crois pas qu'il se mêlait beaucoup des choses de la vie quotidienne. C'était le domaine de Florence. Il était en haut, en train de taper à la machine. Je dirais que *Sœur Folie* [le roman d'Emma] constitue un portrait fidèle, non pas dans les détails, mais dans l'essence – de ce qui se passait dans cette famille. C'étaient des gens hors du commun, et ils adoraient tous Florence, la mère idéale. J'ignore comment elle y parvenait, je l'ignore vraiment.

MICHAEL LEVINE

Je n'oublierai jamais ce qui s'est passé un soir, alors qu'il était écrivain en résidence au Trinity College. Ils sont sortis de la voiture et, comme ils commençaient à marcher dans le chemin, il a glissé sa main dans celle de Florence et, pendant à peu près dix secondes, j'ai pensé que je regardais deux jeunes gens de dix-sept ans. Il se dégageait d'eux une telle impression de confiance, d'amour, d'empathie, de chaleur, de tendresse et de dépendance mutuelle que j'en ai pratiquement eu le souffle coupé.

NOAH RICHLER

Nous savions qu'ils passaient leur temps à discuter. Nous savions que mon père n'était pas un très bon négociateur, mais derrière la porte de leur chambre, ils avaient de toute évidence ce genre de conversation et ils prenaient des décisions. Ma mère sortait et faisait appliquer la politique.

MARTHA RICHLER

Pendant quelques années, Nigel et moi avons eu une maison dans le midi de la France et mes parents sont venus deux fois. Un jour, Nigel et moi sommes allés à Gordes, la ville de notre localité; papa et maman étaient partis avant nous pour avoir quelques moments ensemble, et nous ne savions pas qu'ils étaient aussi allés à Gordes. Nous sommes tombés sur eux à leur insu. Ils étaient assis à une terrasse et buvaient un café. Nous avons remarqué un couple – sans savoir qu'il s'agissait de papa et de maman –, penchés l'un vers l'autre, leurs têtes se touchant presque. Ils étaient là, en pleine conversation, discutant vraiment de quelque chose d'important, et leur conversation les captivait tellement qu'ils ne nous ont pas vus. Ils

étaient capables de parvenir à ça n'importe où, parfois spontanément, parfois quand ils étaient en période de crise.

Dans le moments de crise, Florence se confiait souvent à ses amis, d'abord,
jusqu'à sa mort, à Ted Allan, puis à Bob Gottlieb.

MARTHA RICHLER

Parfois, papa ne voulait pas discuter de certaines choses, particulièrement des problèmes délicats d'adolescents, et Ted prenait alors la
relève. Quand nous sommes revenus au Canada en 1972, il était avec
nous sur le bateau, et il a vécu chez nous à la campagne. Il faisait
tellement partie de la famille que quand Daniel a monté une grande
photo de la famille, il a mis Ted dedans. Il avait une façon de nous
égayer et de faire que nous nous sentions brillants et beaux, et, quand
on grandit, ça nous donne beaucoup de confiance en nous. Ted
connaissait maman avant qu'elle rencontre papa, c'est pourquoi il
comptait beaucoup pour elle, et pour leur mariage aussi, en réalité,
parce qu'il équilibrait les choses. Papa était parfois exagérément
revêche – c'était dur à vivre, car elle ne pouvait pas toujours se dire :
« Mon mari est un génie. » C'était quand même son mari, et il aurait
dû avoir une meilleure attitude, se montrer un peu plus léger, parler.
Ted téléphonait et il parlait de tout et de rien avec maman, et elle
riait. Il était vraiment capable de la faire rire. Il avait vu un psychana-
lyste pendant tellement d'années qu'il posait des questions très
intimes, très effrontées, et que vous pouviez vous défouler. Le succès
de leur mariage, c'est à leurs amis – lui, Bob Gottlieb et Ted Kotcheff
– qu'ils le doivent, je crois.

ROBERT GOTTLIEB

Florence et moi avons passé des jours, des semaines à parler des
enfants et d'autres problèmes et difficultés. Mordecai était à la fois
très intéressé par le sujet, mais il était aussi distant, et souvent, quand
il travaillait, il ne voulait pas être dérangé. Pour ma part, je voulais
toujours être dérangé, parce que c'est ça qui m'intéresse. La vérité,
c'est qu'il la vénérait. Il l'avait mise sur un piédestal. Mais il était
complètement obsédé par son travail, comme c'est souvent le cas
pour les artistes, et Florence en avait beaucoup sur les bras – surtout
quand les enfants étaient là et qu'elle était l'esclave de six personnes.
Elle les élevait et elle faisait la cuisine, la lessive et tout le reste pour
six. Elle acceptait son rôle de cendrillon, mais, comme n'importe qui,
elle en avait parfois assez. Il ne s'en apercevait pas parce que son

esprit était occupé à de grandes choses, comme ses cigares, ses livres, son journalisme et ses rencontres avec ses copains au Ritz.

EMMA RICHLER

Ils avaient aussi une relation vraiment créative, intensément créative. Maman lisait tout ce qu'il faisait, puis c'était Bob Gottlieb. Et quand elle lisait un ouvrage de lui, il n'y avait rien d'autre. Il ne fallait pas faire de bruit, et personne ne leur adressait la parole. Surtout pas à lui, bien entendu. Il était un vrai paquet de nerfs. Elle a déjà raconté cette anecdote au magazine *Maclean's*: une fois, elle lui a dit qu'il devait apporter un changement important; il est alors parti pour New York sans l'embrasser, puis Bob [Gottlieb] lui a dit la même chose. J'ai moi aussi travaillé avec elle, et elle sait – elle sait quand tu dois renoncer à quelque chose parce qu'en réalité, tu esquives ce que tu veux vraiment écrire, tu as peur, et tu ne sais même pas exactement ce que c'est. Il faut avoir une intelligence supérieure. Je ne sais pas si, sans elle, il serait devenu l'auteur qu'il a fini par être. C'est en partie venu avec sa propre maturité, mais je ne crois pas qu'il aurait pu connaître ce genre de développement s'il n'avait pas été en contact avec elle et sans la relation intense qu'ils vivaient. J'en suis convaincue. À de nombreux égards, elle était sa muse. Il n'avait par exemple jamais décrit une humeur, une atmosphère ou un paysage, et il s'est soudain mis à le faire dans *Gursky*. Je me rappelle avoir été frappée par la sensibilité au paysage qu'il y a dans ce livre. Je crois que c'est beaucoup à cause d'elle. Bob Gottlieb pense comme moi que sans Florence il n'aurait pas été le même écrivain.

NOAH RICHLER

Je ne veux pas mythifier. Mes parents aimaient leurs enfants, et leurs enfants leur posaient des problèmes. Et comme c'est le cas dans n'importe quelle famille, je me demande si nous n'exagérions pas parfois. Leur mariage était fabuleux, dans une grande mesure parce qu'ils étaient à l'opposé l'un de l'autre. Je me rappelle ces propos d'un autre journaliste [au sujet d'un voyage à Bordeaux]: «Aucun de nous ne pouvait le croire. Il y avait ce voyage formidable à Cognac et à Bordeaux, tous les journalistes sont venus et ton père a amené sa femme.» Il le faisait tout le temps, parce qu'elle était la seule femme avec qui il voulait être. Mais elle était aussi celle qui connaissait la nourriture, l'hôtel, l'art. On faisait visiter à mon père la cuisine du palais Gritti à Venise, et il disait: «Je vois, je vois, je vois», tout en espérant désespérément que maman prenne des notes parce qu'il ne savait rien à ce sujet. Il aimait tout d'elle. Papa était désordonné, maman ne l'était pas. Maman était son merveilleux faire-valoir.

EMMA RICHLER

Le jour où maman rentrait [du Canada], il m'a téléphoné cinq ou six fois. Le soir, il m'a dit: «Je suis allé faire les courses. J'ai passé la journée à faire le ménage. La maison est une porcherie.» Et il avait l'air d'aimer ça. Il m'a également dit qu'il n'avait pas fait le lit.

«Em? Pourquoi le faire? Je vais me coucher dedans ce soir et froisser les draps.»

«Tu as raison, papa. Qu'est-ce que tu manges pour souper?»

«Une omelette aux saucisses fumées.»

«Tu en as mangé une hier, papa.»

«Oui, quand on mange la même chose, on n'a pas besoin de laver le poêlon ou l'assiette.»

Alors, le jour de son retour, il m'a téléphoné et m'a dit: «J'ai dû jeter l'eau des fleurs, parce que j'ai acheté de nouvelles fleurs. Bon sang que ça pue.»

«Ouais, papa, je sais.»

Puis, il m'a rappelée. «Je dois retourner faire des courses.» Il m'a dit tout ce qu'il avait acheté: des œufs de caille, le pain favori de maman, du champagne, du saumon fumé et une salade. Puis, après le journal télévisé, il m'a rappelée. «Em, je dois faire une sieste. Peux-tu me réveiller?» Je lui ai laissé vingt minutes avant de le rappeler. «T'es-tu reposé, papa?» «Non, c'est impossible. Je suis trop excité.»

ASHOK CHANDWANI, *ami*

Le mercredi ou le jeudi, il arrivait au bar, Ziggy's ou Winnie's, vers la fin de l'après-midi et repartait vers sept heures. Nous formions un petit club très sélect. Juste les habitués, vous savez. Mais il avait toujours son échéance: à sept heures, il devait appeler Florence. Et s'ils s'étaient entendus sur quelque chose de précis, il lui téléphonait à peu près trois fois. «Alors, comment ça va, ma chérie? Sommes-nous à temps? Je serai là.» Ou: «Qu'est-ce que je dois apporter?» Il allait chercher des plats au Chrysanthenum. Ou bien il allait la chercher en taxi. Et chaque fois qu'elle venait chez Ziggy's – Ziggy a dû commencer à avoir une réserve de demi-bouteilles de champagne, elle ne buvait que ça –, il se montrait si protecteur, on aurait dit un enfant d'école, avec une pointe de jalousie, comme s'il avait peur que quelqu'un parle à Florence. Ça le dérangeait, le perturbait, mais d'une façon très sympathique, quand elle avait une conversation animée avec quelqu'un d'autre. Il était toujours d'une galanterie à toute épreuve avec elle, il tournait continuellement autour d'elle pour prévoir ou satisfaire tous ses besoins, tous ses caprices. Et elle ne se comportait pas comme une princesse – elle ne jouait pas à ça, elle ne le recherchait pas. Elle était majestueuse, mais d'une manière naturelle. En fait, les attentions constantes de Mordecai l'amusaient souvent ou la mettaient un peu mal à l'aise.

DANIEL RICHLER

Ça nous faisait toujours rigoler quand il partait en voyage ; il se rendait en taxi à l'aéroport et l'appelait de l'aéroport, puis la rappelait quand il atterrissait à Montréal, et de nouveau quand il arrivait à l'hôtel, puis avant d'aller se coucher, et de nouveau le lendemain matin. Le téléphone sonnait sans arrêt. Elle a été très bonne pour lui. Elle devait être vraiment remarquable. Sean Connery et Christopher Plummer lui ont fait des avances. Elle était très recherchée, oui, mais elle était aussi pour lui une grande source d'inspiration et de discipline. Elle avait et a toujours un esprit particulier et elle a toujours corrigé ses livres. Mais elle était toujours la première, et il comptait tendrement sur son opinion. Elle n'était donc pas qu'une charmante épouse.

Au début, quand nous sommes déménagés dans les Cantons-de-l'Est, il ne savait pas comment se comporter avec les vieux bonhommes qui étaient là. C'est maman qui, la première, a invité Sweet Pea [Roger George] à prendre une bière. Elle l'avait engagé comme jardinier ou autre chose et elle voulait qu'il reste dans les parages. C'est seulement parce qu'elle a insisté et qu'elle a, avec raison, fait remarquer que si nous devenions amis des voisins, notre maison serait plus en sécurité pendant la semaine, quand nous n'étions pas là. Et c'est ce qui s'est passé. Pour finir, papa s'est lié d'amitié avec eux et il allait tous les jours prendre un verre en leur compagnie au Owl's Nest ou au Hooters. Pea m'a dit un jour qu'il lui avait confié : « Sans Florence, je ne serais pas ici. » Drôle de chose à dire.

BELLA IDELSON, *amie*

C'est vrai que, à plusieurs égards, ils étaient à l'opposé l'un de l'autre, mais Mordecai était un homme séduisant. Je le trouvais séduisant. Même s'il était mal dégrossi, qu'il avait les cheveux longs et que ses vêtements pendaient et ceci et cela… c'était une question de puissance de la personnalité. Florence n'était pas le genre de femme intéressée aux idoles du public féminin. Elle avait plus de profondeur. Ça lui était égal qu'il soit rustre et qu'il ait les cheveux longs. C'était ce qu'il était à l'intérieur qui l'intéressait, et ce qu'il était à l'intérieur était merveilleux. Il était modeste. Il était intègre. Et il avait un cœur d'or. Bien sûr, il devenait dur quand des gens stupides lui posaient des questions stupides, et elle aurait réagi différemment, avec grâce, pourtant, elle le respectait pour son honnêteté. C'était un homme extrêmement honnête. Ils se complétaient donc l'un l'autre, et c'est ce qui fait un bon mariage. Il était comme le roc de Gibraltar pour Florence, une femme vulnérable, hypersensible; dans ces moments-là, il était la force qui la soutenait. Et quand il était dur, elle l'adoucissait et c'était elle qui lui disait d'être gentil.

JOHN FRASER

Ils étaient totalement dévoués l'un à l'autre, mais je crois qu'elle se sentait seule parce qu'elle devait garder intact le monde de Mordecai. Il a eu beaucoup de chance de trouver quelqu'un comme elle. Elle lui a permis d'écrire aux dépens de son propre épanouissement.

BILL FREEDMAN

Elle était sa partenaire dans tous les sens du terme et, sous cette façade inoffensive à la Tennessee Williams, elle était coriace. Chaque fois qu'il y a une relation où le mari exige toute l'attention, la femme est une partenaire à part entière et c'est grâce à elle que cela arrive. Elle était totalement complice. Sans elle, il n'aurait jamais eu toute cette attention.

JOHN AYLEN

Il l'aimait autant le dernier jour de sa vie que le jour où il l'a épousée.

12

SCOTCH ET CIGARES

« Pour Mordecai, la vie était douloureuse. C'était comme si on
marchait sur ses prunelles. »

TED KOTCHEFF

*Il est peut-être possible de trouver une photo de Mordecai Richler sans un
cigare dans une main et un verre dans l'autre, mais ces photos sont
rares. Si ce sont là des vices, c'étaient les siens, et il leur a cédé jusqu'à la fin
sans culpabilité et sans appréhensions. Ses prédilections allaient inévitablement donner lieu à une foule d'anecdotes et d'observations.*

DIANA ATHILL

Il buvait trop. Il est arrivé à une ou deux occasions qu'il ait bu
suffisamment pour gâcher une soirée, mais il le faisait d'une manière
extrêmement discrète. Il ne tombait pas. On se rendait compte que
Mordecai devenait verdâtre et silencieux, puis, il quittait la pièce. S'il
était sur le point de vomir, il allait vomir ailleurs. Il n'était jamais un
ivrogne grossier, mais il a manifestement trop bu, toute sa vie. Et ça
l'a tué. Mais rien n'a jamais pu changer cet état de fait. Florence a dû
essayer pendant un certain temps. Elle a dû trouver ça pénible, mais
elle l'a extraordinairement bien supporté.

ROBERT FULFORD

C'est vraiment étonnant qu'il ait été un tel écrivain quand on pense
à tout l'alcool qu'il ingurgitait. Dans bien des cas, les écrivains qui
boivent beaucoup se trahissent dans leurs écrits. Chaque pensée est
légèrement incomplète. Chez Mordecai, ça n'arrive jamais: tout

concorde. Comme je l'ai écrit une fois à propos d'un de ses livres, il jongle avec cinq histoires différentes et, à la dernière page, toutes se mettent en place, l'une après l'autre. J'étais ébahi de voir ce phénomène chez quelqu'un qui buvait autant. Il semblait très bien supporter l'alcool. Si ivre veut dire faire des choses ridicules, je ne l'ai jamais vu ivre. Et je l'ai vu assez tard le soir de la remise du prix Giller pour savoir qu'il ne se couvrait jamais de ridicule.

TIM O'BRIEN

Il n'a pas pris soin de lui physiquement. Il a raccourci sa vie. Et Florence a déployé de gros efforts pour empêcher ça. Mordecai lui faisait subir d'énormes pressions, et Florence est une personne très digne, équilibrée – des qualités remarquables. Je crois néanmoins que dans les tréfonds de son être, il y a des armes très effilées.

ART COOPER, réviseur et ami

Je n'ai jamais connu un écrivain capable de boire comme lui à la fin de sa journée d'écriture, de se lever le lendemain matin et de recommencer. Il était tellement discipliné.

JACOB RICHLER

Il n'avait pas de mauvaises habitudes en matière d'alcool. Il faisait semblant de boire plus qu'il ne buvait. Pour lui, c'était une image cocasse. Il m'a dit une fois en riant que, de toute évidence, s'il buvait presque autant que les gens pensaient qu'il le faisait, il n'aurait jamais écrit la moitié de ce qu'il a écrit. Je n'ai rien à ajouter. Je ne prétendrai jamais qu'il n'a pas manqué une journée de travail à l'occasion à cause d'une gueule de bois, mais qui n'a pas vécu ça? Et il travaillait sept jours par semaine. Qui plus est, il travaillait à la maison, tout seul – s'il n'était pas sorti prendre un verre, il n'aurait pas rencontré tous ces gens, et tous les gens intéressants qu'il a rencontrés, il les a décrits dans ses livres. Si on lui retire ça, on lui retire une grande partie de sa vie.

AVRUM RICHLER

Quand il nous a rendu visite en 2000, à l'occasion de son voyage à Terre-Neuve, je lui ai demandé: «Que dirais-tu d'un verre de scotch?» «Eh bien, quelle sorte as-tu?» Il pensait que j'allais le mettre mal à l'aise en lui offrant un Chivas Regal. Parce que c'est un mélange. Un véritable amateur de scotch ne boit pas de mélange. Le whisky pur malt est distillé à partir d'une seule source, et chaque distillerie a sa propre réserve d'eau, ce qui donne à son produit un goût distinct; dès la première gorgée, on sait de quoi il s'agit. Il y a un peu de snobisme là-dedans.

ANNE LUENGO, *adjointe de John Fraser*

Un jour, il est venu voir John au magazine *Saturday Night*, et John a dit: «Attends-moi quelques minutes. Je suis en réunion dans la salle de conférence, et je dois finir.» Il était à peu près quatre heures ou quatre heures et demie de l'après-midi, et Mordecai attendait dans la salle d'attente. Le temps passait, la réunion s'éternisait, et Mordecai devenait de plus en plus impatient. Tout à coup, la porte de la salle de conférence s'est ouverte et Mordecai était là. Il a regardé John, il n'a rien dit, mais il s'est contenté de lever la main comme s'il tenait un verre, et il l'a portée à sa bouche.

STANLEY PRICE

C'était très difficile de recevoir Mordy parce qu'il mangeait comme un ogre, qu'il buvait *énormément* et qu'il fumait *continuellement*; quand nous recevions Mordy et Florence à dîner, comme il était surtout un buveur de brandy et que je ne voulais pas qu'il ait l'impression que j'étais près de mes sous, je devais aller acheter une bouteille de brandy et, à l'époque, ça représentait pas mal d'argent. Tous les autres buvaient du vin bon marché ou de la bière. Nous vidions donc deux ou trois bouteilles de vin au repas, puis nous ouvrions la bouteille de brandy. Il fumait ses gauloises à la chaîne, du tabac fort, toute la maison puait après son départ. Je lui versais un verre de brandy et il le buvait. Dans le temps de le dire, je lui en versais un deuxième et, quelques minutes plus tard, il disait: «Ça ne te dérange pas que je me serve?» «Non, bien sûr. Prends-en un autre.» *Un* autre, disais-je! Pensez-vous! Une fois qu'on lui permettait de le faire, plus rien ne l'arrêtait. À la fin de la soirée, plus une goutte de brandy. Alors, on y pensait deux fois avant de l'inviter. Il buvait tout ce que vous aviez dans la maison sans jamais avoir l'air de s'enivrer.

DAVID STAINES

Mordecai nous rendait visite chaque fois qu'il venait à Ottawa. La première fois qu'il est venu, nous sommes allés ensemble au club de presse; il devait être deux heures et demie. Il a pris un verre et j'en ai pris un, il en a pris un deuxième, mais pas moi, puis un troisième, mais pas moi. Puis, j'en ai pris un deuxième et, vers six heures – il était tout à fait bien –, il a dit: «Je dois partir parce que nous dînons chez les Ostry.» Et moi, je suis allé me coucher. Je ne pouvais pas comprendre. Je ne pouvais pas comprendre cette capacité.

GREG GATENBY

Juste avant nos lectures à Harbourfront, je les amenais au restaurant; en général, nous allions au Spinnakers. Je ne l'ai jamais vu soûl, même s'il semblait toujours avoir un verre à la main. Mais il fumait ces odieux cigarillos et je ne l'ai vu qu'une fois assez intimidé pour accepter de ne pas fumer. C'était à la soirée en hommage à Robertson Davies et John Kenneth Galbraith participait à l'événement. Il avait pris l'avion de Rio de Janeiro jusqu'à Boston, puis un autre avion de Boston à Toronto, et il devait intervenir pendant la deuxième partie de l'événement. Il est arrivé, et Mordecai fumait à la table. Galbraith ne savait pas qui il était, et il a dit: «Vous n'avez pas l'intention de fumer ça en ma présence, n'est-ce pas?» Mordecai a répondu aussitôt: «Oh! non, monsieur, non, monsieur.» Et il a éteint son cigare.

À l'hiver 1997, James King, un professeur de littérature anglaise et de création littéraire à l'Université McMaster d'Hamilton, s'est rendu à Londres pour interviewer Richler dans le cadre d'une biographie de Jack McClelland, qui avait dirigé la maison d'édition McClelland & Stewart.

JAMES KING, *biographe*

Je l'ai rencontré un après-midi à son pub préféré à Chelsea. Je suis entré et il avait deux boissons devant lui, un café et un brandy. J'ai commandé un gin-tonic, et il a dit: «Oh! Je prendrai aussi un gin-tonic.» J'ai pensé: «Je ne peux avoir une seule consommation», alors j'ai commandé un thé. Nous sommes restés là à bavarder tous les deux, lui avec ses trois consommations, et moi avec les deux miennes, et j'ai adoré son culot. Je l'ai vraiment adoré. Il le faisait si naturellement. Il n'était jamais artificiel.

SAM ORBAUM

Je devais avoir neuf ou dix ans quand j'ai pris conscience que j'avais ce cousin fantôme. J'avais commencé à montrer un penchant pour l'écriture, et mes tantes me pressaient de devenir un écrivain «pour que le monde oublie Mordecai». La première fois que je l'ai vu – j'avais à peu près douze ans –, c'était chez Bubbe (mon arrière-grand-mère Esther, la grand-mère de Mordecai), où nous allions le dimanche. Un homme ébouriffé, qui tenait un sac en papier, était assis dans le grand fauteuil dans un coin du salon. J'ai compris tout de suite de qui il s'agissait. Les autres – plusieurs douzaines de parents – se marmonnaient des choses à son sujet, ricanaient à propos de la bouteille d'alcool dans le sac. J'ai été tout de suite sous le charme. J'ai désespérément essayé de trouver quelque chose à dire, n'importe quoi, une raison pour faire sa connaissance. Personne n'allait offrir de nous présenter. Je n'ai rien trouvé du tout. Je suis donc resté avec mes tantes (plutôt que de jouer avec les autres enfants), et je me suis assis sur une chaise pour pouvoir le regarder. J'étais frappé par le fait que, bien que la maison ait été pleine de monde, personne ne s'approchait de lui, personne ne lui parlait, et il avait l'air de s'en ficher. Peu de temps après, encore ébloui par lui, j'ai demandé à ma mère si je pouvais inviter Mordecai à ma bar-mitsvah. «De toute façon, il ne viendra pas, a-t-elle répondu d'un air ironique. Nous ne servirons pas d'alcool.»

NIGEL HORNE

Je me souviens de la première fois où nous avons lunché ensemble. Nous sommes allés au Savoy et Mordecai a commencé par un double Macallan. J'ai commandé la même chose. Nous avons mangé du rôti de bœuf. Puis, je lui ai demandé s'il aimerait prendre un brandy. Il a donc commandé un Rémy Martin quelque chose. Quand la facture est arrivée, le montant était astronomique. Les boissons coûtaient beaucoup plus cher que le repas, et je me suis habitué à ça en allant manger avec Mordecai. L'addition devait se monter à deux cents livres, et je pense qu'il a senti mon malaise. Tandis que je tendais ma carte de crédit, il m'a dit : «À propos, allez-vous voir Conrad [Black, le propriétaire canadien du *Telegraph* et patron de Nigel Horne]?» «Eh bien, il est dans les parages», ai-je répondu. Alors, il a dit : «L'autre jour, au bar, nous avons parié sur les résultats d'un match de hockey et je lui dois de l'argent.» Il a sorti un carnet de chèques, en a fait un de deux cents livres à l'ordre de Conrad et me l'a donné. J'ai donc pu retourner au bureau et déposer le chèque sur le bureau de Conrad. J'étais très soulagé.

FLORENCE RICHLER

Tout le monde s'imagine ou aime dire qu'il buvait *comme un trou*. Oui, dans ses jeunes années, il buvait beaucoup. Plus tard, il était capable de boire, et il pouvait boire beaucoup, et quand il était avec ses copains, il buvait probablement plus que tous les autres à la table, sauf Nick [Auf der Maur], je crois. Mais ça arrivait peut-être un soir par semaine, ou à l'occasion de réunions sociales, parce qu'il était vraiment très réservé et quelque peu gauche en société. Les gens disaient qu'il était timide, et c'est très agaçant. Rien ne l'intimidait. Être réservé ou gauche en société n'est pas la même chose qu'être timide. C'est très différent et il faut faire la distinction. Quand nous assistions à des événements festifs où des centaines de personnes étaient rassemblées, c'était le temps de faire la fête et de s'amuser. Autrement, nous buvions un ou deux whiskys avant le souper.

MICHAEL LEVINE

Bill Freedman et moi avions décidé d'inviter Mordecai et Florence à déjeuner au Ivy, un de nos restaurants préférés à Londres. Pendant le repas, Mordecai a bu trois doubles scotchs, une demi-bouteille de vin et trois cognacs. Moi, j'ai pris un verre de vin. Après le repas, Mordecai a insisté pour que je prenne un cognac avec lui, et j'en ai pris un tout petit. Pour commencer, quand il s'est levé et qu'il est sorti du restaurant en marchant droit, Bill et moi avons applaudi. Ensuite, Mordecai a envoyé ce courriel à Eddie Goodman et à Bob Rae, deux de mes associés, et une copie à la compagnie [Goodman's] : « Je viens de déjeuner avec Michael Levine. J'ai confiance en Michael. Nous avons des relations d'affaires en commun. C'est un homme formidable. Mais il a malheureusement un problème d'alcool. » Et ça a fait le tour du bureau.

LYNN NESBIT, *agente littéraire aux États-Unis*

Sa consommation d'alcool me préoccupait. C'est la pire sorte d'alcoolisme ; ces gens sont capables de boire sans arrêt sans que ça paraisse. Je ne sais pas comment Florence a pu le supporter. Je suis sûre qu'elle était à la torture, mais elle a composé avec la situation avec beaucoup de sérénité. Je ne crois pas que j'aurais résisté à la tentation de lui arracher le verre de la main. Quand une personne boit à ce point, c'est qu'il y a quelque chose de sombre qu'elle essaie de tenir à distance. C'est peut-être un cliché, mais c'est la vérité.

AVIE BENNETT

Je buvais du Macallan avant de le rencontrer et j'ai continué à en boire par la suite. Je trouvais qu'il avait une bonne capacité. Je pensais être capable de me mesurer à lui et probablement de le battre. Parce que moi, après le repas, je retournais au bureau alors qu'il allait faire la sieste. Et nous buvions autant l'un que l'autre pendant le repas. Mais je ne pouvais pas faire ça tous les jours. La différence est là. Si ça m'inquiétait ? Non. C'était un adulte. Il savait ce qu'il faisait.

MARTHA RICHLER

Quand nous étions plus jeunes, nous avons essayé de le faire réduire sa consommation. Nous sommes devenus plus sages en vieillissant. Ça l'amusait parfois mais, la plupart du temps, ça l'agaçait. Pour lui, c'était un plaisir, et il n'en avait pas tant que ça. Il avait son scotch et ses cigares, et c'étaient de bons cigares. Dans une certaine mesure, il travaillait pour se payer ces plaisirs. Il a arrêté pendant un certain temps, après son premier séjour à l'hôpital, mais j'ai l'impression qu'il sentait également qu'il fumait depuis si longtemps, que c'était sans doute trop tard, qu'il pouvait aussi bien continuer à en profiter. Tant pis. Il avait vraiment cette attitude désinvolte.

JOHN SCOTT

On avait l'impression que l'alcool constituait une grande partie de la vie de Mordecai, mais je ne l'ai jamais vu soûl. Il n'aimait pas les gens qui s'enivraient. Mais, au début, il avait besoin pour se détendre de deux Rémy et d'un cigare, et ça faisait partie de sa discipline. Les dîners et les Rémy Martin ne l'ont jamais empêché de se lever le lendemain matin. Il se levait tôt, pressait des oranges et préparait du café pour Florence, lui apportait un plateau au lit et entreprenait sa journée de travail. Je serais stupéfait d'apprendre qu'il ait jamais, contre vent et marée, dévié de cette routine. Et l'alcool n'a jamais affecté sa ponctualité. Si on devait le rencontrer à dix-huit heures trente pour manger ou prendre un verre, ou si on l'invitait pour dix-huit heures trente, il était là cinq minutes à l'avance. Et si on le rencontrait au restaurant ou s'il vous invitait chez lui, il s'attendait à ce que les choses commencent aussitôt et il ne s'éternisait jamais.

IRA NADEL, *personnalité de la radio*

Je l'ai interviewé en tant que critique littéraire pour la CBC, et au moment de cette entrevue, ses premier et dernier commentaires ont été : « J'ai besoin d'un verre. » Quoi qu'il en soit, je l'ai persuadé que c'était une courte entrevue, seulement sept minutes, et lui ai promis de l'amener de l'autre côté de la rue dès que ce serait terminé pour prendre… et avant que j'aie pu dire « un verre », il a dit : « un scotch ».

NOAH RICHLER

Après son opération en 1993, il avait accepté de ne pas fumer ses gros cigares quand il n'était pas en Europe. C'est une des raisons pour lesquelles ils ont acheté l'appartement de Londres. Nous étions à Londres et je me trouvais avec maman et Emma quand il est entré. Maman a dit : « Tu as fumé un cigare. » « Non. » « Oui, tu en as même fumé deux. » « Ce n'est pas vrai. » « Oui, mon chéri. Je le sens dans tes cheveux. » Et papa a regardé Emma en disant : « La prochaine fois, je porterai un chapeau. »

BELA IDELSON

Mordecai n'était pas du genre à renoncer aux choses qu'il aimait. Jusqu'à un certain point, il a peut-être décidé qu'il préférait avoir la qualité de vie qu'il voulait, même si cela signifiait qu'il mourrait plus jeune. Il était ce genre d'homme.

MAX RICHLER

Ma femme et moi nous rendions en Écosse et il se rendait en Angleterre. Nous l'avons rencontré à l'aéroport et il avait un verre à la main. Il a dit : « Je déteste prendre l'avion. Je bois beaucoup avant chaque vol pour pouvoir dormir dans l'avion. » Quand son père est mort en 1967, je suis allé le chercher à l'aéroport ; il est descendu de l'avion avec une bouteille et un verre à la main, et il a observé le *shiva* avec la bouteille sous sa chaise.

SANA IDELSON

Je ne crois pas qu'il était un ivrogne, mais il buvait régulièrement, ce qui est aussi mauvais, sinon pire. Ensuite, c'est devenu un symbole. Le pur malt et le Schimmelpenninck l'ont envoyé à la mort avant son heure. C'est indéniable. Et c'est pourtant devenu sa marque de commerce. Mais c'est dommage, vraiment dommage. Il était trop jeune pour mourir.

ROGER GEORGE, DIT SWEET PEA

On avait une équipe de base-ball à Austin, et Mordecai voulait lancer. Comme il commanditait l'équipe, on l'a laissé lancer pendant quelques parties. Mais Murray Brown était notre bon lanceur. Mon gars était venu ce jour-là – il venait nous regarder jouer –, et il beuglait : « Enlevez ce vieux bonhomme de là et laissez oncle Murray lancer ! » On l'a donc laissé lancer pendant quelques parties, mais on s'est dit que la prochaine fois qu'on jouerait, il faudrait tenir Mordecai loin de la butte du lanceur et on a trouvé un moyen pour y parvenir. J'ai acheté une de ces bouteilles de scotch géantes, du J & B ou quelque chose du genre, on l'a mise sur le banc avec un seau à glace et un verre et on a dit : « Mordecai, aujourd'hui, tu vas lancer depuis le banc. » Il l'a bien pris. Je pense qu'on a gagné cette partie.

DON JOHNSTON

Je pense que je le surpassais. Quand on s'asseyait ensemble, je buvais plus que lui. Je n'ai jamais vu Mordecai soûl. Mais n'oubliez pas qu'il y a une différence : je n'ai jamais été porté à boire le midi, mais Mordecai prenait une vodka à la lime ou autre chose, puis du vin, puis du cognac. Je n'aurais jamais pu faire ça le midi. Pas parce que je ne voulais pas me soûler, mais parce que je devais retourner travailler et que je ne voulais pas être trop fatigué. Et, bien sûr, il fumait ces Schimmelpenninck, et ça n'a pas dû lui faire grand bien.

WILLIAM WEINTRAUB

À la fin des années quarante et dans les années cinquante, dans le milieu des journalistes, où j'ai appris à boire, j'ai connu quelques

champions et il n'en a jamais fait partie. De nos jours, les gens
boivent beaucoup moins qu'avant, et les gens qui passent des
remarques sur la propension à boire de Mordecai le font dans le
contexte actuel. Je le vois dans le contexte du passé. Mais j'ai toujours
été très critique devant l'insistance de Mordecai pour n'avoir que ce
qu'il y avait de mieux – Rémy Martin et Macallan. Quel dépensier!
Je parie que, les yeux bandés, il aurait été incapable de faire la
différence.

ROBERT SHAPIRO

Je l'ai rencontré à Londres en 1968. J'avais débuté dans la salle de
courrier chez William Morris à Los Angeles et j'avais été muté à
Londres pour diriger le bureau. J'étais l'agent de Jack Clayton. Je
savais qu'il était un ami de Mordecai et je voulais faire la connaissance de celui-ci parce que j'adorais son œuvre. Jack a organisé une
rencontre. Le bar du Claridge se trouvait près de mon bureau et c'est
là que je l'ai vu pour la première fois. Il est venu me rejoindre pour
prendre un verre et il m'a dit: «En général, je n'aime pas beaucoup la
race des agents, mais Jack m'a dit que vous étiez correct.» Il a commandé un Rémy Martin et j'ai commandé je ne sais plus quoi, nous
avons commencé à parler et la connexion s'est faite. Il m'a demandé:
«Comme ça, vous travaillez pour cette grosse compagnie américaine
ici... et comment est votre compte de dépenses?» J'ai répondu: «Pas
mal, pas mal du tout.» Quand le serveur est venu nous demander si
nous voulions une autre tournée, Mordecai m'a regardé, puis il a
regardé le serveur et il a dit: «Apportez la bouteille.» Ça a été le
début d'une amitié qui a duré plus de trente ans.

MARGOT MACGILLIVARY

J'étais hôtesse chez Winnie's. Ils savaient que je prendrais soin d'eux.
Mordecai permettait à certaines personnes de s'asseoir avec lui ou
près de lui. Je savais qui il fallait tenir à distance. Il prenait peut-être
deux scotchs à l'heure du cocktail, puis la musique devenait trop
forte et il allait ailleurs avec Nick Auf der Maur. Quand il a écrit le
scénario du *Monde de Barney*, je lui ai dit que je voulais jouer le rôle
de la barmaid. Je dois la jouer, je suis la barmaid. Et ça devrait être
tourné ici, chez Winnie's. Mais la bande s'est désintégrée. C'était une
époque, et nous ne reverrons plus jamais ça.

JOHN FRASER

Je ne bois pas, mais il disait que mon propre bavardage m'enivrait,
alors ma compagnie était agréable. Il demandait: «Un Coke?»
«Ouais.»

NIGEL HORNE

À certaines occasions, après 1998, Florence était visiblement énervée quand elle le voyait fumer ses cigares à la chaîne. Pendant quelque temps, on avait l'impression, le soir, qu'il était devenu très raisonnable, il fumait peut-être deux cigares, puis, on tournait le dos et il se mettait soudain à allumer un cigare après l'autre. Et il fumait entre les différents services au repas. On n'avait qu'à regarder le visage de Florence pour voir qu'elle était énervée. Ça arrivait de temps à autre. Mais je crois qu'on aurait tort de présumer que l'alcool était un problème. À mon avis, c'est une affaire de génération, une affaire d'écrivain. Je n'arrive pas à me souvenir de l'avoir vu ivre une seule fois. Quand nous prenions un verre à cinq heures, j'en buvais peut-être trois avant qu'il ait fini le premier. Mais il buvait plus longtemps.

BILL FREEDMAN

J'aimais cet homme. Je l'admirais. Je n'aurais pas voulu qu'il épouse ma fille. Je me rappelle être allé manger chez lui dans King's Road, où il a bu deux doubles scotchs avant le lunch, une bouteille et demie de vin pendant le repas, après quoi il a pris quelques brandys, et il était absolument *compos mentis*. On aurait pu croire qu'il n'avait bu que du jus de pomme. Je n'en revenais pas.

SAM GESSER

Quand j'allais à New York, je lui achetais ces cigarillos, mais j'ai arrêté parce que je ne pouvais pas accepter ça. Je lui ai demandé d'arrêter, mais il ne voulait pas, ou ne pouvait pas, et quand il a commencé à écrire sa chronique pour Southam, il s'est mis à défendre le tabac et l'alcool. Je ne le comprenais pas, mais c'était ce qu'il ressentait, et le tabac et l'alcool ont fini par le tuer.

DANIEL RICHLER

Lui et maman aimaient faire la fête – et ça a été comme ça jusqu'à son dernier jour. Et quand il buvait, il était toujours exubérant, joyeux – je ne l'ai jamais vu devenir morose, bourru ou violent; il ne bafouillait même pas. Je me rappelle qu'il avait à l'occasion la gueule de bois et que, ces fois-là, il passait l'avant-midi allongé sur le sofa, mais cela n'a jamais eu l'air d'avoir des conséquences graves. Un Noël, à Montréal, quand ils ont célébré la sortie de *Duddy* [le film, en 1974], Ted Kotcheff était là et ils concoctaient des boissons. «Mordecai, voici un cocktail très puissant», et Mordecai a répondu: «Un cocktail puissant pour un homme puissant.»

TED KOTCHEFF

Les gens exagèrent au sujet de sa consommation d'alcool. Il aimait boire, c'est indiscutable. Pour Mordecai, la vie était douloureuse. C'était comme si on marchait sur ses prunelles. La brouille avec sa mère a contribué à son vague à l'âme. Il se sentait responsable d'elle, mais il ne voulait pas d'elle, et quand on prend ses responsabilités à cœur, ça devient difficile. Ça le déchirait. Il était le fils. Selon moi, l'alcool lui offrait un moyen d'atténuer les effets de ces conflits.

13

QUI A PEUR DE MORDECAI RICHLER?

« J'essaie de dire la vérité. Selon moi, la vérité n'est pas une
question de saison, comme le hockey ou la fièvre des foins. Je
crois qu'on devrait être capable de dire la vérité en tout temps. »
MORDECAI RICHLER

*À l'automne 1989, les noms des finalistes aux Prix littéraires du
Gouverneur général du Canada furent annoncés à Toronto. À la
surprise générale, Gursky de Mordecai Richler ne faisait pas partie
des titres mis en nomination. « C'est une honte et une insulte en ce qui
concerne la reconnaissance internationale de nos meilleurs auteurs (y
compris, de toute évidence, Mordecai Richler) de voir ces prix autrefois
honorables confiés à des bureaucrates incapables de reconnaître une bonne
publicité même si ça contribuait à leurs pensions indexées », écrivit un
critique. Le roman remporta toutefois le Prix du Commonwealth en littérature et fut, la même année, parmi les finalistes au prestigieux prix
Booker en Grande-Bretagne.*

NOAH RICHLER

J'assistais au dîner donné pour la remise du prix Booker, mais je
n'étais pas à la table de papa et de maman. Cette année-là, les
finalistes étaient Antonia Byatt, John McGahern, [Beryl Bainbridge,
Penelope Fitzgerald et Brian Moore]. Quand on a annoncé qu'Antonia
l'avait remporté, au milieu de tous les « oh » et les « ah », ce que j'ai
vu, sans même le chercher, ce fut le regard que mon père et ma mère
ont échangé. C'était un regard si chaleureux, si tendre – ils ne se sont
pas pris la main, ils étaient trop loin l'un de l'autre. Ils avaient l'air

sur le point de se jeter dans les bras l'un de l'autre. Ensuite, nous sommes allés un moment chez l'éditeur. Il m'a dit : « Tous les éditeurs sont douzièmes ces temps-ci. » Et c'était vrai. Il n'était pas du tout du genre à passer des commentaires ou à se plaindre. Quelques années plus tôt, quand j'avais essayé d'obtenir une bourse Rhodes et que ça n'avait pas fonctionné, il m'avait dit : « Eh bien, tu n'es pas du genre à recevoir des bourses. »

NIGEL HORNE

Incidemment, j'ai obtenu mon premier emploi important comme journaliste – rédacteur en chef du magazine *Telegraph* – peu de temps après avoir entendu parler de la parution imminente de *Gursky*. Alors, d'une façon manifestement biaisée, comme un fan – je ne l'ai jamais vraiment considéré comme un auteur canadien, mais comme l'un des meilleurs écrivains du monde, avec Roth, Bellow, etc. –, j'ai publié une entrevue que Mordecai avait faite avec David Holloway, qui était à l'époque encore le rédacteur littéraire du journal. Dans son essence, l'article disait que si *Gursky* ne remportait pas le prix Booker, il n'y avait pas de justice dans le monde.

Au cours des années quatre-vingt-dix, Richler est devenu de plus en plus direct dans ses propos concernant les problèmes au Canada, notamment le libre échange avec les États-Unis et l'absurdité des lois discriminatoires sur la langue au Québec. L'écrivain Farley Mowat fut parmi ceux qui ripostèrent avec véhémence.

FARLEY MOWAT

Mordecai Richler a son propre sens de l'identité. Il s'agit de son identité juive, et c'est celle de son petit quartier. Il ne possède absolument aucun sens de l'identité canadienne.

MORDECAI RICHLER

Je vais laisser passer. Je ne vais pas lui faire l'honneur de répondre. Mowat a tendance à manquer de mots.

Il était beaucoup plus préoccupé par le débat sur la langue. « Nous ne vivons pas une tragédie mais une farce, déclara-t-il dans un discours. Si leur survie dépend de la suppression de l'anglais, ils souffrent donc d'une maladie en phase terminale. Imaginez que l'Ontario essaie de purifier son anglais et d'appeler les croissants « crescents » et les soutiens-gorge « mammary glands holders ».

Comme les lois québécoises stipulaient que, sur les enseignes commerciales, le français devait occuper deux fois plus d'espace que l'anglais, la bande de scribes et de bons vivants* qui se réunissait régulièrement à l'heure du cocktail chez Winnie's ou Ziggy's, rue Crescent, à Montréal, commença à se donner le nom de « société deux fois plus ». Ils tournaient en dérision une société dont les gardiens nommés par le gouvernement étaient susceptibles de se mettre un jour à patrouiller les rues avec des appareils à mesurer le son pour s'assurer que le français était parlé deux fois plus fort que l'anglais. Des primes de natalité ne seraient données qu'aux Québécoises. Les résidents non francophones devraient payer l'amende pour « n'avoir pas été plus prudents dans leurs draps ». Puis, en septembre 1991, le New Yorker, dont Robert Gottlieb, ami de Richler et ex-réviseur chez Knopf était le rédacteur en chef, fit paraître « Inside/Outside », un article de vingt et un mille mots attaquant la bêtise et le racisme qui étayaient la politique québécoise sur la langue. Richler fut payé quarante mille dollars américains, le tarif normal du magazine pour des articles de cette envergure.

GUY VANDERHAEGHE

Quand l'article parut, il était chez moi à Saskatoon. Il avait apporté dans l'avion le magazine tout frais sorti de l'imprimerie et, l'après-midi même, Florence avait déjà commencé à recevoir des appels menaçants. Il a écourté son séjour et il est rentré chez lui. Plus tard, j'étais dans un restaurant avec lui, et quelqu'un a crié à travers la pièce : « Faites-les baver, ces *Frogs* ! » Il était furieux qu'on puisse croire que sa position était celle de ce type, et également furieux que son espace privé ne soit pas respecté. Et je pense que c'est pour ça qu'il avait ses bars et ses restaurants préférés, des endroits où il pouvait aller et ne pas se faire déranger.

Au Canada français, la réaction à l'article de Richler ne se fit pas attendre : on le condamna. Michel Bélanger, qui venait à l'époque d'être nommé coprésident de la commission Bélanger-Campeau sur l'avenir constitutionnel du Québec, déclara : « Étranger n'est pas le terme exact [pour Richler]. Je crois que l'expression qui s'applique dans son cas est celle-ci : il est en dehors. » Le député du Bloc québécois Gilles Duceppe pressa les dirigeants du Canada anglais et de la communauté juive de se joindre à [lui] pour dénoncer ce raciste consommé affligé d'un esprit complètement pourri. « Les Canadiens doivent s'exprimer. Soit ils dénoncent son action, soit ils en sont les complices. » Mais la communauté juive montréalaise qui,

au mieux, était ambivalente à propos des attaques précédentes de Richler
sur ses propres critères éthiques, applaudit.

MORDECAI RICHLER

C'était plus facile quand je les dérangeais, parce qu'ils veulent maintenant m'inviter à des déjeuners père-fils. J'ai été choqué par la profondeur de la colère des Québécois. Fondée sur quoi? Je l'ignore. La langue française est tellement protégée au Québec.

JACK RABINOVITCH

Les gens ont sous-estimé son courage. Pour un Juif, écrire sur les marottes du PQ et les lois sur la langue, s'attaquer tout seul à l'establishment politique exigeait plus qu'un talent d'écrivain et une propension à la satire. Cela exigeait aussi du courage. C'est comme avoir peur d'avoir peur. C'est ce qu'il m'a dit: «J'ai peur d'avoir peur.» Il l'a fait, tout simplement. Comme nous tous, il avait l'impression que nous avions des droits à Montréal. Il a été extrêmement déçu de constater qu'à Toronto, on connaissait si peu Montréal. Mais il lui a fallu beaucoup de cran, parce que, en ayant montré les défauts et les verrues de certains arnaqueurs juifs dans *Duddy Kravitz*, il était un paria au sein de la communauté juive.

Chez mes amis canadiens-français, un grand nombre aimaient l'écriture de Mordecai. Ils trouvaient *Duddy Kravitz* fantastique, de même que *Gursky*, *Joshua*. Ils débordaient d'enthousiasme. Puis voilà que, tout à coup, Mordecai se met à écrire sur le Québec. Ces mêmes Canadiens français le trouvent alors moins fascinant. Le même homme, la même démarche, mais un autre groupe visé. Maintenant, il est un paria dans la communauté canadienne-française et ils disent: «Il ne comprend pas. Il ne parle pas français.» Je réponds: «Foutaises. C'est juste que vous n'aimez pas qu'il vous regarde comme il regardait la communauté juive.» Et il devient soudain un héros dans la communauté juive. Plus tard, je prenais un verre avec lui au Ritz, et Bernard Landry était là. Mordecai ne voulait pas bouger. «J'ai faim, ai-je dit. Allons manger.» Mais il a refusé de sortir le premier.

REX MURPHY

Si vous essayez de faire la même chose, voici comment il faut vous y prendre: prenez beaucoup de mots et contestez cette chose par le levier de sa propre absurdité, et rendez-la acceptable pour un public réellement ignorant. Mettez-vous à sa place. Que sera le premier paragraphe? Comment commencerez-vous? Les romans sont formidables et pleins d'imagination, et il faut des esprits sérieux pour les évaluer, mais voici un talent un peu moins apprécié. Parce que ce qu'il disait était railleur, pas satirique.

L'année suivante, Richler développa son article du New Yorker *et en fit un livre:* Oh Canada! Oh Quebec! Requiem for a Divided Country! [Oh Canada! O Québec! Requiem pour un pays divisé].

JACOB RICHLER

Après la parution d'*Oh Canada! Oh Québec!*, c'est devenu complètement dingue. Il aimait vraiment recevoir ces lettres folles. Il descendait nous les lire. Ils habitaient à l'époque dans les Cantons-de-l'Est et c'était moi qui recevais la plupart des coups de téléphone, parce que je vivais à Montréal. Ces appels étaient incroyablement méchants; la plupart du temps, ils venaient de gens qui ne l'avaient pas lu ou qui avaient vu les titres dans les journaux. Ils disaient des choses comme: «Retournez en Allemagne! Là, ils savent comment traiter leurs Juifs!» Je travaillais comme barman au Cépage quand l'article a paru, et un rédacteur à *La Presse* est venu me dire: «Pourquoi ne fais-tu pas venir ton père ici tout de suite? Je réinventerai l'Holocauste pour lui.» Le bar était bondé et tous ceux qui étaient auparavant venus me dire: «Quelle bonne chose que Mordecai ait écrit cet article» sont restés muets.

MORDECAI RICHLER

L'article du *New Yorker* a suscité beaucoup d'attention, mais quand ça s'est calmé, j'ai pensé que le livre passerait comme dans du beurre, parce que je disais fondamentalement la même chose. Mais tout a recommencé. À une séance de signature, il y avait deux voitures de police à l'extérieur. On m'a envoyé un tas de lettres malveillantes, et Jake ou Florence ont répondu à des coups de téléphone. Les types avec qui je prenais un verre dans les Cantons-de-l'Est m'ont donné une carabine. Je la gardais appuyée contre le mur dans la chambre, même si je ne savais pas comment m'en servir. Ils ont fini par la reprendre. Mais je recevais des croix gammées, des excréments. Je ne le prenais pas au sérieux, mais on ne peut jamais savoir s'il n'y a pas une tête brûlée parmi eux.

NADIA KHOURI, *auteure*

J'ai écrit un livre, *Qui a peur de Mordecai Richler?*, après la levée de boucliers qui a entouré la parution d'*Oh Canada! Oh Québec!* Je trouvais qu'il y avait dans cette histoire quelque chose de terriblement faux. Pour commencer, personne ne l'avait lu et tout le monde le condamnait, y compris les gens qui essayaient de bâtir des ponts entre les francophones et les anglophones. Des experts, vous savez, ces gens du lac Meech, comme je les appelle, qui attribuent des bantoustans à des peuples différents. En montrant cela, Richler enfonçait le clou directement. Il disait: «Vous savez, quand les gens défilent en hurlant "Le Québec aux Québécois", je ne pense pas qu'il y ait aucun Goldstein ou Richler dans ce groupe.» Et c'était la pure vérité. La France aux Français: voilà ce que les fascistes en France avaient coutume de dire. J'ai donc écrit le livre – sans communiquer avec lui. Je trouvais qu'on dépassait les bornes. C'était le meilleur écrivain de la province, et probablement du Canada, et tout cela était complètement absurde. Quel était leur problème, à ces gens?

Toute cette rectitude politique m'irritait au plus haut point. Et il y avait beaucoup de cette attitude «Ne sème pas le trouble». Il faut jouer les trouble-fête quand on se retrouve devant autant de xénophobie, quand il y a des périodes de l'histoire qu'on n'accepte pas, quand on a des idéologues comme [feu l'abbé] Lionel Groulx. Il faut que quelqu'un prenne la parole. Groulx n'était pas un homme sympathique. Il était xénophobe. Oui, il était antisémite. Il était réactionnaire. Il était épouvantable. J'avais l'impression que Mordecai était féministe quand il disait que le degré exténuant de fertilité que Lionel Groulx et l'Église catholique imposaient aux femmes équivalait à les traiter comme des truies, mais, bien entendu, la phrase a été interprétée comme s'il traitait les mères francophones de truies, ce qui était ridicule. Et j'ai pensé: «Mon Dieu, non seulement c'est fou, mais les gens ne lisent même pas. Et quand ils lisent, ils lisent mal. Les gens ont été choqués par ce que j'avais écrit. Une foule de gens sont venus me dire: «Tu es une féministe qui défend un sexiste, ce qui est manifestement ridicule, tu es une Arabe qui défend un Juif, et une francophone qui défend un anglophone.» Je répondais: «Eh bien voilà. Vous n'avez rien compris. Il est plus féministe que tous les féministes qui disent hé, hé, hé. Et puis, quoi? Lionel Groulx avait-il raison? Allons donc!» Parce que c'est faux qu'ils soient des victimes. C'est insultant de dire qu'ils sont des victimes. Personne n'est une victime au Québec. C'est insultant de dire: «Soyons conciliants et traitons-les comme une société distincte.» C'est totalement insultant.

Je ne veux pas faire partie d'une société distincte. Je veux être l'égale des autres et quelqu'un doit le dire. Pour moi, le bill 178 – faire ou ne pas faire partie – était quelque chose d'absolument odieux, de raciste. On ne se tourne pas contre ses concitoyens pour leur dire : « Vous êtes des citoyens de deuxième classe. » Mordecai était un don du ciel. Il était temps que quelqu'un prenne la parole.

Au début des années quatre-vingt-dix, après dix ans, Richler abandonna un autre emploi de pigiste qui avait été valorisant et agréable, celui de critique littéraire pour GQ, *un magazine mensuel destiné aux hommes.*

ART COOPER, *rédacteur en chef*

Je l'ai embauché en 1983, peu de temps après être entré en fonction. J'ai téléphoné à Bill Sheed et je lui ai demandé s'il voulait être critique littéraire, et il m'a conseillé de parler à Mordecai Richler. J'avais lu *Le cavalier de Saint-Urbai*n et je l'avais beaucoup aimé. Comme Mordecai venait à New York toutes les trois semaines pour les réunions du Book of the Month Club, je l'ai appelé. Nous nous sommes donné rendez-vous à l'hôtel Four Seasons pour le déjeuner, et je lui ai offert la chronique. Fantastique, a-t-il répondu. J'ai dit : « Vous devez me remettre votre première chronique dans trois semaines, puis un article chaque mois. » « Chaque mois ? Mais c'est une publication trimestrielle. C'est *Gentleman's Quarterly.* » De toute évidence, il ne connaissait pas le magazine.

Il était incroyable. Phrase après phrase, il était le meilleur auteur qui eût jamais travaillé pour moi. Ses phrases étaient sauvages, drôles, elles faisaient bouillir et rire. Son style était très concis – il recevait mille cinq cents dollars, un dollar le mot, et sa chronique comptait entre mille quatre cent quatre-vingt-dix-huit et mille cinq cent deux mots. Il était exact et on ne pouvait rien couper. Il ne critiquait pas les livres de ses pairs – Roth ou Heller –, mais les autres ne l'auraient pas fait non plus. Ils ne veulent pas éreinter pour se faire ensuite éreinter. Pendant qu'il écrivait *Gursky*, il a dicté par téléphone une couple de chroniques, et on n'était pas sûr qu'il avait lu le livre en entier. Il le savait. J'ai dit : « Nous ne pouvons pas faire ça. Si vous avez besoin d'une pause... » Après cela, tout a bien été. Mais il n'a jamais reçu son dû aux États-Unis, surtout parce qu'il était canadien et que ses sujets étaient canadiens.

Oh Canada ! Oh Québec ! *fut le dernier livre que Richler publia chez Penguin Canada avec Cynthia Good, directrice de l'édition. Au début des années quatre-vingt-dix, il décida d'aller chez Knopf Canada, qui était dirigé par Louise Dennys. Le premier livre qu'il publia chez Knopf fut* This

Year in Jerusalem, *pour lequel il reçut un à-valoir de soixante-quinze mille dollars.*

FLORENCE RICHLER

Fondamentalement, ça n'avait rien à voir avec leur relation. Ce n'était pas la faute de Cynthia. Ça n'avait rien à voir avec les rapports qu'il entretenait avec Bob Gottlieb, Tony Godwin [son éditeur britannique] et, plus tard, avec Louise Dennys. Ils s'entendaient très bien. Il respectait indiscutablement l'opinion de Cynthia. Mais quand Louise est allée chez Knopf Canada, Mordecai a compris que c'était le chemin à prendre. Il a fait ce qu'il devait faire et il a décidé d'aller vers Louise. Je regrette que Cynthia ait été blessée par la séparation, mais ce sont des choses qui arrivent.

LOUISE DENNYS

J'avais auparavant tenté de le courtiser parce que j'aimais ce qu'il écrivait. À l'époque, j'avais une autre maison d'édition, Lester & Orpen Dennys. Malcolm Lester et moi lui avions proposé d'écrire un livre sur le sport, un recueil de ses articles sur le sport, et nous avons fini par le faire plusieurs années plus tard. Nous avions donc parlé à cette occasion, et nous nous parlions quand nous nous croisions à des événements. Je pense qu'il avait trouvé quelque chose de satisfaisant, qu'il voyait une lumière et, en 1991, 1992, quand j'ai commencé à monter Knopf Canada, il m'a téléphoné à l'improviste. Je crois qu'il recherchait une relation solide avec un éditeur, une relation dans laquelle il se sentirait bien. Il voulait un éditeur en qui il aurait réellement confiance, plutôt que juste quelqu'un qui publierait ses livres, comme Bob l'avait été pour lui. Ça a été un des plus beaux jours de ma vie. Il m'a demandé carrément : « Seriez-vous intéressée à me publier ? » et j'ai répondu : « Oui. »

Mes rapports avec Mordecai étaient sans complications, et j'adorais ça. Il disait : « Voici ce que je veux faire. Et voici ce que vous allez me payer. » Et je répondais : « C'est d'accord. » Ensuite, nous discutions du tirage et de l'échéancier. C'était très très franc, direct. Je disais : « Nous allons en imprimer tant. » Il répondait : « C'est trop. Ne soyez pas si enthousiaste. » Pour n'importe quel autre auteur, le tirage n'est jamais suffisant. Il me semble que dans le cas de *This Year in Jerusalem*, nous avons imprimé douze mille exemplaires. Il avait dit : « Vous en vendrez dix mille. » Nous faisions de genre de pari, et il était si compétent en matière de livres qu'il gagnait toujours. Nous pariions une bouteille de scotch à chaque parution et j'ai perdu jusqu'au *Monde de Barney*. Pour ce roman, j'ai gagné haut la main.

Au début, Richler a connu des problèmes financiers, mais, pour un écrivain, surtout un écrivain canadien, il s'en est très bien tiré. Il a possédé des maisons dans le quartier Westmount de Montréal (et, plus tard, un condo, rue Sherbrooke), la maison des Cantons-de-l'Est et, après 1993, un appartement à Londres. À part ce qu'il dépensait pour des bons vins et des cigares, il ne faisait cependant pas d'extravagances. Plusieurs de ses voyages à l'étranger furent payés dans le cadre de son travail de journaliste.

FLORENCE RICHLER

Nous n'avons jamais discuté d'argent. Nous avons eu une courte discussion quand nous nous sommes demandé si nous devions prendre une assurance, et, au bout de trois minutes, nous avons conclu que c'était parier contre nous-mêmes et, stupidement, oui, stupidement, nous avons décidé de ne pas en prendre. Je crois que ça faisait partie du contrat au Book of the Month Club, mais dans le cas contraire, il n'en aurait pas eu. Mais il n'y a jamais eu de discussion du genre: «Combien d'argent y a-t-il? Est-ce que je dispose de dix livres ou de soixante livres pour l'épicerie?» Ça ne s'est jamais produit, jamais. Nous vivions tous deux assez frugalement et nous faisions attention. C'est une chance quand on sait que tout coûtait cher. La chose extraordinaire – ce n'est que maintenant que je vois à quel point c'était extraordinaire –, c'est que, dès le départ, dès qu'il a gagné de l'argent, il en a, sans m'en parler, mis de côté pour l'éducation des enfants. J'avais beau être une mère aimante et d'un dévouement constant, je ne crois pas que j'aurais pensé à ça avant que le moment soit venu. Mais il a su d'emblée qu'il fallait prévoir. C'était typique de sa façon de fonctionner. Ça faisait partie de sa journée – il réservait du temps pour ça. Au début, il cherchait à investir. Il était très habile. Il savait que, s'il investissait dans une compagnie de construction, il gagnerait deux fois plus qu'en laissant son argent à la banque. C'était aussi simple que ça.

DANIEL RICHLER

Le Lundi noir [en octobre 1987], il ricanait à la pensée de tous ces courtiers à New York qui se jetaient par la fenêtre de leur bureau au quinzième étage, tous ces gens qui avaient investi stupidement et cupidement et tout perdu. Il disait deux choses: premièrement, il n'avait jamais joué à la Bourse – il avait manifestement investi de façon plus sage, plus conservatrice. Et il faisait observer qu'il n'avait pas à s'inquiéter – il gagnait maintenant assez d'argent pour savoir que, s'il ne pouvait plus travailler, il n'aurait pas de problème et qu'il avait rempli la promesse faite à ma mère au début de leur mariage: celle de les faire vivre, elle et leurs enfants. Je me rappelle avoir pensé que c'était étrange de se vanter de ça. D'après ce que je comprends, quand papa a acheté la maison à Kingston Hill, il a emprunté de l'argent à tous ses amis et la maison était hypothéquée au maximum, mais il ne parlait jamais de ces choses. Il gardait ces détails pour lui. Vers 1985, ils ont vendu la maison. Ils s'étaient cramponnés longtemps pour la garder. Pour maman, la maison avait une valeur sentimentale, et peut-être espéraient-ils retourner y vivre un jour. Mais ils ont fini par la vendre et papa a donné les profits ou l'argent qui restait à maman, en cadeau, et ils ont divisé une partie de l'argent entre les enfants – un millier de dollars, cinq mille, peut-être. Et ça a été ça. Papa nous a fait venir dans sa chambre et il a dit: «C'est comme ça et, à propos, je veux juste que vous sachiez que vous n'aurez pas d'héritage.» Il riait – il disait qu'il riait en voyant nos visages s'assombrir. Il disait qu'il ne croyait pas aux héritages et que chaque génération devait travailler pour elle-même, gagner sa propre subsistance. Il disait: «Vous ne me croyez pas, mais c'est la vérité. L'argent ira à des œuvres de charité avant d'aller à aucun d'entre vous.» Absolument. Je pense qu'il parlait sérieusement.

À l'automne 1991, Richler se brouilla avec son vieil ami et ancien éditeur, Jack McClelland.

FLORENCE RICHLER

Mordecai adorait Jack. Ils avaient entretenu une solide amitié pendant des années. Et il y a eu un événement au cours duquel Jack allait être honoré. [Il reçut un prix pour l'ensemble de son œuvre du Conseil des Arts de Toronto en 1991.] Mordecai devait se rendre à San Francisco. Il allait faire quelques conférences, à cinq endroits différents, et il ne pouvait annuler cet engagement. Il a donc téléphoné à Jack. Jack a réagi... nous pensons savoir comment étaient les Furies? Ce n'était rien comparé à Jack. Il était *tellement* furieux. Et ce qu'il a fait n'était vraiment pas chic. Il s'est arrangé pour que Mordecai ait l'impression d'avoir fabriqué ce prétexte et de ne pas vouloir, pour une raison quelconque, assister à la célébration. Je suis désolée, mais c'était insensé. Mordecai ne mentait jamais. Peu importe ce devant quoi vous le mettiez, il vous disait la vérité. Et il n'aurait jamais fait une telle chose à Jack, ni à personne d'autre, mais particulièrement à Jack, qu'il aimait. Je le jure.

MORDECAI RICHLER

Il s'est passé quelque chose de terrible avec Jack. Nous étions les meilleurs amis du monde et quand Jack sut qu'il allait recevoir un prix de la Ville de Toronto, il m'a demandé d'assister à la cérémonie et de lui remettre ce prix. J'ai accepté avec empressement. Puis, je l'ai appelé environ trois semaines ou un mois avant la remise du prix et je lui ai dit : « Jack, je ne pourrai pas le faire. Je donne une conférence à San Francisco ce soir-là. » Il m'a répondu : « Tu es un menteur et maintenant tu vas devoir aller à San Francisco juste pour me prouver que c'est vrai. » « Jack, téléphone à San Francisco », ai-je dit. Quoi qu'il en soit, il était enragé et il m'a traité de menteur. Ils ont trouvé quelqu'un pour remettre ce prix à ma place, et Jack a dit que je n'étais pas venu parce que j'avais peur de voyager à cause de l'affaire du Québec. Nous nous sommes parlé à quelques occasions par la suite, mais ce n'était plus pareil. Je lui ai dit : « C'est un prix du genre Rotary Club. Auparavant, tu en aurais ri. Qu'est-ce qui te dérange ? »

Malgré leur différend, Richler continua à envoyer à McClelland des fax pleins d'humour. Lorsque James King, le biographe de McClelland, demanda à Richler de lui accorder une entrevue, Richler télécopia à Jack : « Un type qui prétend écrire ta biographie a communiqué avec moi. J'ai été stupéfait d'apprendre qu'il ne savait pas que tu étais gay. Je vais donc lui donner des détails. »

À l'automne 1992, les Richler passèrent plusieurs semaines en Israël et en Égypte – dans le cadre d'une recherche pour le livre qui serait publié sous le titre de This Year in Jerusalem.

SAM ORBAUM

Il avait apporté sa vieille machine à écrire déglinguée et il l'a oubliée à l'aéroport. Il a téléphoné de l'hôtel à Jérusalem, et on lui a dit que oui, on l'avait trouvée et fait exploser. Elle avait été considérée comme un objet suspect. On avait fait venir les employés de la sécurité qui l'avaient traitée comme s'il s'agissait d'une bombe. Je ne suis pas dans le secret des dieux en ce qui concerne ses habitudes d'écriture, mais je sais seulement qu'il était très préoccupé par les détails. Quand je l'ai aidé dans le cadre de sa recherche pour *This Year in Jerusalem*, il m'a télécopié des pages et des pages de questions me demandant de rechercher de petits faits divers et des détails. Par exemple : il avait vu une plaque humoristique sur un banc de parc à Jérusalem et il m'a demandé de la retrouver et de noter l'inscription. J'ai fait le tour des parcs sans la retrouver. Il m'a demandé de continuer à chercher, et j'ai fini par la trouver. Tout fier de moi, je lui ai envoyé cette inscription, mais il ne l'a pas mise dans le livre.

Quand il était en Israël, j'ai voulu l'interviewer, mais j'ai clairement compris qu'il n'acceptait qu'à contrecœur : en général, il détestait se faire interviewer, et il me considérait davantage comme un «cousin» que comme un «journaliste»; à ses yeux, je marchais dans ses traces. Il avait mieux à faire, j'en suis sûr. Il m'a offert d'entrée de jeu son opinion politique sur Israël, et ça m'est resté sur le cœur. Ce qu'il a dit m'a frappé comme quelque chose d'intellectuellement malhonnête, en ce sens qu'il a débité les mêmes rengaines éculées, ces mêmes visions politiquement correctes sur Israël, les Palestiniens, le Moyen-Orient, le processus de paix, Arafat, etc., qu'on entend toujours dans la bouche des artistes et des célébrités qui nous rendent visite. Je ne m'attendais pas à ça de la part d'un libre-penseur aussi véhément que lui. Alors, je lui ai astucieusement renvoyé la balle en remettant en question la solution qu'il privilégiait pour le Canada – un pays – par rapport à celle qu'il privilégiait pour Israël – deux pays – et en lui affirmant qu'il manquait de logique. Il m'a répondu en rugissant que la situation était différente et je lui répliquai qu'elle ne l'était pas. Il a vite oublié que j'étais en train de l'interviewer, et nous avons passé un moment exubérant ensemble; pour finir, j'ai écrit un article pétillant. Par la suite, il a dû se rendre compte qu'il avait été richlerisé, et je crois qu'il m'a respecté pour ça, mais il n'a jamais mentionné l'article et je ne lui en ai jamais parlé.

À partir de 1993, les Richler commencèrent à passer cinq mois par année à Londres (habituellement de décembre à mai). Ils achetèrent un appartement dans Sloane Court, tout près de King's Road. Même si Richler était moins productif à Londres, ce déplacement – en plus de leur épargner les rigueurs de l'hiver canadien – était une sorte de cadeau qu'il faisait à Florence et leur permettait de renouer avec quelques vieux amis.

TIM O'BRIEN

J'ai alors recommencé à fréquenter Mordecai et Florence, mais d'une façon légèrement différente, vraiment comme des personnes qu'on trouve précieuses. Ils étaient comme des bouteilles de vin qu'on laisse vieillir et qui sont irremplaçables parce que chaque bouteille de vin qu'on achète aujourd'hui est par définition un cru récent. Nous aimions tous les trois nous retrouver ensemble en souvenir de cette époque où nous avions tant profité de la vie. Mordecai était alors très impressionnant, je veux dire qu'il parlait peu, mais ce qu'il disait valait la peine d'être entendu. Évidemment, tout notre cercle savait alors que, sous un extérieur bougon, Mordecai cachait un cœur d'or, ce qui est tout à fait vrai. À l'époque, il avait une considérable réserve d'attitudes, de souvenirs et de convictions, mais il les exprimait toujours de manière économe. Pour moi, ses jugements étaient très justes – succincts, précis et incisifs quand ils devaient l'être. Il n'abusait jamais de sa force et n'avait rien d'un triomphaliste. Il se contentait de dire: « Eh bien, en ce qui concerne ceci ou cela, le problème est celui-ci. » C'est bizarre de dire ça, mais c'était une des choses qui nous donnait confiance en lui.

En février 1994, Michael Coren, un auteur et diffuseur ami du fils aîné de Richler, Daniel, lui écrivit pour lui demander l'autorisation d'écrire sa biographie. « Laissez-moi une semaine pour réfléchir à votre proposition époustouflante, lui répondit-il, mais Florence est déjà de votre côté. Voici le conseil d'un vieil auteur à un auteur plus jeune: pensez-y deux fois parce que, selon moi, il ne s'agit pas d'une entreprise très rentable. » Une semaine plus tard, Richler accepta et lui télécopia sa réponse. « D'accord, Coren, allez-y. Mais je pose une condition: vous ne révélerez pas que je suis un travesti, qu'on m'a élu Reine Esther au dernier bal annuel des travestis de Pourim qui a eu lieu au temple Holy Blossom de Toronto. » Coren vendit alors la proposition qui fit partie d'un contrat pour trois livres et entreprit une série d'entrevues. Le projet ne réussit toutefois jamais à atteindre la masse critique.

MICHAEL COREN

Deux facteurs expliquent pourquoi je n'ai pas terminé: première-ment, j'en avais assez de l'expérience juive montréalaise, j'en avais vraiment marre. Si j'étais né dans cette ville ou dans ce pays, ça aurait peut-être été différent. Au départ, le projet me paraissait irrésistible, mais c'est vite devenu plutôt fastidieux. De plus, le travail à faire était colossal. Il pensait qu'en venant d'ailleurs, j'aurais une meilleure vision des choses. Je ne suis pas certain qu'il ait eu raison. Je pense qu'il y avait beaucoup de non-dits que j'étais incapable de comprendre. Je vivais ici depuis plusieurs années et j'avais beaucoup voyagé dans l'ensemble du pays, mais ça ne voulait pas dire que je le connaissais comme le connaissent les gens qui y sont nés. Je trouvais aussi que les autres personnes ne me livraient pas grand-chose. Ses amis, ses véritables amis, se montraient méfiants, excessivement protecteurs. J'ai effectué pas mal de travail, mais à la fin ça me pesait et c'était désagréable. J'avais reçu une généreuse avance – environ soixante mille dollars. Il m'a fallu beaucoup de temps pour la rembourser. Je me suis aussi excusé auprès de lui, et il a été très gentil.

Doris Giller, ancienne journaliste littéraire au Montreal Star *et mariée avec Jack Rabinovitch, un ami intime de Richler, mourut en 1993. Afin d'honorer sa mémoire et son amour de la littérature, Rabinovitch créa le prix Giller, un prix annuel de vingt-cinq mille dollars pour le meilleur roman ou recueil de nouvelles canadien écrit en anglais. Richler lui-même fit partie du jury pendant les deux premières années.*

JACK RABINOVITCH

Au départ, Morcecai avait des doutes. Ou, devrais-je dire, il voulait s'assurer que je faisais ça pour les bonnes raisons. Nous nous sommes rencontrés chez Woody's à Montréal. C'était en août 1993. J'étais venu en avion de Toronto. Ses premiers mots ont été : « Qu'est-ce que tu bois ? »

« Très bien, merci. Et toi ? ai-je répondu. Je prendrai un Macallan sec avec un verre d'eau à côté. »

« Excellent choix, a-t-il dit. Je prendrai la même chose. »

Quand nos consommations sont arrivées, je lui ai exposé le but de ma visite. « Je veux faire quelque chose de spécial pour Doris, ai-je expliqué. J'ai pensé établir un prix littéraire pour les romans et les nouvelles, modelé, dans une certaine mesure, sur le Booker… Qu'en penses-tu ? »

« Pour commencer, quel est le montant du prix ? »

« Vingt-cinq mille. »

« Quel est le nom du prix ? »

« Pourquoi me demandes-tu ça ? »

« Comment il s'appelle ? »

« Le prix Giller. Comment pensais-tu qu'il s'appellerait ? »

« Détends-toi et dis-moi ce que tu veux faire. »

« Tu connaissais Doris, Mordecai. Elle avait horreur de l'esbroufe et la détectait rapidement… Elle voudrait que ce prix soit crédible et que ce soit quelque chose de plaisant. »

Nous avons décidé que le prix méritait d'avoir son lieu particulier. Mordecai a accepté, de mauvaise grâce mais avec bonne humeur, d'être membre du jury pendant deux ou trois ans. Il a recommandé de demander à David Staines et Alice Munro de faire partie du groupe fondateur.

À l'été 1996, Richler organisa une conférence de presse chez Winnie's, rue Crescent, pour annoncer la création de ce qu'il appela la Société Impure Laine. C'était une attaque à la fois drôle et sérieuse contre Jacques Parizeau, alors premier ministre du Québec, qui avait blâmé « l'argent et le vote ethnique » pour la perte du référendum de 1995 sur la séparation du Québec, et contre l'obsession des nationalistes francophones concernant la pureté du pedigree. Cette société remettrait annuellement le prix Parizeau, de deux mille dollars, à un romancier anglophone d'origine ethnique ou à « une personne impure laine ».

« C'était juste pour semer un peu de zizanie, expliqua Richler. Je ridiculise manifestement M. Parizeau et ce qu'il défend, que je trouve très contestable. »

WILLIAM WEINTRAUB

Il a reçu beaucoup d'inscriptions. Il a fait faire un tee-shirt et a organisé la cérémonie de remise du prix chez Winnie's. C'était très drôle. Les francophones se sont plaints que les écrivains de langue française soient exclus, et c'était exactement la réaction qu'il recherchait. Mordecai aimait bien semer la zizanie.

IRWIN STEINBERG, *ami*

Je faisais partie de ce groupe. J'ai fait faire cinq cents tee-shirts, et il m'en reste à peu près cent cinquante. Ce sont des articles de collectionneur. Il a demandé à ses amis d'investir de l'argent, et, pour commencer, j'ai accepté, puis j'ai changé d'idée. J'ai dit : « Si tu l'appelais le prix Richler, je n'aurais pas de problème. Je comprends pourquoi tu veux ridiculiser Parizeau, mais nous faisons cela aux dépens d'un auteur anglophone qui a travaillé dur et qui aura honte du prix qu'il aura reçu. » Il a parfaitement compris et cela n'a jamais nui à notre amitié. Ça nous a peut-être même rapprochés, parce que c'était une question d'intégrité.

JACK RABINOVITCH

Il m'a téléphoné et m'a dit: «Jack, j'ai un tee-shirt pour toi.» «Fantastique», ai-je répondu. «Ouais, a-t-il repris. Ça coûte mille dollars.» C'est comme ça qu'il recueillait des fonds.

Le prix Parizeau a fonctionné pendant deux ans, puis il est tombé en désuétude quand Mordecai a eu un cancer du rein, en 1998.

En 1996, la mère de Richler décéda. Elle habitait depuis plusieurs années à Saint-Jean de Terre-Neuve chez Avrum, le frère de Mordecai, et Eve, la troisième femme de ce dernier.

EVE RICHLER

Elle parlait rarement de lui et les quelques fois où j'ai abordé le sujet, elle disait: «Je ne veux pas entendre son nom ni parler de ce bâtard.»

AVRUM RICHLER

Je l'ai appelé quand elle est morte. J'ai dit: «Tu ne viendras pas aux funérailles, j'imagine?» Il m'a répondu: «Tu plaisantes?»

MORDECAI RICHLER

J'avais l'impression que j'aurais agi de façon totalement fausse en allant à ses funérailles. Nous ne nous parlions plus depuis vingt ans. Ça aurait été hypocrite.

Richler fit pourtant un effort pour renouer avec l'ensemble de la famille. À une occasion, il assista à une bar-mitsvah où les fils de son oncle, David Richler, étaient présents.

DAVID RICHLER

Il n'était pas religieux, mais il s'assurait que les gens sachent qu'il était juif. Il n'a jamais caché sa judaïcité. Il aimait aiguillonner les autres, et il a demandé à mon fils: «Bon, Hertzi, où est ton *meschiach* [messie] maintenant?» Hertzi l'a regardé droit dans les yeux et il a répondu: «Mordecai, si tu portais tes *tephillin* [phylactères], le *meschiach* arriverait peut-être plus vite.» Mordecai a dit: «Si tu bois deux doubles scotchs, je mettrai les *tephillin*.» On a donc apporté les deux scotchs, mon fils les a bus et Mordecai a mis les *tephillin*. Et savez-vous ce que mon fils lui a dit? Nous l'avons enregistré. Mon fils a dit: «Mordecai, je n'étais qu'un tout petit enfant à la mort de ton père, mais je me rappelle que tu as refusé

de mettre les *tephillin*. Ton père avait attendu tout ce temps, et c'est
ce que tu as fait. »

*Également en 1996, Jake, le plus jeune fils de Richler, présenta sa future
épouse, la journaliste de mode Leanne Delap, à sa famille.*

LEANNE DELAP

Jake et moi, nous dormions en haut dans une pièce adjacente au
bureau de Mordecai. C'était une nuit sans lune et nous sommes allés
nous coucher… Jake et moi, nous ne voyons rien ni l'un ni l'autre. Je
me suis levée au milieu de la nuit et je cherchais le chemin pour
descendre en marchant le long de la bibliothèque. Tout à coup, j'ai
ressenti une douleur épouvantable à la nuque. La bibliothèque
m'était tombée dessus. J'ai hurlé « Jake! » de toute la force de mes
poumons. Il est descendu et m'a trouvée toute nue au pied de l'escalier, avec tous les prix de Mordecai et les caricatures d'Aislin sur moi.
Il est absolument impossible que Florence, qui entendait une souris
à l'autre bout de la maison, n'ait rien entendu. Nous avons tout remis
en place et quand je suis descendue le lendemain matin, couverte
d'ecchymoses, Mordecai s'est mis à raconter sa dernière expédition
de pêche au saumon. Rien n'a jamais été dit, sauf quelques années
plus tard quand nous sommes venus en visite et que j'étais enceinte.
Mordecai a pris Jake à part et lui a dit: « Je pense que vous allez
dormir au rez-de-chaussée tous les deux. » Ce fut la seule allusion à
l'incident.

*En 1997, Richler commença à rédiger une chronique hebdomadaire pour
l'agence de Southam Press. Ashok Chandwani, avec qui il aimait prendre
un verre, travaillait alors pour la* Gazette *de Montréal et c'est lui qui mit
le processus en branle.*

ASHOK CHANDWANI

Nous commencions à publier un magazine plein format pour le
dimanche et nous voulions l'établir grâce à un chroniqueur-vedette.
J'ai suggéré le nom de Mordecai, et on m'a répondu qu'il
n'accepterait jamais. Alors, j'ai dit: « Eh bien, est-ce que quelqu'un le
lui a demandé? » John Aylen le lui a donc demandé en notre nom, et
il nous a dit que Mordecai serait ravi, car il voulait s'exprimer au
Québec. Au départ, la chronique ne devait paraître que dans la
Gazette, mais nous avons ensuite voulu faire participer les autres

journaux du groupe Southam pour partager les coûts. Conrad Black s'en est mêlé et il y a même eu des négociations à Londres au niveau supérieur, pendant qu'il buvait son cognac de prix. Avec le recul, nous avons tous été d'accord pour dire que ça avait été une erreur de le laisser négocier avec Conrad. Je sais que c'était nettement plus que cent mille dollars américains, peut-être cent vingt-cinq mille. Le *National Post* voulait l'exclusivité, mais Mordecai a refusé, il voulait faire entendre sa voix à Montréal. Nous avons donc partagé ses honoraires à soixante-quarante. Ensuite, ils ont voulu publier la chronique le samedi, mais comme nous voulions qu'elle paraisse le dimanche, nous avons dû la retirer du *Post* au Québec le samedi. Mais tout passait par moi. Il me remettait son texte, je le révisais et je faisais même de la recherche pour lui, ce qui a dérangé certaines personnes au journal.

En 1994, lorsque Richler signa son premier contrat avec Knopf, ce fut pour un recueil d'articles qui devait s'intituler Celebrations *(avec un à-valoir de vingt mille dollars), et un roman qui serait la suite de* Duddy Kravitz *(avec une avance de cent cinquante mille dollars). Ce dernier livre serait son dixième et dernier roman,* Le monde de Barney. *L'ouvrage obtint un succès considérable au Canada (il s'en vendit plus de deux cent cinquante mille exemplaires) et, étonnamment, en Italie, où l'on vendit également deux cent cinquante mille copies de l'édition reliée. Un néologisme,* Richlerino, *fut créé en italien pour parler d'une personne politiquement incorrecte. Les ventes furent toutefois moins spectaculaires dans les deux principaux marchés anglophones, le Royaume-Uni et les États-Unis.*

AVIE BENNETT

Il m'a envoyé une première version de *Barney*. Je lui ai dit que je ne pensais pas que le livre se vendrait. Je trouvais que c'était un roman merveilleux et il me plaisait beaucoup parce que j'étais juif et que j'avais à peu près l'âge de Barney, mais je ne savais pas si le livre pourrait plaire à l'ensemble du lectorat. Voilà quel bon lecteur j'étais.

LOUISE DENNYS

J'ai adoré le manuscrit dès le premier mot, et il y a travaillé très fort. De tous ses manuscrits, c'est celui sur lequel nous avons fait le plus gros travail éditorial. Je lui ai envoyé mes commentaires, une lettre de vingt ou trente pages avec des remarques sur l'intrigue et le personnage, les forces et les faiblesses, et mes réactions en tant que lectrice – de même que mes corrections. Il n'a pas protesté. Il n'a pas dit s'il les aimait ou non, mais on le savait quand il n'aimait pas une suggestion. À quelques endroits, il a dit : « Je vais le laisser comme c'est. »

Au Canada, nous avons commencé par un tirage de quatre-vingt mille exemplaires. Il m'a traitée d'idiote et j'ai gagné ce pari. Il était heureux que je sois une idiote. Je crois que son succès s'explique par une combinaison d'éléments : le livre lui-même dans une certaine mesure, son ampleur. Il y avait une tendresse qui rejoignait un lectorat beaucoup plus vaste que celui de ses livres précédents, à cause de l'histoire d'amour, de la profondeur, de l'émotion et de la tendresse. Aux États-Unis, il a tout simplement été mal servi, très mal servi. Le livre n'a pas été publié comme il aurait dû l'être. Au Royaume-Uni, ça a été un peu la même chose. En Italie, encore une fois, une combinaison de facteurs, la nature du livre, cette accessibilité, cette tendresse et cette histoire d'amour, plus Roberto Calasso. C'était la première fois qu'il était publié chez Adelphi, et quand ils prennent quelqu'un, ça fait vraiment une différence. J'avais téléphoné à Calasso et l'avais convaincu de prendre le livre de Mordecai. Et maintenant, on a vendu trente mille exemplaires de *On Snooker*, simplement parce que Mordecai en est l'auteur. C'était donc le bon éditeur au bon moment, pour le bon livre.

MORDECAI RICHLER

Tout écrivain espère écrire un jour un livre qui durera. Et c'est bien sûr l'esprit qui anime l'auteur sérieux. Une fois que c'est fait, il est temps d'arrêter. Comme je ne sais pas encore si j'y suis parvenu, je n'ai pas encore arrêté d'écrire. Le dernier, *Barney*, m'a demandé à peu près trois ans de travail, pas à plein temps. C'est le seul roman que j'ai écrit à la première personne, alors, de toute évidence, un certain nombre de lecteurs vont croire qu'il s'agit d'une œuvre autobiographique, ce qui n'est pas le cas. J'étais Barney Panofsky quand je l'écrivais, mais pas avant ni après. La deuxième Mme Panofsky n'est qu'une invention. C'est une histoire d'amour, oui, mais j'ai le don d'écrire des histoires d'amour. Je partage pourtant avec Barney l'idée que la vie est fondamentalement absurde et que personne ne comprend personne, mais vous en tirez ce que vous voulez.

DEBORAH ROGERS, *agente littéraire britannique*

Manifestement, Barney frappe d'une certaine façon la psyché italienne mâle. Nous pouvons penser que Barney est un peu dépravé mais, en Italie, c'est exactement de cette façon que les hommes doivent se conduire et c'est leur façon d'être, et c'est donc ainsi que

les femmes veulent voir leurs hommes. Un journal de droite a énormément parlé du livre, ce qui a été en partie la cause de son succès.
Mais Calasso a une telle réputation que lorsqu'il appuie quelque
chose… Et Calasso a eu le coup de foudre pour le livre.

Pourquoi *Barney* a-t-il mal fonctionné au Royaume-Uni? Je
l'ignore. Je crois qu'il a bénéficié d'une promotion, mais probablement insuffisante. Il s'écoulait beaucoup de temps entre les livres de
Mordecai et les libraires n'ont aucune mémoire. Mordecai n'a jamais
vraiment été très en vue ici, bien qu'il soit un auteur beaucoup plus
important que, disons, Howard Jacobsen. Il travaillait encore sur
Barney, mais il en a lu un extrait au Queen Elizabeth Hall, sur la rive
sud. Trois écrivains étaient invités: Edna O'Brien, Amy Tan et
Mordecai. À cause d'Amy Tan, l'endroit été bondé. Edna est passée la
première – elle est très coquette avec son public et elle incarnait une
sorte de charmante jeune fille. Ensuite, Mordecai s'est présenté en
traînant les pieds sur la scène, et vous savez comment son pantalon
avait toujours l'air de pendre – l'élégance vestimentaire n'a jamais été
son point fort – et l'on voyait qu'il venait probablement de déposer
son verre. Il a commencé à lire, et tout le monde a été absolument
captivé. Le passage en question était au début du roman – pisser dans
la nuit et ce passage avec la passoire – et les gens autour de moi se
demandaient: «Qui est-ce?» Il a fait un tabac.

*À l'automne 1997, Le monde de Barney remporta le prix Giller. «Merci,
a-t-il dit en l'acceptant, mais le prix que je voulais vraiment gagner, c'était
le Cy Young», celui que la ligue de base-ball majeur remet chaque année
au meilleur lanceur.*

*Cet été-là, Nigel Horne fit un séjour de six semaines aux États-Unis et
il alla passer une fin de semaine chez les Richler, à Austin. Martha Richler
se trouvait également à la maison de campagne, réfléchissant à son mariage qui battait de l'aile.*

NIGEL HORNE

Notre amitié a été mise à l'épreuve quand j'ai fait la connaissance de
Martha. Quelques années auparavant, Mordecai avait payé les frais
d'un mariage extravagant. Ça s'est passé par lettre. Dans une lettre
très passionnée, je lui ai expliqué pourquoi Martha et moi
disparaissions ensemble. Il me semble qu'il a répondu quelque chose
comme: «Ne t'en fais pas, ça va, nous comprenons.» Et le Noël
suivant, on m'attendait comme si je faisais partie de la famille, même

si nous n'étions pas encore mariés. Cela ressemblait assez à ce que Mordecai et Florence avaient vécu. Et je pense qu'ils comprenaient tous deux qu'on pouvait se tromper.

Les chroniques que Richler écrivait pour le National Post *et la* Gazette *couvraient une grande variété de sujets, y compris les droits des homosexuels. Écrivant au sujet de l'Association nationale des journalistes lesbiennes et gays, il déclara que c'était «indubitablement une organisation opportune, mais je ne suis pas admissible à en faire partie». Il reçut bientôt une lettre du coordonnateur du membership.*

JARED MITCHELL

Sur la recommandation du conseil d'administration, j'ai offert à Mordecai d'être membre honoraire de notre association pendant un an. En plus d'être une organisation ouverte aux gays et aux lesbiennes, avons-nous raisonné, nous étions aussi heureux d'accueillir ces «hétérosexuels éclairés» qui parlaient de l'association et faisaient la promotion de ses objectifs. Je lui ai envoyé une lettre, accompagnée de quelques bulletins, dans laquelle je l'invitais à se joindre à nous un soir et lui promettais personnellement de lui payer toute boisson de son choix, à condition qu'elle soit rose. «Bienvenue chez nous, ma sœur», ai-je écrit en guise de conclusion. Mordecai m'a répondu qu'il était ravi de notre cadeau et qu'il pourrait bien venir prendre un verre avec nous à condition qu'on ait du scotch pur malt à lui offrir. Il détestait le style de nos bulletins (que je rédigeais!). Il disait qu'ils étaient du niveau de bulletins d'associations de vendeurs d'aspirateurs. «Plus d'intelligence, je vous prie, a-t-il écrit, sinon je démissionne.»

Bien qu'il fût sympathique à la cause des droits des homosexuels, Richler s'opposait à la légalisation du mariage gay.

DANIEL RICHLER

Nous en avons discuté un Noël. Il était absolument contre et je l'ai accusé d'avoir toutes sortes de préjugés; j'ai même cité un prêtre catholique du douzième siècle. J'ai mentionné un tas de superstitions médiévales. À la fin, il a dit: «Tu ne pourras pas me faire changer d'idée.» «Oh! ai-je répondu. Le patriarche a parlé. C'est le mieux que tu puisses faire, non?» J'essayais de badiner de manière sarcastique, mais c'est un truc difficile à faire à la table familiale.

*Avec le temps, Richler appréciait de plus en plus la maison de campagne;
c'était là qu'il se sentait le plus heureux. Comme son héros, Duddy Kravitz,
il devint un propriétaire foncier. En été, Florence invitait toujours des amis
à leur rendre visite la fin de semaine.*

RIC YOUNG

Il descendait pour le petit déjeuner et disait: «T'as faim?» Il pressait
des oranges, mettait un croissant dans le four et préparait le café. Il
était en pantoufles et c'était tellement lui. Il nous mettait à l'aise. Une
incroyable gentillesse sans chichis.

JON ROBINSON

Une fois qu'il a eu sa table de snooker à Austin [la maison de cam-
pagne], nous avons dû faire construire une pièce spéciale parce qu'on
a besoin d'espace pour tirer certains coups. Il n'était pas un joueur
particulièrement doué, non. Mais il adorait ça. Il était comme moi,
nous étions du même niveau.

ROGER GEORGE

Mordecai, un bon joueur de snooker? Non, mais c'était un joueur
rusé.

*John Fraser comptait parmi les amis qui restèrent proches de Richler.
Ancien critique de danse au* Globe and Mail, *il deviendrait correspondant
du journal en Chine, rédacteur en chef du* Saturday Night *et, plus tard,
directeur du Massey College à l'Université de Toronto. En apprenant cette
nomination, Richler lui télécopia ce message: «Cher rabbi Fraser, selon les
renseignements que j'ai reçus, vous êtes désormais chargé d'encaisser les
pots-de-vin pour le collège Massey. J'ai l'intention de léguer mon immense
fortune au collège afin d'y établir ce système d'appels téléphoniques pornos
qu'on attend depuis longtemps, et je voudrais discuter des procédures à
suivre avec vous. Pouvez-vous vous présenter pour le petit déjeuner dans
un accoutrement convenable?»*

JOHN FRASER

Je me suis mis à l'aimer en lisant *Cocksure* pendant mes études
universitaires de troisième cycle à East Anglia. Tout ce qu'il y avait
dans ce livre, je n'arrivais pas à y croire. Je me tordais de rire dans
mon lit tellement c'était drôle. Ensuite, lorsque j'étais critique de
danse au *Globe*, j'ai écrit un article, en 1974, pour le *New York Times*
du dimanche dans lequel je disais que le Ballet National avait
beaucoup sacrifié pour obtenir trois misérables semaines au Met au

milieu du mois d'août, tout ça pour satisfaire le caprice d'une étoile (Rudolf Noureiev) de passage – qui ne faisait que passer, voulais-je dire. Je n'avais pas compris que Noureiev était un demi-dieu à New York, et quand j'ai écrit «de passage», on a cru que je voulais dire «éphémère», et mon article est devenu sujet à controverse. Du jour au lendemain, je suis devenu le héros du milieu nationaliste canadien, que je ne cherchais pas particulièrement à courtiser. Le Ballet National a ensuite embauché Mordecai pour écrire l'article de tête de son programme, et il s'en est pris à moi – c'était un article caractéristique de l'antinationalisme de Mordecai. Puis, pendant cette saison, il était là, dans les coulisses de l'O'Keefe Centre, à Toronto. Il paraissait incroyablement timide. Il gardait les yeux baissés, vraiment mal à l'aise. Je suis donc allé vers lui et je lui ai dit: «Je suis le côté inacceptable du nationalisme canadien», et il m'a répondu aussitôt: «Oh! eh bien, ce n'était pas personnel.» Je pense que je voulais le conquérir – il était trop bon pour continuer à être un ennemi –, alors je lui ai parlé de *Cocksure* et de ce que ce livre avait représenté pour moi. «J'ai aussi donné des coups de couteau», lui ai-je dit – comme pour me rapprocher un peu. Plus tard, quand je suis allé en Chine et que j'ai écrit mon livre [*The Chinese*], il en a fait un compte rendu pour le Book of the Month Club. Il l'a choisi et, à cette époque, c'était comme gagner à la loterie. Ça nous a permis d'acheter notre maison à Toronto.

Au fil des ans, Fraser et Richler entretinrent une correspondance [par fax] ludique.

JOHN FRASER

Cela a commencé quand je suis devenu rédacteur en chef du *Saturday Night*. Il m'a envoyé un message télécopié adressé à Joe Fraser *pro tem* [temporaire]. Les télécopies ont continué et ont atteint leur apogée avec celle qu'il m'a envoyée au Massey College peu de temps après mon entrée en fonction en 1994. Le message a fait le tour des secrétaires même s'il était précisé qu'il était exclusivement destiné à John Fraser. «Toutes mes félicitations pour ce nouveau job. La dernière livraison d'argent est arrivée. Ils ont vraiment adoré les trucs armoriés.» Pat, une brave femme charmante, a gardé la télé-copie et, rassemblant son courage, elle est venue me voir et m'a crié: «Cet argent appartient au collège!»

Un autre message télécopié par Richler, daté du 7 janvier 1995, se lisait ainsi: «J'imagine que vos nouvelles fonctions à titre de directeur du collège ne vous empêcheront pas de continuer à être le distributeur de coke, de smack et autres friandises hallucinogènes pour notre groupe sur le campus.» Fraser se jura de lui rendre la pareille.

JOHN FRASER

Et je l'ai fait d'une façon formidable. Lorsqu'il était écrivain en résidence au Trinity College, il se servait de mon télécopieur. Un message de son agente à New York est arrivé. C'était quelque chose comme: «Bonjour, Mordecai, votre billet pour Paris en première classe est prêt. Une voiture de l'ambassade viendra vous chercher et vous amènera à l'hôtel Georges V.» J'ai dissimulé le message, l'ai photocopié, mis l'entête de lettre dans mon ordinateur et écrit le message suivant: «Bonjour, Mordecai. Vos billets en classe économique sont prêts et je suis sûre que vous aimerez tout le monde là-bas. Je suis sûre qu'ils seront tous des fans. Rendez-vous à la porte 14 à Charles de Gaulle et prenez le RER jusqu'à Port Saint-Jacques. Votre hôtel se trouve à deux rues de là, dans le charmant cinquième *arrondissement** – prenez un verre à notre santé. Au retour, il y aura une activité spectaculaire à la synagogue Beth El où mille cinq cents personnes de l'âge d'or ont accepté de venir vous entendre. L'événement est commandité par les vins Mogen David.» J'étais convaincu qu'il comprendrait la plaisanterie. J'ai signé le message avec la même signature et envoyé le portier le lui livrer le vendredi au début de l'après-midi. J'ai compris que j'avais réussi mon coup quand il est venu à Massey le dimanche. Il a dit: «Ces connards de New York. Ils ne m'avaient jamais traité comme ça!» En voyant son visage s'empourprer, j'ai dit: «Mordecai, Mordecai, c'était une blague. C'est moi qui ai écrit le message.» «C'était une blague?» a-t-il répété. Vous savez, l'escroc qui se fait facilement arnaquer. Il a dit: «C'est toi qui l'as écrit?» «Ouais. J'ai le message original. Tu y vas en première classe et il n'y a pas de discours à la synagogue. C'était juste pour te rendre la monnaie de ta pièce pour cette histoire d'argent.» J'ai appris qu'il avait été au bord de la crise d'apoplexie à un dîner chez Jack Rabinovitch la veille. Il n'arrêtait pas de fulminer. Il n'irait pas. Cela lui était égal de perdre son agente. «C'était très amusant, mais ne recommence pas», m'a dit Florence plus tard.

Les romanciers Margaret Atwood et Graeme Gibson faisaient partie de son cercle plus large d'amis du milieu littéraire.

GRAEME GIBSON

Ce qui me frappait, c'était qu'il était si totalement écrivain. Il n'arrêtait jamais. Il correspondait à l'idée qu'on se faisait de l'écrivain dans les années quarante, cinquante, avec l'alcool et la machine à écrire manuelle sur laquelle il tapait énergiquement. Il n'était pas un satiriste classique, en ce sens qu'il ignorait la solution de rechange. À mon avis, c'est de là que vient le cynisme.

MARGARET ATWOOD

Il ressemblait beaucoup à Dickens; il s'attaquait aux abus, mais sa réponse aux abus n'était jamais institutionnelle. Il n'était jamais question de changer d'aucune manière la société. Il fallait être un gentil M. Pickwick ou que le cœur de Scrooge change et qu'il se mette à donner des dindes. Mais l'institution qui avait créé Scrooge resterait en place.

Orwell et Mordecai forment un duo intéressant. Ce sont deux satiristes, et tous deux disent que les grandes visions utopistes sont une façon de dépouiller les gens et de les contrôler.

GRAEME GIBSON

Il s'est montré dur à l'égard des premiers balbutiements du nationalisme canadien. Il s'opposait à ses attentes – il refusait que le simple fait d'être canadien donne droit à des privilèges.

MARGARET ATWOOD

C'est comme ce passage de *Duddy* où il se moque des gens qui peignent avec leurs pieds. En réalité, il ne riait pas des gens qui peignent avec leurs pieds, mais de ceux qui reçoivent des privilèges pour une raison qui n'a rien à voir avec ce qu'ils produisent vraiment. On ne doit pas être surévalué parce qu'on est canadien, ou parce qu'on est une femme, un Juif, ou toute autre catégorie non artistique. Il avait cette position esthétique très puriste.

GRAEME GIBSON

Il y avait quelque chose de calviniste dans sa démarche d'écrivain. Il disait qu'on ne mérite pas les bons moments quand on n'a pas connu les mauvais. Il fallait travailler tous les jours.

MARGARET ATWOOD

Il n'était pas diplomate, mais il avait également horreur des pompeux. C'était le premier péché. Il n'aurait jamais voulu se surprendre en train de pontifier ou de gonfler. Il ne parlait jamais de sa jeunesse à Montréal. C'était sa matière première et un auteur ne parle jamais de sa matière première avec d'autres auteurs. Mordecai s'est lui-même sorti de ce milieu montréalais, il s'est transformé en quelqu'un d'autre tout en se servant de cette matière – sa famille juive élargie – qui pensait qu'il racontait des histoires de l'école, se moquait d'elle et la rabaissait. Tous les écrivains connaissent ça. Un bon nombre d'entre eux ressentent énormément de culpabilité, mais ils le font quand même, parce qu'ils sont des écrivains.

14

PAR LES YEUX DE SES ENFANTS

« Je ne veux pas faire le portrait d'un famille parfaite, à la Norman
Rockwell, qui donne pratiquement envie de vomir.
Ça n'avait rien à voir. »

MARTHA RICHLER

À l'exception de Florence, bien sûr, personne n'a connu Mordecai
Richler aussi bien que ses cinq enfants. Leurs souvenirs et leurs
observations offrent un incomparable point de vue sur Richler comme
écrivain, comme mari et comme père.

DANIEL RICHLER

Voici comment était papa. Noah et moi, deux ado grognons et
renfrognés, étions avec lui chez Moishe's Steak House à Montréal.
Nous avons commencé à lui reprocher de ne jamais rien nous dire.
« On ne sait pas comment tu gagnes ta vie ni combien tu gagnes. Les
parents de nos amis leur disent combien ils gagnent. On ne sait rien
de toi. » Il a répondu : « Pour commencer, ce n'est pas de vos maudites
affaires, combien je gagne. » Sympathique conversation père-fils. Il a
ajouté : « Vous voulez savoir comment je gagne ma vie ? Il y a vingt-
six lettres dans l'alphabet. Je jongle avec elles. »

Bien des adolescents vivent un moment de grâce en découvrant
combien leurs parents connaissent peu le monde. Mais les miens
connaissaient tout du monde, et même du monde à la mode. Ils
avaient pris le thé avec les Rolling Stones. L'agente littéraire de papa,
Deborah Rogers, avait son bureau à côté de la maison de disques
Apple et voyait John Lennon entrer et sortir. Il ne me restait rien à

faire de vraiment original, rien qu'ils n'avaient pas déjà exploré. Papa racontait des anecdotes sur Mason Hoffenberg quand il vivait avec Marianne Faithfull. Mason était héroïnomane et papa devait lui faire des piqûres dans la langue. La plupart des parents disent : « Ne fais pas ça », mais papa avait son propre arsenal. Il était sorti tous les soirs à la fin des années soixante, il avait vu des choses, connu des gens qui s'autodétruisaient, et les histoires qu'il nous racontait avaient un côté particulièrement âpre.

MARTHA RICHLER

Il était très conscient du temps. Il était presque toujours à la course. « Je dois retourner travailler. Je dois retourner travailler. » Il nous chantait tout le temps ce refrain. Si on l'attrapait, disons, à quatre heures un vendredi et qu'il voulait éviter les embouteillages pour se rendre à la campagne, il marchait de long en large, comme un lion en cage. Il planifiait sa vie, chaque jour, très bien, et si quelque chose venait déranger ses plans, comme un train en retard ou la circulation sur la route, il devenait vraiment bougon.

En ce qui concerne ma carrière, il n'a joué aucun rôle, aucun. Il ne pensait pas que j'aurais dû consacrer autant de temps à mes études de troisième cycle. Je suis allée à Harvard et à Columbia, mais ça ne l'a pas impressionné du tout. Quand je revenais à la maison, il se mettait à sortir des livres de la bibliothèque et à me les montrer en disant : « Il n'a pas eu de doctorat, lui. Il n'a pas eu de doctorat, lui. Il n'a pas eu de doctorat, lui. » Il avait l'impression que j'aurais mieux fait d'être dans le vrai monde, l'université de la vie et tout ça, et il avait raison – dès que j'ai mis les pieds dans le monde réel, tout s'est arrangé.

Je suis capable d'imaginer comment était papa dans sa jeunesse parce que Noah lui ressemblait et lui ressemble encore énormément. Noah a accompli bien des choses très jeune, il a voyagé partout dans le monde, travaillé dans des mines, conduit des camions. Papa l'appuyait. J'ai essayé, moi aussi. Un de mes amis avait un bateau et je voulais faire partie de l'équipage, mais papa a refusé. C'était différent pour les filles. Une mentalité à l'ancienne, vraiment. La suggestion l'a passablement choqué. C'était en partie parce que papa n'aimait pas l'indécision, les limbes, la dérive ; il avait l'esprit de décision et il était incroyablement discipliné. Il était comme ça depuis l'âge de dix-huit ans. Il a gardé le même horaire toute sa vie.

Nous fêtions la pâque juive. Nous n'en faisions pas une affaire grave, mais nous suivions la tradition. Nous lisions l'agada. Papa aimait bien. Si Haya Clayton n'était pas là, nous la lisions en anglais. Elle lisait et chantait même, et elle apportait beaucoup de chaleur à la soirée. Maman préparait les mets les plus délicats de la cuisine juive. Mais nous avions aussi de merveilleuses chasses au trésor. Papa cachait vraiment très bien les œufs de Pâques. Il était vraiment très fort à ce jeu. Il aimait aussi se déguiser en père Noël. Il nous laissait les bas et nous donnait les cadeaux le matin de Noël. Papa choisissait toujours les cadeaux qu'il offrait à maman, et maman achetait les nôtres, ce qui était sans doute préférable sinon nous aurions tous reçu du scotch et des cigares à Noël. Mais quand nous sommes devenus adultes, le jour de Noël était moins amusant que pendant notre enfance. Je ne veux pas faire le portrait d'une famille parfaite, à la Norman Rockwell, qui donne pratiquement envie de vomir. Ça n'avait rien à voir. Nous ne sommes pas la famille idéale – juste normale.

NOAH RICHLER

Comme ça arrive toujours, les Noëls en famille, qui étaient merveilleux, ont fini par devenir quelque chose d'absurde, de défiguré et d'embêtant. Il arrive une période où l'on devrait juste avoir des enfants et fêter nos propres Noëls, mais nous ne l'avons pas fait et c'est devenu une monstrueuse parodie de ce que c'était.

DANIEL RICHLER

Nous avons commencé assez tôt à avoir des *seders*, chaque année pendant un certain temps, et papa essayait de se souvenir de son hébreu – il n'avait pas beaucoup de vocabulaire. Il se débattait pour y parvenir, mais il évitait toujours les passages sur Dieu. C'était l'histoire qui l'intéressait, l'exode, l'errance dans le désert, les histoires de manne, les différentes plaies, et maman tenait à ce que nous connaissions nos origines. Ils étaient très intéressés par l'histoire biblique, et c'était ce qu'ils voulaient que nous sachions. Nous évitions les chapitres révisés sur l'Holocauste. Aux repas, la conversation pouvait porter sur le nazisme. Mais nous n'avons jamais observé Yom Kippur et Rosh Hashanah. Nous allumions des bougies pour Hanukkah, mais uniquement quand sa mère venait. Nous ne faisions pas le Succoth. L'idée, c'était de parler de l'histoire juive.

NOAH RICHLER

C'était un Juif extrêmement instruit. J'étais sidéré par son habileté à se rappeler les dialogues, mais plus encore quand j'ai découvert après sa mort la relation riche, constante et relativement pleine qu'il semble avoir entretenue à notre insu, du moins à mon insu, avec sa famille juive. Il semble avoir assisté à des mariages et à des bar-mitsvahs. Il y avait là une vie assez pleine, ce qui m'intéresse, surtout quand on songe à la brouille entre Nancy [l'épouse] et la mère dans *Le cavalier de Saint-Urbain*.

DANIEL RICHLER

Quand j'avais douze ou treize ans, Emma a demandé à papa pourquoi on parlait des Juifs comme d'un peuple. Il a répondu : « Je ne sais pas de quoi tu parles. » Et elle a insisté, d'un ton fâché, en serrant le poing : « Oui, tu ne parles pas des catholiques de cette façon : les catholiques sont italiens, ou ils sont anglais, mais les Juifs sont des Juifs partout dans le monde. » Il a refusé de reconnaître ce dont elle parlait. Et je me rappelle avoir été assez en colère contre lui. C'était comme s'il refusait délibérément que, parce que nous étions en partie juifs, nous grandissions dans un monde où nous aurions des rapports artificiels, sentimentaux, avec d'autres Juifs – avec qui nous n'avions rien en commun. Ça ne l'a pourtant pas empêché, pendant tout ce temps, d'écrire de toutes sortes de façons sur les Juifs. C'était vraiment borné de sa part, mais il devait avoir une raison pour agir ainsi. Ce devait être pour nous empêcher d'adopter des idées toutes faites sur la solidarité juive. Je crois qu'il nous a dit une fois que si nous voulions une bar-mitsvah, il nous en offrirait une, mais il y avait si peu de religion chez nous, si peu de traditions juives ou autres que, lorsque nous avons su ce qu'était une bar-mitsvah, il était trop tard. Je ne sais pas s'il a passé toutes ces années à attendre que nous manifestions un peu plus de curiosité.

MARTHA RICHLER

Il était bon pour ses amis, aimant, loyal, tendre, et c'est un côté de lui que j'aime vraiment. Il ne les a jamais trahis, d'aucune façon. S'il donnait son amitié, il le faisait sérieusement. Honnête à l'excès ? Absolument. Avec l'honnêteté vient la franchise. Il était aussi très solide. Et très, très sain. Il avait horreur du mélodrame ou des attitudes théâtrales. Il aimait que les choses soient directes et, depuis cette position avantageuse, il pouvait percer toutes les prétentions. Le fait de rejeter les prétentions et les mensonges nous donne la clarté morale et une vision. On n'est pas continuellement noué. On est libre d'écouter et d'observer. Je suis tout à fait convaincue que c'était fondamental pour son écriture et pour toute sa vie, en fait. C'est ce qui a attiré maman vers lui. Il n'y avait pas de relativisme moral, aucun. C'était très clair – oui ou non. Et ça pouvait se révéler frustrant quand on grandissait, parce qu'il était absolument catégorique. Maman était beaucoup plus souple. Elle croyait aux étapes : « Tu passes par une étape. » Alors que papa, lui, disait : « Tu nous casses les pieds. Arrête tes conneries. »

NOAH RICHLER

Papa ne parlait jamais de prix ou de reconnaissance publique. Il n'était certainement pas du genre à dire : « J'ai raté le prix Booker cette année. V. S. Naipaul l'a remporté pour ce prétendu roman. » Je ne l'ai jamais entendu dire ce genre de chose. Il avait réécrit le scénario de *Room at the Top*, un film de Jack Clayton, mais il n'en a parlé qu'une seule fois. Un an après la mort de Jack Clayton, à l'occasion du service commémoratif tenu au British Film Institute, un des producteurs, John Woolf, a mentionné publiquement la contribution de papa. C'était une chose connue, mais non reconnue, même si le film avait remporté l'Oscar du meilleur scénario. Il n'en avait jamais eu le crédit. Mais il m'a dit une fois : « Tu sais, quand Lawrence Harvey entre et que ses chaussures flambant neuves couinent ? C'était de moi. » Ça lui plaisait.

Ted Allan est beaucoup resté chez nous. Il y a une photo que je veux et qui a été prise à la maison de campagne la veille du premier mariage de Martha ; on y voit mon père, Ted Allan, Jack Clayton – Ted Kotcheff est peut-être là – et ils rient à gorge déployée, et il y a de grands bols de tomates, de tomates rouges et jaunes. Puis, Jack est mort et Ted Allan est mort et nous n'avions pas pris conscience qu'il s'agissait là d'un des moments avant les derniers chapitres de la vie. Je dirais que les verres qu'ils buvaient en fin de soirée, leurs taquineries et leurs anecdotes ont été très formatives pour moi.

J'ignore s'il y a quelque chose de vrai là-dedans, mais j'ai appris, ou j'en suis venu à accepter comme une vérité, que Jack Clayton avait toujours voulu réaliser *Le cavalier de Saint-Urbain*. Papa n'a jamais permis que cela se fasse. Il sentait peut-être que, n'étant pas juif, Jack n'en aurait pas été capable. Ou il s'était peut-être, très probablement, déjà engagé tacitement envers Ted Kotcheff. La loyauté de mon père était immense et elle ne l'a pas toujours bien servi.

Encore une fois, je ne le sais que par ouï-dire, mais il paraît que *This Year in Jerusalem* est resté interminablement dans une pile chez Knopf, à New York, et c'est le genre de livre qui aurait dû être mis en marché très vite. Mais sa loyauté envers Bob Gottlieb l'obligeait à le publier là. Je suis déconcerté quand je pense que, pour différentes raisons, on n'a pas déployé davantage d'énergie au moment de la publication de *Barney* aux États-Unis et en Grande-Bretagne. Mais, une fois de plus, papa n'a jamais rien dit à ce sujet. Il n'était pas du genre ou de la génération à revendiquer pour lui-même. Les gens dont c'était la responsabilité de s'en occuper auraient pu faire davantage. Je me suis retrouvé en train d'argumenter avec l'éditeur pour m'assurer qu'ils fassent venir papa pour la promotion, ce qui était totalement inutile, mais dans la position que j'occupais à l'époque à la BBC, je pouvais exercer une certaine pression, même si je ne lui en aurais jamais parlé.

Les lois de la destinée et de la chance qui semblaient gouverner le traite-ment et la réception de ses romans étaient également enseignées à la maison, d'une manière typiquement richlerienne.

NOAH RICHLER

Il avait l'habitude de taper des trucs à la machine et, quand lui et ma mère s'en allaient, il les laissait sur le dessus de la cheminée. Il y avait une enveloppe pour chaque journée de leur absence. Dans l'une, il pouvait y avoir des billets de cinéma et, dans une autre, de l'argent pour nous acheter des hamburgers. Dans une autre, ce mot tapé à la machine : « Manque de pot. Faites vos devoirs. Meilleure chance demain. » Quand j'étais à Oxford, il m'a envoyé une lettre sur du papier à lettres des Canadiens de Montréal pour me dire qu'il m'avait repéré et qu'il pensait que j'avais de l'avenir dans l'équipe des Cana-diens. Pour Emma, il a tapé quelque chose comme dix-sept maximes sur l'écriture. « Quand tu penses que c'est prêt, recommence. » Ce genre de chose.

Il travaillait toujours à l'étage. Il avait l'étage supérieur dans la maison de Kingston Hill. Il y avait une terrasse et un joli jardin avec une petite mare dans la cour. Il fallait toujours ramasser les feuilles au râteau, et j'avais horreur de passer le râteau. Une fois, mon frère et moi devions aller voir un film, *Le jour le plus long*, si je me souviens bien, et on nous avait dit de ratisser. À cette époque, il y avait beau-coup de grèves en Angleterre. Nous avons donc rassemblé les feuilles en deux gros tas pour former les mots « En grève », de façon à ce que mon père puisse les voir, après quoi nous sommes allés jouer. Il est descendu et il a dit : « D'accord. » Nous pensions aller au cinéma, mais nous n'y sommes pas allés.

DANIEL RICHLER

En réalité, il était très fâché. Il nous a fait venir dans son bureau et il a dit : « Savez-vous ce que je suis en train de faire ? Je mets de l'argent de côté pour vos études et je vous demande de nettoyer le jardin.» Si mes souvenirs sont exacts, c'était la première fois qu'il me parlait d'argent – du sens de la responsabilité fiscale. Nous sommes donc retournés ramasser les feuilles.

NOAH RICHLER

À notre arrivée au Canada, Emma et moi sommes allés avec lui déposer notre argent de poche à la banque; c'était une succursale de la Banque Royale, au Westmount Square. J'avais trente-six livres. «Quitte ou double», a-t-il dit à Emma, selon son habitude. Elle a tiré une pièce et j'ai compris à son expression qu'elle avait perdu, mais il lui a quand même donné le double de la somme. À mon tour, j'ai tiré une pièce, j'ai perdu et il m'a pris mon argent de poche. Je n'avais rien à dire. C'était comme ça. J'avais perdu. Mais je n'ai plus beaucoup parié par la suite. Il faisait ce genre de chose et ça le faisait rire. Il avait toute une réserve de plaisanteries annuelles comme: «Pas de cadeaux cette année.» Ou il demandait: «Qui est mon enfant préféré?» et tout le monde se dispersait.

JACOB RICHLER

«Qui est mon enfant préféré?» était une question piège. L'enfant préféré était celui qui, dans une tempête de neige, devait marcher jusque chez Schwartz, son *delicatessen* favori, pour aller lui chercher un sandwich à la viande fumée, moyennement gras. L'enfant préféré cherchait des numéros de téléphone pour lui et faisait les réservations au restaurant. Cet enfant devait vérifier les horaires de télé et ajuster le volume de l'appareil pendant une partie de base-ball pour que papa puisse dormir confortablement. Il fallait lui apporter des cigares et des allumettes près du sofa, lui préparer du thé au citron et lui verser son scotch à l'occasion. Il fallait filtrer les appels téléphoniques et aller chercher les journaux. Quand mon père allait faire des courses, il aimait amener un enfant favori pour porter les paquets.

EMMA RICHLER

Les tempêtes de neige suscitaient chez papa une envie irrésistible de déli. Immanquablement. Une tempête de neige? Papa voulait des *latkes* et de la viande fumée. Dans une terrible tempête, il m'a envoyée avec Daniel, à pied, comme des explorateurs de l'Arctique, au Brown Derby, rue Van Horne. Nous avons fini par y arriver et papa avait appelé les gens du Brown Derby parce qu'ils se tordaient de rire quand nous sommes entrés. Papa devait avoir des chaînes sur ses pneus parce qu'il a réussi à prendre la voiture et à venir nous chercher. C'était affreux. Il n'y avait pas de voitures, pas d'autobus, personne dans les rues, juste d'énormes bancs de neige.

NOAH RICHLER

Il était moins jovial avec moi qu'avec les autres. Je voyais bien que lui et Jacob rigolaient davantage ensemble. J'ai mis du temps avant de comprendre comment je pourrais m'entendre avec mon père, pour qui je n'étais qu'un plaignard. Je ne bois pas beaucoup, ce qui a d'emblée constitué un handicap, et, quand il me demandait comment j'allais, je commettais l'erreur de le lui dire, et ses yeux devenaient alors vitreux parce qu'en réalité il n'avait aucune envie de connaître mes problèmes. Maman devait lui en avoir déjà parlé. Et il n'avait aucun conseil véritable à donner. À mon retour d'Angleterre, j'ai eu une longue aventure tourmentée avec une Montréalaise adorable. Il m'a dit : « J'espère que tu as rompu avec C., parce que c'est comme faire durer un mal de dent. » Voilà. Ensuite, un verre de gin. Quand je suis allé à Londres, il m'a demandé : « Alors, comment ça se passe avec N. ? » Puis, il m'a tout de suite interrompu en disant : « Je n'ai pas eu ta mère juste comme ça. Il faut travailler un peu, tu sais. »

Il m'a fallu cinq ou six ans avant son décès pour comprendre que si je voulais qu'il sache que j'allais bien – et c'était ce qu'il voulait savoir –, je devais l'amener au pub où mes copains de la télé prenaient un verre. Il adorait tout ça, les anecdotes, les gars qui venaient de rentrer du Rwanda et moi, de l'Angola, et qui bavardions tout simplement, qui prenions un verre en racontant de bonnes histoires dans un pub où la musique ne jouait pas trop fort. Il aimait vraiment ça. C'était en accord avec sa conception de ce qu'un journaliste doit être. Un journaliste doit aussi tirer de bonnes histoires de son travail. Il finissait par écouter mon argumentation véhémente sur l'échec de tout le concept de l'aide humanitaire. J'avais son attention.

Quand je suis allé au Yukon, j'avais quinze ou seize ans et j'avais flirté avec la drogue. Il y était déjà allé parce qu'il envisageait d'écrire la biographie du pilote qui s'était écrasé avec son avion et avait mangé une partie du corps de l'infirmière. Par la suite, il a décidé de ne pas l'écrire, mais ce voyage lui avait fait beaucoup apprécier le Nord. Une des personnes avec qui il s'était lié d'amitié là-bas était un juge de la Cour suprême appelé Hank Madison. Cela m'a permis de me faire offrir un emploi chez Cassair Asbestos, au Yukon – un emploi d'été, en prospection. J'ai parlé à papa par radio à ondes courtes. « Salut, papa. À toi. » Je l'entendais glousser. « Bon anniversaire. À toi. » Il adorait tout ça.

Il aimait cette idée du pionnier. C'était très important dans son œuvre – il y a une telle appréciation de la terre dans *Duddy Kravitz* et *Gursky*.

DANIEL RICHLER

Nous avons été élevés dans un foyer quelque peu victorien. Nous ne devions pas gambader dans les parages quand il y avait des invités adultes. Au souper, nous mangions à des tables séparées. Il y avait une table pour les jeunes enfants. Eux, ils mangeaient plus tard, ou bien ils sortaient ou recevaient des amis et mangeaient dans la salle à manger. Ce n'était pas le genre de foyer, comme j'en ai vu souvent par la suite, où parents et enfants mènent une vie semblable. Nous avions une vie d'enfants. C'était une question de respect, je pense. Il fallait attendre d'être *prêt*. Il y avait un tas de choses pour lesquelles nous n'étions pas *prêts*. Ne lis pas ce livre tout de suite, tu n'es pas prêt. Tu n'es pas prêt pour ça. Quand tu pourras manger des aliments d'adulte, tu pourras t'asseoir à la table des adultes. Nous avons toujours eu une bonne – dès le début, je me rappelle, quand il n'y avait que Noah et moi. Les nounous ont défilé chez nous, elles venaient d'Italie, du Portugal, de l'Afrique et des Philippines. Elles arrivaient terrifiées et repartaient terrifiées.

C'était un père sérieux et dévoué dont la première tâche consistait à pourvoir, mais il était aussi très pragmatique. Il donnait des conseils terre à terre. Quand on n'obtenait pas de bons résultats scolaires, il disait: «Eh bien, améliore-toi. Travaille juste plus fort.» Et il y avait des récompenses. Je me rappelle que l'un de nous, qui avait eu de bonnes notes à l'école, a reçu un jeu de Totopoly [un jeu de courses de chevaux]. Pendant une courte période – il avait dû se dire que nous ne recevions pas une éducation convenable –, il nous donnait, à moi et à Noah, des compositions à faire. Il nous donnait six mots que nous devions intégrer dans une composition de deux cent cinquante mots. Je me rappelle que «alacrité» était un de ces mots. Chaque fois qu'un de ses livres paraissait, il nous envoyait chez Hamley's, un magasin de jouets. «Vous avez une heure. Allez-y!» Mais, par-dessus tout, sa conception de l'affection était d'avoir des conversations avec nous. Je me souviens de ce qu'il a dit un jour à la table de la cuisine: «J'ai tellement hâte que cette conversation d'enfant de sept ans soit finie.» Certaines personnes peuvent trouver ça cruel, mais il était toujours très franc.

EMMA RICHLER

Il souffrait d'un problème discal et ça revenait à peu près tous les deux ans. Il était au lit et agitait sa clochette. J'ai essayé de la lui enlever, parce qu'il exagérait. Il abusait de ses privilèges avec cette clochette. Ensuite, quand nous avons emménagé à la campagne, maman lui a trouvé un gros triangle. Il adorait frapper dessus pour nous appeler pour le dîner. Et il avait horreur du bruit. Si on faisait grincer son couteau contre sa fourchette, il jetait les hauts cris. Maman devait l'avertir quand elle aiguisait les couteaux pour le repas, et il s'en allait dans une autre pièce. Pour un homme si précis à propos des bruits qu'il détestait, il était un démon avec ce triangle.

DANIEL RICHLER

Il adorait ses petits anges, mais il était incapable d'avoir une conversation avec eux. Pourtant, il ne nous parlait jamais comme à des enfants. Une fois, l'un d'entre nous était en train de décrire un western. Nous savions qu'il raffolait des westerns. C'est une chose qu'il aimait faire – nous amener voir des films comme *Shenandoah*. Il aimait les fusillades. Il aimait les films d'action, mais il avait raté ce western à la télévision. L'un d'entre nous racontait l'histoire. Il l'a interrompu en disant: «Tu sais, je trouve ça insupportablement ennuyeux d'entendre quelqu'un raconter l'intrigue d'un film.» Il ne mettait jamais de gants blancs. Il avait beau aimer ses enfants et vouloir nous voir faire des trucs d'enfants, il n'allait pas y prendre part. Il travaillait sept jours par semaine et il n'avait pas de temps pour ça.

Je me rappelle qu'une fois je marchais avec lui dans le parc Westmount; il m'a dit qu'il avait tellement hâte que je sois assez vieux pour aller prendre un gin-tonic avec lui au club de presse. Il a vraiment *attendu*, toutes ces années. Il attendait seulement que nous ayons grandi pour avoir des conversations avec nous. C'était vraiment ça. Il le voulait vraiment plus que tout, et c'était très pénible pour moi parce que j'étais un adolescent gauche et maussade et que je détestais l'accompagner au club de presse. Je me sentais ignorant et efféminé. Je ne connaissais ni n'appréciais beaucoup ses amis. Je ne comprenais rien aux questions dont ils discutaient et, à cette époque, j'avais toujours l'impression de le décevoir, parce que j'étais inca-pable de jouer sur le terrain des adultes. Je suppose que Jake a été le premier enfant à le faire vraiment – Jake a tout ramassé. Il était incroyable. Nous avons toujours eu l'impression d'avoir tondu le gazon et qu'après il n'a eu qu'à traverser la pelouse.

JACOB RICHLER

J'ignore ce qui est à l'origine de son intérêt pour la pêche, mais je devais avoir douze ou treize ans quand cette idée d'une expédition de pêche au saumon est arrivée sur le tapis. Il avait sans doute fait un séjour dans les Maritimes pour écrire un article. Nous sommes allés au Larry's Gulch, sur la Restigouche. C'était le pavillon de Richard Hatfield [ancien premier ministre du Nouveau-Brunswick]. En fin de compte, nous y sommes allés deux fois. Nous avons attrapé beaucoup de poissons la première fois, et pas mal la deuxième, puis nous avons cessé d'y aller quand la Restigouche est devenue une rivière où il fallait rejeter les poissons à l'eau. Il s'en tirait assez bien. Il prenait la pêche très au sérieux. Il avait dû lire sur le sujet, parce qu'il ne faisait jamais rien sans s'être documenté au préalable. Nous avons fait un autre voyage de pêche, au nord du Québec. J'étais encore plus jeune. Nous y sommes allés avec Sweet Pea [Roger George] et les copains avec qui il buvait au Owl's Nest. Nous avons pêché la truite saumonée – la truite de lac. Il était très détendu. Cela lui plaisait vraiment. Ce n'était pas un homme qui aimait partir en vacances.

DANIEL RICHLER

C'était vraiment très difficile de devenir cet adulte franc, critique et éloquent qu'il voulait nous voir devenir. Il était tout simplement trop intimidant. Nous vivions dans une maison pleine de livres, d'émissions de télévision choisies avec intelligence et de visiteurs triés sur le volet, où l'on accordait beaucoup d'importance à la conversation. La maison résonnait souvent de voix d'adultes jusqu'à très tard dans la nuit. Couché dans mon lit, j'entendais ces voix et c'était un son réconfortant. Je voulais être comme ça.

Être capable d'écrire était considéré comme la plus haute réalisation possible. Il ne l'a jamais dit. Il disait : « Je ne veux pas voir cinq petits Mordecai s'agiter autour de moi. Choisissez votre propre profession. D'ailleurs, c'est pratiquement impossible de gagner sa vie par l'écriture, alors, soyez sûrs de vouloir le faire. Ne le faites pas juste à cause de moi. » Mais nous cherchions à lui plaire, en quelque sorte. Si nous ne pouvions avoir une conversation dynamique avec lui, peut-être pourrions-nous lui présenter un livre. C'était sans doute plus important pour nous que pour lui. Il a lu le gros manuscrit de mon roman [*Kicking Tomorrow*], une première version, et il a simplement dit que c'était trop long, trop *prolixe*. Ce sont les mots qu'il a utilisés. Il a eu d'autres façons de m'exprimer son appréciation. Je crois que, à mon insu, il a téléphoné à Jack McClelland pour lui demander s'il accepterait de me représenter ou de lire mon manuscrit pour voir s'il en avait envie. Jack essayait alors de devenir agent littéraire. À la parution de mon livre, il a demandé à ses éditeurs de retarder la publication de son propre roman, *Gursky*, pour éviter que deux Richler soient en compétition. C'était plutôt sympathique de sa part. Il y avait donc des gestes généreux et prévenants, mais il n'en parlait jamais. Je l'apprenais plus tard. Il n'était pas démonstratif. Il n'avait pas un vocabulaire louangeur, mais un vocabulaire d'appréciation. Et s'il appréciait quelque chose, il le recommandait, c'était aussi simple que ça. Comme disait ma mère : « Venant de lui, c'est vraiment très élogieux. »

Ça devait être fichûment ardu d'être en sa compagnie, parce qu'il était peu loquace. Parfois, quand il amenait maman dîner au restaurant, son silence devait la rendre folle. Pendant plusieurs années, il n'a pas été très habile en société. Il n'était pas impoli, même s'il pouvait certainement l'être, mais il ne se censurait jamais. Il disait aux gens ce qu'il ressentait, et les gens acceptent difficilement cela. Il semble qu'il n'ait jamais fait un effort particulier ou changé son comportement pour être plus accommodant. Il disait : « Allons prendre un verre. » Alors, vous alliez prendre un verre. Remarquez qu'il ne disait jamais : « Allons bavarder. » Vous restiez assis à vous trémousser en cherchant quelque chose à dire qui puisse l'intéresser, et finalement, vous disiez : « Je suis en train d'écrire un livre. » Vous vous étiez pourtant promis de ne pas en parler avant de l'avoir terminé. « Ah ! Tu écris un livre ? Et as-tu vu de bons films récemment ? » C'était tout, c'était son genre de conversation. Il ne connaissait qu'une façon d'essayer de vous mettre à l'aise : « Veux-tu un autre verre ? » Maman disait toujours qu'il était timide, mais je ne pense pas qu'une personne aussi cinglante, qui parle si bien, qui est si spirituelle et si brillante ait, d'une certaine façon, le droit d'être encore timide. Quand on possède cette maîtrise de la langue, je crois qu'il faut renoncer à la timidité. Parce que cela peut blesser les autres.

Mais tout en étant laconique et peu communicatif, il était également reconnu pour être de bonne compagnie. Il était vraiment un convive incomparable, il était drôle, il avait toujours des histoires formidables à raconter, il était on ne peut plus spirituel. Mais il fallait que ce soit selon ses propres conditions. Il se braquait aussitôt que quelqu'un lui déplaisait. Il allait d'un extrême à l'autre entre réserve et générosité. La majorité d'entre nous nous tenons peut-être au milieu, et nous bavardons vainement en essayant de plaire aux autres, mais il occupait toujours les extrêmes, capable de rester muet toute une soirée ou d'être si drôle qu'on en tombait de sa chaise. Quand je me plaignais à maman qu'il était difficile d'avoir une conversation avec lui, je disais: « C'est un *écrivain*, les mots sont ses *outils de travail*, et on en trouve moins ici que dans une maison de *muets*, c'est *fou*. » Elle répondait: « Eh bien, tu dois le comprendre. »

JACOB RICHLER

Quand on faisait quelque chose de mal, on appréhendait sa réaction. Il ne piquait pas une crise ni rien de semblable, mais sa déception n'était pas facile à supporter. Il accordait beaucoup d'importance à la discipline, il n'aimait pas voir ses enfants en manquer et il avait des façons très succinctes de nous le faire comprendre. Je ne m'appliquais pas à l'école et, pour lui, c'était fondamental. Si je ne voulais pas m'appliquer à l'école, pas de problème, mais je devais choisir à quoi je voulais m'appliquer et m'y mettre. Continuer à suivre mon petit train-train n'était pas acceptable. C'était parfaitement juste. Mais je ne savais pas exactement ce que j'avais envie d'entreprendre. Il avait lui-même quitté l'université, la même que moi, mais il savait exactement ce qu'il voulait faire et il s'y était mis. Il aurait préféré que je fasse comme lui.

Je n'ai pas eu la même expérience que les autres enfants. J'ai probablement eu plus de liberté. J'étais là à une époque différente. C'est en grande partie dû à l'âge que j'avais et à l'âge qu'il avait. Nous avons eu des rapports faciles, une relation détendue. C'était probablement plus facile pour lui d'être un père quand je suis arrivé. Je savais que c'était inhabituel à l'époque, mais dès que j'ai commencé à fréquenter le cégep, vers seize ou dix-sept ans, nous nous promenions rue Crescent à la fin de la journée et il m'amenait prendre un verre. Mon père me demandait comment ça allait à l'école, quels cours je prenais ou d'autres choses en rapport avec ma vie, mais il n'avait pas vraiment envie de parler de ça, et moi non plus. Mais les autres enfants étaient alors partis vivre dans d'autres villes, et quand ils venaient à la maison, ils voulaient raconter ce qu'ils faisaient. Ils rivalisaient quelque peu, fiers de révéler ce qu'ils faisaient et essayant de l'intéresser, parce que c'était ce qu'ils recherchaient tous. Il y avait donc plus de pression sur eux que sur moi.

EMMA RICHLER

Papa n'était pas grincheux, et dire qu'il tempêtait suggère une personne irascible à propos de tout et de rien. Il pouvait se fâcher, mais quand il se fâchait, c'était pour des motifs sérieux et cela entraînait habituellement des discussions sérieuses. Et ce n'était pas un homme irritable. Le père, dans la famille Weiss [dans *Sœur Folie*] est et n'est pas mon père. Il y a des différences à la fois énormes et minuscules entre eux. Je tiens à ce qu'on sache que le regard que Jem pose sur le père dans le roman n'est pas celui que je pose sur le mien. Dans le livre, le père est violent. Je n'aurais jamais dit une telle chose de Mordecai.

Il était toujours en quête de la bonne sorte de tomates. Il y avait une immense serre près de chez nous à Montréal et il en achetait des *paniers*. Acheter des tomates était une véritable obsession chez lui. Il descendait à l'aube pour les trier, parce que ce n'était pas une tâche pour maman, elle n'allait pas se mettre à chercher celles qui étaient pourries. Il le faisait donc, mais il laissait les pourries sur le comptoir et c'était maman qui s'en occupait. Il a été très triste quand la serre s'est mise à la culture hydroponique, parce que leurs tomates n'avaient plus le même goût. Maman faisait une soupe aux tomates fantastique, dont il raffolait. Selon la théorie de maman, son tabagisme détruisait beaucoup de vitamine C dans son système, et il avait donc besoin de vitamine C. Il buvait toujours du thé au citron. Le matin, pendant les cinq dernières années, il s'est mis à manger des croissants au petit déjeuner, mais il ajoutait toujours une tomate et des oignons dans son assiette. Il les préparait lui-même, parce qu'il fallait que ce soit à son goût, et il en mangeait aussi le midi. Cela avait quelque chose à voir avec sa discipline d'écriture. Il mangeait toujours la même chose. Je crois que ça voulait dire qu'il n'avait pas besoin d'y penser. Il faisait la même chose à la même heure. Comme collation, il prenait une tomate. Il la tranchait. Et il faisait toujours une sieste, tous les jours.

Il était capable de dormir dans n'importe quelle situation. Mais parfois il se réveillait et disait à Florence : « Éteins la lumière ! Arrête de lire ! » Si elle voulait vraiment lire, elle allait dans le cabinet de toilette, fermait la porte et poursuivait sa lecture. Elle s'installait dans la baignoire avec des oreillers.

Pendant notre enfance, il travaillait le matin, mais il ne se levait pas à cinq heures ou cinq heures et demie – il n'est devenu aussi matinal qu'au cours des dix dernières années. Il trouvait que le matin était le meilleur moment pour écrire. Puis, il mangeait un peu, dormait une heure et recommençait à travailler. Il lui arrivait aussi de faire un somme après le souper, mais maman n'était pas vraiment d'accord parce qu'elle était sûre que c'était mauvais pour lui. Elle prenait un air vraiment courroucé, puis il la taquinait. Mais il retournait bientôt s'allonger ou il allait vers elle et se couchait et mettait la tête sur ses genoux. Mais elle trouvait qu'il passait trop de temps couché, elle s'inquiétait pour sa digestion, sa respiration, son dos. On ne pouvait pas dire qu'il était gros, mais il faisait du ventre, il prenait du poids, il ne faisait pas d'exercice et il restait assis toute la journée ou bien il s'allongeait. Je crois que ça affaiblissait ses ligaments.

Il adorait la musique. Mais il était incapable de travailler avec de la musique. Jamais. Et nous ne pouvions pas en faire jouer dans la maison quand il travaillait. Nous ne l'avons jamais fait. Il aimait le jazz, le vieux jazz, Jack Teagarden. Étrangement, il aimait l'opéra. Il adorait *La flûte enchantée* et *Rigoletto*. Il aimait Verdi. Il n'était pas fou de la musique bizarre, du moins ce qu'il qualifiait de musique bizarre, que maman aimait. Schoenberg. Tout ce qui était atonal. Il se bouchait les oreilles. Elle aimait beaucoup les *lieder*, mais il trouvait ça lugubre, et il changeait de pièce. Il aimait Mozart, il l'adorait, la chaleur peut-être, et la formalité. Il n'aimait pas la musique populaire. Il appelait ça de la « musique de nègre ». Il détestait ça.

Une fois, maman a dû s'absenter et papa a été obligé de se débrouiller tout seul. Il me téléphonait toutes les deux minutes.

« Je vais me promener un peu. »

« D'accord, papa. »

« Je viens de rentrer. Je vais écouter les nouvelles. »

« D'accord, papa. »

C'était pendant cette histoire de vache folle ; il me téléphonait :

« Je vais écouter le journal télévisé. »

« Bonne idée, papa. »

« Je veux savoir combien de vaches sont mortes aujourd'hui. »

Je sortais et, à mon retour, il y avait cinq messages sur le répondeur. « Em ? Em ? Em ? » Il ne pouvait concevoir que je sois vraiment sortie.

Dans sa propre famille, s'il pensait que quelque chose allait de travers, il disait exactement ce que c'était, et je pense que c'était pour ça que nous avions tellement confiance en lui. Et c'était parfois dévastateur parce que papa n'était pas comme maman, qui se montrait aussi honnête que lui mais avec tact.

Il savait que j'étais malheureuse comme actrice et il a été très franc avec moi. Il avait peur que je gaspille ma vie. Quand j'ai quitté ce milieu, je suis devenue lectrice chez Random House. Il se demandait si c'était suffisant pour moi. Et nous avons eu une grosse querelle à propos de la dépression. Il était réellement convaincu que la dépression est, essentiellement, une forme de complaisance, qu'elle implique beaucoup de complaisance et qu'elle n'est pas une maladie.

Et que les menaces de suicide sont une forme de chantage émotif. À l'époque, il n'était pas très intéressé par le problème de la dépression, et quand une chose ne l'intéressait pas, il ne cherchait pas à en savoir plus long. C'était aussi simple que ça. Ensuite, il s'y est intéressé et il est devenu beaucoup plus tendre et protecteur avec moi. Mais j'ai l'impression que le problème, c'était qu'il ne voulait pas voir sa fille, sa charmante fille si douée, être dépressive. Comme il n'y croyait pas pour moi, il n'y croyait pas du tout. Mais, oui, il tenait son bout, il vous le disait vraiment. Il avait quelque chose à dire à chacun de nous. Noah vous racontera son expérience avec la drogue en Asie. Avant de devenir journaliste, Jacob sortait trop, buvait trop et faisait la grasse matinée. Papa lui en a parlé. Je suis sûre que Jake ne se sentira pas trahi. À un certain moment, papa l'a plus ou moins traité d'ivrogne. J'ai été choquée. Jake n'était pas sérieux dans ses études, il sortait tous les soirs et buvait jusqu'à trois heures du matin. Bon, c'était un problème. Alors, papa le lui a dit. Et je suis certaine que Jake lui en est reconnaissant, à bien des égards. Il n'était pas du genre à vous parler franchement pour ensuite vous planter là, non, il n'aurait tout simplement pas fait ça. Il commençait par vous parler. Puis, il a amené Jake à New York, et il a fait la même chose avec Noah. Je pense aussi que maman y a été pour beaucoup, parce que je ne suis pas sûre qu'il aurait toujours eu l'endurance ou le temps de le faire. Il voulait vous empêcher de commettre une grosse bêtise, mais il ne savait pas tout à fait ce qu'il fallait faire par la suite.

15

LES DERNIERS JOURS

«En réalité, écrire, c'est reconnaître la mort. C'est une entreprise
incroyablement vaniteuse, et l'on espère laisser quelque chose, une
chose, quelque part où elle durera. C'est tenter d'imposer
un sens au simple fait d'être là.»

MORDECAI RICHLER

DANIEL RICHLER

J'ai compris très tôt en le voyant assis sur le balcon, dans les Cantons-de-l'Est – j'avais remarqué son gros ventre en forme de citrouille et je ne pouvais imaginer qu'il fût autre chose que malade. Plus tard, j'ai remarqué qu'il prenait deux fois son souffle, comme s'il avait le hoquet. Sa respiration était interrompue, troublée, ronflante, et maman avait de la difficulté à dormir à cause de ça. Il ronflait comme le mont Krakatoa. Une fois, pendant deux semaines en 1971, nous avons organisé une campagne anti-tabac. Nous avons découpé des têtes de mort et des messages sur la santé et nous les avons collés sur tous les paquets de cigarettes et les boîtes d'allumettes de la maison. Apparemment, ça a amené maman à renoncer à ses gauloises. Mais, après deux semaines, il a dit: «Ça suffit. Arrêtez.» Il a aussi aggravé son état en faisant moins d'exercice que la plupart des mortels – il aimait bien nager, mais comme une vieille femme, au spa, très nonchalamment. Il n'était pas vigoureux. Et il a fumé de plus en plus. C'était absolument terrible à voir. Je ne veux pas avoir l'air insensible, mais je suis surpris qu'il ait duré aussi longtemps.

Il ne supportait pas les gens qui façonnaient leur vie, qui se contenaient. Il donnait le maximum dans tout ce qu'il faisait, et tant pis pour sa santé si c'était là le prix à payer.

NOAH RICHLER

Pendant trois ou quatre ans, je dirais, sa mort a été un grave sujet de préoccupation pour moi. Je suis revenu de Londres quand il a été hospitalisé la deuxième fois. [Richler s'était fait enlever une petite tumeur plus tôt, en 1993.] Il m'a téléphoné et m'a dit qu'on allait lui enlever un rein, et je suis venu tout de suite. Il m'a fallu cinq minutes. Je savais que son tabagisme et tout ça était en train de le tuer. Au risque de paraître impudent, je dirais que j'étais plus préparé à affronter l'idée de sa mort prochaine que mes frères et sœurs – même si je ne m'y attendais pas tout de suite. Je pense seulement que je le savais depuis quatre ans. Et ma mère m'a bien des fois supplié de faire quelque chose pour l'arrêter de fumer et de boire. Elle avait l'impression qu'il ne l'écoutait pas et que, de toute façon, il y avait bien assez de choses qui épuisaient leur relation. Je crois qu'elle se disait que cela me serait égal de me rendre odieux de cette façon. J'ai essayé. Et une partie de ces efforts s'est retrouvée dans *Le monde de Barney*.

Quand il a été hospitalisé en 1998, je passais la soirée avec lui, et ma mère y allait le jour. D'une manière terriblement fleur bleue, cet épisode a constitué un point tournant dans notre relation parce que, encore une fois, j'avais été là. Je me souviens d'un soir : il avait reçu une transfusion massive et il grelottait – apparemment, on a très froid dans ces cas-là – et j'ai voulu me coucher avec lui pour lui donner de la chaleur. Je ne crois pas qu'on puisse se remettre d'avoir vu son père physiquement faible, ce qu'il était à ce moment-là, et terrifié. Comment notre relation aurait-elle pu être la même après ça ? Gêne est un mot trop fort, mais la dernière chose qu'on veut faire, c'est usurper la place de son père. Mais l'âge fait que ces choses arrivent quelque peu.

Il devait se servir d'un tuyau pour faire fonctionner ses poumons, parce qu'on avait tout le temps peur qu'il attrape une pneumonie. Après l'avoir vu toute ma vie prendre un Schimmelpenninck et y aller [inhaler profondément puis exhaler], maintenant que je lui disais : « D'accord, papa, tu dois inhaler profondément, respire », il répondait : « Quoi ? » C'était incompréhensible. Je n'ai jamais vu personne plus déconnecté de son propre corps. Il parvenait à le faire avec son maudit cigare, mais quand on lui disait de prendre une grande respiration, il demandait : « Quoi ? Quoi ? Quoi ? » Il ne comprenait pas parce que c'était là, dans sa tête.

Il a fini par guérir mais, avant que je retourne en Angleterre, nous sommes allés à la campagne. Je l'ai amené sur la terrasse et il a allumé un cigare, un Schimmelpenninck ou un Davidoff ou ce qu'il fumait à l'époque. Je savais ce qu'il me disait, et que c'était important pour lui de le dire, surtout parce que j'avais été avec lui pendant cet instant de terreur quand il avait eu cette transfusion au milieu de la nuit et qu'il avait eu froid. Je sentais qu'il me disait : « Écoute, je fais ce que je peux, mais je ne suis pas capable de renoncer à ça. » Une chose ne l'a pas aidé : la majorité de ses médecins et de ses proches avaient peur de l'affronter et l'ont laissé continuer. C'était peut-être la bonne attitude. Qu'allait-il faire pour changer la situation ?

JOSH GREENFELD

En 1998, il m'a envoyé une carte avec quelques mots sur son opération du rein. « Ça va. On m'a raccommodé. Mais je jette maintenant sur mes cinq enfants un regard calculateur. Je pense à eux comme à une banque de reins, je les regarde aller avec des organes de rechange. » C'était bien dit, je suis sûr qu'il l'a écrit ou répété à d'autres personnes parce que, comme vous le savez sans doute, il était du genre à recycler. En 1980, j'ai eu une artère bloquée et j'ai commencé à me préoccuper de mon taux de cholestérol. Un jour, nous sommes allés manger dans un *deli* et j'ai commandé du pastrami maigre. « Apportez-moi son gras », a dit Mord au serveur.

JACOB RICHLER

Quand il a eu son opération au rein, il venait de redéménager à Montréal. Sa guérison a été lente. L'opération a été très dure pour lui. Certaines personnes s'en remettent très vite. Il a eu des problèmes. Deux mois plus tard, il allait bien. Il avait surtout des problèmes respiratoires, dus à son emphysème. Trois mois plus tard, personne n'aurait pu savoir qu'il avait été malade. Il a réellement cessé de fumer pendant un an et demi, mais il trouvait très difficile de travailler sans un cigare dans le cendrier. Cela avait fait partie de son régime de travail pendant cinquante ans.

JACK RABINOVITCH

En 1998, quelques jours après son opération, je suis allé le voir et il allait encore très très mal. Il était à bout de forces. Il m'a regardé et m'a seulement dit : « Merci. » Quelques jours plus tard, il m'a téléphoné pour me dire que l'Hôpital général de Montréal avait reçu une lettre. L'expéditeur écrivait qu'on savait que Mordecai Richler était là et qu'on allait mettre une bombe. Les flics sont venus le voir et lui ont conseillé de changer d'hôpital. Ils voulaient le déménager ! La solution était de déménager Mordecai plutôt que d'essayer de trouver celui qui avait envoyé la lettre.

AVIE BENNETT

Je lui ai remis un diplôme honorifique de l'Université York en juin 1999. C'était la première fois qu'il en recevait un. Le personnel de l'Université était préoccupé à son sujet – ils avaient entendu dire qu'il buvait trop et qu'il pouvait se montrer désagréable. Il a été tout le contraire. Gentil et courtois, il a serré la main et souri à toutes les personnes qui sont venues vers lui. Il était très prévenant avec Florence – «Puis-je t'apporter un sandwich? un café?» La seule chose inhabituelle a été le verre en carton rempli de Macallan sur la scène pendant la cérémonie de remise du diplôme. Nous l'avions mis là pour lui et il était content.

Ce fut peut-être l'annonce de la maladie de Richler qui incita différentes institutions canadiennes à lui rendre hommage. À l'automne 1999, il accepta d'assumer la fonction d'écrivain en résidence au Trinity College de l'Université de Toronto. Il a en partie accepté de le faire parce que quatre de ses enfants et ses trois petits-enfants habitaient alors à Toronto. Cet automne-là, il organisa une surprise-partie pour fêter chez son ami Jack Rabinovitch le soixante-dixième anniversaire de Florence.

MARIA TUCCI

Il a tout organisé, en secret. Et c'était planifié dans les moindres détails. Nous étions tous cachés chez Jack Rabinovitch; nous avons entendu Florence arriver en bavardant. La surprise a été totale. Mordecai était là, soufflant comme un bœuf. Il avait réussi son coup.

Ce même automne, Richler fit une tournée de conférences dans l'Est du Canada. À Saint-Jean de Terre-Neuve, il revit son frère Avrum pour la première fois depuis plusieurs années. Les deux couples passèrent deux soirées consécutives ensemble; la première fois, ils dînèrent chez Avrum et Eve, et la deuxième, ils allèrent chez Bianca, l'un des meilleurs restaurants de la ville. À un certain moment, l'hôtesse leur dit qu'elle ne leur faisait plus payer l'alcool, mais Mordecai commanda alors une bouteille de Dom Pérignon et il insista pour la payer.

AVRUM RICHLER

Il n'a pas pleuré chez Bianca, mais il était nostalgique. Il a acheté une bouteille de champagne, et j'ai pensé que c'était un signe. Un geste. Nous nous sommes étreints quand il est parti. Je crois qu'il savait qu'il ne lui restait plus beaucoup de temps et que c'était peut-être la dernière fois que nous étions ensemble. Nous n'avons pas parlé de sa maladie mais, la veille, en sortant de chez moi, il a pleuré quand nous nous sommes dit au revoir.

À un certain moment pendant cette visite, il m'a demandé : « Quand tu as trié ses affaires » – celles de ma mère – « après sa mort, as-tu trouvé une lettre ? »

« Une lettre ? Quelle lettre ? »

« Tu n'as pas trouvé une lettre ? »

« Non, je n'ai trouvé aucune lettre. »

Je suppose qu'il avait dû lui envoyer une lettre terrible et que c'était pour ça qu'elle n'avait plus voulu rien savoir de lui.

EVE RICHLER

Je suis au courant pour cette lettre. Elle m'en a parlé. C'était au sujet d'une vieille veste en vison de Florence qu'ils lui avaient envoyée. Pour elle, ce manteau a été la goutte d'eau qui a fait déborder le vase : elle n'avait donc aucune valeur à leurs yeux, elle ne méritait pas mieux que des vêtements d'occasion. Elle a écrit une lettre à Mordecai pour lui dire qu'il était un fils indigne, que sa femme se prenait pour une grande dame. D'après ce qu'elle m'a dit, elle lui a écrit des choses terribles, qu'elle ne regrettait pas, et a renvoyé le manteau de vison. Pour lui, cette lettre a aussi fait déborder le vase. Il aimait sa femme et il avait eu l'impression d'être un bon fils et d'avoir fait de petites choses pour elle dans la mesure du possible. Je pense qu'il lui a répondu par lettre, une lettre probablement très brève. Essentiellement, il rompait les ponts avec elle. Elle a dû la détruire. Ensuite, elle a fait les enregistrements – un pour Avrum et un pour Mordecai. Elle a dû y mettre toute sa haine. Plus encore que sa haine, le sentiment d'avoir gaspillé sa vie, elle qui, jeune fille, avait été la prunelle des yeux de son père.

FLORENCE RICHLER

Ce manteau n'était pas à moi. Je l'avais acheté à une vente aux enchères et le lui avais offert en cadeau. Si je peux me permettre de le dire, c'était modeste et de bon goût. J'ai cru que cela lui ferait plaisir, mais elle a déversé sa bile sur Mordecai et il a très peu réagi. Au lieu de se défendre, il s'est contenté d'écouter, comme d'habitude ; alors elle s'est sentie de plus en plus offensée par son silence. Elle cherchait vraiment à avoir un affrontement intime, mais il est resté muet, refusant de jouer son jeu. Elle avait toujours désespérément besoin d'être intime avec lui, ce qui rendait les autres plutôt invisibles.

AVRUM RICHLER

Je n'ai jamais vu les lettres qu'elle lui avait envoyées ni entendu les enregistrements qu'elle voulait qu'on lui remette après sa mort. J'ai entendu les miens. Ils étaient très violents, terribles – elle m'a envoyé des cassettes et lui en a envoyé –, et elle était comme ça avant de commencer à souffrir de la maladie d'Alzheimer. Elle disait : « Je n'ai pas deux fils, j'ai deux pierres. » Elle se détestait. Si quelqu'un essayait de se lier d'amitié avec elle, elle s'en faisait un ennemi. Personne n'était assez bon pour être son ami. Une fois, à Montréal, elle a glissé sur la glace et un homme l'a aidée à se relever. Elle m'a raconté lui avoir dit de se mêler de ses affaires. « Maman, il essayait de t'aider ! » lui ai-je répondu. Une autre fois, à Montréal, quand elle avait encore sa pension, elle a ouvert la porte et a vu les enfants de Mordecai. « Je leur ai fermé la porte au nez. Je ne voulais avoir aucun rapport avec ce bâtard et ses enfants. »

En juillet 2000, les Richler roulèrent de Montréal jusqu'au Connecticut pour aller assister au mariage de la fille de Bob Gottlieb et de Maria Tucci.

MARIA TUCCI

La route était longue et il n'allait pas bien. Je crois qu'à ce moment, il avait beaucoup de malaises, mais il refusait de l'admettre. Il n'avait pas envie de venir au mariage et il avait des problèmes en société quand il ne connaissait personne. Il voulait être chez lui.

BOB GOTTLIEB

Il était comme un poisson hors de l'eau et ça ne lui allait pas du tout.

MARIA TUCCI

Il fallait qu'il soit dans son propre point d'eau, avec ses tomates.

BOB GOTTLIEB

Et les copains avec qui il prenait un verre, et avec ses cigares.

CARMEN ROBINSON

Je n'ai jamais discuté de sa dépendance à l'alcool avec Florence. Je ne lui parlé que de son tabagisme. Florence était très préoccupée. Elle avait elle-même cessé de fumer, elle qui fumait des gitanes. À un certain moment, j'ai su toutes les données du problème. Ma fille Annette est oncologue. Quand elle a commencé ses études de médecine, elle m'a dit : « Si tu fumes autant, voici quelles sont tes chances. » Après la première opération de Mordecai – pour des polypes – en 1993, j'ai dit à Florence : « Il doit absolument cesser de fumer, je t'assure. » Florence connaît ma fille, elle sait qu'Annette n'est pas du genre à faire des histoires. Elle m'a répondu : « Peut-être qu'Annette devrait lui parler. » Je lui ai conseillé de dire au médecin de lui expliquer la situation sans mâcher ses mots. Mais on ne peut pas empêcher quelqu'un de fumer. Franchement, au point où il en était rendu et comme il allait mourir de toute façon, il pouvait tout aussi bien fumer et se faire autant de mal qu'il le voulait. Mais elle ne l'a jamais accepté. Évidemment, il a repris le dessus après l'opération, en 1998, et nous avions beaucoup d'espoir. Mais il fumait, fumait, fumait – peu importe la maladie dont on souffre, c'est encore pire quand on fume – et il picolait depuis quarante ans.

En juin 2000, Richler reçut un autre diplôme honorifique, cette fois de l'Université McGill, et cet automne-là, le 19 octobre, neuf mois avant sa mort, il fut l'invité d'honneur à la soirée d'ouverture du 21e Festival international annuel des auteurs. Plusieurs personnes prirent la parole à l'occasion de cet hommage, dont les romanciers Barbara Gowdy, Guy Vanderhaeghe et Robert MacNeil, ainsi que Bernard Ostry, Ted Kotcheff, Greg Gatenby et John Fraser. Fraser commença par se moquer du français parlé de Richler. « Du fond du Ritz à Montréal, je l'ai distinctement entendu demander à un serveur francophone : "Un Macallan, s'il vous plaît."»

MORDECAI RICHLER

Je ne sais pas ce que les autres en ont pensé, mais j'ai pour ma part trouvé le programme de la soirée terriblement court. J'ai l'impression que c'était avant-hier que je me suis fait enlever les amygdales sur la table de la salle à manger dans notre logement sans eau chaude de la rue Saint-Urbain, ou que je suis devenu ce jeune romancier mal élevé et mal famé. Je peux composer avec l'opération de mes amygdales et je peux composer avec la désapprobation. Mais j'ai besoin d'un peu d'ajustement pour accepter d'être reconnu comme un vieux raseur de soixante-dix ans. Plusieurs faits ont été omis, ce soir. Personne n'a dit que j'avais déjà été le sujet d'une double page sur la mode dans le magazine *GQ*. Personne n'a mentionné que j'appelle maintenant Stephen Hendry, le plus grand joueur de snooker de notre époque, par son prénom. Personne n'a souligné que, quand j'ai dû être hospitalisé dix jours à l'Hôpital général de Montréal à l'été 1998, les infirmières m'ont élu le patient le plus sympathique, jovial et accommodant qu'elles aient jamais rencontré.

En janvier, pour célébrer le soixante-dixième anniversaire de Mordecai,
Florence organisa une surprise-partie à Londres, une sorte de retour
d'ascenseur pour la fête qu'il avait organisée seize mois plus tôt à Toronto,
pour son propre soixante-dixième anniversaire de naissance.

FLORENCE RICHLER

Tous les gars ont pris l'avion pour lui faire la surprise. Il a ouvert la
porte de l'appartement et ils étaient là. Il a été très touché.

AVIE BENNETT

La fête a eu lieu dans son appartement. C'était un petit repas intime
préparé à la maison. Ses enfants étaient là avec leurs conjoints, de
même que Sarah MacLachlan, l'amie de Noah, Haya Clayton,
Michael Levine et Jack Rabinovitch. Ted Kotcheff a envoyé une bouteille de whisky de grande qualité, que nous avons bue. Il n'y a pas eu
de discours – Michael a peut-être dit quelques mots –, c'était très
informel et ce n'était pas vraiment une surprise.

JACOB RICHLER

D'habitude, mon père n'était pas porté sur les fêtes d'anniversaire,
mais il a eu l'air d'apprécier celle-là. À la fin, il a levé la main et dit :
«Période supplémentaire.» Le match n'était pas censé être aussi
court.

En février 2001, toujours à Londres, Richler apprit que son cousin Louis, le
fils de son grand-oncle Jacob Simcha, était mort à Montréal. Il écrivit une
lettre au fils de Louis, Howard, qui avait connu une autre tragédie un an
auparavant; au cours de vacances de randonnée pédestre, il était tombé
d'une falaise avec sa femme. Elle y avait perdu la vie et il avait été grièvè-
ment blessé.

HOWARD RICHLER

J'avais été un peu étonné de ne pas recevoir un mot de Mordecai
après mon accident, même s'il se trouvait à l'époque en Europe. Mais
j'ai reçu une lettre de lui le 12 février. Mon père était mort en
décembre 2000, et il m'écrivait : «Je suis tombé sur un article de toi
l'autre jour et j'ai appris que Louis était décédé. Mon Dieu, Howard,
on dirait que tu as vécu l'enfer ces derniers temps. Ta femme, cet
accident indescriptible, et maintenant, ton père. Je n'avais vu ta
femme qu'une seule fois, et il n'y a donc pas grand-chose que je
puisse dire, sauf que cette perte a dû être dévastatrice, un être aimé
précipité trop tôt dans la mort, d'une manière si violente. Louis était

un cousin que je chérissais, qui s'est montré particulièrement bon avec moi dans mon enfance. Autrefois, mon père m'amenait chez Simcha le samedi après-midi, et nous allions chez Joffe's, un magasin de cigares et de boissons gazeuses, avenue du Parc, si mes souvenirs sont exacts… J'ignore pourquoi nous ne nous voyons jamais. Ce serait bien d'aller prendre un verre ensemble quand nous rentrerons au pays au début du mois de mai. Ou peut-être qu'un jour tu pourrais venir avec ta mère, Phyllis, luncher avec moi au Mas des Oliviers, le restaurant où je vais d'habitude le midi. »

DIANA ATHILL

Je pense que c'est Jeremy Lewis qui m'a dit qu'il était malade, mais je ne crois pas l'avoir appris avant l'ablation du rein. Et ensuite, bien sûr, il s'est extraordinairement bien rétabli et il avait l'air d'être absolument égal à lui-même. Je l'ai vu cet hiver-là, le dernier hiver qu'il a passé ici. Il avait le même comportement que d'habitude, il buvait autant, ce qui, à mon avis, était probablement une erreur dans les circonstances.

DAVID STAINES

Nous avons passé une semaine en Angleterre en février 2001. Il était allé en Italie, et je l'ai appelé toute la semaine sans jamais obtenir de réponse. Le dernier soir, j'ai téléphoné une nouvelle fois vers six heures et demie, il a répondu et il m'a raconté les moments merveilleux qu'il avait passés en Italie. Il a parlé pendant environ cinq minutes, ce qui était incroyable. Habituellement, il ne passait pas plus d'une demi-minute au téléphone. Puis, Florence a pris la relève et a tenu le même genre de propos, puis j'ai dit : « Nous devons aller au théâtre et nous prenons l'avion du matin. » Elle a répondu : « Pas de problème. On se reparle. » Et tout était parfait.

Mais tout n'était pas parfait. Richler fit une rechute le 10 avril 2001. Il fut aussitôt hospitalisé à l'hôpital Brompton pour des tests.

BERYL BAINBRIDGE

Nous étions assis l'un en face de l'autre au déjeuner des Aînés de l'année, commandité par le magazine *Oldies*. Des centaines de personnes étaient présentes, et il s'est soudain mis à tousser. Il ne s'était pas étouffé. Il n'avait rien avalé de travers. Il a fini par se lever – je pense qu'il était gêné – et je l'ai suivi. Nous sommes sortis et nous avons fait venir le médecin – il y a un médecin qui écrit pour les journaux et il était là. Le médecin est sorti et il lui a parlé, pendant une éternité. Je ne me suis pas assise avec eux. Je me suis assise dehors. Le médecin lui a demandé s'il avait déjà eu des problèmes de santé, et Mordecai lui a parlé de son cancer. Alors, le médecin lui a dit qu'il devrait rentrer chez lui et consulter son médecin de famille. Ensuite, nous avons appelé un taxi pour lui. J'aurais vraiment voulu l'accompagner, mais j'avais peur de paraître effrontée. Je ne l'ai pas revu. J'ai téléphoné le lendemain et on m'a dit qu'il avait eu une autre attaque au milieu de la journée. Quelques jours plus tard, ils sont retournés au Canada, et il a eu des traitements parce qu'il y avait des métastases. Mais tout s'est passé très vite, vraiment – il pensait qu'il allait guérir. Il m'a écrit de l'hôpital en réponse à une lettre que je lui avais envoyée; il me disait qu'il pensait guérir. Il est mort à peu près quatre jours plus tard.

EMMA RICHLER

Ça a été une année tellement bizarre. Je faisais une tournée de promotion pour mon livre [*Sœur Folie*]. Pantheon m'avait fait venir à New York. J'ai appelé papa de ma chambre, et c'était beau, merveilleux, excitant, et j'avais tellement hâte de rentrer à la maison et de me remettre au travail. «Je sais ce que c'est, m'a-t-il dit. N'essaie pas de travailler. Tu ne seras pas capable de travailler. Dans ces cas-là, moi, je vais au bar. Va au cinéma.» Il essayait de m'aider. Je suis rentrée et lui ai tout raconté. C'était la première fois que je voyageais aux frais de la princesse, et il débordait d'enthousiasme. Il m'a amenée prendre un verre avec maman. Il me disait: «Tu peux prendre un café dans ta chambre. Tu peux commander du jus d'orange, tout ce qui te fait envie. Et comme tu vas être fatiguée, tu dois dire que tu as besoin de te reposer. Et ils te ramèneront à ta chambre.» Ensuite, maman m'a téléphoné et elle m'a dit qu'elle ne voulait pas qu'il aille à ce déjeuner le lendemain. Mais il y est allé quand même. J'étais chez le coiffeur parce que maman m'avait offert un rendez-vous pour me faire couper les cheveux. Elle m'a téléphoné de l'hôpital Brompton. Il y est resté deux nuits, je pense. Je n'étais pas autorisée à lui rendre visite. Elle ne m'a pas dit exactement de quoi il s'agissait. J'ai l'impression qu'ils en savaient plus long que ce qu'ils disaient. Bob Gottlieb est venu de Paris et il m'en a parlé. Je crois qu'il essayait de me dire: «Ça peut durer des années, comme ça peut se passer très vite.» Puis, lui et Deborah Rogers sont allés voir papa et, apparemment, papa faisait des blagues à propos des perruques.

DEBORAH ROGERS

Je suppose que je m'étais aperçue qu'il était tombé malade. J'étais toujours inquiète à son sujet parce qu'il abusait de sa santé. Tous ces cigares. Bob Gottlieb se trouvait à Londres à ce moment-là et il habitait chez moi. Puis, il y a eu cet épisode terriblement inquiétant : Mordecai rentrait au Canada pour consulter les médecins qu'il connaissait et en qui il avait confiance. Ils partaient le lundi. Tout s'est passé très vite. Bob et moi sommes allés faire un tour le dimanche matin, nous avons pris une tasse de café et parlé une heure avec Mordecai et Florence. Mordecai était très courageux, très semblable à lui-même, et nous avons parlé de choses et d'autres. Puis, tout à coup, Mordecai a demandé : « Qu'est-ce que vous savez de la chimio ? » À ce moment, il était à la fois effrayé et confiant. Il paraissait plutôt frêle, plutôt épouvanté. Quand nous sommes partis, Bob et moi, nous nous sentions absolument vidés.

ROBERT GOTTLIEB

C'est ce jour-là que j'ai vu Mordecai pour la dernière fois, le jour où je suis parti pour New York. Il était faible, mais loquace, vivant, alerte, et, vraiment, je ne savais pas qu'il était mourant. Il avait une forte constitution, et quand les gens de forte constitution tombent malades, on dirait que tout résiste, et résiste encore, puis ça vole en éclats et ça se désagrège très vite. C'était comme si cet édifice solide s'était fissuré et s'était écroulé.

EMMA RICHLER

Je suis allée le voir le samedi 15 avril, et ils sont partis le lendemain. Douze semaines plus tard, il était mort. Le fait est qu'il avait une consultation de suivi tous les six mois, et qu'il avait passé cet examen un peu plus tôt cette année-là. Il allait bien. Qu'est-ce qui se passe ? Ils ne vérifient pas ? Ou bien ils vérifient tout le temps la même chose, là où vous avez eu le cancer avant ? Plus tard, maman m'a confié qu'il avait vu un médecin très compétent à Londres. C'était celui qui pensait qu'il avait un ulcère, et c'était exactement ça, personne ne s'en est aperçu avant qu'il se mette à saigner, et puis l'ulcère a explosé, il était perforé et ça a été l'hémorragie. Selon maman, papa a demandé, très franchement – quand on parle d'honnêteté –, il a demandé au docteur : « Radiothérapie ? » Et le médecin a dit : « Non. » « Chimio ? » « Ouais, peut-être. » « Combien de temps ? » « Sais pas. » Et papa a dit : « Pensez-vous que je devrais consulter des médecins chez moi ? » Le médecin a répondu : « Ouais », parce que c'était le congé de Pâques et que rien n'aurait pu être fait avant quatre jours. Alors papa s'est tourné vers maman et il lui a demandé : « Je t'en prie, réserve des billets d'avion. »

NIGEL HORNE

La dernière fois que je l'ai vu vivant, c'était à l'appartement. J'étais assis à la table avec lui et il m'a dit : « Nous rentrons chez nous demain. » Il avait une mine épouvantable. Il avait le teint gris. Il avait l'air malade. Mais je ne pensais pas qu'il allait mourir.

Le 16 avril 2001, les Richler prirent l'avion pour Montréal.

IRWIN STEINBERG

Je l'ai vu à son retour de Londres. Il m'a confié que son cancer s'était développé et qu'il devait passer des tests, mais il avait confiance. Je suis sûr qu'il était inquiet, mais il ne paraissait pas terrifié. Il pensait qu'il s'en tirerait. Sa famille pensait comme lui. C'est pourquoi tout le monde a éprouvé un tel choc quand il est mort. Je me souviens de l'avoir taquiné un peu en disant : « Au besoin, je finirai ton prochain livre. » Il m'a répondu : « Non, Irwin, je ne pense pas que ce sera nécessaire, d'accord ? » Alors j'ai dit : « Eh bien, d'habitude, tu mets sept ans pour écrire un livre. Comme ça, il te reste au moins sept ans de vie, d'accord ? » Il a ri.

JACOB RICHLER

À Montréal, le pronostic était positif. C'était un scénario sombre, en ce sens qu'il allait devoir subir huit ou dix mois de chimiothérapie et qu'il serait de toute évidence affaibli à la fin du traitement. Mais c'était censé être terminé pour Noël et nous serions ensemble et il se rétablirait manifestement – sinon pourquoi subirait-on huit mois de chimio ? Le scénario n'était pas inquiétant au point de nous faire rechercher d'autres avis. Nous avons considéré cette possibilité, mais il voulait indiscutablement être à Montréal, sinon il ne serait pas revenu d'Angleterre. Si nous nous étions doutés de la gravité de la situation – si on nous l'avait présentée différemment –, les choses se seraient déroulées autrement. Pour ma part, je suis convaincu qu'il aurait pu être mieux soigné.

JOHN AYLEN

Ce que les médecins ici lui ont dit l'a encouragé. Il leur avait demandé s'ils croyaient qu'il avait un autre livre à écrire, et ils avaient répondu que oui, absolument. Il ne parlait jamais de la mort, mais il parlait des traitements de chimio qu'il allait subir. Et il était suffisamment organisé pour aller s'acheter lui-même un chapeau, une sorte de casquette de coureur automobile, qu'il a apportée au bar pour la montrer à tout le monde, et une ceinture, parce qu'il savait qu'il perdrait du poids. Et il a commencé ses traitements tout de suite. Selon moi, il ne pensait pas qu'il allait mourir.

DAVID RICHLER

La dernière fois que je l'ai vu, c'était pendant que nous observions le *shiva* pour ma sœur aînée, Celia. Il voulait rendre visite à la famille. Il est venu avec mon cousin Meyer. Nous avons parlé et échangé des souvenirs. C'était en mai 2001. Il est mort peu de temps après. En fait, quand nous sommes partis, Meyer nous a dit : « C'est un homme très malade. »

JACK RABINOVITCH

Il m'a téléphoné au mois de mai et il m'a dit qu'il venait à Toronto. J'ai dit : « Je ne pourrai pas te voir. Je dois aller en dehors de la ville pour affaires. » Il a dit : « Oh ! » et j'ai senti au ton de sa voix que quelque chose n'allait pas. J'ai dit : « Oublie ça. Je vais te voir. » Je suis allé le chercher chez Jake et nous sommes allés au Select Bistro, rue Queen. Il a commandé une vodka et un jus de pamplemousse. Je l'ai regardé et il m'a dit : « Oublie ça. Ne sois pas casse-pieds. » Il devait boire avec une paille. Il savait qu'il avait des ennuis.

LEANNE DELAP

Il s'est montré vraiment très courageux pendant tout le processus. Son sens de l'humour nous manque vraiment. Je garde un souvenir très vif de la dernière fois que j'ai ri avec lui. Il était venu chez nous, et nous regardions les gamins dans la cour. Nos voisins d'en arrière sont des camionneurs mariés à de jeunes Russes qu'ils ont connues par des petites annonces. On a tout à coup entendu quelqu'un crier : « Hé ! Svetlana, apporte-moi le houka ! » Il a trouvé ça très drôle.

EMMA RICHLER

J'avais tous ces fichus voyages à faire, pour la promotion de *Sœur Folie*. J'ai commencé par la tournée canadienne. J'ai accepté Montréal, parce que je savais que je pourrais voir papa. Bien entendu, entre mes déplacements, je téléphonais tous les jours. J'ai appris plus tard que, le 8 mai, on venait de lui dire que son cancer était inopérable. Je ne le savais pas. À mon avis, voici ce qui s'est passé : on lui a donné de un à trois ans, puis, pendant qu'ils marchaient dans le corridor, maman a demandé : « Devrions-nous en parler aux enfants ? » Et il a répondu : « Ce n'est pas nécessaire. » Il ne voulait pas que nous le sachions. Je suis allée à Montréal et j'ai vu papa – je suis allée à la maison entre deux entrevues. Il était dans le salon, et il y avait une odeur. Ça sentait la chambre de malade. Il était content de me voir. Il jouait avec son respirateur. « Regarde ce que j'ai !

Regarde !» Il était maigre. Il n'est pas venu à ma lecture, mais maman est venue, après quoi nous sommes retournées à l'appartement. Papa est resté assis avec nous tout le temps qu'il a pu, puis il a dit qu'il devait aller se coucher. Dès qu'il a été dans le couloir, j'ai hurlé à maman : «Je trouve ça épouvantable !» Je ne crois pas qu'il m'ait entendue. Ensuite, je devais me rendre à Calgary et à Vancouver, et Sarah MacLachlan, la compagne de Noah, a organisé un dîner pour moi à Toronto. J'avais l'intuition que maman et papa seraient là, même si ça semblait impossible qu'il puisse faire le voyage. Quand je suis arrivée chez Sarah, j'ai reconnu leurs silhouettes dans la fenêtre. C'était le samedi, 12 mai. Ça a été la dernière fois que je l'ai vu. Ils étaient venus en train. Je pense qu'il voulait faire ses adieux aux gens, Louise Dennys, Michael Levine, Jack Rabinovitch. Je l'ai serré dans mes bras et c'était comme s'il ne voulait pas que je l'étreigne trop longtemps. Sarah avait préparé un bon repas. Papa n'a pas beaucoup parlé, puis il est allé s'allonger. Je pleurais à la table.

LOUISE DENNYS

Nous l'avons vu chez Noah au mois de mai. Il avait perdu beaucoup de poids, mais il avait l'air d'aller mieux et c'était aussi l'avis de Florence. Nous voulions tous le croire. Il était de bonne humeur. Mais il voyait chacun de ses amis à Toronto – Jack Rabinovitch et Avie Bennett, Ric, moi et Bernie et Sylvia Ostry. Il s'est donc assuré qu'il nous voyait tous. Ça a été très généreux de sa part. Juste au cas où.

JACOB RICHLER

Il ne voulait pas vraiment venir, mais maman l'a convaincu. Il ne pouvait pas prendre l'avion. Ils sont venus en train ; je suis allé les chercher. Il avait beaucoup maigri, très rapidement, mais à ce moment-là, il mangeait encore un peu. Selon moi, il ne pensait pas que c'était la fin. Il n'avait jamais été optimiste – qu'il s'agisse d'une partie de hockey ou d'autre chose. Les Canadiens allaient perdre si l'autre équipe comptait un but. Il préférait être pessimiste jusqu'à ce qu'on lui prouve qu'il avait eu tort. Pourtant, quand il est tombé si gravement malade, il est allé faire des courses avec Daniel ; il a acheté un tas de rubans de machine à écrire et une casquette, à cause de la chimiothérapie. C'est peut-être pour nous protéger qu'il ne nous a pas parlé de la gravité de son état, mais je pense qu'il ne le savait pas non plus.

MARTHA RICHLER

Je savais qu'il courait un très grave danger. Je suis allée passer une semaine à la maison, avec papa et maman, une semaine absolument charmante, en juin, environ quatre semaines avant sa mort. À la toute fin de la semaine, nous sommes retournés à Montréal. Papa se préparait pour sa deuxième ronde de chimio. Ce samedi-là, il est allé aux Quatre Saisons, un supermarché dans l'avenue Greene, selon son habitude, pour acheter des fleurs à maman et un peu de nourriture. C'était sa routine, et c'était très important pour lui de garder sa routine. Et la voiture, la Jaguar, est tombée en panne. Alors, maman et moi, nous avons pensé aller le chercher en taxi. Et, dans le taxi, je me suis dit : « Non, c'est une erreur, parce que c'est très important de s'accrocher à un minimum de normalité. » Vous ne voulez pas que les gens soient aux petits soins pour vous, qu'ils se comportent différemment. Et ce n'était pas naturel que j'aille le chercher en taxi. J'avais eu tort. Je suis donc sortie du taxi. Je ne conduis pas, du moins à l'époque je ne conduisais pas, mais j'ai appelé le CAA d'une cabine téléphonique et j'ai utilisé ma carte de crédit pour payer son adhésion. Vingt minutes plus tard, ils étaient là. Être membre lui donnait droit au service d'urgence nuit et jour, et il en avait besoin, parce qu'il tenait à conduire et que nous avions besoin de le laisser conduire, parce que c'était normal. Ensuite, ce héros du CAA est arrivé. Il a rechargé la batterie sur place. Tout était couvert. Papa était ravi. Nous sommes rentrés à la maison – c'était quelques heures avant que je parte pour l'aéroport – et juste avant que je sorte de la pièce, papa a dit : « Marf m'a sauvé la vie, Marf m'a sauvé la vie, elle m'a sauvé la vie. » C'était tout à fait inhabituel de sa part, c'est la seule fois où je lui ai vu une telle attitude.

Mais il était très très malade, et je pense qu'il le savait. Il était tellement réaliste. Pendant mon séjour à la maison cette semaine-là, il a ajouté un codicille à son testament. Il était assis et regardait de côté, comme s'il essayait de planifier. Il avait toujours été du genre à protéger ses arrières et à avoir des plans de secours – c'était un homme très très pratique. Et j'ai vraiment l'impression qu'il essayait de régler tout ce qu'il pouvait pour l'avenir, parce qu'il savait qu'il ne serait plus là.

JACOB RICHLER

Je l'ai vu deux semaines avant sa mort. Nous sommes allés acheter des rubans de machine à écrire. Il voulait une qualité particulière de papier, de poids moyen avec un filigrane. « Du papier carbone, du papier vélin, a-t-il dit. Je suis un homme du passé. » Il a acheté tous les rubans pour machine à écrire Smith-Corona qu'ils avaient en réserve – même si c'était comme une course contre la technologie et contre le temps. Le commis a trouvé de vieilles boîtes poussiéreuses. «Fantastique, a dit papa. J'en prends deux.» Puis, il s'est interrompu, comme s'il calculait dans combien de temps Smith-Corona allait se retirer des affaires. «Non, attendez, a-t-il dit. Je les prends toutes.» Nous avons flâné et nous sommes allés acheter des cigares rue Sainte-Catherine. Il pouvait à peine porter le sac du magasin. Puis, nous sommes allés à la boulangerie à l'angle du chemin de la Côte-des-Neiges et du chemin Queen-Mary, et il a dit: «J'estime que j'en ai pour quatre ans au maximum... j'aurai de la chance si je me rends jusque là, mais le diagnostic est bon.» Il avait l'impression qu'il pourrait tenir encore un an ou deux. Je ne pense pas qu'il faisait semblant. Il était plutôt optimiste quant à ses chances. Je crois vraiment qu'il s'attendait à avoir plus de temps.

WILLIAM WEINTRAUB

Environ une semaine avant sa mort, je lui ai rendu visite à leur appartement, et il était couché, il souffrait vraiment. Florence a dit: «Je pense que je dois te conduire à l'hôpital», ce qui n'était pas prévu. Je me suis retiré, et je ne l'ai pas revu.

JOSH GREENFELD

Je lui ai parlé une semaine avant sa mort. J'avais appris que son état se détériorait, et il revenait tout juste d'un traitement de radiothérapie. La fin approchait. Mais sa voix était bien, sa voix de gorge. Nous n'avons parlé que de hockey, à quel point le sport avait dégénéré. Il déplorait le style de jeu. Nous avons parlé de hockey pour éluder le sujet. Peut-on dire: «Hé! Mon vieux, je sais que tu es en train de mourir»?

DON JOHNSTON

Je suis allé le voir. Je me trouvais au Canada et je me suis dit que j'aimerais rendre visite à Mordecai. Alors, c'est ce que j'ai fait. C'était la fin de semaine de la Saint-Jean-Baptiste. Je savais qu'il était malade. Il a été hospitalisé le lendemain, il me semble. J'ai connu bien des gens qui sont morts du cancer, et jamais je n'aurais pu deviner qu'il était aussi près de la fin. Il avait maigri, mais pas de façon spectaculaire. Il n'allait manifestement pas bien, mais il était très égal à lui-même. À mes yeux, il y avait encore de l'espoir. Il avait peut-être encore six mois devant lui, peut-être un an, on ne peut jamais le savoir. Je n'ai jamais posé de questions, mais je me suis demandé si on avait omis de faire quelque chose. De toute évidence, quelque chose allait de travers dans cet hôpital. Sa mort m'a causé un véritable choc. Et c'est terrible parce que le seul avantage du cancer, c'est de nous permettre de faire nos adieux à tout le monde. L'idée que je ne le reverrais plus ne m'a jamais traversé l'esprit. Il me semble que nous avons même parlé de nous revoir.

JACOB RICHLER

Don a été le dernier de ses amis à lui rendre visite. Après cela, seule la famille l'a vu. Il a fait toute une mise en scène pour Don. Il s'est installé dans la cuisine, là où il aimait s'asseoir, en face de notre vieille cuisinière anglaise, et il est resté là une bonne demi-heure, je dirais. C'était le samedi, puis, le dimanche, son état s'est détérioré. Je l'ai conduit à Montréal ce jour-là, il a été admis à l'hôpital le lendemain et n'en est jamais ressorti.

GUY VANDERHAEGHE

Je lui ai parlé deux heures avant qu'on l'amène d'urgence à la salle d'opération. Il avait un problème à l'estomac, un ulcère qui saignait. Notre conversation téléphonique a été très brève. C'était tout à fait Mordecai. Ma femme parlait dans l'autre appareil, et il disait que la Saskatchewan avait fait de tels progrès qu'il était désormais possible d'avoir une conversation téléphonique avec deux personnes à la fois. Le lendemain matin, mon père, qui était un oiseau matinal, m'a téléphoné pour me dire qu'il avait appris sa mort aux nouvelles. J'ai disposé d'environ quinze minutes pour me donner une contenance, puis les coups de téléphone ont commencé. Je suis très heureux d'avoir eu la chance de lui parler.

EMMA RICHLER

J'appelais tous les jours. Je lui ai téléphoné de Washington avant de partir pour Boston, et je lui ai raconté l'histoire absurde de ma lecture devant un public de cinq personnes. Il a vraiment ri et il y avait très longtemps que je ne l'avais entendu rire – je ne me rappelais même plus quand c'était, la dernière fois. C'est ce jour-là, comme je l'ai su plus tard, qu'il a rédigé un codicille à son testament – parce que maman a trouvé une feuille écrite à la main dans le sac de papa. Elle nous l'a lu le soir des funérailles. Elle n'a lu que le passage dans lequel il demande d'être enterré sur la montagne, et que maman soit à côté de lui, comme elle l'a été toute sa vie. Et nous avons ri aux larmes en pensant : « Et si nous ne l'enterrions pas sur la montagne ? » Il y avait aussi un passage amusant dans lequel il précisait : « Pas de rabbins ! »

TED KOTCHEFF

Je lui a parlé plusieurs fois au téléphone. Je lui ai dit : « Mordecai, je m'en viens. » Il est mort le 3 juillet, et je devais prendre l'avion le 4 pour aller le voir. Il y avait une pause dans le tournage [de *La loi et l'ordre*], et comme ça s'est trouvé, je suis arrivé pour les funérailles. Mais je ne pensais pas, et lui non plus, qu'il était à la veille de mourir. Ça m'a fait très mal. Comment un homme peut-il mourir au bout de son sang quand il est dans l'unité des soins intensifs? Quelqu'un ne faisait pas son travail.

NOAH RICHLER

Je l'ai amené fumer son dernier cigare. C'était le samedi; il est mort le mardi suivant. Nous étions à l'hôpital, et je l'ai amené dehors, avec maman. À ce moment, j'ai senti comme ces hôpitaux sont des endroits dégueulasses. Maintenant, je me fais un point d'honneur de dire aux gens dont la mère ou le père suivent des traitements de chimiothérapie qu'ils ont aussi la possibilité de les refuser. Bon, le cancer de mon père exerçait une pression sur son œsophage, et il aurait fini par mourir de faim. J'ai l'impression qu'il était envahi de métastases quand il a été hospitalisé de nouveau, et je ne les tiens pas pour responsables de sa mort. Mais je peux remarquer, et je ne veux pas l'oublier, qu'il est mort au cours d'une longue fin de semaine et que, à trois heures le vendredi après-midi, il a été une fois de plus abandonné dans un corridor gris sans même une couverture, dans l'attente d'une opération pour mettre un cathéter dans son foie. Je savais que si on ne l'opérait pas ce jour-là, il devrait attendre trois jours parce que tout le monde s'en allait. J'ai travaillé dans des restaurants, dans des mines, je sais ce que c'est que de travailler dur et je dois vous dire que je n'ai vu personne travailler dur dans ce maudit hôpital. Nous sommes culturellement habitués à cette idée que tout le monde est terriblement surmené, et pourtant, s'il y avait cinq infirmières à un poste, on avait l'impression, quand on allait seulement leur demander si on pouvait faire quelque chose, d'être Oliver [Oliver Twist, personnage de Dickens, chassé de l'atelier où il travaille pour avoir demandé plus de gruau. (N.D.T.)] quémandant de la nourriture. Pendant que j'attendais à l'extérieur de la salle d'opération, la radiologue, une femme aux cheveux blancs, a dit quelque chose comme: «Oh! Nous en avons encore un.» «Oh! Et il paraît que c'est un coriace», a répondu l'autre. Alors, la femme aux cheveux blancs a ajouté: «Vraiment? Il est déjà trois heures. Pas question que je reste après quatre heures. Je n'ai pas l'intention de me faire coller une contravention pour ça.» J'étais là et je me demandais: «Bon, qu'est-ce que je fais maintenant? Est-ce que je parle à cette femme, je lui dis de foutre le camp? Est-ce que je laisse mon père entrer?» Je suis donc entré dans la salle d'opération, j'ai regardé le chirurgien dans les yeux et je me suis dit : « Ça va, je pense que tu es entre bonnes mains, je vais les laisser t'opérer. »

L'opération a possiblement été à l'origine de l'ulcère, et après ça, tout s'est précipité. Le lendemain, il semblait pourtant avoir récupéré. Je l'ai amené dehors, avec maman, pour qu'il puisse fumer. Cette nuit-là, il a eu sa première hémorragie interne massive. J'avais amené maman se reposer à la maison. Nous étions en train de manger quand le téléphone a sonné. C'était l'hôpital. Nous sommes retournés en vitesse. Puis, le dimanche, il avait repris du mieux. Il a parlé avec maman, m'a envoyé chercher des journaux – j'étais si content en descendant, j'ai acheté le *New York Times*, le *Los Angeles Times* et le *Boston Globe*. Il a jeté un coup d'œil au *Globe* et il m'a dit : « Tu ferais aussi bien de retourner celui-là », parce qu'il pensait que c'était un torchon. J'y suis allé. Je l'ai laissé avec ma mère et je ne l'ai pas revu. Je suis retourné à Toronto le lundi. Ce soir-là, j'étais très inquiet et j'ai dit à Sarah [MacLachlan] que je devrais peut-être y retourner et parler à quelques médecins. J'étais rentré chez moi parce que, entre autres choses, quand on fait partie d'une famille nombreuse, on ne veut pas donner aux autres l'impression qu'on prend toute la place et qu'on veut les empêcher de faire leur part. Mais cette semaine avait été infernale, absolument infernale, en dents de scie, et j'avais eu un très mauvais pressentiment en quittant l'hôpital, après qu'on nous avait dit que la situation s'était stabilisée le samedi soir, le dimanche matin. J'avais marché avec ma mère à quelques reprises à l'extérieur de l'hôpital, seulement parce que j'avais ce terrible pressentiment – j'avais l'impression que c'était la dernière fois que je le voyais en vie. Je suis donc délibérément entré et sorti quelques fois, parce que je ne voulais pas que cette fois soit la dernière pour moi, et pour ma mère. Le lundi, je ne me rappelle plus ce qui m'inquiétait particulièrement, mais j'avais juste le sentiment qu'il fallait que j'y retourne. Puis, quatre ou cinq heures plus tard, le téléphone a sonné et j'ai appris sa mort.

À un moment, ce devait être le jeudi, j'ai dû faire ce qu'un fils fait, et je lui ai dit : « C'est difficile, c'est dur pour toi, et ça va être très douloureux, mais tu dois le faire. Nous t'aimons beaucoup. Et je t'aime beaucoup. » Il a répondu : « Je sais, Noah, je sais. » J'ai pensé : « Tu l'as fait – tu as joué cette mauvaise scène qu'on voit dans les films, quand une personne déjoue le détecteur de mensonges en disant rapidement deux choses de suite. » Il me laissait croire qu'il avait dit :

« Je sais que la chimiothérapie sera très douloureuse », mais je savais parfaitement qu'il me disait : « Je sais que tu m'aimes beaucoup. »

EMMA RICHLER

Noah a rédigé ce très long document, qu'il nous a envoyé à tous, ce document horrifiant, juste après les funérailles. Maman lui avait demandé de mener cette enquête. Les gens ont été en colère contre lui, et ça l'a terriblement blessé, mais il n'essayait que de... il a été stupéfait en constatant la naïveté de maman dans ce genre de chose. Cette idée qu'il fallait protéger maman... maman connaissait les détails, elle avait été là avec lui. Fondamentalement, d'après ce que je comprends de ce document, papa était dans un état de délabrement total, et il serait mort de toute façon. Il semble toutefois qu'il y ait eu du cafouillage. On n'a pas eu l'air de découvrir l'ulcère avant la toute dernière minute. C'était énorme, et je me rappelle que maman m'avait parlé de ses mains qui enflaient. D'après ce que je comprends, comme il s'agissait de Mordecai Richler, les médecins remplaçants avaient la trouille. Ils avaient tellement peur de lui qu'ils faisaient des blagues. Apparemment, après l'opération, le médecin lui a demandé s'il avait faim, et il a répondu : « Je mangerais bien un peu de foie haché. » « Allez-y », a dit le médecin. C'est amusant, mais en même temps, ça ne l'est pas, parce que personne n'osait lui dire qu'il ne devait plus manger ceci ou cela. Je ne dis pas que ça lui aurait sauvé la vie, et cela l'aurait sans doute rendu moins heureux, ce qui n'est pas bon. Mais aucun médecin ne lui a même jamais suggéré d'arrêter de fumer ou de suivre un régime.

DANIEL RICHLER

De la négligence, absolument, c'est une affaire de négligence. Oui, j'adhère à la théorie de la négligence. Nous éprouvions tant de colère envers les personnes concernées à cet hôpital. Mais une grande partie de cette colère n'était pas dirigée à la bonne place, et nous étions en vérité fâchés contre lui qui avait tant abusé de son corps.

MARTHA RICHLER

Ce que j'ignore et qui me perturbe sans arrêt, c'est le temps – les minutes et les secondes qui ont précédé sa mort. Et aussi l'effroi de maman qui a reçu cet appel de l'hôpital. Et le temps qu'il a fallu et ce qui s'est passé avant que mes frères arrivent tôt ce matin-là. Je suis absolument convaincue que c'est la clé de ma douleur. On essaie de mettre les pièces ensemble, comme si on pouvait finir ce casse-tête et le faire revenir. C'est faux, bien entendu. Le casse-tête est insoluble.

16

QUEL SOUVENIR GARDEREZ-VOUS DE LUI?

« Le mot romancier ne suffit pas à le définir. »
REX MURPHY

La mort de Mordecai Richler fit la une des journaux de l'ensemble du Canada. Le pays avait perdu un géant, un écrivain dont l'importance transcendait le monde littéraire.

BILL FREEDMAN

Le plus beau souvenir possible. Fumant d'horribles cigares, buvant beaucoup et écrivant des livres formidables. Je garderai le souvenir d'un des rares Canadiens qui ont réussi après leur retour au Canada. Les gens qui partent et qui reviennent m'ont toujours intéressé – ça ne marche jamais. Fletcher Markle est parti, Sidney Newman est parti, il a obtenu un énorme succès, puis il est rentré au pays et a fini comme une âme en peine. Mordecai est la seule personne de ma connaissance à être rentré et avoir refait sa vie.

REX MURPHY

Comment nous nous souviendrons de lui? Pas comme romancier. Il n'y a rien de mal à écrire des romans. Au pire, et je suis sûr que Mordecai serait d'accord avec moi, c'est un crime sans victime. Mais le mot romancier ne suffit pas à le définir. C'était un homme généreux, au talent généreux, un homme qui, par sa présence et par son art, a donné rythme et chaleur aux jours que nous avons vécus à ses côtés. Il a agrandi le Canada. Il a répandu ses dons et c'était amusant au maximum de l'avoir dans les parages. Mordecai était vraiment présent. Il a donné à l'art d'être canadien le mordant et la saveur dont il avait tant besoin. Mordecai, le guerrier.

FLORA ROSENBERG

Je me souviendrai de lui pour son sens de l'humour. Pour son pétillement. Pour son honnêteté dans tout ce qu'il croyait devoir faire. Son regard sur le monde était toujours conforme à ce qu'il considérait comme juste. Mordecai était toujours lui-même. Je ne savais jamais comment il allait affronter les questions, mais il était toujours vrai dans sa façon de les lire. Mais je me souviendrai surtout de son humour.

ZIGGY EICHENBAUM

Regardez où il est enterré. Il y a un Grec d'un côté, un musulman de l'autre, et il est au milieu. C'était ce en quoi Mordecai croyait. Il croyait en l'égalité des droits pour tout le monde. Comment je me souviendrai de lui? Comme d'un père fantastique, un mari formidable, un Canadien formidable, un Québécois formidable.

JAMES DOWNEY

J'ai suivi sa carrière et lu ses livres au moment de leur parution, j'admirais à la fois son talent et son courage, et j'éprouvais beaucoup de gratitude de le compter parmi mes amis. L'humour féroce et délicieux de son journalisme me charmait et m'enchantait. Qui d'autre que Mordecai Richler aurait eu l'esprit de qualifier les accords de Charlottetown de «bretzel constitutionnel manifestement inspiré de Rube Goldberg»? Qui d'autre aurait été assez téméraire pour écrire en parlant d'un premier ministre qu'il «mentait régulièrement, même quand ce n'était pas nécessaire, juste pour garder la forme»? Qui aurait eu la présence d'esprit de faire ceci: «Une année, j'ai reçu une lettre d'une université australienne qui m'invitait comme écrivain en résidence. Mais il y avait un problème. L'invitation était adressée à Mme Mordecai Richler. J'ai répondu en disant que j'aimerais bien y aller, mais que je ne savais pas comment m'habiller.»

C'était un satiriste superbe, avec un talent pour le comique et l'ironie, et le courage moral d'un Jonathan Swift. Heureusement, il n'avait pas l'indignation violente de Swift. C'était peut-être en partie parce qu'ils n'avaient pas le même caractère, mais j'ai toujours pensé que c'était aussi à cause de Florence et de la famille aimante qu'ils avaient créée ensemble; cela avait aidé Mordecai à soumettre son génie satirique à la vision morale qui sous-tend ses romans.

Il était, à mon avis, le meilleur écrivain jamais produit par le Canada: le plus intrépide, le plus ingénieux, aux talents les plus variés. Il a écrit des romans, des critiques, des essais, des ouvrages polémiques, des articles, des scénarios de film et des livres pour enfants. Il a créé des personnages irrésistibles, inoubliables : Duddy Kravitz, Jake Hersh, Joshua Shapiro, Solomon Gursky, Moses Berger, Jacob Deux-Deux, Barney Panofsky. Ils sont mémorables parce que rendus dans toute leur humanité complexe et contradictoire. Mordecai a refusé de les juger ou, du moins, de les condamner. Comme on l'a dit des *Contes de Canterbury* de Chaucer, ses livres étaient « pleins de l'abondance de Dieu », grouillants de vie, fourmillants de marottes et de contradictions humaines, débordants de personnages inoubliables et rédempteurs par leur compatissante compréhension de la condition humaine.

SAM GESSER

On rencontre peu de gens comme lui – qui ont une présence. Mordecai défiait – dérangeait – les gens. À la seule mention de son nom, certaines personnes sont encore exaspérées. C'était un paria. Mais il a changé l'atmosphère. Les rôles ont été intervertis.

JOHN SCOTT

Je souffre encore de sa disparition. Je ne veux pas paraître affecté, mais je sentais toujours quelque chose de Mordecai de l'autre côté du lac ou ailleurs, et je pouvais me dire que dans ma vie, à tout le moins, il y avait quelqu'un, quelqu'un de terriblement honnête que je pouvais écouter. Un cadeau de la vie. C'est encore si douloureux que je suis en danger de devenir sentimental, et personne ne pouvait mettre le sentimentalisme en pièces plus facilement et plus vite que Mordecai.

MARYON KANTAROFF

Je pense que je garderai surtout le souvenir d'un homme dédaigneux, légèrement odieux. Je me dirai : « Il est en train de rire dans sa barbe. Il les fait marcher. » Une attitude – très réussie. C'était ce que j'aimais de lui.

TOM ROSENTHAL, *éditeur britannique*

J'admirais énormément Mordecai. C'était fantastique d'aller luncher avec lui à l'époque où nous buvions beaucoup le midi. C'était un *mensch* en toute chose, absolument. Il fumait et buvait donc beaucoup. Et alors ? Fondamentalement, il était plus grand que la vie. Mais tout cela était vrai. Ce n'était pas une attitude. Il aurait pu dire : « Je ne suis qu'un gentil Juif provincial et je vais devenir un grand bohémien », mais c'était authentique. Il était totalement masculin – il a toute sa vie été un mâle hétérosexuel à l'ancienne.

BERYL BAINBRIDGE

Je garderai surtout un souvenir visuel. S'il y avait mille personnes en train de parler dans une pièce, je le repérais tout de suite. Je pense que je le connaissais. À sa mort, Emma m'a répété ces mots de Florence : j'étais son âme sœur. Plutôt chargé, comme propos. J'ai été un peu surprise, oui, parce que j'avais eu l'impression de laisser tomber Mordy, de ne plus être capable de l'atteindre, parce qu'il y avait cette barrière entre nous.

ANNE RICHLER

Je ne sais pas – il a eu l'air heureux après avoir épousé cette femme, Florence. C'était indiscutablement un bon père. Mais il a mené sa vie comme il l'entendait, point à la ligne. Je ne le dérangeais pas et il ne me dérangeait pas. Il n'a pourtant jamais oublié qu'il était juif. Il a été enterré dans un simple cercueil de sapin.

TIM O'BRIEN

Je me souviendrai de lui comme de quelqu'un qui ne me regardait pas vraiment et qui disait la vérité. Je regrette seulement qu'il ne soit plus là.

PETER LIPPMAN

À mes yeux, il était ce que nous aurions tous voulu être si nous avions eu le cran nécessaire.

RICHARD KING

Son honnêteté, bien sûr. Un luxe. Il a été capable d'être honnête à cause de sa nature. Nous sommes nombreux à ne pas l'être, mais lui, il l'a été, et c'est ce qui lui a valu la réputation d'être contre certaines choses. Mais quand les gens font des choses stupides, ils doivent en répondre. Il supportait bien la célébrité ; sa propre renommée ne l'impressionnait pas. Comme l'a si bien dit Terry Mosher : « L'air de la renommée monte à la tête. Veillez à ne pas l'inhaler. » Mordecai ne l'inhalait pas.

SID KASTNER

Il a été là à une époque de grande transition de la culture juive au Canada. Il a observé cette transition et a écrit à son sujet. Il l'a consignée et eux, ses contemporains, en ont été les acteurs. C'était fondamentalement un solitaire, fondamentalement un chic type, un timide, un timide et un solitaire. Il ne voulait pas se faire harceler. Il n'aimait pas être une vedette. Il n'était pas à l'aise. Mordecai Richler était une vedette, mais il voulait vivre sa propre vie.

MAVIS GALLANT

Je me souviendrai de l'écrivain, d'une personne que j'ai connue quand j'étais dans la vingtaine et que j'ai vue jusqu'à sa mort, avec des éclipses… Mes mauvais souvenirs sont bien, ils sont drôles – c'est ce qu'ils sont devenus. Mais nous ne nous sommes jamais disputés. Nous ne nous sommes jamais insultés.

HAYA CLAYTON

Savez-vous ce que signifie le mot *mazik*? C'est fauteur de troubles. C'est un mot yiddish teinté de beaucoup d'affection. C'est un mot affectueux. Un petit démon. Voici ce qui devrait être inscrit sur sa pierre tombale: «Ci-gît Mordecai, un *mazik par excellence**.»

STANLEY PRICE

Mordecai était un bagarreur de rue, un bagarreur littéraire. Ted Kotcheff était aussi comme ça. Kotcheff avait plus de charme que Mordecai, mais les réalisateurs ont peut-être besoin d'en avoir plus. D'une certaine façon, Mordecai faisait exactement le travail qu'il devait faire.

JACK LIEBER

Il a créé des personnages mémorables gravés à jamais dans nos esprits et qui redéfinissent tant notre solitude que notre interdépendance. Il regardait sans ciller les imperfections et les marottes de ses personnages comme pour nous faire prendre clairement conscience de ce que nous sommes au fin fond de nous. Sa compassion pour les gens était aussi tangible que son ironie était dévastatrice quand il la dirigeait contre ce qu'il considérait comme mauvais et stupide. Je fais bien sûr allusion à ses écrits polémiques. Son livre *Oh! Canada, Oh Québec!* expose magistralement l'absurdité et les contradictions internes du nationalisme québécois, et c'est aussi puissant que tout ce qui a été écrit par Swift.

AVRUM RICHLER

J'admire son intégrité, son honnêteté et sa franchise quand il disait ce qu'il avait à l'esprit. Cette attitude s'est souvent retournée contre lui, mais parce qu'il était célèbre et renommé, il pouvait dire: «Je me fiche de ce que vous pensez.» J'ai souvent pris sa défense devant ma famille et d'autres membres de la communauté. J'aurais aimé que nous passions plus de temps ensemble. Je suis fier de lui. Il est mort trop tôt.

DAVID GALE

Je me rappellerai l'homme qui a apporté une bouteille de scotch pour mon *seder*, ce qui n'était peut-être pas *pesach-dik* [kasher pour la pâque juive], mais qui était *chutzpah-dik* [effronté], un homme qui croyait à la culture et aux traditions, mais qui menait quand même sa vie comme il l'entendait.

ROBERT FULFORD

C'est l'auteur canadien le plus intéressant de sa génération, assurément. Et il s'est trouvé à tellement prédire ce qui s'est passé au

Canada. Il a été à l'origine de la compréhension du Canada comme d'une multiplicité d'ethnies. Il n'aurait pour sa part jamais imaginé de dire ça. Il serait peut-être même fâché de me l'entendre dire. Mais il a été à l'origine de ça. Il était si différent des autres et il prédisait ce qui allait se produire ; c'était un satiriste magistral. De nos jours, tout le monde essaie de le faire, mais c'était inhabituel dans les années soixante, et dans ses livres, il y a un million de rires, à toutes les pages. Il y a de la comédie. Les gens eux-mêmes l'ignorent, mais c'est ce qui rend ses romans amusants. Et il a terminé sa vie par un chef-d'œuvre, *Le monde de Barney*. Pendant les cinq cents premières pages, je ne trouvais pas que c'était un bon livre. Je trouvais qu'il ressemblait tellement à ses autres œuvres, c'était comme une tournée d'adieu – c'était Harry Laufer. Puis, il serre les vis, l'intrigue s'intensifie et même les notes de bas de page sont plus drôles et aussi plus tristes, et il y a cette incroyable spirale avec tous les échos de sa propre vie. La qualité de ce livre m'a laissé stupéfait.

LILY SHATSKY (NÉE FRANKEL)

Sensible. Nous avons éprouvé beaucoup d'affection l'un pour l'autre, même dans notre enfance. Je l'aimais bien. Il était arrogant et très doué, très brillant. Et très triste. J'imagine que je dirais qu'il était très triste. Son enfance... ce n'était pas facile.

JAMES KING

Il était très gentil. C'était une de ces personnes capables d'être très acerbes dans leurs écrits. Mais il suffisait de parler avec lui pour constater qu'il respectait beaucoup les gens, même ses ennemis ; en paroles, il était très modéré. Il comprenait les gens, ce qu'il ne montrait pas nécessairement dans ses textes de propagande. Il savait d'où ils venaient. Et il n'était pas envieux. Les écrivains sont souvent jaloux des autres écrivains. Il ne semblait éprouver aucune jalousie. Quand il parlait, il pouvait paraître un peu hautain. Mais ce n'était pas une attitude du genre : « Je suis au sommet et je vais pousser les autres en bas. » Il était très généreux. Le mot que j'utiliserais pour le décrire est généreux – générosité et bonté. Selon moi, il aimait avoir l'air d'un dur, mais je ne pense pas qu'il l'était vraiment.

NADIA KHOURI

Je me rappellerai comment il disait toujours les choses telles qu'elles étaient.

TERRY MOSHER

Une foule de gens râlent et se lamentent. Ce sont des pleurnichards, non pas des coquins. C'était un coquin.

JUNE CALLWOOD

Pendant toute sa carrière, Mordecai a été un homme à part, parce qu'il poursuivait les vaches sacrées. Ce n'était pas seulement pour les poursuivre, mais aussi pour leur prendre tout leur lait. Il était intrépide dans ce qu'il choisissait d'attaquer.

HUBIE BAUCH

C'est incroyable que j'aie connu cet homme, que je l'aie connu dans des activités intimes, sans flaflas, et une fois qu'on le connaissait, on voyait qu'il était un être humain formidable.

RIC YOUNG

Ce qu'on peut dire de lui, c'est qu'il avait peur d'avoir peur. Il n'était pas né et n'avait pas grandi dans un endroit confortable. Il ne croyait pas que les choses viendraient à lui, de sorte que le courage venait d'un lieu plus profond. Ça ne lui a pas été donné. C'était en lui. On a l'impression que la disparition de Mordecai marque la fin d'un certain genre de plaisir. Avec Mordecai, il y avait une sorte de plaisir, de panache, et ça a disparu. Quelque chose d'autre est mort avec lui. Il faisait partie d'une époque, d'un milieu. Regardez ce qu'il a fait de sa vie, où et quand il est né. Il s'est battu pour devenir cet écrivain et il n'était pas question pour lui de capituler, de céder à cette complaisance paresseuse, l'égocentrisme absolu des années soixante-dix et la rectitude politique de l'époque qui a suivi. Il n'allait pas renoncer à son talent ou l'édulcorer. Il a écrit des articles de journaux et des scénarios, mais c'est avec ses griffes qu'il s'est rendu là où il s'est rendu, et il n'aurait jamais accepté d'être malhonnête. Il ne laisserait pas le Canada devenir stupide, le Québec devenir stupide, la politique devenir stupide, et il surveillait ce qui se passait autour de lui. Comme la plupart d'entre nous n'avions pas vécu ce qu'il avait vécu, nous nous sommes laissé facilement enjôler. Je pense que c'était ce qui l'énervait. Cet homme avait escaladé une montagne. Il se trouvait dans un lieu moins idiot que la plupart d'entre nous. Il avait beau être négligé et ébouriffé, c'était l'une des personnes les plus raffinées que j'aie jamais connues, et l'une des plus civilisées. Il aimait l'authenticité et il l'appréciait en tout et avec – un mot qu'on utilise malheureusement trop peu pour parler de lui – une extraordinaire élégance d'esprit. C'était un homme d'une grande élégance. C'était un homme loyal. La loyauté était quelque chose que Mordecai comprenait, il l'incarnait, et maintenant, il est mort et ça n'existe plus. Je crois qu'un jour les gens vont repenser à lui et se demander : « Quel était son secret ? »

JERRY BROWN

Il nous a quittés mais, en réalité, il est encore avec nous, si je peux m'exprimer ainsi.

REMERCIEMENTS

J'ai rencontré Ziggy Eichenbaum dans son bar légendaire de la rue Crescent, à Montréal, et il m'a montré la banquette où Mordecai aimait s'asseoir, avec un verre de scotch pur malt de qualité et un téléphone à la portée de la main. Dans sa confortable maison des Cantons-de-l'Est, au Québec, de l'autre côté du lac où Richler avait sa maison de campagne près d'Austin, l'ancien journaliste du *Time Canada*, John Scott, m'a raconté, pendant un après-midi d'été, une foule d'anecdotes savoureuses sur son bon ami et m'a donné de lui une analyse mordante. Percluse d'arthrite, l'auteure Mavis Gallant a passé en ma compagnie trois heures précieuses dans un café de Montparnasse, à évoquer pour moi le milieu bohème de Paris dont, cinquante ans auparavant, elle avait fait si pleinement partie avec un très jeune Mordecai Richler et toute une clique ambitieuse et assoiffée de poètes, romanciers et écrivains animés du même esprit. Ce ne sont que trois des quelque cent cinquante personnes extraordinaires que j'ai eu la chance de rencontrer et d'interviewer pour l'écriture de cet ouvrage.

Bien entendu, un essai sérieux doit reposer sur une recherche approfondie. Mais la biographie orale est un genre en soi, et elle dépend presque totalement de la générosité d'étrangers. Dans tous les sens concevables, il aurait été impossible d'écrire ce livre sans eux. Je leur dois donc énormément et ne puis leur rendre ce qu'ils m'ont donné, sauf, peut-être, en espérant avec ferveur que le portrait cumulatif de l'homme qui émerge dans ces pages – l'ami et le collègue, le père et le mari, l'écrivain et le critique – soit une reconstruction fidèle de l'homme qu'ils ont connu et, dans la plupart des cas, aimé.

Je voudrais exprimer ma profonde reconnaissance à toutes les personnes qui ont contribué à ce livre, notamment celles qui sont mentionnées dans l'ouvrage et un grand nombre qui ne le sont pas. Permettez-moi cependant de remercier Jan Walter, Gary Ross et John Macfarlane, dont la maison d'édition (Macfarlane, Walter & Ross) a d'entrée de jeu appuyé et nourri le projet. Par la suite, quand la société parente, McClelland & Stewart, a pris la relève, l'éditeur Doug Gibson et ses collègues ont fait preuve d'un enthousiasme sans faille. Aux prises avec mon manuscrit tentaculaire, la réviseure Dinah Forbes a utilisé ses talents remarquables pour le sculpter en un format plus accessible. La correctrice Allyson May a habilement mis le doigt sur les illogismes et les contradictions qui parsemaient le manuscrit.

Je voudrais également remercier plusieurs autres personnes qui m'ont apporté une aide des plus précieuses: Sandra Martin, ma collègue au *Globe and Mail*, qui a suivi pendant des années la carrière littéraire de Richler et qui m'a généreusement prêté ses dossiers; Michael Coren, personnalité de la radio et journaliste, qui m'a aussi généreusement prêté plusieurs enregistrements d'entrevues qu'il avait faites avec Mordecai, Daniel et Jacob Richler; Michael Levine et son équipe de secrétaires juridiques, Maxine Quigley et Christine Bode, qui m'ont fourni des numéros de téléphone et des courriels et m'ont à plusieurs occasions mis en contact avec des gens; le vieil ami de Richler, Bill Weintraub, qui non seulement a fait la même chose, mais qui m'a laissé piger sans vergogne dans son merveilleux livre, *Getting Started*, et qui m'a permis de citer des extraits des lettres de Richler; Appollonia Steele et Marlys Chevrefils, qui gèrent les archives de Richler à l'Université de Calgary et qui m'ont avec une infinie patience expédié des caisses et des caisses de lettres et de documents pour examen; le docteur Ira Robinson, professeur à l'Université Concordia, qui m'a fait parvenir des extraits de son travail sur le grand-père de Mordecai, le distingué rabbin Rosenberg; et Avrum Richler, le frère de Mordecai, qui, avec sa femme Eve, m'a accueilli à Saint-Jean de Terre-Neuve et qui a consacré de nombreuses heures à partager avec moi ses souvenirs de famille.

J'aimerais enfin remercier mes amis et ma famille qui ont patiemment écouté mes anecdotes de plus en plus nombreuses sur Mordecai Richler et mes incessantes doléances concernant l'industrie de l'informatique qui n'avait pas conçu de programme apte à transcrire des enregistrements contenant plus d'une voix.

Au début du dernier chapitre, Rex Murphy, auteur et personnalité de la radio, fait remarquer que le mot *romancier* ne suffit pas à définir Mordecai Richler. Même ceux qui ne l'ont connu que de loin savaient qu'il était beaucoup plus que ça. J'espère que cet ouvrage, bien que loin d'être exhaustif, nous aidera collectivement à comprendre et à apprécier ce qu'il a été et ce qu'il a réalisé.

Bien entendu, ce livre n'aurait pas vu le jour sans le consentement et, par la suite, l'active collaboration de Florence Richler, de ses enfants et de ses amis. Au moment des comptes, on s'apercevra vite que c'est à elle que je dois le plus. Quand j'ai proposé le projet à John Macfarlane en mars 2002, il m'a aussitôt conseillé de rencontrer Michael Levine, qui avait été l'ami et l'avocat de Mordecai. Michael a considéré qu'en principe le livre en valait la peine, mais il a affirmé catégoriquement que rien ne devrait se faire avant que j'en aie discuté avec Florence et obtenu son autorisation. Cet été-là, il nous a arrangé une rencontre et nous sommes allés prendre un verre au Ritz Carlton, à Montréal, qui avait été l'un des bars préférés de Mordecai. Je me souviens clairement d'avoir bafouillé pendant quinze minutes tant j'étais impressionné par Florence. Mais j'ai dû marmonner quelque chose qui lui a paru à tout le moins plausible, car elle a rapidement donné son approbation et elle a ensuite fait le maximum pour en faciliter la réalisation, en demandant à ses amis et aux membres de sa famille de collaborer. J'aimerais ajouter qu'elle l'a fait sans s'attendre à quoi que ce soit en retour, et qu'elle n'a jamais suggéré aucun désir de modeler le texte définitif ou de faire pencher sa balance éditoriale. Elle m'a au contraire précisé que je devais tout faire pour éviter d'écrire une hagiographie ; selon elle, un ouvrage qui ne donnerait pas la dimension humaine complète de Mordecai Richler serait un très mauvais livre. J'espère m'être conformé à cette sage recommandation et avoir livré un produit final aussi honnête et indulgent que l'était l'homme lui-même.

DANGER

LE
PHOTOCOPILLAGE
TUE LE LIVRE

Cet ouvrage
composé en Minion corps 11 sur 13
a été achevé d'imprimer
en novembre deux mille cinq
sur les presses de

Imprimé au Canada par
Transcontinental Métrolitho